接客サービスの労働過程論

鈴木和雄

御茶の水書房

接客サービスの労働過程論

目　次

目　次

目次 ……………………………………………………………………… ii
凡例 ……………………………………………………………………… viii

序章　本書の目的と構成……………………………………… 3
　１．本書の目的　3
　２．接客サービス労働とはなにか　12
　３．本書の構成　17

第Ⅰ部　接客労働の3極関係

第1章　3極関係と接客労働者……………………………… 29
　序　29
　第1節　3極関係　30
　第2節　2極モデルの欠陥　34
　第3節　統制ラインと統制関係　40
　第4節　顧客の統制と顧客による統制　47
　第5節　3極関係における利害の連携と対立　49
　第6節　3極関係における対立の転移　53
　結　語　57

第2章　接客労働の統制方法………………………………… 65
　序　65
　第1節　接客労働と3極的統制関係　65
　第2節　顧客の性質と労働者統制の困難　67
　第3節　統制方法　72
　第4節　統制の矛盾と労働者の抵抗　83
　結　語　92

第3章　統制の歴史的展開
　　──初期デパートにおける労働統制の諸問題── …………… 99

　序　99

　第1節　体系的管理と顧客創造の試み　101

　　1．デパートとセールスウーマン　101

　　2．体系的管理の不成功　103

　　3．顧客創造の失敗　105

　第2節　労働者の統制　107

　　1．統制の問題　108

　　2．統制戦略の転換　112

　　3．転換の失敗　113

　第3節　抵抗の形態　117

　　1．労働文化　117

　　2．連携と対立　118

　　3．顧客にたいする抵抗　121

　　4．管理者にたいする抵抗　123

　第4節　階級対立の曖昧化と接客労働者の性格　126

　　1．利害対立の移動　126

　　2．管理者との対立　128

　　3．顧客との対立　130

　　4．大衆消費時代の接客労働者　132

　結　語　134

第Ⅱ部　感情労働

第4章　感情労働と労働過程の統制 …………………… 145

　序　145

　第1節　感情のシステム　147

　　1．感情と感情規則　147

2．感情管理と感情労働　150
　第2節　感情労働の統制　154
　　1．感情労働の販売　154
　　2．統制の諸相——客室乗務員の世界——　160
　　3．感情労働の諸相——集金人の世界——　168
　第3節　感情統制の矛盾と特質　174
　　1．変異の成功と失敗　175
　　2．感情統制にたいする抵抗と帰結　177
　　3．統制システムと感情労働　181
　結　語　182

第5章　感情労働とジェンダー……………………………………199
　序　199
　第1節　感情管理と女性　200
　　1．感情管理と家族　200
　　2．女性と感情労働　205
　第2節　職務と女性　210
　　1．職務のジェンダー化　210
　　2．性的アイデンティティからの疎隔　214
　　3．本来の自己の追求　216
　結　語　218

補論　感情労働論と労働過程論……………………………………229

第6章　感情労働論の批判……………………………………235
　序　235
　第1節　感情労働論の考察対象　237
　第2節　感情労働論にたいする批判　239
　第3節　統制の3極関係と労働者の利益　244

第4節　雇主の統制戦略　248
　結　語　254

第Ⅲ部　労働移転

第7章　スーパーマーケットにおける経験……………………261
　序　261
　第1節　労働移転論　262
　　1．労働移転の概念と実例　262
　　2．従来の考察　264
　　3．グレイザーの考察　267
　第2節　セルフ化とその背景　270
　　1．セルフサービス化　270
　　2．セルフサービス化の要因　272
　　3．検討　276
　第3節　セルフ化の実現条件　279
　　1．インフラの整備　279
　　2．顧客統制　282
　第4節　セルフ化の結果　285
　　1．労働者構成の変化と失業をめぐる対立　285
　　2．技能低質化，低賃金化とパートタイム化，セルフ化の利益　287
　　3．結果の検討　289
　結　語　291

第8章　病院における経験………………………………………301
　序　301
　第1節　医療における労働移転　302
　　1．医療費の高騰とDRGの導入　302
　　2．病院利用の減少と在宅ケアの増加　305

3．セルフケア化の要因と条件　306
　　第2節　病院労働の変化　309
　　　　1．看護労働者の序列と職務内容　309
　　　　2．「職務統合」　310
　　　　3．非正規労働者化と新たな階層化　313
　　　　4．失業と労働低質化　314
　　第3節　在宅看護労働　318
　　　　1．新たな3極関係の形成　318
　　　　2．在宅看護の困難　320
　　　　3．看護労働の強化　322
　　第4節　検討　323
　　　　1．労働移転の要因と実現条件　324
　　　　2．3極関係の残存と形成　327
　　　　3．失業をめぐる対立　331
　　　　4．労働低質化　333
　　結　語　335

終章　接客労働過程論の展望　343

　　　1．第Ⅰ部の諸問題　343
　　　2．第Ⅱ部の諸問題　347
　　　3．第Ⅲ部の諸問題　357

　あとがき　367
　初出一覧　370
　参考文献　371
　事項索引　395
　人名索引　409

凡　例

1．本書で引用・言及される著書や論文などは，たとえば外国語文献のばあいには Braverman（1974: 123）のように，日本語文献および翻訳文献のばあいにはブレイヴァマン（1978: 123）のように略記し，著者・刊行年・引用頁のみをしめす。引用・言及される著書・論文などの詳細については，巻末の「参考文献」を参照していただきたい。

2．引用文中の／はパラグラフの切れ目を表わす。引用文中の…は，引用者による省略を表わす。また，原著者の強調（外国語文献の場合，原文はイタリック）は o で，引用者のそれは•で，表わす。

3．外国語文献で邦訳書があるばあい，原著引用頁を記さなかったが，逆に，第4章や第5章におけるように，邦訳書があるにもかかわらず，やむをえず引用頁を原著頁のみにして，邦訳書の頁を記さなかったこともある。

4．邦訳書からの引用にさいしては，引用は原則として邦訳書の訳文にしたがったが，したがっていないばあいもある。

接客サービスの労働過程論

序章　本書の目的と構成

1. 本書の目的

　[1] サービス産業の興隆が，現代経済の1つの主要な特徴をなすことはいうまでもないであろう。本書の目的は，サービス産業において中心的労働過程を構成する接客労働過程に焦点をあて[1]，接客サービス労働過程を3つの問題にそくして理論的に考察することにある。すなわち，接客サービス労働過程における3極関係の問題，企業が接客労働を雇用労働として組織化するさいにその動員をはかる感情労働の問題，そして接客労働者の労働が顧客の側に移転される労働移転にかかわる問題，である。本書はこれらの問題を，それぞれ本書の第Ⅰ部，第Ⅱ部，第Ⅲ部として考察する。

　この序章では，本書で展開される研究がどのような性格をもち，どのような研究史上の系譜に位置づけられるか，また本書の中心的考察対象はなにかについて，さらに本書の各部での展開内容について，あらかじめ予備的な案内をあたえておきたい。

　[2] 本書の考察が依拠しているのは，1980年代以来欧米で展開されてきた接客サービス労働過程の研究である。まずその点から本書の性格をかんたんに素描しておくことにする。

　これまでの欧米左派の労働研究は，1974年に公刊されたハリー・ブレイヴァマン『労働と独占資本』（ブレイヴァマン，1978，原著1974）を1つの軸としておこなわれてきた。この本は，マルクスの『資本論』における労働過程の研究視角を継承し，この研究視角の妥当性を現代の労働過程において確証することをねらいとしていた。すなわち，マルクスにならって雇用労働者の労働力からの労働の引き出しを資本主義的労働過程の中心問題として設定し，テイラリズムによる「構想と実行の分離」過程，したがって労働不熟

練化過程こそが，労働力の労働への転換という問題にたいする唯一の有効な解決法であり，現代の労働過程を特徴づける中心的原理である，と主張した。

『労働と独占資本』は，のちに労働過程論争として知られるようになる広範な問題や疑問や批判を引きおこし，そのなかからすぐれた労働研究がうみだされた。主要な研究成果は3つあったといえる。第1に，ブレイヴァマンの主張するようにテイラリズムだけが労働過程の唯一の組織化方法なのではなく，雇主はさまざまの労働者統制方法や統制戦略を用いるのを確認したこと，第2に，ブレイヴァマンは労働過程にある労働者を即自的階級としてだけ分析し対自的階級としては分析しなかったが，対自的階級としての労働者にまで，つまり労働者の意識＝主体の意識にまで考察を広げなければならないこと，しかしそれは同時に管理者による統制にたいする主体の反応を，すなわち労働者の抵抗や同意を，視野に収めざるをえなくすること，第3に，第2次大戦後に先進資本主義諸国では内部労働市場を中心とした労働者統制システムが定着し，これの成功が労使関係の安定をもたらしたこと，である。以上の労働過程論の諸成果については，鈴木（2001）を参照されたい。

しかし1990年代に入ると，労働過程をめぐる論争や議論は急速に衰えていく。むろん『労働と独占資本』を手がかりとした研究も現われたし，これに言及する論考もいまなお多いが，労働過程論争の最盛期に現われたような独創的な労働過程論も，またその観点からのブレイヴァマン批判も数がへり，労働過程を考察する焦点が拡散した。1970年代-80年代にしめされた労働過程論の活気は，あきらかに低下した[2]。

［3］労働過程研究の全般的停滞状況とは裏腹に，1990年代には同時に，労働過程の特定分野の研究が，すなわち接客サービス労働の研究が，質的にも量的にも優勢なかたちで台頭してくることになる。事実，労働者の同意形成論をもってブレイヴァマン以後の労働過程論争に参加したM.ブラウォイは，現時点からこの論争を顧みて，アメリカ労働社会学の関心は労働過程論から労働運動論に移行したが，この移行が生じたとき同時に労働過程研究へ

の「フェミニズムの注入」がおこり，男性中心の工業労働から女性が優位なサービス労働への関心の移動が生じた，と指摘する（Burawoy, 2008: 372, 377-378）。ここで彼がいう「フェミニズムの注入」とサービス労働への関心の移行とは，次の3つの内容をさす。第1は，ジェンダーが労働者統制に利用される仕方への関心の高まりであり，第2は，労働概念を無償の家庭内労働にまで拡張したことであり，第3は，サービス労働の考察対象が労使間の2極関係から，これに顧客をくわえた3極関係に拡大し，このさいとくに感情労働とケア労働が注目されてきたこと，である。こうして労働過程研究は，その有力な研究分野としてサービスセクターや接客労働過程を明確にとらえるようになる。

しかし左派の労働過程研究における生産労働研究からサービス労働研究へのこの転換は，経営学とくらべると，あきらかに立ち後れていた。というのは，経営学における接客サービス労働の研究は，すでに1970年代から生産労働とは異なるその特殊性に着目しはじめていたからである。この着目はアメリカでは，1970年代から1980年代，90年代をつうじて，サービスの生産ライン・アプローチとエンパワーメント・アプローチの対立に現われていた。

1970年代にサービスの生産ライン・アプローチを提唱したT.レヴィトの先駆的考えをみておこう。彼は，人間集約的なサービスセクターと資本集約的なそれ以外のセクターという通常の二分法に反対して，すべてはサービスセクターであり，ただサービス部分が大きいか小さいかのちがいでしかない，と考える（Levitt, 1972: 41-42）。たとえばゼネラル・モーターズは自動車製造だけではなく，販売にともなう顧客サービスをおこなう。シティバンクもIBMも，「工場」作業部分とサービス活動部分をともに含む。にもかかわらず統計上，一方はサービス企業に，他方は製造企業に分類される。このまちがった分類にもとづいて，製造業をテクノクラシー的に考えてタスク自体に能率改善を求め，サービスを人間主義的に考えてタスクの遂行者の技能と態度に能率改善を求める。だがこの発想では，サービスの質と能率の改善は永久に望めない。解決は，サービスへのテクノクラシー的思考の適用に求めるべきである。すなわち，マクドナルドのハンバーガーショップに典型的

にみられるように，商品の製造過程も包装過程もマーケティング過程も，テクノロジー（たとえばパック化されたパティや冷凍ポテトの規格化されたフライ揚げやフライをすくうスコップやコード化された包装紙など）に依拠して標準化してしまえば，従業員の裁量の余地はなくなり，サービス労働も製造労働と同じになる[3]。こうして「ひとたびサービス産業の管理者と顧客サービスクリエイターが自分がじっさいに製品を製造していると真剣に考えはじめるならば，製品の製造業者と同じように考えはじめる」(Levitt, 1972: 51-52)[4]。

このような「サービスの工業化 industrialization of service」(Levitt, 1976: 65, 66, 70, 73) は，機械装置や道具などのハードなテクノロジー，スーパーマーケットやファーストフード・レストランなどの組織され計画されたシステムであるソフトなテクノロジー，ハードな設備と計画された工業システムの結合としてのハイブリッドなテクノロジー，によって可能になる (ibid.: 66-68)。サービスの工業化は将来のサービス経済において，「生産性と生活水準における飛躍的進歩をもたらすことができる」(ibid.: 74) とされた[5]。

以上にたいし，1990年代には，ひどい顧客サービスや非能率な作業というサービスセクターの問題[6]の解決策として，高質のサービスの提供を強調するエンパワーメント・アプローチが提起されてくる。これは，生産ライン・アプローチをウェーバーの官僚制やテイラーの科学的管理と親和的な，伝統的な管理者によるヒエラルキー的な統制志向的アプローチとみなし，これに労働者参加と自己管理を中心とする参加志向的アプローチを対置するものだった (Bowen and Lawler, 1992: 271)。生産ライン・アプローチでは，マクドナルドに典型的にみられるように，労働者が顧客にあいさつし注文を取る，注文品を集めトレイにおく，金を受け取り釣り銭をわたす，ありがとうとまたのおこしをいう，といった動作やセリフはすべて台本化される。要するに，「管理者が設計し，従業員がそれを実行する」(ibid.: 273) のであるが，これにたいしエンパワーメント・アプローチは従業員を厳格な統制から解放し，従業員に考え・決定・行動の自由と責任をあたえる。それは管理者

が，①権限・情報・知識・報酬を組織全体に配分することによって，従業員を「エンパワーされた精神状態 empowerd state of mind」にし，②従業員の選抜と訓練に大きな投資をするとともに多くの権限と責任を付与し，③従業員に，提案への参加，職務参加，利潤シェア・従業員株式所有・ストックオプションなどを基礎とする高度の参加，を実施することによって従業員の技能水準を引き上げ，より多くの裁量をあたえることによって従業員に主体的に顧客をあつかわせるアプローチだった（Bowen and Lawler, 1995a; 1995b）[7]。

［4］以上は経営学のサービスの人的資源管理にみられた2つの方向だったが，すこし視野を広げてサービス・マネジメントの領域をみてみると，ここでもすでに1980年代から新たな学派が接客サービス労働の特徴に注目し，接客労働の3極関係にも言及していた。エンパワーメント・アプローチはあきらかに，新たなサービス・マネジメント学派に属しており，これに連なっていた。だが新たなサービス・マネジメント学派と批判的労働社会学では考察視角がちがっていた。ことに労働過程論の伝統にたつ批判的な労働社会学的研究は，たとえば第1章で取り上げる接客労働の3極関係をあつかうにしても，新たなサービス・マネジメント学派とは，サービス労働や労働者にたいする視角をまったく異にしていた。以下ではかんたんに，1980年代以後のこの学派の研究の特徴をみておこう。

M. コルジンスキ（Korczynski, 2002）は，接客サービス労働にたいする新たなサービス・マネジメント学派の見解と，批判的労働社会学の見解とを対比的に考察し，新たなサービス・マネジメント学派の特徴づけを試みている。彼は，新たなサービス・マネジメント学派が，サービスの生産ライン・アプローチを拒絶し，サービス・マネジメントの手法として，一連の新たな人的資源管理（Human Resource Management, HRM）の実践（従業員の周到な選抜，高質の訓練，支援システムの整備，エンパワーメント，チームワーク，適切な業績測定，報酬と業績承認，サービス文化の開発）を提唱するものとして紹介する。そのうえで彼は，この学派のサービスの3極関係に

たいする把握[8]を次のように批判する。この学派の人的資源管理の処方箋は「3者ともに得するシナリオ a win: win: win scenario」[9]を前提とし，顧客志向，顧客の重視こそがこのシナリオを実現する，と説く。すなわち，企業が顧客を重視すれば高質のサービスをうみだすので，顧客は得をする。企業が顧客に接近すれば，顧客情報を得て顧客の再来を勝ち得て競争に打ち勝つので，企業は得をする。労働者も，顧客に高質のサービスをあたえる機会と自律性によって動機づけをあたえられ，顧客サービスの価値にもとづいて行動するようにエンパワーされるので，得をする，と（Korczynski, 2002: 26; 2001: 79-80）。このシナリオを支えるのが「満足の反映関係 satisfaction mirror」である。すなわち，労働者が顧客の満足をうみだすならば労働者の職務満足がうみだされ，逆に労働者が職務に満足していれば顧客も高質のサービスを受け取るので，両者の満足は相関する[10]。しかしコルジンスキは，この見方を支持する研究はなんの経験的証拠も提出していない，と批判する（Korczynski, 2002: 29-33, 40）[11]。

コルジンスキはさらにふみこんで，この学派が依拠するサービス・マネジメントの根本的前提をあきらかにする。それは，サービスの職場には利害対立が存在せず，当事者間の利害の究極的な一致と調和が想定される点である。管理者と顧客の利害が一致するのは，顧客が満足すれば顧客が企業に忠誠をしめすようになり，したがって企業はもうかる収入を保証されるからである。証明がむずかしい労働者と顧客の利害の一致は，労働者が顧客を満足させれば労働者は職務に満足し，逆に労働者が職務に満足すれば顧客も労働者から高質のサービスを受け取って満足するという，満足の反映関係によって達成される。だから満足の反映関係とは，顧客，労働者，管理者の3人のすべての当事者の利害の共通性をうみだすための工夫であるにすぎない。こうなれば3人の当事者間にどんな敵対や対立が生じるとしても，それは利害の衝突ではなく，誤ったコミュニケーションの結果であるにすぎない。たとえば労働者が顧客に高質のサービスを引き渡すことができないとき，顧客にも労働者にも欲求不満と緊張が生じ，顧客は，管理者か労働者にたいし不平をもつ。しかしこれは，企業が適切に「顧客の声を聞」かなかったからであ

り，誤ったコミュニケーションの結果なのである（Korczynski, 2002: 37-39）。

新たなサービス・マネジメント学派にたいする，このコルジンスキの批判は正しいと思われる。じっさい Zeithaml and Bitner（1996），Zemke and Schaaf（1989），ヘスケット（1992），アルブレヒト／ゼンケ（1988）など，この学派に属する論者の本にあたれば，コルジンスキの見方が完全に裏書きされているのをみる。この点で，現代経営学のサービス・マネジメントやそれを志向する人的資源管理が接客サービス労働過程を分析する視点は，労働過程学派がそれを分析する視点とは根本的に異なるのである[12]。

［5］現代経営学が，このように比較的早くから接客労働の特殊性に着目してきたのとくらべると，左派の労働過程研究は伝統的な生産労働を基礎としたものにとどまり，立ち後れていた。『労働と独占資本』の考察も生産労働が中心であり，ホワイトカラーではわずかに小売労働者と事務労働者をあつかったにすぎない。そのばあいでも，それらにテイラリズムが適用されて「構想と実行の分離」が進展する，と主張するにとどまった。この発想を継承する限り，（電話応対などの接客過程を含む）ホワイトカラーの労働過程の研究も，テクノロジーや新たな分業による職務の標準化・単純化によって，労働がテイラー化されて低質化や低賃金化が進み，工業労働者と同じくホワイトカラーもプロレタリア化する，という議論をこえることができなかったのである[13]。

しかし1980年代に入ると，左派のなかから接客労働の独自性に着目したいくつかの研究が，先駆的に出現してくるようになる。それが本書の依拠した接客サービス労働過程の諸研究である。まず，A.R.ホックシールド『管理される心』（2000, 原著は Hochschild, 1983a）がある。これは客室乗務員と集金人の参与観察にもとづいて，顧客にたいし接客労働者が感じるべき感情規則を企業が設定して，労働者の感情労働を統制する過程を描き出した。この本のなかでホックシールドが創造し駆使している感情労働の概念は，邦訳の刊行によってにわかに日本の学界やマスコミでも論じられるようになった。

次に，S.P.ベンソン『対抗文化』(Benson, 1986) がある[14]。これは，19世紀末以来のアメリカのデパートにおけるセールスウーマンと管理者と顧客の3者の対抗関係のなかで形成される独自の労働文化を研究したすぐれた本である。さらに，R.ライドナー『ファーストフード，ファーストトーク』(Leidner, 1993) が出る。これはマクドナルドの店員職務と生命保険会社の保険勧誘員職務の参与観察にもとづいて，接客労働のルーティン化の独自性を比較分析する。ライドナーの研究は接客労働のルーティン化という労働統制の面からも見逃せない研究だが，リッツアの研究（1999; 2001）もこれに連なる[15]。さらにはやや異色だが，N.Y.グレイザー『女性の有償労働と無償労働』(Glazer, 1993) がある。グレイザーはフェミニズムの立場から，賃金労働者がおこなっていた有償労働が無償労働に転換される「労働移転」過程を分析する。スーパーマーケットのセルフサービス化では小売労働が顧客に移転されて無償労働化され，また看護労働のセルフケア化では，病院で看護労働者がおこなっていたケア労働が，病人や家族がおこなう無償労働に転換される。グレイザーはこれらの過程を分析し，労働移転の原因と結果，それの無償労働者（おもに家庭内の主婦）への影響を考察した。

　これらの研究は接客サービス労働過程を独自の視点から分析したものであるが，いずれも接客労働過程の最大の特徴として労働過程における顧客の存在をとらえている点に，従来の労働過程研究をこえる把握をしめしていた。彼女らは，ブレイヴァマン『労働と独占資本』を意識してこれに言及しつつ，あるばあいには彼の主張の拡張として自説を提示したが，多くのばあいブレイヴァマンが接客労働過程の特殊性をなす顧客の存在を見落としている点を批判して，自説を展開した，といえる。本書の展開がしめすように，接客労働過程では顧客の存在が決定的になるのである[16]。

　これらの研究によって，ブレイヴァマンにしたがってなお製造業などの生産労働を中心に考察してきた労働過程論者も，なお生産労働と接客サービス労働との同一性への固執という姿勢をみせるばあいもあるけれども，いまや接客労働の特殊性を中心とした新たな労働研究の動向に注目し，この動向が提示する論点を取り上げなければならなくなってきている。これが労働過程

研究の現状であるといえる。

［6］本書は，これらの労働過程研究の新たな動向に依拠して，接客労働過程の研究の展開を試みる。

したがって本書は，ブレイヴァマンがマルクスから継承した労働過程論の問題設定を受け継いで，雇主が雇い入れた労働者から労働をいかに有効に引き出すかという問題を資本主義的労働過程の中心問題とみなし，労働市場構造の分析からはけっしてあきらかにならない労働過程における労使の行動に焦点をあてる。だから本書で考察される接客サービス労働は，とうぜんに企業に雇用される賃労働であり，たとえば自営業としてのそれを本書は中心的考察対象にしない。本書の関心は，賃労働としての接客サービスの労働過程にあり，そこにおける労使の関係にある[17]。

さらに，ブレイヴァマン以後に展開されてきた労働過程論の伝統のなかで，生産労働についてしめされた資本主義的労働過程の特徴・傾向や，労働統制方法や，労働者の行動様式などについて，本書は，賛成するにせよ批判的であるにせよ，それらを労働過程理論を形成してきた伝統的パラダイムとして，とうぜんのこととして前提している[18]。たとえば，R.エドワーズの労働者統制システムの類型論（Edwards, 1979）や，M.ブラウォイの労働者の同意形成論（Burawoy, 1979）や，A.フリードマンの管理者の統制戦略論（Friedman, 1977）などの議論は本書では前提される。これはむろん，これらの議論を知らなければ本書の内容が理解できないといっているのではなく，本書の議論はこれらの議論に立脚しているという意味である。本書は必要なばあい，これらの議論をそのつどかんたんに説明するし，すくなくとも理解のために必要な入手しやすい文献は指示する。

そのうえで本書は，接客労働過程論者が1980年代以来押し進めてきたこれらの接客サービス労働の研究成果を，大きく3つの主題に絞り込んで検討と展開を試みる。すなわち，接客労働の3極関係，感情労働，労働移転である。いずれも生産労働の研究にはみいだしえなかった論点である。これらの論点を，本書は，もともとそれを展開した論者たちが試みた以上に，またそ

れを受けてその後の労働過程論者が展開をはかった以上に，労働過程論のパラダイムや問題圏のなかに組み入れ，そのなかに位置づけようと試みる。これによって従来の労働過程論が気づかず，見落としてきた側面を照らし出し，労働過程論の問題圏を押し拡げ，その射程を拡大することをめざす。同じくこれによって，労働過程論というごくせまい限定された視角からではあるが，この視角からの労働研究の展開が現代のサービス経済あるいは消費社会の特質の解明に役立つことをあきらかにしてみたいと思う。

2．接客サービス労働とはなにか

［1］あらかじめ，本書の考察対象をなす接客サービス労働とはなにかを明確にして，考察対象を限定しておくことにしたい。以下では，接客サービス労働の定義，特徴，接客職務における接客部分と非接客部分との区別，接客サービス労働の諸類型，について説明をあたえておく。

接客サービス労働とはなにか，という基本的な点からみよう。まずあきらかなことは，接客労働が製造業などの生産労働と区別される最大の特徴が，接客労働過程には顧客が存在し，顧客が労働者の労働対象となる点である。すなわち，「サービス産業では，労働対象は顧客，ユーザー，クライアントである」点（Glazer, 1993: 17)，相互行為的サービス労働では「人びとが労働過程の原料」となる点（Leidner, 1993: 2, 17, 29-30, 86, 178)，である。グレイザーでは，労働対象が顧客となるのが「サービス産業」とされている点に曖昧さが残るが，接客労働過程では，労働者は労働対象としての顧客に働きかける。

この働きかけは労働者と顧客との相互行為 interaction のかたちをとり，このかたちで顧客に引き渡される。ライドナーは，接客労働を「労働者が顧客と直接に相互行為することを必要とする職務」という意味で，相互行為的サービス労働 interactive service work と呼ぶ（Leidner, 1993: 1-2)。またフラーとスミスは，タスクが「直接に顧客に奉仕すること」であるような接客労働者を，相互行為的サービス従業員 interactive service employee と呼ぶ（Fuller and Smith, 1991: 1)。これらにしたがえば，接客労働とは顧客を

労働対象とする労働過程において，顧客との相互行為をつうじて顧客に奉仕するサービス労働である，と理解できる。このさいもちろん，労働者の顧客との相互行為は，電話やインターネットをつうじての接触におけるように，かならずしも顧客との文字どおりの対面を意味しなくともよい。

［2］このように接客サービス労働が，労働者と顧客との相互行為をつうじて顧客に引き渡されることから，この労働の特殊性がいろいろのかたちで指摘される。たとえば A. ワートンは，サービスは有形でない活動で，同時に生産され消費されるためにふつうは顧客とサービス提供者との相互行為をつうじて引き渡されると主張する（Wharton, 1993: 206）。また P. ミルズは，サービスを行為・ふるまい・努力と定義して，2つの特徴を指摘する。第1は，サービスの産出物が無形であり，したがってサービスの消費が即時でありそれが貯蔵不可能であること，第2は，生産者と消費者の近接であり，サービス生産では直接の人格的接触のなかでサービス提供者（従業員）と消費者がサービスの引き渡しのために相互行為すること，である（Mills, 1986: 5-7）。ワートンのいう「サービス」をミルズのように「行為・ふるまい・努力」と（すなわち接客サービスと）理解するならば，彼女の主張はミルズのそれとほぼ重なり合う。

M. コルジンスキはもっと包括的に，接客サービス労働の特徴を論じる。彼は，サービス労働には伝統的に5つの特徴が指摘されてきたが，接客サービス労働はこれらの性質すべてをもつ，と主張する。それは，①無形性 intangibility，②消滅性 perishability，③可変性 variability，④生産と消費の同時性 simultaneous production and consumption，⑤不可分離性 inseparability，である（Korczynski, 2002: 5-6）。例をあげつつ，これらの特徴を説明しよう。

①無形性とは，たとえばレストランで顧客が受け取るサービスや看護師が患者におこなうサービスは無形なので，触れることができない点をさす（Korczynski, 2002: 5）。このため顧客によるサービスの認知が重要になり，サービス企業は，顧客がすぐに認めるイメージを作って無形のものを「有形

化」しようとする（Nickson et al., 2001: 172）。ここから素材の売り込み，会社のロゴ，製品デザインや包装，建物などのハードウェア・アプローチと，サービスの質，引き渡し，生産者と消費者とのあいだの感情的相互行為の強調などのソフトウェア・アプローチが生じる。

②消滅性とは，接客サービス労働の貯蔵不可能な性質を意味する。ここから，サービス需要が発生した時点ですぐにサービス提供がおこなわれなければならない事態が生じる。このために，たとえばマクドナルド店では，店員は勤務シフトを1週間前に掲示されるが，予定時間が終わっても店が忙しければ超過時間を働くことを，ヒマならば予定時間終了以前の退出を，求められる（Leidner, 1993, 63; 2002: 22）。

③可変性とは顧客が千差万別である点をさす[19]。このため接客労働は特個idiosyncraticとなる。企業は顧客行動の可変性を減ずるために，表示，インテリア，宣伝などをつうじて顧客行動の統制をめざす（Leidner, 1993: 31-34）。あるいはサービスの一様な質を保証するためにサービス提供のルーティン化，単純化，標準化，台本化をめざす（Nickson et al., 2001: 173）。

④生産と消費の同時性とは，サービスの生産と消費とが同時におこなわれる事態をさす。

⑤不可分離性とは，サービス生産から顧客を切り離すことができないこと，あるいはサービス生産への顧客の参加を意味する。ここから高質の接客行為を保証するためには，従業員が「最初に適切に応対」する必要が生じる（Nickson et al., 2001: 172）。そればかりではない。サービス生産への顧客の参加こそ，顧客（消費者）の役割を高める理由だと指摘される。たとえばホジソンは，サービスの生産と消費の同時性にもとづく「生産過程における消費者のこの直接的参加が，サービス産業の成長が現代のビジネス活動のなかで『消費者』が現在もつ役割を高めてきた決定的な点である」（Hodgson, 2001: 119）とさえ主張する。

接客サービス労働は以上の特徴をもつが，とりわけ重要な側面は，前に指摘したように接客サービスが，顧客との人格的接触を，あるいは顧客との相

互行為をつうじてだけ顧客に引き渡される点である。上の①〜⑤の特徴は，すべてここから生じるといってよい。

　接客サービスが顧客との人格的接触をつうじてしか顧客に引き渡しえず，接客サービス労働が労働者と顧客との相互行為としてしか存在しえないとすれば，接客労働では「売られる生産物，労働過程，労働者のあいだに明確な区別が存在しない」（Leidner, 1993: 2, 12；また1996: 30もみよ）ことになる。極言すれば，「顧客にとっては，サービス提供者がサービスである」（Grove and Fisk, 1989: 428），あるいは「相続計画や経営コンサルティングのばあいのように，なんら有形のものが引き渡されないとき，サービス提供者は，しばしば顧客の目からはサービスなのであ」る（Bowen and Lawler, 1995a: 290），といえる。労働者のおこなう相互行為（＝顧客との接触行為）それ自体が労働過程をなすとともに，売られる生産物をなすのである[20]。この特性はのちにみるように，管理者による顧客統制や労働者統制を考えるうえでも，またこれらにたいする顧客の反応を考えるうえでも，つねに念頭におくべき事情である。

　［3］次に，職務としての接客労働と狭義の接客労働を区別しておく。職務としての接客労働は，ほとんどのばあい，顧客との相互行為（接客）部分と非相互行為（非接客）部分をもつ。接客サービス労働に属するある職務はたいていは2つの部分からなっている。たとえば，大部分が相互行為部分からなる精神医療労働のようなばあいでも，書類作成のような非相互行為部分を含んでいる。また旅行代理店の労働者は，旅程や宿泊や予算や顧客が望む交通手段や宿泊施設，それらの利用時間や料金を聞き出し，顧客に切符を手渡すなどの対応をするが，これが顧客との相互行為（接客）部分をなす。他方，交通手段や宿泊施設の状況を調べて予約や切符の手配をするのが，非相互行為（非接客）部分にあたる。この相互行為部分と非相互行為部分は，「フロントオフィス」と「バックオフィス」，「フロントステージ」と「バックステージ」，「オンステージ」と「オフステージ」などと呼ばれて区別されることもある[21]。

本書が考察対象とするのは，本来の（狭義の）接客労働過程であり，労働者と顧客との相互行為部分である。

［4］最後に，かんたんではないが，接客サービス労働の類型化を試みよう。先にのべたように，接客サービス労働過程では，売られる生産物，労働過程，労働者のあいだの区別が曖昧であり，区別がつかないこともある。だがライドナー（Leidner, 1993: 25-27）は，接客サービス労働が取引対象と分離できる程度にしたがって，接客サービス労働を3つに類型化する。これを紹介しよう。ただし，彼女があげる例には適切でないと考えられるものがあるので，例だけは若干変更してある。

第1は，接客サービスが取引対象と分離できるが，取引対象の引き渡しにさいし重要な部分をなすケースである。販売労働，ファーストフード・レストランの窓口労働，銀行のテラーの労働などが，これに属するであろう。たとえば，マクドナルドではハンバーガーが取引対象をなすが，これの引き渡しに関連する接客サービスは，ハンバーガーを生産して販売する労働過程の重要な構成要素をなしている。

第2は，接客サービス労働が取引対象と分離できるが，顧客によるサービス体験が取引対象の質を決定するほどの重要性をもつケースである。バーのホステス，弁護士，会計士の労働などがこれに属するであろう。たとえばバーでは，たんに酒だけが取引されるのではなく，ホステスの会話，立ち居ふるまい，酒の勧めかたが，酒のうまいまずいに直接影響する。

第3は，接客サービスが取引対象と分離できず，取引対象が接客サービス労働と癒合しているケースである。たとえば，精神科医や保健ケアの労働，対面的教育労働，売春婦の労働などがこれに属する。たとえば教育労働は，教員のパーソナリティ，学生への接し方，教え方，さらには身だしなみ，話しかた，ジェスチャー，教員が醸し出す雰囲気などと切り離せず，これらが取引対象である教育労働サービスの一部を構成し，これと癒合している。

取引対象が1から3に向かっていくにつれて，取引対象は有形から無形へと傾斜していくものと考えられる。この傾斜は明確なものではない。たとえ

ば第1のケースで，取引対象は有形と考えるとわかりやすいが，しかし例としてあげている銀行のテラーの作業は純粋に有形物の取引にかかわる労働とも言い切れないので，第1のケースについても取引対象の無形性という含みを残しておく必要はある。また第3のケースでは取引対象は無形と考えるとわかりやすいが，そのばあいでも取引対象はかならず対人サービスになるというのではなく，取引対象は対人サービスを含まない情報からなるばあいもある。

　どんな類型化についてもいえることだが，以上の類型には収まらない例が含まれていたり，諸類型の境界領域にある接客労働がどの類型に属するのか，曖昧な例が存在するにちがいない。しかし，接客サービス労働を以上のようにとらえるならば，それはサービス業とか第3次産業に限定されずに，生産企業が流通業者などの顧客と接触する労働過程にも存在することになろう。

3．本書の構成

　[1] 最後に，本書の構成をのべておきたい。本書は，第Ⅰ部「接客労働の3極関係」，第Ⅱ部「感情労働」，第Ⅲ部「労働移転」の3部構成をとる。

　第Ⅰ部「接客労働の3極関係」では，接客労働過程における管理者‐労働者‐顧客の3極関係を論じる。この関係は，第Ⅱ部であつかう感情労働や第Ⅲ部であつかう労働移転の問題を論じるさいに，接客労働の考察に前提されるものである。というのは3極関係こそ，接客労働過程の基本構造をなすからである。第1章では，3極関係を接客労働過程の正面に設定して，3者の関係を3極的統制関係として考察する。そしてそこに形成される利害連携と対立の3つのパターンを取り出し，3極関係から生じる効果を考察する。さらに利害対立の移動を論じる。これをつうじて製造業などの管理者‐労働者の2極的関係ではけっしてみられない接客労働過程の独特の現象が生じてくる次第をあきらかにし，それが接客労働者にあたえる影響を検討する。

　第2章「接客労働の統制方法」では，接客労働者にたいして企業が課す統制方法を具体的に論じる。企業が設定する接客労働者の統制方法にはむろん

生産企業の労働者の統制方法と共通するものもあるが，本章で焦点をあてるのは，顧客の存在を考慮することから生じる独自の統制方法である。雇主による接客労働者の統制は，顧客を利用した労働者の統制方法の採用にいたることもある。本章はさらに進んで接客労働者の独自の統制方法を，労働過程論の伝統に立って直接的統制戦略と責任ある自律戦略の同時的適用として特徴づける。最後に，ここから生じてくる矛盾に依拠して，接客労働者が管理者による統制に抵抗できる可能性を論じる。

第3章「接客労働の歴史的展開」は，S.ベンソンの主著『対抗分化』(Benson, 1986) に依拠して，アメリカの初期デパートにおける管理者－労働者－顧客の3極関係を検討する。ベンソンは接客労働過程には独自の3極関係が存在し，それが階級的およびジェンダー的に分離された職場という事情とあいまって，デパートのセールスウーマンの独自の労働文化＝対抗文化を形成していた事情を描き出す。これは労働史研究であるが，本章はこの研究に，3極関係のなかにおかれた管理者による接客労働者の統制の初期的試みと，管理者が逢着した労働者統制上の困難，さらに労働者による独自の抵抗形態を読み取り，これらを労働過程研究の伝統に照らして検討する。最後に，ベンソンが特徴づけた消費者資本主義を代表する接客労働者たるセールスウーマンについて，いまなお接客労働者の特徴として一般化できる側面を取り出す。

［2］第Ⅱ部「感情労働」は，3つの章からなる。第4章と第5章では，ホックシールドの感情労働論を労働過程論の観点から検討する。これらの章は彼女の主著『管理される心』の邦訳がない時点で執筆されたものなので内容紹介にかなりの紙幅を割いているが，それでも感情労働論を労働過程論の文脈のなかに位置づけようと試みたものとして，まだ存在価値を失っていないと考えている。

第4章は，航空機の客室乗務員と集金人の感情労働を管理者が動員するさいに生ずる問題をあつかう。第5章は，職業と感情労働の関連が労働者の職業的固定化・再生産にはたす役割，そして職務のジェンダー化にさいして感

情労働がはたす役割，を検討する。ホックシールドが強調したようにジェンダー関係は階級関係や階層関係と交差し，ことにジェンダー関係を支えるものとしての感情労働の役割は接客労働の理解にとって決定的重要性をもつにもかかわらず，また感情労働の華々しいあつかわれかたとは裏腹に，日本ではほとんど論じられない。第5章には，感情労働論をなぜ労働過程論の文脈に位置づけなければならないかを説明した文章を補論として付した。

第6章では，ホックシールドの感情労働論が論じられるとき，しばしば浴びせられる彼女の感情労働論にたいする批判を検討する。すなわち感情労働の行使は，ホックシールドが主張するように感情労働のコストをもたらし，労働者に落ち込み，感情的疎外，感情的こごえなどをうみだすものではなく，労働者は企業が命じる感情労働の行使をむしろ演技と自覚し，ばあいによってはこの演技を楽しむことさえある，という批判を考察する。この批判は感情労働論にたいする初期のもっとも大きな批判の1つをなしたが，第6章はこの批判にたいし，労働過程論の研究成果を動員して検討を試みる。

［3］第Ⅲ部「労働移転」は，第6章と第7章からなる。労働移転とは，それまで賃金労働者がおこなっていた労働が顧客の側に移転されて，顧客自身が労働をおこなうようになる過程をさす。これを正面から取り上げたのは，アメリカのフェミニスト社会学者であるN.Y.グレイザー『女性の有償労働と無償労働』(Glazer, 1993) である。顧客（消費者）自身が，以前は賃金労働者がおこなっていた労働の一部を代行させられるという現象は，グレイザー以前にも指摘されていたことは，第6章でのべるとおりである。ただ，グレイザーはフェミニストの観点から，また一部は労働過程の観点からも，深く掘り下げた検討を加えている。彼女が労働移転の事例として取り上げたのは，スーパーマーケットのセルフサービス化と，病院における看護労働のセルフケア化である。本書もこれにしたがって，第6章でセルフサービス化を，第7章でセルフケア化を検討する。

第6章は，アメリカにおけるスーパーマーケットの成立とともに開始されたセルフサービス化を，労働過程の観点から検討する。第6章は，セルフ

サービス化がおこなわれた原因と条件，それが就業労働者にあたえた影響，家庭内女性（おもに主婦）にあたえた影響，動員されたイデオロギー，労働低質化，賃金低下，そして低賃金女性労働者内の，また低賃金女性労働者と家庭内女性とのあいだの，同一ジェンダー内対立を論じる。

第7章は，病院内の看護労働の，患者やその世話人への労働移転過程をあつかう。この労働移転は，医療費高騰を抑えるための医療保険の出来高方式から一括払い方式への転換と結びついていた。移転される労働が看護労働であっただけに，その影響は，スーパーマーケットなどとくらべるとはるかに深刻だった。ここでは労働移転がおこなわれた原因や影響を論じるが，ここでも労働過程論の伝統的問題意識や特有の問題設定が前提され，労働低質化，失業，女性労働者間対立，病院における職務構造の変化などが論じられる。

最後に，本書の締めくくりとして終章「接客労働過程論の展望」を配し，本書で取り上げた接客労働過程の諸問題が今後どの方面に展開されうる可能性をもつかを展望し，わたしたちの労働と生活の構造のいかなる側面を照らし出す可能性があるか，を論じてみたいと思う。

注

1） 2011年に亡くなったダニエル・ベルの主著『脱工業社会の到来』（1975, 上・下，原著1973）は現代社会を工業化社会から推転した脱工業化社会と先駆的にとらえたが，彼は脱工業化社会では「人と人とのゲーム」が，すなわちサービス（レストラン，自動車サービス，旅行，娯楽，スポーツ）が拡大し，とりわけ保健と教育が重要となるとみなした。またサービス経済では出会いまたはコミュニケーションが中心的となり，女性雇用が比重を高めるとも指摘していた（ベル，1975, 上：173-174, 195, 219）。

2） トンプソンとスミスは，『労働と独占資本』（1978, 原著1974）の刊行以来，労働過程理論（Labour Process Theory; LPT）の第2の波が1980年代中頃に頂点に達するとともに「明瞭さと凝集力の喪失」にいたり，考察領域が広くなるとともに中心テーマが失われ，共通の土俵を見出すのが困難になった，と評価する（Thompson and Smith, 2001: 41, 44）。そのうえでイギリスを中心に論争を回顧して，研究に現われた4つの傾向を確認する。すなわち，①

ブレイヴァマンやマルクスの擁護とそれらへの回帰，②フレキシビリティ，リーン生産，知識経済などの90年代まで続いた新たなパラダイムの追求，③ポスト構造主義の影響のもとに主体性をLPTと統合する試み，④LPTの拡張とそのコアの再考，である。ここでも新たな展開の1つとして言及されるコールセンター労働の研究において，感情労働論の適用が指摘されていることに注目すべきである。②③についてはさらに，Smith and Thompson (1999) をみよ。またHyman (2006) は，ブレイヴァマンをふまえてマルクス主義における労働理論の意義と限界を論じる。

3) だから熊沢誠もいう。「(受付とか接遇は——引用者) 人間相手の仕事ですから携帯電話や弁当の組立とは違うと思われるかもしれません。しかしそうではありません。…たとえば客が並んでいるスーパーのレジ係などの仕事を観察すると，それは工場の組立労働などと基本的に変わりません」と (熊沢, 2007: 24)。マクドナルドのフライスコップやフライ桶，ケチャップとマスタード・ディスペンサーなどにもとづく現場作業の標準化については，たとえばGarson (1989: 20-21)，Leidner (1993: 49) を，接客行為の標準化についてはGarson (1989: 26-27)，Leidner (1993: 68-69) をみよ。ここでのコンピュータ管理の徹底ぶりは管理経験者に次のようにいわしめた。「マクドナルドの管理者というものはないんだ。コンピュータが店を管理してるんだから」と (Garson, 1989: 39, 237-238もみよ)。

4) このゆえにレヴィトとブレイヴァマンの主張の類似性も指摘される。彼らは「異なる地点と仮定から出発するけれども，製造業セクターからとった機械化と標準化が支配する経路に従うという説明において収斂する」(Seymour, 2000: 160) と。ただし，レヴィトはどちらかといえば力点をテクノロジーの利用＝フォード化においているが，ブレイヴァマンはテイラー化による動作の断片化に依拠した「構想と実行の分離」を強調する，というちがいはある。

5) ギュテクはサービス提供の型を，将来にわたり持続する「関係」型と，短期で匿名的な「出会い」型に類型化するが，出会い型の急増を大量生産財の出現と時期的に同一視する (Gutek, 1995: 34, 233-234)。出会い型のサービス提供が「工業化」されるのは，この点では自然である。

6) たとえばSchlesinger and Heskett (1992: 160) は，アメリカのサービスの質の低下の結果，1990年代に顧客の14％がサービスへの不満のために，68％がサービス企業の無関心のために，サービス企業を見限っている，と指摘する。彼らはファーストフードとしてタコベルとマクドナルドを，デパートと

してシアーズとノードストロームを対比して，新たなサービス経営モデルの必要を力説する。

7） ボウエンとローラーは，生産ライン・アプローチが最適なのは大量のサービスを最低コストで提供するばあいであり（Bowen and Lawler, 1995a: 286），エンパワーメント・アプローチが最適であるのは，サービス引き渡しにおける顧客との関係が持続的になるばあいである，という（ibid.: 289）。どちらの方法が有効となるかには，テクノロジー的制約やビジネス環境や管理者の性格なども影響する。したがって彼らのアプローチは，正確にいえば，どちらのモデルが使われるかは組織がおかれた状況に依存するという「エンパワーメントのコンティンジェンシー・モデル」と呼びうる。

8） 新たなサービス・マネジメント学派は，たとえば次のようにのべる。「『サービス・トライアングル（3極関係——引用者）』はサービス企業，その従業員（サービス提供者），顧客によって構成されている」（ヘスケット，1992: 74，原著は1986）と。またアルブレヒト／ゼンケの「サービスの三角図」（1988: 45，原著は1985）も参照せよ。

9） コルジンスキ（Korczynski, 2002: 26）は，このシナリオは「顧客志向」を標榜するよく知られたピーターズ／ウォータマン『エクセレント・カンパニー』（1983）の議論に含まれていた，と指摘する。

10） たとえばDesatnick（1987: 15-16）は，良好な管理者-従業員関係が従業員-顧客関係に反映されてすぐれた顧客サービスをうむ，と強調する。ボウエンとローラーも「従業員が，管理者は自分たちの欲求を気遣っていると感じるとき，彼らは進んで顧客の世話もよくする」，「サービスの出会いでは，職務にかんする従業員の感情は『あふれ出て』，顧客が得るサービスについて顧客がどう感じるかに影響をおよぼす」と主張する（Bowen and Lawler, 1992: 280；また1995b: 76, 82もみよ）。さらにZeithaml and Bitner（1996: 304）は，「満足した従業員は満足した顧客に役立つ（そして満足した顧客が次には従業員の職務中の満足の感覚を強めうる）」として，「従業員の満足と忠誠心を顧客満足と連関させる，基礎にある論理」をしめす次の図をかかげる（ibid.: 306, fig.11-3）。

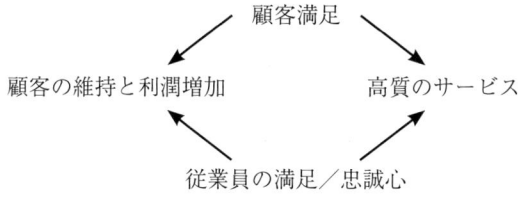

11) コールセンターの現場労働者たちが「3者の得というおとぎ話」に異議を唱えた点については，Korczynski (2001: 96-97) をみよ。ただ新たなサービス・マネジメント学派のいうエンパワーメントの効果を一部肯定し，左派の「統制アプローチ」を批判する左派内部からの批判もある。Rosenthal et al. (1997) は，エンパワーメントは見せかけでじっさいには労働強化と監視の増大を意味するにすぎないと主張する，しばしばみられる左派の見方は支持できず，それは限定的ではあるが従業員にじっさいに利益をあたえている，と主張する (ibid.: 492, 494, 497)。

12) 飯盛 (2011: 142) は，接客労働にかかわるわたくしの議論を取り上げて，アメリカのサービス・マーケティングの分野では3極関係にかんする議論がすでに1990年代からはじまっているにもかかわらず，わたくしがこれを取り上げていないと批判し，労働社会学とサービス・マーケティングのあいだに交流がないのは「学問分野のちがいによるものなのであろうか」と疑問を発している。本文でのべた新たなサービス・マネジメント学派が飯盛のいうサービス・マーケティング学派にあたるが，わたくしがサービス・マーケティング学派の成果を取り上げないのは，わたくしが労働過程学派の見方を支持するからである。飯盛は，サービス・マーケティング学派が3極関係に言及する点を無批判に紹介するだけであり，この学派の考察では3当事者間の構造的な利害対立に注意が払われないばかりでなく，コルジンスキが指摘したように，満足の反映関係という工夫によって3人の当事者の利害対立がみごとに解決され，利害の調和がうみだされている点を，したがって学問的見地からは問題をもつサービス・マーケティング学派の考察方法の欠陥を指摘していない。両学派の交流が乏しいのもサービス労働にたいする接近視角の相違のためだといえる。なお，飯盛の批判にたいするわたくしの全体的回答としては，鈴木 (2012) をみよ。

13) この種の議論は，たとえば Glenn and Feldberg (1979), de Kadt (1979) にみることができる。19世紀の事務労働者の不熟練化は彼らの資本家的役割

の喪失をも意味したとして，ブレイヴァマンを批判する Crompton and Reid (1982) の議論も，基本的にブレイヴァマンの労働低質化テーゼをこえるものではない。Garson (1989) もブレイヴァマン・テーゼに基本的に賛成する立場から，ファーストフード店員，航空会社のチケット予約係，株仲買人などのホワイトカラー労働者との面談にもとづいて「いまでは20世紀のテクノロジーと19世紀の科学的管理法との結合が，『将来のオフィス』を過去の工場に転じつつある」(ibid.: 10) とのべる。ただし彼女はオフィス労働がオートメ化される理由を「人間にたいする非合理な偏見」「思考する人間にたいする根深い不信」すなわち「ほとんどの人びとが怠惰で馬鹿で，あるいは敵意をもつという仮定」(ibid.: 13, 261) に求めている。

14) ベンソンは，2005年に60歳で癌で亡くなった。
15) リッツアは効率性，計算可能性，予測可能性，制御からなるマクドナルド化テーゼを打ち出すが，Bryman (2009) はこれと並んでディズニー化 (Disneyization) テーゼを定式化する。これは，(レストランチェーン，パブ，ホテル，モール，空港などにおける) テーマ化，(ショッピングや食事やカジノなどの諸消費の結合としての) 消費の脱分化＝集中，(ミッキーなどの図やロゴの形態での) 売り込み，感情労働の散布，という４つの傾向からなる。以上については，ブライマン (2008) もみよ。
16) このゆえに接客労働過程では「顧客関係を考慮することなく，(労働——引用者) 統制の性質を理解することは困難である」とか，サービス企業の労使関係は「３人のキー的当事者を含む関係の３極 triangle として」もっともよく理解できる，と指摘される (Frenkel et al., 1999: 199; 228)。
17) この留保は，とくに感情労働の考察では重要となる。
18) Warhurst et al. (2009) は，ポストインダストリアルやポストモダンの立場からのサービス経済の研究が，分析の焦点を生産関係から消費関係に移動させ，その点で労働過程理論 (Labor Process Theory; LPT) の伝統と手を切っている点を，雇用と労働とはなお資本主義にとって中心的であると，正当に批判する。けれども彼らが，ブレイヴァマンのサービス労働分析を不十分と断じながらも，顧客の存在は従業員の統制の必要をなくさないといってすませたり (ibid.: 99)，ブレイヴァマンは相互行為的サービス労働と生産労働との「有益な区別をおこなっている」(ibid.: 100) などとのべたり，接客労働過程の独自性を感情労働や美的労働の側面だけにみている点には，賛同できない。
19) たとえば Bolton and Houlian (2005: 686) は，顧客を「神話的主権者」「機

能的取引者」「道徳的行為者」という3面をもつものとして描く。また Rosenthal et al. (2001: 19-22) は顧客にかんするアカデミックな言説を「ポストモダン／進取の分析」「統制の見方」「感情労働」「家父長制」「サービス・マネジメント文献」「TQM／エクセレンス」に分け，それぞれに対応する顧客イメージを「消費者はわれわれである」「管理者のスパイ」「感情の吸血鬼」「セクシュアリティの消費者」「共同生産者」「主権をもつ消費者」と特徴づける。

20) マクドナルドとシリアーニも強調する。「サービス職は，生産者がなんらかの意味で生産物とひとしい唯一の職業である。賃労働の他のどんな領域でも，労働者の個人的特徴がこのように強く労働の性質と結びついてはいない」(Macdonald and Sirianni, 1996a: 15) と。

21) たとえば，Frenkel et al.(1999: 6-7) をみよ。接客労働者は相互行為部分と非相互行為部分の双方で仕事を遂行し，相互行為部分はふつうは非相互行為部分を不可欠とする。

第Ⅰ部　接客労働の3極関係

第1章 3極関係と接客労働者

序

　近年，欧米における労働過程研究では接客サービス労働への関心が高まり，それについての研究もしだいに増加してきている。この接客サービス労働の研究では，従来の伝統的なサービス労働論におけるように，無形性や，貯蔵不能性や，生産と消費の同時性などの特徴にではなく，なによりもまず労働対象が顧客となる点に着目され，これが接客サービス労働過程の最大の特徴とみなされるようになっている[1]。

　こうして接客労働過程の考察では，製造業におけるような管理者－労働者の2極関係ではなく，管理者－労働者－顧客からなる3極関係がすえられる[2]。これによって従来の2極関係ではとらえられなかった接客労働の特徴と固有の問題がしめされる。だが日本を含めて従来の接客労働の研究は，総じて顧客の存在に無自覚であり，接客労働の3極関係にも関心を払わなかった。

　本章の目的は，管理者－労働者－顧客の3極関係を接客労働過程の基本構造として正面に設定し，3極関係のなかで管理者，労働者，顧客という3人の当事者が，それぞれどのように行動し，また他の2人の当事者からどのように行動を規制されるかをあきらかにすることである。とりわけこの関係のなかで企業（管理者）が労働者の統制をはかろうとするとき，いかなる問題が生じるかをあきらかにすることである。最後に，これらの問題が労働者にいかなる影響をあたえるかを考察することをつうじて，接客サービス労働者の特質の一端をしめしてみたい。

　本章の構成は次のようになる。まず，接客労働の3極関係と統制ラインをしめし，この統制ラインに含まれる統制関係を取り出す。次にこの統制関係のうち中心的なものとなる顧客の統制と顧客による労働者統制とを論じる。

さらに，接客労働における利害の一致・対立のパターンと利害対立の転移過程を提示し，これらが労使間の統制関係の曖昧化と，労働者による管理者の立場への同調と統制の受容をうみだす事情を論じる。最後に，これらから生ずる接客労働者の特質をのべる。

第1節　3極関係

［1］接客労働過程では，「労働対象は顧客，ユーザー，クライアントである」(Glazer, 1993: 17)。あるいは「人びとが労働過程の原料」(Leidner, 1993: 2) となる。労働者の顧客への働きかけは，労働者と顧客との相互行為のかたちをとる。だから接客サービス労働とは，顧客を労働対象とし，顧客との相互行為をつうじて顧客に奉仕する労働である。相互行為は，顧客との直接的対面ではなく，電話やインターネットの声や文字での接触によるものでもよい。

職務としての接客サービス労働は，接客労働部分と非接客労働部分を含む。接客行為はサービスが取引対象であるばあいにはもちろん，情報，物などの授受にさいしても生じる。たとえばファーストフード・レストランの窓口労働者は，顧客にあいさつし，注文を聞き出し，代金を受けとるが，これが接客労働部分をなす。他方，注文を調理労働者に伝え，食物を袋に詰めたりトレイにのせるという，非接客労働部分もある。患者を検診し診断を下す医師でさえ，カルテ作成という非接客労働を遂行する。本書が焦点をあてるのは接客労働部分である。

企業は，接客行為をつうじて顧客に製品やサービスを購入させようと試みる。企業にとって顧客はやっかいな存在である。消費者資本主義のもとでかつてないほど立場を強くした顧客は，礼儀正しくきめの細かい，しかも迅速な接客行為を要求する。だが企業が接客行為であからさまに顧客を操作しようとすれば，顧客は反発する。そこで企業は，接客行為の管理権・支配権をもつのはあくまで顧客自身だという外観をあたえつつ，顧客行動を誘導しようとする。

企業はこのめんどうな接客行為を雇用労働者に遂行させる。そこに形成さ

れるのが接客労働における3極関係 triangle である。すなわち，接客労働過程には，製造業などの労働過程とは異なって，管理者と労働者のほかに顧客がつけくわわる。このため労働過程への登場人物は，管理者−労働者ではなく，管理者−労働者−顧客の3者となり，3者のあいだの関係は3極関係となる。

［2］接客労働過程の研究では，この3極関係がひんぱんに，いろいろのかたちで言及される。3極関係は日本ではあまり注目されていないので，どのようなかたちで言及されるかを，論者別に羅列して紹介してみよう。

①「私は，サービスの出会いは部分的に対立する当事者たちのあいだの妥協として考察できると提案する。すなわち顧客，サービス提供者，およびサービスの出会いのためにつくりだした環境や規則と手続きのうちに具体化されるサービス企業，という当事者たちのあいだの妥協として，である」(Bateson, 1985: 72)。

②「セールスウーマン，管理者，顧客の複雑な3極関係 triangle」(Benson, 1986: 6, 240)，「セールスウーマン／顧客／管理者の複雑な3極関係 triangle」(ibid.: 270)。

③「顧客−労働者−管理者の3極関係 customer-worker-management triangle」(Frenkel et al., 1999: 33, 198, 201, 208-209, 214, 216, 220-221, 223, 227-228)，「顧客−管理者−労働者の3極関係 customer-management-worker triangle」(ibid.: 208)，「顧客−労働者−管理者の3極的な関係 triangular customer-worker-management relationship」(ibid.: 198)，「管理者，顧客，労働者を含む3極的関係 triangular relationship that included management, customers, and workers」(ibid.: 258)，「われわれはこれらの関係を，3人の行為者のそれぞれが他に依存する3極関係 triangle として概念化する」(ibid.: 199)。

④「……労働者は権限関係の3極的ウェブ triangular web of authority relations にますますとらえられた」(Lopez, 1996: 67)。

⑤「統制と満足をめぐる3路的抗争 three way contest for control and

satisfaction」(Leidner, 1993: 22),「サービス労働の3面的関係 three-sided relations of service work」(ibid.: 124),「労働者,顧客および管理者のあいだのサービス労働の3路的関係 three-way relationship among workers, customers, and managers」(ibid.: 133),「労働者,管理者およびサービス受領者のあいだの統制の3路的抗争 three-way contest of control among workers, management, and service-recipients」(ibid.: 166),「統制をめぐる3路的闘争 three way struggle for control」(Leidner, 1996: 31),「相互行為的サービス労働における関係の3極的パターンの理解は,職場統制の研究を特徴づけてきた抵抗モデルの限界をあきらかにする」(ibid.: 43),「統制をめぐる3路的抗争 three-way contest for control」(Leidner, 1999: 91)。

⑥「サービスの3極関係 service triangle」(Korczynski, 2002: 25),「3極関係 triangular relationship」(ibid.: 158),「3路的関係 three-way relationship」(ibid.: 2),「3面的関係 three-sided relationship」(ibid.: 193)。

⑦「われわれが焦点を,サービス労働の関係的過程の管理者による統制に向けるとき,なにがおこるか。労働者〈対〉管理者という中心的2項は,顧客という第3の当事者の追加によって不安定となるので,労働過程の関係は管理者の統制戦略を理論化する試みを複雑にする3極的相互行為 triangular interaction となる」(Macdonald and Sirianni, 1996a: 5)。

⑧「サービス関係の3路的性質 three-way nature of the service relationship」(Sturdy, 2001: 8)。

⑨「従業員と雇主との主導権争いは,顧客-労働者-管理者の3極関係 customer-worker-management triangle として設定しなおされる」(Gabriel, 2009: 186)。

⑩「小売セクターでは,第3の当事者である顧客の存在が労働過程における不可欠の要素を構成する。製造業企業ではおなじみの労働者と管理者との2路的相互行為 two-way interaction は,販売スタッフ,管理者,顧客の複雑な3極関係 complex triangle of sales staff, managers and customers となる」(Gamble, 2007: 21)。「顧客-販売スタッフ-管理者の3極関係 customer-sales staff-management triangle」(ibid.)。

⑪「管理者 – 労働者 – 顧客の3極関係 management-worker-customer triangle では，顧客が主権をもつのはほとんど疑いないようにみえる。この結果は，『顧客関係』がいまや『労使関係』……や社会関係にたいして特権化されることだ」(Bolton, 2005: 118)。

⑫「サービス労働における雇主，労働者，顧客のあいだにおこりうる3路的な three-way 職場の相互行為を説明または解釈するために，製造業労働者の経験に関連しまたはそれによって枠づけられた発見物，概念，モデルを利用する限りでは，積極的に誤導的となることもありうる……」(McCammon and Griffin, 2000: 279)。

⑬「従業員 – 管理者 – 顧客の3者関係 the tri-partite relationship between employees, managers and customers」(Tyler and Taylor, 2001: 61)。

⑭「その（ホスピタリティ産業の——引用者）生産物の無形の性質や顧客，労働者，それに管理者のあいだの3極関係 triangle のゆえに，それは製造業仕事とはいつもかなり異なっていた……」(Seymour, 2000: 159)。

⑮「『サービスの3極関係 service triangle』——雇主，労働者，消費者——の3人の当事者すべてに関連する革新的方法をみいだすことが，サービス経済における組合組織化の成功のキーであることがわかった」(Cobble and Merrill, 2009: 163)。

［3］さらに，労働社会学の国際誌である *Work and Occupations* は2010年8月に，その第37巻第3号を，接客サービス労働の3極関係にかんする特別号として発行した。すなわち，*Work and Occupations*, Special Issue: Workers, Managers, and Customers: Triangles of Power in Work Communities である。この号は，ゲスト編集者である Lopez（2010）の論文のほかに，接客労働の3極関係にかんする6本の論文を収録している。

以上のように，接客労働過程の3極関係は，欧米左派の労働過程研究では広く認められ，すでに市民権を得ているといえよう。

第2節　2極モデルの欠陥

[1] 接客サービス労働の研究では，以上のように管理者-労働者-顧客の3極モデルの妥当性が主張される。では，従来の労働過程研究で設定される管理者-労働者の2極モデルは，なぜ接客サービス労働の考察では不十分なのか，2極モデルでは顧客の存在が欠落してしまうが，顧客の存在を無視することでいかなる考察の欠陥が生じるのだろうか。2極モデルにたいする4つの批判をみよう。

第1に，ロビン・ライドナーは，2極モデルでは接客労働における管理者と労働者の利害の連携（一致）を考察できない，と主張する。ブレイヴァマンは，タスクのルーティン化とこれによる労働不熟練化が，労働過程と労働者にたいする管理者の統制力を高めると論じた。この理解は，管理者の統制能力を過大視し，労働者の抵抗を無視していると批判されたが，批判者たち自身も，ブレイヴァマンと同じく，労働者と雇主の利害がつねに対立すると理解していた。しかし接客労働では労使間の統制関係が顧客の介入によって複雑にされ，顧客を中心に両者の利害の対立と連携がおこる。ある状況では顧客と管理者の利害が一致して労働者の利害と対立するが，別の状況では労使の利害が一致して顧客の利害と対立する。たとえば委託販売員が管理者と同じく売上高増加に熱心となり，あるいは医療労働者が患者の増加をめざして病院管理者に協力するというように，労働者・管理者・顧客の3者の利害は対立するとともに，連携もする。そして労働者と管理者との利害対立が，両者の利害連携よりも大きいという保証はなにもない。従来の統制の2極モデルでは，この3当事者の利害の対立と連携が見逃される（Leidner, 1993: 3-4, 174-175）。顧客の存在は「職場統制の動力学を決定的に変化させる」（ibid.: 30）のである。

ライドナーの批判は正しい。製造業の統制の2極モデルがそのまま接客職務に適用されるとすれば，このモデルでは労使間対立しか考察できない。顧客はせいぜい労働者の職務内容にかかわる副次的存在としてあつかわれるだけである。しかし本章でこれからみるように，顧客の存在は労使間の利害対

立を複雑にし，状況によっては労使間の利害対立ではなく利害連携を成立さ せもする。これは2極モデルではけっしてあきらかにならない関係である。

　第2に，労働過程に顧客が介入することによって，管理者による労働者の 統制関係にも変化が生じるが，2極モデルではこの変化が見逃される。した がって「監督下にある労働がもはや生産物の組み立てではなく，関係の（労 働過程の関係的要素の——引用者）創造と維持をともなうとき，労働過程を 統制・監督しようとする管理者の試みがいかに変化しなければならないか」 （Macdonald and Sirianni, 1996a: 5）も理解できなくなる。管理者が顧客統 制をめざすとき，管理者による接客労働者の統制にどのような新たな要素が つけ加わるか，が見逃されるのである。たとえば，顧客行動の統制をめざす 管理者が，接客労働者の感情管理過程に介入し，管理者流儀の感情規則を設 定するとき，労働者の精神的統制をくわだてるこの統制戦略が視野から抜け 落ちる。それはとうぜんに，管理者の統制にたいする労働者の抵抗形態の独 自性への無関心ともなる。そればかりではない。次章で論じるように，端的 に，顧客を利用した新たな労働者統制方法すら閑却されるのである。これら は，3極モデルの採用によってのみ正当に理解できる側面をなす。

　［2］第3に，ライドナーは，接客労働では労働対象が顧客なので顧客をあ つかう労働者の主体性（態度，意識，感情など）の考察が，労働過程を理解 するためには不可欠となるにもかかわらず，顧客を考慮しない接客労働過程 研究はこの主体性を分析できない，と指摘する。

　ライドナーは主張する。ブレイヴァマンは労働過程の考察から主体性を排 除したが，その後の理論家たちも，2つの点で労働者の主体性を十分に分析 できなかった。1つは，主体性をせまく，階級意識・同意・抑圧的労働構造 にたいする抵抗に限定し，労働者の態度や感情を労働条件の受け入れにかか わる限りで考慮したにすぎなかった。接客労働では労働者の主体性の考察が 不可欠であることを理解していたホックシールドでさえ，企業の感情操作の 結果として労働者の落ち込みだけを強調した。だが接客職務では，多くの労 働者は自我の標準化に抵抗するのではなく，自我についての考えをそこなわ

ないように労働役割の再解釈を試みるのであり，ホックシールドも一面的にしか主体性を考察していない。いま1つは，ブレイヴァマン流の労働不熟練化の観点からは主体性を分析できない点である。たとえば，管理者が労働者に接客職務中に感情管理を要求するばあい，労働者が感ずる仕方についての決定権の喪失を労働不熟練化とは規定できない。また仕事仲間との交際能力を熟練とみなすことはできるにしても，顧客の無礼に耐える能力を労働熟練とみなすことはできない，と（Leidner, 1993: 21-23, 212）。

　この批判は鋭い。それは要するに，製造業の2極モデルが無批判に接客労働に適用される結果，労働者意識の考察が階級意識や抵抗意識に局限されること，また労働者の疎外的な感情労働だけが論じられたり，感情労働の疎外を強引に工業労働の不熟練化過程にそくして理解しようとする観点が出てくる，というものである。

　この批判の最初の対象をなすと思われるマイケル・ブラウォイの労働過程研究（Burawoy, 1979）は，独占企業における工場労働者の主体性に焦点をあて，「ゲーム」の経験，内部労働市場，産業的国家という3つの要素が労働者の主体性に作用して「剰余価値の持続的な曖昧化と確保」を実現し，資本主義的生産への労働者の同意を「製造」するメカニズムをあきらかにしたすぐれた研究である（Davies, 1990；また鈴木，2001: 第4章もみよ）。けれどもそれが，考察対象とする労働者の意識を「階級意識・同意・抑圧的労働構造にたいする抵抗」に限定していることは否めない。主体の意識にたいする接近視角がせますぎるので，この視角では接客職務の労働者の日常的な意識や態度をあつかうことができない。接客職務の感情労働者にかんするホックシールドの考察についてもさまざまの批判があるが，その1つは，彼女が疎外的な感情労働だけをあつかっており，労働者にとって耐えうる，あるいは満足すらあたえうる感情労働もあることを見逃している，という批判である（Leidner, 1993: 23; Stenross and Kleinman, 1989: 436-437, 450; Wouters, 1989a: 115-116; Wharton, 1993: 210, 227；本書第6章をみよ）。さらに，第4章で論じるように，企業による労働者の感情労働の標準化・マニュアル化を，労働者の感ずる仕方にたいする決定権の喪失として，労働の不熟練化過

程とみなすホックシールドの理解にはあきらかに無理がある。

［3］第4に，2極モデルを採用することで顧客の存在を無視することは，「労働と組織の研究が，文化と政治というもっと広範な問題と，あるいはもっと批判的に表現すれば上部構造や統治と，より直接的に関連する可能性を……切り開く」（Sturdy, 2001: 5）可能性を閉ざしてしまう。

　接客労働では，労働者の顧客との接触行為そのものが労働過程の生産物となる。したがってここでは，生産物であるサービスを，生産物を提供する労働者の人格やパーソナリティやものの見方，考え方，あるいは感じ方と切り離すことができない。「賃労働の他のどんな領域でも，労働者の個人的特徴がこのように強く労働の性質と結びついてはいない」（Macdonald and Sirianni, 1996a: 15）。そこで接客企業は，提供するサービスにふさわしいジェンダー，人種，年齢，セクシュアリティの特徴をもつ労働者を選抜し，雇用し，訓練する。だとすれば，生産物を質的量的に改善して，収益増加をはかるために労働過程を統制しようとする管理者の試みは，かならず接客サービス労働者の人格的，精神的生活領域にたいする統制におよんでくる。この点は，すでに感情労働の企業による領有（我物化）を問題にしたホックシールドが指摘していた。すなわち，生産物が労働者の笑顔や気分や感情であるとき，企業はこれらをどこまで自分の要求に従わせることが許されるかという問いかけとして，である。このゆえにサービス労働者にたいする統制は，しばしば「侵害的統制形態 invasive forms of control」（Sturdy, 2001: 5）とか「統制のとくに侵略的形態」（Macdonald and Sirianni, 1996a: 4）などと呼ばれる。労働者は「自己表現にたいする管理権を管理者にゆずりわたすように要求」（Leidner, 1996: 34）されるのである。そうならざるをえないのは，接客労働者の職務につく条件が「最低限それを好むように装うことであり，最大のばあいにはじっさいに自分の自我全体を職務に没入すること，職務を好むこと，相互行為する人びとに純粋に配慮すること」（Macdonald and Sirianni, 1996a: 4）となるからである。組立てラインの労働者は，タスクを能率的に完了できるならば，自分の職務を嫌っても，

それ自体は問題にならない。ところがサービス労働者はそれができないほど，職務と自己の人格とを密着させざるをえない。さらに，接客サービス労働者は管理者によってたえず「顧客はいつも正しい」と教え込まれ，顧客との相互行為でたえず顧客より下位の地位に立つ位置づけを強要され，服装や体重や髪型や化粧やアクセサリーにいたるまで雇主の規制に入ることがある。召使いやお手伝いやナニー（ベビーシッター）は，雇主からはファーストネームで呼ばれるにもかかわらず雇主を「ミセス」と呼ばなければならず，ウェイトレスは名札をつけ客用の出入口から入店できない。こうした相互行為における非対称性は，市民文化を損なうものでさえある（Macdonald and Sirianni, 1996a: 17)。これらの社会的，文化的影響がいかに大きいかはおのずとあきらかである。また企業の統制がこのような性質をおびるとすれば，統制にたいする明示的，暗黙的な労働者の抵抗も独特のかたちをとる。さらに，接客企業が労働者統制によってステレオタイプ化された労働者をつくりだすとすれば，このような労働者の接客行為は，それにたいする顧客の対応の変化をうむ。たとえば顧客は，商業的な感情表示にはつねにこれを割引く感覚を身につける。このゆえに接客労働過程の考察は，現代社会に特徴的な文化と思考様式の考察の可能性を切り拓くのである。

　以上は，リッツアのいう無のグローバル化についてもあてはまる。リッツア（1999, 2001）のマクドナルド化テーゼは効率性，予測可能性，計算可能性および制御の４つの側面にそって生活世界の合理化過程をしめしたが，リッツアとレアはさらに，リッツア（2005）をふまえて，サービス労働の世界的均質化・画一化とアメリカ的基準のグローバル化を論じる。これを紹介しておこう。消費領域のマクドナルド化は無nothingのグローバル化へと進展している。彼らは，地方的に特殊で，文化的に豊富で，土着的内容をもつものをsomethingと，画一的で互換可能で独自の内容を欠くものをnothingと呼ぶ。たとえば地方的季節的食材をメニューに出すレストランをsomethingによって，一様なメニューしかないファーストフード・レストランをnothingによって，特徴づける。マクドナルドの店舗は地理的特徴も絆もない非場所であり，従業員は独自のパーソナリティを欠く非人間であり，

提供する物は地域的場所や季節的時間を欠く非物であり，提供するサービスは一様で不変の非サービスであるにすぎない（Ritzer and Lair, 2009: 33)[3]。グローバル化時代には，something には glocal 化が対応し，nothing には grobal 化が対応する。glocal 化とは，グローバルな要素とローカルな要素との統合を意味する。これにたいし grobal 化とは，成長の至上命令が国家や組織を地球規模の拡大に向かわせ，ローカルなもののなかに居座る過程（growth + ［glo］balization = grobalization）をさす（リッツア，2005: xix）。glocal 化の例は食品のハイブリッド化や異質化であり，たとえばアメリカではメキシコ食品やイタリア食品はメキシコ - アメリカ的，イタリア - アメリカ的となるが，grobal 化では均質的で一様なアメリカ的メニューが押しつけられる。両者は同時進行するが，前者よりも後者が圧倒的に強力である（Ritzer and Lair, 2009: 34-36）。

　消費における以上の変化は，接客サービス労働にも妥当することになる。サービス経済化は，新テクノロジーがルーティン的タスクを知識集約的職務に，工業労働者を専門職・技術職階層に置き換えるというベル（1975上: 171, 180, 184-185; 1975下: 651-652）の脱工業化の主張[4]とはちがって，いわゆるマックジョブのようなルーティン的サービス職務をつくりだしてきた。コールセンター作業が典型である。だからコールセンター業務のアウトソーシングやオフショアリングは，無 nothing のグローバル化を結果する。アウトソーシングとは，海外であろうと国内であろうと，ある企業の活動が別の企業の活動に移転されることを，オフショアリングとは多国籍企業という単一企業内部での活動の海外移転を，意味する。これらによって，たとえばインドのコールセンターではアメリカ人顧客のために会話内容や会話の仕方がマニュアル化され，インド人労働者はアメリカ人の話し方（名前，会話パターン，アクセントなど）を真似なければならない。こうしたサービス労働のグローバル化は，金融や会計，設計やエンジニアリングにもおよぶが，テクノロジーはアウトソーシングの可能性を広げ，テレビスクリーンによる受付係の応対や，コールセンターによるドライブスルーの注文あつかい（マクドナルド）が進んでいる（Ritzer and Lair, 2009: 37-42）。

これが無しかうみださないのは，資本主義，マクドナルド化，アメリカ化と結びついているからである。資本主義は利潤目的に従ってコスト低下をもくろみ，マクドナルド化は作業をルーティン的で反復的なマックジョブにし，アメリカ化に従って無がグローバル化される。コールセンターではインド人労働者は，アメリカ英語のアクセントばかりでなくアメリカ文化を教え込まれて脱インド化され，彼らのアイデンティティがアメリカ的基準に従って無にされる。そればかりではなく，アメリカ人顧客の電話に対応するために労働者は夜間勤務しなければならないので，アメリカ的基準に従った「時間の植民地化」（Ritzer and Lair, 2009: 44-45, 47-48）が生じる。
　こうしてリッツアとレアは，アウトソーシングやオフショアリングによるサービス労働の移転が，nothing の grobal 化にほかならない，と結論する。サービス労働のグローバル化は，のちにみるケア労働のそれにかかわる問題ばかりでなく，端的に無のサービス労働のグローバル化とアメリカ化をうみだしているのであり，これらも顧客を考慮した3極モデルでなければあつかいえない問題なのである。

　以上の批判から，2極モデルにもとづく従来の労働過程論ではあつかうことのできない諸問題の存在があきらかになり，したがって2極モデルの限界があきらかになる。接客サービスの労働過程では，管理者 - 労働者 - 顧客という3極モデルが設定され，管理者 - 労働者 - 顧客という3人の独自の利害をもつ当事者の行動と，この行動が引きおこす他の2者の反応が考察されなくてはならないのである[5]。

第3節　統制ラインと統制関係

　[1] 3極関係のなかの3当事者は，対等な資格をもって3極関係のうちに存在するのではなく，ある当事者が他の当事者を規制する統制ラインのなかにおかれている。2つの大きな統制ラインが存在する。(1)管理者→労働者→顧客の統制ライン（矢印は統制方向をしめす）と，(2)顧客→労働者→管理者の統制ライン，である。

(1)の統制ラインは4つの統制関係を含む。①管理者→労働者，②管理者→労働者→顧客，③労働者→顧客，④管理者→顧客，の統制関係である。①では，管理者は作業中の労働者を統制しようとする。この統制にたいして，労働者が反発したり抵抗するばあいもある。これは生産職務における統制関係と同じであり，統制関係は労働者の非接客行為にもおよぶ。

②管理者→労働者→顧客の統制関係では，管理者は，顧客行動を統制するタスクを労働者にあたえるとともに，このタスクを実行するように労働者の行動を統制する。これが接客労働の統制関係の一般的なかたちである。管理者が顧客行動を統制しようとするのは，顧客行動を定型化し，時間的・場所的に千差万別で可変的な顧客行動の予測不可能性を減じて，労働者の作業能率を高めるためである。顧客行動を統制して作業能率を高めることは，管理者だけでなく労働者自身の利益にもなる。

［2］②の統制関係にある労働者の顧客統制方法をみよう。第1に，権限・地位，また専門知識によって労働者に顧客を統制させる方法がある。ミルズによると，この方法には監督とリーダーシップがある。不確実性が低いサービス職務では顧客行動が予測可能なので，管理者は，顧客行動の統制のために規則や規制をつくり，これらを実施する権限や地位を労働者にあたえる。これが監督である。たとえば並んだ顧客のなかで「ファースト・カム・ファースト・サーブ」の規則を破る顧客に，労働者は規則を強要する。他方リーダーシップは，タスクが複雑で不確実性が高い職務で用いられる。これには「社会的距離」と「専門的距離」によるものがある。前者は，超然たる地位にもとづく顧客との障壁によって顧客を統制する。「専門的距離」は，専門知識にもとづく非人格的利害と客観的公平さに依拠して顧客を統制する (Mills, 1986: 121-124)。

第2に職務のルーティン化がある。たとえば航空会社はスチュワーデスに，怒った乗客をなだめる感情移入的ルーティンを教え込んで顧客行動を統制する。また労働者が顧客の希望をきくのではなく，自分の予定をのべて「どちらがあなたの都合にあいますか」ときくルーティンを実行させる

(Leidner, 1993: 32-33)。同じく管理者は，顧客に個別の選択権をあたえず，パッケージ全体の選択権だけをあたえて顧客行動を統制するルーティンを考案する。電話会社の販売員は，6部屋のアパートに住む3人家族から電話新設の申込みを受けたとき，管理者から次の対応を命ぜられる。すなわち，いったん電話を切り，すべての計算をおこなってふたたび電話する。「スミスさん，私たちがあなたのために台所に壁電話を，娘さんの部屋にプリンセスの内線を，またベッドルームに同じものを，居間に新しいトリムラインを設置するとしましょう。あなたにかかる費用は設置のためのXドルと1月たったのYドルです。」顧客が電話が多すぎるといえば，販売員は，すべての場所に電話をもつ安全さと便利さを説明して4台の電話を設置するようにうながす (Langer, 1972: 321)。

［3］第3にルーティンの体系化がある。とくに顧客がサービス対面を拒否できるばあい，会社は，チャルディーニ (1991) があげるような顧客を誘導承諾させる技法をルーティン化する。体系化された顧客統制の技法はよくみかけるので，議論が脇道にそれるのを承知で，ライドナーに従ってこの技法がどのように使われるかをみておこう。

　チャルディーニの「応諾の技法」は，「好意」「社会的証明」「権威」「一貫性」「希少性」「返報性」の6つの心理的原理からなる。「好意」は，好意をもつひとから頼まれると承諾するという心理である。タッパーウェア社がホームパーティを利用して製品の頒布会を開かせたり，シャクリー社が顧客から訪問販売先の友人名を聞きだすのがこの例だ。前者では友情が販売に利用され，後者では「○○さんから，あなたを訪問するよう言われてきた」という販売員を追い返せなくする (チャルディーニ, 1991: 196-199)。「社会的証明」は，他人の行動をみて物事が正しいかどうかを判断するという心理である。たとえば，バーテンダーがチップ入れに見せ金のドル札をまぜておく，広告で「伸び率が最高」とか「1番の売行き」を強調する，セールスマンが購入者を織り交ぜて話す，などである。いずれも顧客による他人の行動の模倣がねらわれている (同上: 138, 140-141)。「権威」は権威に従う心理

である。肩書き，服装，装飾品などが権威のシンボルとして役立つ（同上：256, 259, 263ff.）。

「一貫性」は，ひとは一貫していないことを望ましくないと考え，一貫性を保つことで考える煩わしさを回避する心理である。アムウェイ社はクーリングオフ法に対抗するために販売員ではなく顧客自身に購入契約書を書かせ，プロクター・アンド・ギャンブラー社やゼネラル・フーズ社は自社製品の推薦文コンテストをおこなう。前者では顧客が書いたとおりに行動するので契約破棄が激減し，後者では自分の推薦文を参加者自身が信じるようになる（チャルディーニ, 1991: 71-76, 96-98）[6]。「希少性」は，入手困難となると物が貴重なものにみえてくるという心理である。これは入手困難なものは良いものだという臆断と，入手機会の減少は自由の喪失を意味するという臆断とにもとづく。例は「数量限定」や「最終期限」の戦術であって，「この型の車は国内に5台と残っていません」とか「この分譲地には角地はもう2区画しか残っていません」などの文句が前者の，「この価格はいまこの場かぎりのものです」が後者の例である（同上：285, 287-289, 291）。「返報性」は，恩恵を施されたらお返しをしなくてはならないという顧客の心理である。スーパーマーケットでの食品試供や，アムウェイ社による洗剤・シャンプー・殺虫剤などの無料の試供品提供がこの例だ。顧客は，楊子と紙皿を返すだけでは悪いと思い，また試供品をすこし使ったから注文しなければ悪いと感じる（同上：34-35）[7]。

ライドナーは，自分の調査したコンバインド保険会社の生命保険勧誘員が，会社がルーティン化したチャルディーニの6つの「応諾の技法」をすべて使っていたと指摘する。まず「好意」の原理として，いっしょに笑うひとは好まれるので勧誘員は外向的で愛想のよいように訓練され，販売ルーティンは「標準的ジョーク」を含んでいた。「社会的証明」の原理は，見込客に保険加入者リストをみせるかたちで利用された。リストに隣人や友人の名前があれば有効であり，顧客はすでに15の保険に加入しているとか，ほとんどの顧客が保険額を引き上げている，というセリフも使われた。「権威」の原理は保険加入者リストに市長や銀行の頭取の名前をのせるかたちで利用され

た (Leidner, 1993: 153-154)。「一貫性」の原理は,「毎日多くの人びとが事故で命を失っていますね」とか「それはあなたが家族のために欲しいような保険じゃありませんか」とかの同意を要求する質問にしめされていた。これは,最後の言質を引き出す質問にノーということが一貫していないと感じさせる戦術だった。「希少性」の原理は,今日保険に加入しないと標準的な率でのカバレッジの資格がなくなるとか,加入の遅れが年齢による高額保険料となる,などのセリフに利用されていた。年配の見込客にはかならず「医学的条件」に言及することが奨励された。ねらいは「ああだめだ,私は加入できないかもしれない」と思わせることにあった (ibid.: 155-156)。「返報性」の原理は,勧誘員が見込客に社会保障局が毎年どれだけ多くの金を誤って使っているかを教え,次に見込客に会計情報を要求する社会保障局あての葉書を渡すという仕方で利用された。意図されていたのは,義務の感覚をうみだし,勧誘員の残りの説明を聞かせることだった (ibid.: 157)[8]。

［4］本題に戻ろう。第3の統制関係,③労働者→顧客も存在する。これを②管理者→労働者→顧客の統制関係と区別しなければならないのは,労働者が自分の利益のために管理者から独立に顧客統制を試みることがあるからだ (Leidner, 1993: 40-41)。労働者が自主的におこなう顧客統制が,管理者の利害にそうのであれば問題はない。たとえばスーパーマーケットの店員が,管理者が求める以上に顧客に親密に奉仕するばあいなどのように。

ふるくはホワイトが,レストランのウェイトレスが顧客や状況を操作したり統制する事実を指摘したが (Whyte, 1946a: 134, 143)[9],この種の顧客統制は,単純で熟練を要さない職務でもたいていの接客労働者が試みる。たとえばトリクは,アメリカのスーパーマーケットで,レジ係が自律性と裁量をもって独自に,並んで精算を待つ顧客の列を誘導していた事実を指摘する。さらに彼は,レジ係と顧客が親密になり,顧客が「チャーリーはどこ? 元気? ルーシーが来てるといってちょうだい」などといい,レジ係も「6マイルの長さでも私の列で待っていてくれる」顧客がいるといった,「私のお客」と「私のレジ係」の関係ができるとのべる (Tolich, 1993: 370-371)。顧

客とサービス提供者の親密な関係は，サービス提供者が誰でもよい1回限りの相互行為から，すなわち短期で匿名的な「出会い encounters」から，特定の労働者と特定の顧客とが知り合い将来の持続性を期待する相互行為へと，すなわち「関係 relationships」という持続的なものへと変わるとき[10]，「私の株仲買人」「私のマニキュア師」「私の医師」という関係になり，提供者は専門知識で顧客を助けることに，顧客は提供者にビジネスを提供することに，満足を感じる（Gutek, 1995: preface, xviii, 20）。労働者が顧客と親密な関係を形成することは顧客サービスとみることもできるが，トリクがいうように顧客維持のテクニックでもある。たとえば店員は，「今日は必要なものが全部みつかりましたか」とか「お手伝いできることはありますか」とかの小さな質問を用意し，孫娘が生まれた顧客に「写真をみせてください」などといって，別の店に行かせないように試みる。あるいは，店員が元気づけの必要を感じた顧客に「スマイル」のステッカーを渡すとか，顧客のために「ショウ・スキャニング」（カートから品物を空中にあげ，バーコードを下向きしてスキャンする曲芸）をしたり，顧客のスイカをコツコツたたいて「テスト」し，不合格なら新しいスイカをもってこさせて高品質の商品を個人的に保証する，などの行為を試みて，顧客の維持と確保をもくろむ（Tolich, 1993: 374-375）。これらでは，労働者は自分の利益のために管理者から独立に顧客を統制する[11]。しかし労働者が独自におこなう顧客の統制が，管理者の意図や利害に反することもある。たとえば生命保険勧誘員が保険の売上げをのばすために不正な情報をあたえ，顧客をだまして保険に加入させるといったケースである（Leidner, 1993: 162-165）。こうした可能性があるので，ソステリックも指摘するように，顧客と労働者との絆は組織を発展させることも破壊することもある「諸刃の剣」である（Sosteric, 1996: 311）。

［5］第4の統制関係は，④管理者→顧客である。このばあい企業は，労働者を介さずに，直接顧客行動の統制に向かう。この種の統制として一般的なのは，顧客行動のルーティン化である。すなわち，顧客にサービス受領のルーティン的方法を周知させることだ。たとえば先進国では，大人はみなあ

る種のサービス受領には予約，順番待ちが必要なことを知っている。消費者は，幼年時からの参加や観察をつうじてサービス受領のルーティン的行動を学ぶ。企業も宣伝・広告やサービス提供の継続をつうじてサービス受領のルーティンを顧客になじませ，他人の行動を模倣させてルーティンを顧客に定着させる（Leidner, 1993: 31-32, 74; Mills, 1986: 142-143; リッツア, 2001: 50）。

　企業が顧客行動を直接に回路づける方法もある。まず単純な表示や装置の配列がある。食堂車の「おかわりはできません」という表示，並ぶ場所をしめす映画館のロープ，「従業員用」と書かれたドア，などがこの例である。あるいは，店舗の構造や設備の設計によって顧客行動を誘導する。ひんぱんに買われる商品を店の前部と後部におき，そのあいだの商品に顧客を接触させて衝動買いを誘うとか[12]，商品を数量的にパッケージ化して顧客にかならず一定量を買わせるなどが，この例に属する。これらでは管理者は，労働者を介さずに直接顧客行動の統制をめざす。

　［6］だが以上とは逆の，(2)顧客→労働者→管理者の統制ラインもある。これは，①顧客→労働者，②顧客→管理者，③顧客→管理者→労働者，の3つの統制関係を含む。このラインでは，2極モデルを採用する従来の労働過程論が軽視した，顧客による労働者と管理者の統制に注目しておく必要がある。

　①顧客→労働者の統制関係からみよう。まずあきらかなのは，顧客も労働者を統制できることである。接客労働過程において，顧客の利害はふつうあまり時間をかけずに快適なサービスを獲得することにあるので，顧客は迅速で良質のサービス提供を求めて労働者を統制しようとする。顧客は，怠けたり無礼な労働者を叱責する非公式の監督者としてふるまう[13]。

　R.エドワーズは命令，評価，賞罰という労働過程の統制の3要素を明示したが（Edwards, 1978: 112; 1979: 18），ライドナーは，顧客による労働者の統制にはこの3要素のすべてが含まれていた，と指摘する。まず顧客は，自分の要求を明示することで労働者に労働を命ずる。またサービス提供に労

働者の特殊な熟練や知識を必要とせず，顧客が労働過程を観察し理解できる
ばあい，顧客は労働者の仕事ぶりを評価できる。賞罰は，顧客が労働者に感
謝したり侮辱すること，サービス提供への顧客の協力または非協力，労働者
にチップをあたえたり，逆に（以下の③に属するが）上司に労働者の不品行
を訴える，などのかたちをとる（Leidner, 1993: 42）。

　さらに，②顧客→管理者，③顧客→管理者→労働者，の統制関係が存在す
る。②は，サービス提供のルールなどについて不満をもつ顧客が，管理者に
直接これを訴えて管理者自身を統制する関係である。③は，労働者のサービ
スについて不満や称賛をもつ顧客がまず管理者に訴え，管理者をつうじて労
働者を統制する関係である[14]。

第4節　顧客の統制と顧客による統制

　[1] 以上の複雑で錯綜した統制関係にあって，製造業の労働過程にはみら
れない特徴をなすのは，第1に労働者と管理者が顧客を統制する関係であ
り，第2に顧客が労働者と管理者を統制する関係である。

　前者では，顧客は管理者と労働者の統制対象となる。顧客は，その要求も
期待も千差万別であり，また管理者や労働者の意のままになるあやつり人形
ではなく利害，意志，意識，感情をもち，これらに一致したり反したりする
管理者や労働者の行為に敏感に反応する。この結果，労働過程の予測不可能
性が増大する。労働者の業績の良し悪しも顧客のあつかいが成功するかどう
かにかかるので，労働者も管理者も，顧客行動を統制して労働過程の予測不
可能性を低下させる必要がある。そうしない限り労働者の作業能率の向上も
期待できない。そこで労働者は顧客行動を統制しようとする。管理者も，労
働者の行動を統制すると同時に，顧客行動を統制してそれを予測可能なもの
に転じなければならない（Mills, 1986: 28, 139, 142）。

　後者では，顧客が統制主体となる。顧客は（情報や商品の授受にともなう
ものも含む）良質のサービスの迅速な提供を望む。そこで労働者が良質の
サービスを迅速に提供するように，たえず労働過程を監視して，労働者の行
動を統制する。さぼりや不注意によるサービスの質の低下や提供の遅れは顧

客の不満や怒りを真っ先に引きおこすので,労働者は,管理者だけでなく顧客からも行動を統制される。顧客は労働者にとって「2人目のボス」(Fuller and Smith, 1991: 11) となる。あるいは労働者は「2人のボス」(Troyer et al., 2000: 407, 414, 420-421),「2人の異なるボス」(Shamir, 1980: 748) をもつ (Korczynski, 2009: 82もみよ)。顧客による統制は,先にみたように管理者(とくに中間管理者)におよぶこともある。

[2] 以上は管理者,労働者,顧客が各自の利害を追求して他の当事者を統制する関係なので,接客労働過程の3極関係は3極的統制関係となる。ここで3極関係における統制 control 概念について,2点注意しておきたい。第1は統制概念の拡張であり,第2は労使間の統制関係の中心性を前提できない点である。

製造業における労働者の統制には,資本家が「労働力に内在する潜在力から労働の最大限の有用効果をひきだす」ために「自己の意志を労働者に押しつけ」ること(ブレイヴァマン, 1978: 61,73)とか,「資本家および/または管理者が望まれる労働行為を労働者から獲得できること」(Edwards, 1979: 17) とかの伝統的定義があたえられてきた。だが,この伝統的定義はせますぎて接客労働過程には適用できない。接客労働では,①当事者のうちに顧客がつけくわわり,②統制対象となる行為も労働に限定されなくなるので,伝統的定義を拡張して「3人の当事者の1人が,別の当事者から自分の望む行為を引き出そうと試みる行為」と再定義する必要がある。

第2に,3極関係にはさまざまの統制関係が存在するが,労使間の統制関係がもっとも強力で中心的なものであると,ア・プリオリには前提できない。たとえばスーパーマーケットのレジ係にとっては,遠く離れた場所にいる管理者による統制よりも,身近な場所でつねに自分の行動を監視する顧客による統制のほうが直接的影響力をもつことがある(Rafaeli, 1989b: 247, 256, 268)[15]。接客労働者が管理者よりも顧客のほうに脅威を感じるという事実は,最近の日本で接客労働者をますます脅かしつつある顧客のパワーを想起するだけで十分に理解することができよう[16]。

第5節　3極関係における利害の連携と対立

［1］以上の顧客の統制と顧客による統制を基礎にして，接客労働過程に固有の関係と現象が生じる。本節では，当事者たちの利害の連携と対立の3つのパターンを提示し[17]，顧客による監督効果と労働者による同調効果を取り上げて，労使間の統制関係が曖昧になり，労働者が管理者の行動に加担していく次第を論じる。次節では，当事者の代替関係によって利害対立関係が屈折し，管理者‒顧客間の対立と管理者‒労働者間の対立が，顧客‒労働者間の対立に転移する過程をあきらかにする。

　3極関係における当事者間の利害連携と対立は，状況によって変化したり崩れ去る不安定さを含んでいるけれども，3つのパターンがある。(1)労働者と顧客の利害が一致・連携して管理者に対立するパターン，(2)管理者と顧客の利害が一致・連携して労働者に対立するパターン，(3)管理者と労働者の利害が一致・連携して顧客に対立するパターン，である。図示しよう[18]。

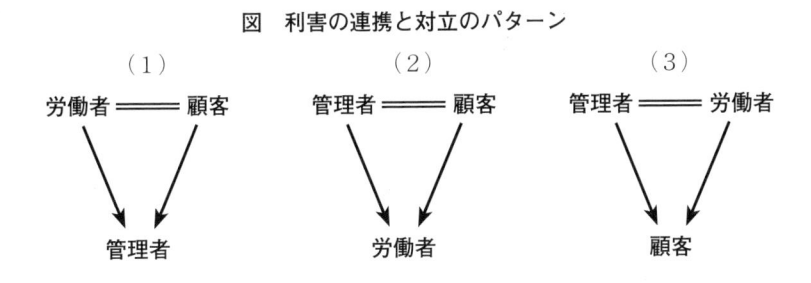

図　利害の連携と対立のパターン

```
    (1)                    (2)                    (3)
労働者 ══ 顧客          管理者 ══ 顧客          管理者 ══ 労働者
   ↘   ↙                  ↘   ↙                  ↘   ↙
   管理者                  労働者                   顧客
```

［2］本章の目的と関連の薄い(1)からみよう。このパターンでは，顧客と労働者の利害が一致・連携して，両者が管理者に対抗する。これは(2)(3)ほど一般的でないが，おこりうる。たとえば，過酷な労働条件に同情する顧客が，管理者にたいし労働者を擁護するばあいである[19]。また販売労働者が顧客に「われわれはこうしたいが，管理者（あるいは会社）がそれを許さないだろう」といって顧客と販売労働者が管理者にたいして連携するとき，(1)が成立する（Gamble, 2007: 21をみよ）。労働者が顧客の立場を盾にとって自

分の利害を主張するばあいにも，(1)が成立する。たとえばレイ-ブリスは，イギリスのコールセンターにおける「顧客サービス」の言説をめぐる労使の対抗を分析して，コールセンターでは電話処理の量的目標の達成という管理者の要求と，感情労働をもって顧客に奉仕するサービスの質の達成という問題とが対立したが，労働者は，量的目標の達成よりも顧客を助けるという社会的，道徳的関係を優先させるために（また管理者の要求と自分たちの「自己疎外」状況とに抵抗するために），管理者の「顧客サービス」の言説を利用した，と指摘する（Wray-Bliss, 2001: 44, 46）。このばあいにもパターン(1)が成立する。しかし以上の例にみられるように，多くのばあい労働者と顧客の利害が一致するのは当事者の一方か両方が特殊の状況におかれるときなので，このパターンは稀にしか成立しない。

　(2)では，管理者は収益性を上げるために，良質のサービスを効率的に提供するように労働者を監督する。だが先にみたように，顧客も自分自身の利害を追求して，作業過程を観察し理解できる限りで，良質のサービスの迅速な提供をおこなうように労働者を監視する。そこで顧客は，労働者の第2のボス=〈敵〉となる[20]。

　こうして管理者も顧客も，労働者による良質のサービスの迅速な提供を求める点で，利害が一致する。両者はともに労働者を統制の標的にする。ここに，管理者と顧客の利害が一致して労働者と対立するという，(2)が成立する。ただしここでは両者の利害が一致するだけでよく，かならずしも両者が意識的に連携して労働者統制をめざす必要はない。

　ライドナーは，マクドナルドの窓口労働では(2)が成立したとのべ，その理由を説明する。窓口労働者は来店する顧客を統制する必要がなかった。それは，①顧客がすでにマクドナルドで食べると決めており，労働者がサービス対面への参加を顧客に説得する必要がなかった，②（宣伝・店舗設計・過去の経験・他の顧客行動の模倣をつうじて）顧客がマクドナルドのルーティンになじんでいた，③サービス対面が短時間で単純だった，からである。労働者のタスクは，顧客へのサービスであり顧客の統制ではなかった。管理者も，顧客を統制する権限を労働者にあたえなかった。管理者は労働者に，い

つも職場で勤務上の怠惰を注意し，不断の努力を要求した。クルー（店員）訓練者とクルー・チーフも，問題のある労働者を監督者に知らせるよう指示されていた。これら公式の監督のほかに，混雑時のサービスを待つ長い列の顧客の顔と，窓口労働者の作業が顧客にはっきりみえる職場の配列とが，労働者がたえず一生懸命働き続けるように圧力をかけ，苛酷でストレスの多い労働へと駆り立てた（Leidner, 1993: 74, 77-79, 84-85, 122, 129-130）。こうして窓口労働者は，管理者と顧客の双方から統制された[21]。

　ラファエリも，イスラエルのスーパーマーケットの調査にもとづいて顧客による労働者統制の事実を指摘する。レジ係にとって，管理者による統制は間接的で，規則に従うべき行動などに影響をあたえただけだが，顧客によるレジ係の統制は直接的で緊張をうみだした，と（Rafaeli, 1989b: 247, 251, 256, 268）。緊張が生じた直接的理由は，顧客とレジ係の双方がサービス相互行為を統制する権利をもつと考えたからである。レジ係は，職務遂行のためにサービス相互行為の統制が必要だと考え，顧客を統制しようとした[22]。顧客も，商品だけでなくサービスにも金を支払っていると考え，金と時間についてサービス相互行為を統制する権利があると考えた。そこで顧客は，レジ係が不当な金額をレジに打ち込まないように行動を監視し，また精算時間を節約する権利をもつと考えた（ibid.: 260-262）。こうしてレジ係は顧客から統制された。この例ではレジ係は，マクドナルドの窓口労働者とちがって，顧客行動を（おそらく管理者から独立に）いくらか統制する権限があった。そのためにサービス相互行為の統制権をめぐる緊張が生じたのだが，しかしここでも，顧客による労働者の統制の事実がはっきりと指摘される。労働者は管理者のほかに，顧客からも統制されるのである。

　顧客による労働者の統制は，労使間の統制主体と統制関係を曖昧にする。管理者とその統制のほかに，労働者はもう一人の統制主体としての顧客に直面するからだ。しかも労働者は顧客によって統制されるが，この統制に「管理者は責任がない」のに気づくからである（Bolton and Houlian, 2005: 688; Bolton, 2005: 117）。これを顧客による**監督効果**と呼ぼう。管理者による統制がこの効果によって消失することは，もちろんありえない。だがすく

なくとも労働者は，現場で顧客からも働きぶりを監督されるのだから，統制主体としての管理者とそれによる統制関係は，唯一の権威として現われなくなる。

［3］パターン(3)では，管理者は顧客行動の予測不可能性を低下させるために，顧客の統制をめざす。その方法は，先に指摘したように，宣伝などによってサービス受領のルールを顧客に周知させ，標識・通路・商品配列・柵などの設定によって店内での顧客行動を統制することによる。だが労働者も，顧客行動を統制して業務能率を高めることが利益になるので，顧客の統制をめざす。工場労働者にとって良質の原料が作業能率向上の1条件をなすのと同じく，接客労働者にとって，職務を円滑に遂行させてくれる顧客は労働過程の決定的要素をなす。だから労働者は顧客を統制して，円滑な職務遂行をはかる。

そこで顧客統制の点において管理者と労働者の利害は一致し，管理者と労働者は連携して顧客と対立する。労働者は顧客統制のために管理者の立場と同化し，管理者があたえる顧客統制の考えや技術を積極的に受け入れる。

このパターンは，マクドナルドの窓口職務のように顧客統制の必要度が低い職務ではなく，その必要度が高い職務で成立する。これをライドナーは，マクドナルドの労働者と生命保険勧誘員のちがいとして説明する。

マクドナルドの窓口労働者は顧客を統制する必要がなく，管理者も労働者に顧客統制の権限をあたえなかった。むろん労働者にとっても，顧客が十分にルーティン的に行動しサービス提供のルールに従ってくれることは，職務を円滑にこなすために必要だった。労働条件の不確実性を低下させることは，接客労働者に一般に必要とされる。だがマクドナルド型の労働者が，顧客統制にたいしてもつ利害はこれ以上ではない[23]。しかし生命保険勧誘員の主要なタスクは，見込客の行動を統制して保険に加入させることだった。保険加入に抵抗する見込客を統制して，保険を首尾よく販売することが彼らの職務だった。見込客の統制が職務遂行の焦点をなした。見込客が初発から対面を拒絶すれば，勧誘員は労働過程にすら入れない。だからこそ会社の管理

者や訓練者は，勧誘員に見込客の抵抗をくじくさまざまのルーティン化された販売技術を教え込み，タスク遂行の精神的訓練もあたえた。労働者は，管理者が用意した有効な顧客統制技術や職務態度を積極的に受け入れた(Leidner, 1993: 122, 151-152)。

こうしてパターン(3)において，労働者は，顧客行動を統制する必要から，管理者による顧客統制の要求や顧客統制技術を受け入れて，管理者との連携が成立する。しかしここで重要なことは，そうすることで労働者は，管理者による自分自身の統制をも積極的に受容することである。管理者→労働者→顧客の統制関係において，労働者が，管理者の命令どおりに顧客統制の考えや技術を受け入れて顧客統制をめざすことは，管理者による自らの統制を進んで実現することを意味するからだ。労働者が主観的には自分の利益のために管理者と協力して顧客統制をめざすと考えるとしても，客観的には管理者への自らの従属を深めることになる。しかし労働者の意識のうえでは，顧客統制の点で労使の利害が一致して労働者は管理者に同調することになるので，労働者統制をめぐる労使対立は穏健化し，むしろ両者の協調が目立ってくる。このように現実的利害にもとづいて，労働者が顧客統制の点で管理者への同調行動をとることを，3極関係における**同調効果**と呼ぼう。労働者はこの同調を意識し，管理者も自分の立場への労働者の同調を知るであろうから，これは顧客統制を意図した両者の意識的連携であり「共謀」である。保険勧誘員型の職務において，歩合給制が採用されているなら，金銭的インセンティブの面からも同調効果はさらに強まる。

第6節　3極関係における対立の転移

［1］さらに，3極関係では当事者間のある対立が別の対立に転移する。本節ではこの利害対立の転移を考察する。転移には2つのパターンがある。(1)管理者－顧客間の対立が労働者－顧客間の対立に転移するパターンと，(2)管理者－労働者間の対立が労働者－顧客間の対立に転移するパターン，である。

(1)では，顧客を統制しようとする管理者（企業）のもくろみが，管理者－顧客間の対立とならずに，労働者－顧客間の対立に転移する。これは，企業

の操作的行為が顧客を怒らせるさいに明瞭になる。マクドナルドから2つの例をみよう。

第1は,窓口労働者による示唆的販売 suggestive selling である。労働者は特別の販売促進期間中に「私たちのベーコン・ダブル・チーズバーガーを試してごらんになりませんか」とか「それといっしょに,ホット・アップルパイはいかがでしょうか」とか「ラージのフライですね」と顧客に聞くことを強いられた。これは顧客を操作して売上増加をめざす試みだったので,顧客を怒らせた。労働者は,顧客から「ほしかったら注文してたよ」といわれるのを怖れ,顧客の注文にフライが欠けているなどのスキのあるばあいは示唆的販売をおこなったが,注文が完全な食事であったり,顧客が「それだけです」といっているばあいには,これを「忘れ」た (Leidner, 1993: 138-140; 1996: 40)[24]。

この例では,顧客を操作・統制して売上増加をめざす管理者(企業)のもくろみは,管理者と顧客との対立を引きおこすはずだったが,そうはならずに労働者と顧客との対立に転移する。労働者はこの対立を怖れて,示唆的販売を「忘れ」た。なぜ管理者と顧客との対立は,労働者と顧客との対立に転移するのか。それは,接客現場では,顧客にとって労働者は企業を代表する存在だからである[25]。労働者が企業を代替することによって生ずる利害対立の転移を,**転移効果**と呼ぼう。こうして,管理者(企業)にたいする顧客の怒りは労働者に向かい,管理者-顧客間の対立が労働者-顧客間の対立に転移するのである。

第2の例をあげよう。これは,管理者が客足を過少に予測したために,あるいは労働コストを節約したために,顧客をあつかう十分な数の労働者を配置せず,顧客がサービスの遅れに怒るばあいである。このとき顧客の怒りの矢面にたたされたのは窓口労働者だった。「『どこにオレの食物があるんだ? キミはこれこれの時間だといった。でも食物はまだこない。どうしたんだ?』そしてこうなるの。『それなら,バーガーキングか』そのほかのところに『行けるんだ』と。そしてお金かなにか返してもらいたがるの」。同じく,朝食メニューをその時間帯よりどれほど遅れて出せるかといった,自分

たちが裁量権をもたない問題についても，窓口労働者は顧客の怒りに出会った（Leidner, 1993: 131-132）。

　これらのばあい顧客の怒りが向けられるべきなのは，本来，十分な数の労働者を配置しなかったり，朝食メニューの時間帯を設定したりした管理者のはずである。だが労働過程では労働者が会社を代表する。そのために管理者-顧客間の対立は労働者-顧客間の対立に転移する。

　では，管理者-顧客間の対立の，労働者-顧客間の対立への転移は，いかなる結果をもたらすか。あきらかなのは，一般的な顧客による監督効果と同じく，顧客が労働者の統制主体となるために労使間の本来の統制関係が曖昧になることだ。顧客が労働者のさぼりやミスに起因するサービス提供の劣化に怒るという事情と，労働者にとって，管理者-顧客間の利害対立という本来自分たちには無関係の利害対立を原因として，顧客による自分たちへの攻撃が生じるという事情のちがいがあるにせよ，労使間の統制関係が曖昧になるのは同じである。

［2］パターン(2)をみよう。ここでは管理者-労働者間の対立が労働者-顧客間の対立に転移する。典型例は，会社の要求に抵抗する鉄道労働者や航空労働者のストライキが，会社と労働者との対立から，利用客と労働者との対立にまで発展してしまうケースである。経営者に反対するプロ野球選手のストが試合中止をもたらして，野球ファンの怒りを買うことが案じられたケースも記憶に新しい。これらのばあい，管理者と労働者との対立が労働者と顧客との対立に転移している。もっと小規模のものでは，ホックシールドは，航空会社にたいする労働者の抵抗が顧客の不満を引きおこした事実を指摘する。会社が増便のために勤務時間を延長したり，満員の乗客への対応を強いたとき，客室乗務員は会社のスピードアップに怒り，乗客へのスマイルを拒絶した。このとき会社の宣伝によってスマイルと暖かいもてなしを期待していた乗客は，乗務員に不満をもった（ホックシールド, 2000: 147-148）。

　マクドナルドから例を引けば，会社のルーティンに反感をもちこれに従わなかった労働者は，スマイルを抑え，顧客に怒りをさらし，追加販売の示唆

や「またのおこしを」のセリフを拒否した。労働者のこの抵抗は顧客の怒りを引きおこした。別の抵抗も顧客を怒らせた。顧客に追従したくない労働者は，スピードにたいする会社の高い評価を盾にとって，屈辱的サービスをさけるためにスピーディなサービスに専念した[26]。この行動はある程度まで管理者と顧客の利益になったが，行き過ぎると管理者と顧客の利益をそこなった。スピードに専念する労働者が，顧客の便宜や好みを無視して，顧客を怒らせたからだ。店に入ったとたん「ご注文はなににいたしましょう」というコーラスを聞くことや，「ラージですか？」「クリームと砂糖は？」「ここでめしあがりますか，お持ち帰りですか？」という立て続けの質問はこっけいであるばかりでなく，嫌がらせにもなった（Leidner, 1993: 135, 144-145）。

　これらでは，管理者にたいする労働者の抵抗が，労働者－顧客間の対立に転移してしまっている。これも，労働者が会社の代表者として現われるためであるが，これによって労使間の対立と統制関係が曖昧になるのはあきらかであろう。

　［3］しかし顧客が会社の代表者として現われるという逆の代替関係によって，管理者にたいする労働者の抵抗が，労働者－顧客間の対立に転移するケースもある。

　マクドナルドの例では，顧客が長い列にがまんできなかったり，ビッグマックが用意されていないのに怒るとき，窓口労働者が立腹したのは，宣伝で迅速なサービスを約束する会社や，労働コスト削減のために過少な労働者しか配置しなかった管理者ではなく，「不合理な要求」をおこなう顧客にたいしてだった。また店が忙しいとき，労働者はスローダウンさせる手間のかかる顧客に怒った。怒りの対象は，スピードアップを命じた管理者よりは顧客となる可能性がはるかに高かった。労働者が好んだ顧客は，カウンターにくるまでに注文を決めている顧客，予想される順序で注文する顧客，はっきりと注文する顧客，注文が集計されたあとで決心を変えない顧客，だった。逆に労働者が嫌った顧客は，スローで不正確でにえきらない顧客だった。労働者がスローダウンさせる顧客に敵意をもったのは[27]，第1に，ほかの顧客

を耐え切れなくさせるからであり，第2に，スピードを重視する管理者がいたからであり，第3に，高い生産性水準とスピードに誇りをもっていたからである（Leidner, 1993: 142-145）。

以上では，スピードアップを要求された労働者が，怒りを，会社や管理者ではなく「八つ当たり」的に顧客に向けた事実が指摘される。これは，スピードアップを命じられる工場労働者が，会社や管理者にではなくスローダウンさせる粗悪な原料やひんぱんに故障する機械に怒りを転じて，これらを破壊するのと似た行為である。労働者の怒りはスローダウンの直接の原因に向かう[28]。接客労働では，労働対象はモノではなくヒトなので怒りの対象になりやすくもある。そこで会社や管理者に代わって顧客が労働者の怒りの対象となり，管理者－労働者間の対立が労働者－顧客間の対立に転移する。

こうして労働者が会社を代替し，顧客が会社を代替するという2つの代替関係によって対立の転移効果が生じ，労使間の統制関係とこれをめぐる対立が不明瞭となる。

結　語

本章は，接客労働の3極関係において統制ラインに含まれる統制関係を取り出し，接客労働に特徴的な統制関係を，労働者と管理者による顧客統制と，顧客による労働者と管理者の統制として提示した。そのうえで3人の当事者のあいだの利害の一致と対立の3つのパターンと2つの効果を提示した。（管理者＝顧客）vs. 労働者のパターンでは，顧客が2人目のボスとなる**監督効果**によって，労使間の統制関係が曖昧になる。（管理者＝労働者）vs. 顧客のパターンでは，労働者が管理者の顧客統制の考えや技術を受け入れる**同調効果**によって，顧客の統制に向かうとともに，自分自身にたいする統制を積極的に実現する。次に利害対立の転移を，管理者－顧客間の対立が労働者－顧客間の対立に転移するパターンと，管理者－労働者間の対立が労働者－顧客間の対立に転移するパターンについてみた。前者では，労働者が会社を代替することによって，また後者では，労働者が会社を，また顧客が会社を，代替することによって，**転移効果**が生じる。

3つの効果は，いずれも接客労働過程の特有の構造に発する。顧客による監督効果と転移効果とによって，労使間の統制関係と利害対立が混濁化され，曖昧化される。そればかりではない。同調効果では，労働者は顧客統制から生ずる現実的利益のために，管理者が用意する顧客統制の考えや技術を受容し，ひいては自分自身の統制に積極的に加担する。これらが意味するのは，企業よりの見方をもつ，あるいは企業利害に同化した労働者意識の形成である。

　こうのべることでわたくしは，接客労働者は全面的に企業に従属するとか，生産労働者よりも反抗的でない，などという結論を性急に下すつもりはない。しかし，接客労働過程には上の構造が本来的に組み込まれていることは十分に銘記すべきである。

　かつてP.スウィージー（1968，原著は1942: 349）は，独占資本主義のもとで流通部面が拡大することで販売係，広告代理業者，宣伝係などの流通に従事する「新中間階級」が増加する事実を指摘し，その所得が直接間接に剰余価値から得られる点に，彼らが「支配階級の運命に結びつく」根拠を求めた。だが流通労働者には剰余価値の生産・分配関係など不可視なので，これは疑わしい主張である。

　また20年前に小倉利丸（1990: 214-215）は，現代の非物質的労働の拡大を指摘しつつ「非物質的労働に携わる労働者は資本家的な意識をより深いところで受け入れることを要求される」とのべ，その理由を，この労働が「他者の意識，心理に働き掛けて他者の認識や感性に一定の変化をあたえ，他者の行動を一定の方向に導いたりする」点に求めた。しかしこの主張でも，非物質的労働者が他者の感性・認識・行動に指針をあたえる理由はけっして明瞭でない。

　だが本章がしめしたように，すくなくとも接客労働者については，労働者が「支配階級の運命に結びつ」いたり「資本家的な意識」を受け入れる根拠の1つは，接客労働過程の固有の統制関係に求めることができるのである。

注

1） ソステリックは1996年に，従来の労働過程の研究はサービス産業に注意を払ってこなかったが，最近この状況は変わりはじめているとのべ，「労働者が生命のない自然をあつかう製造業とはちがってサービス産業の労働者は生きた人間をあつかう」点で，「労働過程の性格を変化させる」，と指摘する（Sosteric, 1996: 297-298）。

2） マッキャモンとグリフィンも指摘する。「こうしてサービス労働が——大部分の製造労働とはちがって——組織または雇主，労働者，および顧客とのあいだの複雑な3面的相互行為をともなうことをしめす文献が増加してきている……。かなり研究されてきたサービス労働者のどんな他の特徴よりも，これが，これらの労働者を財生産セクターにおける労働者から区別するようである」と（McCammon and Griffin, 2000: 285-286）。

3） ボルトンは，接客サービス労働に従事して感情労働を強制される現場労働者である感情的プロレタリアートを，「顔のない顧客をあつかう顔のないサービス労働者 faceless service workers dealing with faceless customers」（Bolton, 2005: 114）と呼び，東京神田の鮨職人，師岡幸夫もマクドナルド，ケンタッキーフライドチキン，デニーズを「顔が見えない食べもの屋さん」と呼ぶ（師岡, 2000: 224）。

4） ベルは『脱工業社会の到来』（ベル, 1975, 上・下, 原著は1973）から25年後の著作（ベル, 1998: 94）でも，脱工業社会で中心となるサービス産業として，教育や医療などの「人的サービス」と，コンピュータ計算，プログラミング，分析および計画立案，設計，研究開発，コンサルティングなどの「プロフェッショナル・サービス」しかあげていない。

5） ロペスはこの点で異色である。彼はポテトチップ産業のルート販売労働にそくして，個人ではなく企業としての顧客が，管理者とも労働者とも異なる独自の行動をとる点をあきらかにする。彼は，顧客が介在するサービス労働の3極的統制関係の独自性を認めたうえで，なお工業的労働統制モデルから引き出されたブラウォイ（Burawoy, 1979: 1985）の「生産政治」をしめす「生産体制」概念を，サービス労働過程に適用しようと試みる。つまり，サービス労働の統制関係を「労働者-管理者の権限軸」と「労働者-大顧客の権限軸」（Lopez, 1996: 61）に分けたうえで，それぞれに「生産体制」を想定し，この複数の「重なり合った生産体制」（ibid.: 54）のなかで，3者の動きの変化を考察しようとする。

6） 「一貫性」は「ローボール・テクニック」に発展する。これは，有利な条件

を提示して顧客に購入決定させ，決定がなされたのちに有利な条件を取り除く方法である。たとえば自動車販売で，契約直前になって販売価格にエアコンの値段が含まれていなかったことを販売員が「発見」しても，あるいは当初の車の下取価格を販売員が下げても，顧客は新車購入の決定を変えない（チャルディーニ，1991: 114-116）。

7)「返報性」はコントラストの原理と結合される。販売員は顧客に，商品を購入しないなら買いそうな人を教えてほしいと頼む。顧客は購入の拒否で返報義務を感じているところに，商品購入よりも低い要求である知人の紹介を要求される（コントラストの原理）ので，要求に同意する。これが「拒否したら譲歩」法である（チャルディーニ，1991: 52-53）。

8) 心理学の接客への応用は経営学ではしばしばみうけられるが，Maister (1985) の待ち行列の心理学の例をあげておく。彼は，サービスを待つ顧客の満足度を高める8つの方策を提案する。すなわち，①ふさがれた時間はそうでない時間より長く感じる（レストランは待つ顧客にメニューを手渡し，クリニックは体重計をおく），②過程の前で待つことは過程内でそうするより長く感じる（通販会社は「注文は処理されています，4週間から6週間お待ち下さい」というメッセージを顧客に出す），③不安は待ちを長く感じさせる（航空会社はフライトが遅れるとき接続フライトをアナウンスする），④不確実な待ち方は既知で明確な待ち方より長く感じる（顧客はアポイントメント時間を過ぎると長く感じる），⑤説明される待ちは説明されない待ちよりも長く感じる（航空機搭乗では滑走路の霧，安全チェック，管制塔の発着許可などがひんぱんにアナウンスされる），⑥不公正な待ちは公正な待ちより長く感じる（顧客に番号をあたえ，番号順にサービスを給付する），⑦サービスが貴重なら顧客は長く待つ（顧客は高級レストランでは長い待ち時間に我慢する），⑧1人で待つことはグループで待つより長く感じる（待ち行列ではグループコミュニティの感覚が生まれることがある），と。

9) ホワイトはすでにこの論文で，管理者による接客労働者の感情統制の必要性とその困難を示唆している（Whyte, 1946a: 134, 145-146）。のちのホックシールドの感情労働論の論点を先駆的にしめした，とみることができる。

10) 時間の点からは「出会い」と「関係」とは2つの区別要素をもつ。第1は，一定期間内にサービス相互行為がおこなわれる「頻度」であり，第2は，1回の相互行為の「持続期間」である（Czepiel et al., 1985a をみよ）。

11) Weatherly and Tansik (1993: 6-8) は，Shamir (1980) と Rafaeli (1989b) に依拠して，接客労働者がサービスの出会いを統制する9つの戦略を指摘す

る。列挙すると，①無視／コンタクトの回避（顧客の期待の伝達を妨げる），②拒否（顧客の期待を受け取るが顧客には働きかけない），③対応（顧客の要求の正当性を拒絶し，これを顧客に伝える），④顧客教育（会社の政策を顧客に教える），⑤無頓着 mindlessness（相互行為からの心理的撤退），⑥大げさな演技（自分たちの役割への没入），⑦身体管理（顧客行動を制限するための標識やロープなどの装置），⑧束縛（顧客の要求をさえぎるために顧客になんらかの行動を要求する），⑨報酬付与（無料サンプルなどをあたえて顧客行動を統制する），である。またソアレスは，ブラジルとカナダのスーパーマーケットのレジ係の抵抗戦略をのべる。ここでは，仲間どうしの連帯，無断欠勤と辞職，禁じられている従業員どうしの会話，アメをなめたりガムをかむなどの管理者への抵抗戦略とともに，セクハラに対抗するジョーク化や沈黙の対応，顧客への対応スピードの管理，などの顧客への抵抗戦略も指摘される（Soares, 2001: 114-119）。

12) リッツア（1999: 187）もいう。「スーパーは，食品の配置によっても買い物客を管理している。一例をあげれば，スーパーはわざわざ意図的に，子どもが魅力を感じる食品を，彼らが簡単に手に取れるところ（たとえば棚の低いところ）に置いている」と。

13) 顧客による労働者統制のメカニズムを利用して，管理者も労働者を統制する。すなわち，消費者の意見調査や覆面調査員を利用する「消費者統制あるいは顧客による管理 consumer control or management by customers」（Fuller and Smith, 1991: 3）である。第2章をみよ。

14) Rafaeli（1989b: 255-256）は，イスラエルのスーパーマーケットの顧客が管理者に，レジ係をほめたりボーナスをあたえるように勧めた事実を指摘する。

15) Cobble and Merrill（2009: 160）もいう。「‥‥ 多くのサービス労働者は，この第3者（顧客――引用者）を，賃金と労働条件の決定において雇主よりも重要なものとして認知する‥‥。この態度は，労働者の所得が完全に顧客から生じるのか（私的実践における専門労働者や自営的家屋掃除人），部分的にだけそうであるのか（ウェイター，バーテンダー，あるいはタクシー運転手），あるいはまったくそうではないか（看護師や教員）にかかわりなく，行き渡っている」と。またSoares（2001: 110）も，スーパーマーケットのレジ係が，顧客によって迅速に作業するように圧力をかけられる事実を指摘する。

16) たとえば日本の病院では，時間外に入院を希望した患者を断って顔を殴られた医師や，待ち時間に不満を募らせた患者から暴力をふるわれた病院職員

が報道されている（『読売新聞』2007，8月19日朝刊）。学校では，無理難題を要求するモンスターペアレント（顧客たる生徒の代理人）とのトラブルを怖れて，東京都教員の東京福利厚生事業団の訴訟費用保険加入数が2000年から2007年のあいだに1,300人から21,800人に激増した，と報じられる（『毎日新聞』2007，7月12日朝刊）。

17) ライドナーは，3極関係における3人の当事者が雑多な利害をもち複雑な利害連携が形成されること，また利害連携は当事者間のバランス・オブ・パワーによって変化すること，さらにサービス職種によって利害連携は異なることを指摘して，「サービス労働における利害と力の一般化は不可能である」と論ずる（Leidner, 1993: 174）。だがライドナー自身がそうしているように，利害連携と対立の基本的パターンは取り出すことができる。

18) 利害連携と対立のパターンの理解は Leidner（1993）に依拠し，言及する事例の多くも彼女の研究に負う。だが彼女は，前注の理解によると思われるが，諸パターンを明示化していないため次のような批判を受ける。「サービス労働における利害連携が状況的で移動的だとみるライドナーの見方は，ある程度までサービス・トライアングル内の利害対立と権力のより永続的なパターンを曖昧にするかもしれない」と（Lopez, 2010: 255-256）。

19) ベンソンはアメリカのデパートの歴史研究において，セールスウーマンと顧客が，コスト削減をめざす管理者の政策に対抗して，サービスの名のもとに連携した事実を指摘する（Benson, 1986: 284）。

20) ベンソンは，デパートの顧客があるときはセールスウーマンと親密になり，あるときは脅威となる曖昧さとアンビバレンスをさして，顧客は彼女らにとって「私たちの友人である敵 our friend the enemy」だった，とのべる（Benson, 1986: 258）。アメリカでレストランのウェイトレスとして働いた経験から，パウルスもウェイトレスは混雑時には顧客を敵と，サービス提供を戦闘と，自分自身を兵士とみなすという（Paules, 1996: 272）。ウェイトレスは戦争用語を使い，たとえば自分の管理下にあるテーブルは「駐屯地・部署」と，コックの作業場所は「戦線」と，多くの顧客を1度に引き受けることは「襲撃される」と，時間のたった料理や顧客のいないレストランは「戦死」と，呼んだ（ibid.: 271）。

21) 顧客による統制から逃れるために多くのファーストフード・レストランでは，労働者は顧客の目の届かないところで休息をとるように管理者から指示される（Maister, 1985: 119）。

22) レジ係の顧客統制戦略は4つあった。①顧客の無視（アイコンタクトをさ

ける），②無視の積極的形態である拒否（レジ係をせかせる顧客の要求を無視する），③対応（顧客に統制権がないことを言葉やジェスチャーで顧客に伝える），④顧客の引き入れ（レジへの打ち込みにさいし「ＯＫ，コーヒーはすんだわ」などといって詰めるべき品物を顧客に指示する），である（Rafaeli, 1989b: 262-266）。

23）マクドナルドの窓口労働では顧客統制は必要ないが，ある状況では接客のためのルーティンが顧客を統制して労働者に役立つことを，ライドナーは注意深く観察した。たとえば接客ルーティンは，店が忙しいとき自分たちをスローダウンさせる顧客との退屈な会話（だらだら続く老人の話）や，不快な会話（若い女性労働者の容貌のコメント）や，不都合な会話（休憩時間中の会話）を打ち切ることに役立った。だから生産企業とちがって，労働者は一般に職務のルーティン化に反対しなかった（Leidner, 1993: 138, 145-146）。リッツア（1999: 139）も，接客マニュアルが客との相互行為を制御できるという。「従業員はマニュアルからの逸脱を拒否することで，ありがたくない特別な要求をかわすことができる。従業員はまた，ルーティンとマニュアルを使うことによって，人に罵倒されたり侮辱されたりすることから守られる」と。つまり「演技は，尊重されるアイデンティティを保護することがある」（Ashforth and Humphrey, 1993: 99）。シーモアも，調査したファーストフード店で標準的スピーチの台本が顧客とのあいだに障壁をおくことで，職務中の労働者を保護しリスクを減じる，と指摘する（Seymour, 2000: 164）。

24）示唆的販売については Garson（1989: 28, 30）もみよ。

25）「現場サービス職員は組織と顧客の接点におり，したがって顧客にたいし組織を代表する」（Ashforth and Humphrey, 1993: 90）。「サービスでは提供者は，自分たちが所属する組織や専門職を代表する」（Gutek, 1995: 95）。現場サービス労働者は，接客行為を組織の判断基準にする顧客と組織との唯一の接触点をなす（Bolton, 2005: 114）。

26）ボードリヤール（1979: 247）も接客労働者のこのような抵抗に言及する。「粗野で横柄な，あるいは取りすました態度を見せたり，故意に仕事のスピードを落としたり，あからさまに攻撃的になったりすること，さもなければ逆に丁重になりすぎたりすることは，金のためにしているだけの紋切型の献身をもっともらしく見せなければならないという矛盾に対する彼らの抵抗を表現している」と。

27）客が試着した服の，店員としての後片づけの経験から，エーレンライク（2006: 219）はいう。「だが夕方六時から七時にかけて‥‥私が屈（かが）ん

だりしゃがんだり走ったりしなければならないのは，みんなだらしのない客たちの怠惰な気まぐれのせいだという事実が，頭から離れなくなってくる。……この時点で『積極果敢なもてなし』は『積極果敢な敵意』に取って代わる」と。

28) リフキン（1996: 209-210）も，コンピュータによるスピードアップに慣れたオフィス労働者が，応答するまで1.5秒かかるコンピュータや，電話口でさっさと用件をいわない相手に苛立つ例に言及する。

第2章　接客労働の統制方法

序

　前章では，接客労働過程の最大の特徴が顧客を労働対象とする点にあり，この点から接客労働過程には，管理者-労働者-顧客からなる3極関係が形成されることをみた。さらにこの3極関係では，3人の当事者の利害の一致・連携と対立の複雑なパターンが形成され，またある当事者間の利害対立が顧客をはさんで屈折して別の当事者間の利害対立として現われてくることによって，接客労働者には生産労働者の労働過程では生じない独特の影響があたえられる点をみた。では，3極関係のなかで管理者が労働者を統制しようと試みるとき，管理者はどのような問題に直面し，それをどのようなかたちで克服して労働者統制を実現するのだろうか。

　本章の目的は，接客労働の3極関係のなかで管理者が労働者統制をおこなうときに出会う具体的困難を提示し，この困難を回避するべく管理者が採用する接客労働者の具体的な統制方法を論じることにある。これらの統制方法は労働者が顧客をあつかうという特殊性から生ずる独特の要求に応えなければならないのであるが，本章はこれらの統制方法の一般的特徴をあきらかにする。そのうえでこうした統制の矛盾を指摘し，その矛盾を突く労働者の抵抗の可能性を探ってみたい。

第1節　接客労働と3極的統制関係

　[1] 接客労働の独自性は，労働者の労働対象が「顧客，ユーザー，クライアントである」(Glazer, 1993: 17) 点にある。あるいは接客労働では「人びとが労働過程の原料」(Leidner, 1993: 2) となる点にある。労働者は労働対象としての顧客に働きかけるが，この働きかけは労働者と顧客との相互行為のかたちをとる。接客サービスは，相互行為のかたちで顧客に引き渡される

のである。

　こうして接客労働では労働者が働きかける対象が顧客となるので，労働過程には顧客が介在する。労働過程は製造業のように管理者 - 労働者の２極関係ではなく，管理者 - 労働者 - 顧客の「トライアングル triangle」（Benson, 1986: 6, 240）すなわち３極関係によって，構成されるようになる。そして前章でみたように，３人の当事者は，それぞれが労働過程で独自の利害を追求して，他の２人の当事者の行動を自分に有利になるように統制しようとする。この３極関係では，製造業の生産作業にはみられない複雑な利害対立が展開されることになる。

　まず管理者は，労働者を自分の望むように統制して，できるだけ多くの労働を有効に引き出そうとする。しかし労働者はこれに反発する。ここまでは生産労働も接客労働も同じである。だが接客労働では管理者は，業務能率を向上させるために顧客行動をも統制しようとする。そして顧客行動を統制するための方法や技術を，訓練や研修をつうじて労働者に教え込む。労働者はどうか。労働者にとっても，顧客行動を統制して顧客が自分の作業にとって都合のよい行動をとってくれるほうが，作業能率は向上する。だから労働者も一般に顧客行動を進んで統制しようとする。

　他方で顧客も，意志と意識と感情をもつばかりでなく，接客労働過程において独自の利害をもっている。顧客の利害は，一般に労働者から良質のサービスを迅速に提供してもらうことにある。顧客は，労働者のさぼりやミスによるサービスの質の低下やサービス提供の遅れをゆるさない。だから顧客は，労働者が良質のサービスを迅速に提供するように労働者の働きぶりを監視し，またそうした目的で管理者の行動にも注意を払う。こうして顧客も，労働者と管理者の行動を統制しようとする。のちにみるように，管理者は，このような顧客による労働者統制の形態を利用して労働者統制を試みる。

　［２］接客労働の３極関係では，３人の当事者のそれぞれが独自の利害を追求して他の２人の当事者の行動を統制しようとするために，３極関係は３極的統制関係となるのである。

このような接客サービス労働の理解にたいしては，3極関係の存在は接客サービス労働に固有なのではなく，生産労働であっても3極関係は存在するという批判をときおり受けることがある。しかしこの批判は的はずれである。

製造企業も顧客をもち，製造企業の生産作業でも顧客の要求を配慮した生産や管理がおこなわれる。しかし，だからといって2つの労働過程を同一視することはできない。接客労働では顧客の労働過程への参加が3極的統制関係をうみだすのであるが，顧客の労働過程への参加は直接的であり，したがって顧客は他の2人の当事者に直接的で即時的な影響をおよぼす。顧客の存在が接客労働者におよぼす直接的で即時的な影響を考慮するとき，顧客の存在は，接客労働過程の質を決定する構造的特殊性となるのであり，接客労働者は，（カスタマーサービスのような消費者と直接接触する部署や，流通業者などと接触する部署にいるのではない）顧客との接触から断たれた生産過程に存在する，その意味でバッファーをもつ生産労働者とは，決定的に異なるのである。

第2節　顧客の性質と労働者統制の困難

［1］3極関係のなかにある顧客とは，どのような存在なのだろうか。この点についてコルジンスキは，顧客が「主権をもつ顧客」であり，形式的に合理的であると同時に形式的に非合理な側面を合わせもつ，と主張する。企業の宣伝広告が，顧客の形式的に合理的な面に訴えようとするならば，たとえば製品の低価格を強調し，形式的に非合理な面に訴えようとするならば，たとえば製品の頑健さやセクシーさなどの象徴的意味を強調する。サービスを提供する企業は，前者の面では効率性を強調し，後者の面では「顧客主権の魔法的神話 the enchanting myth of customer sovereignty」で対応する。顧客は「サー」とか「マダム」とか「お客様」と呼ばれ，王族のようにあつかわれて，架空の主権者になる（Korczynski, 2002: 60, 64-65; 2009: 77-80)[1]。

コルジンスキの「顧客主権の魔法的神話」という表現は，とくに「顧客主権」という言葉は，その意味が一義的でなく，異なる解釈をうむ可能性があ

る。わたくしの解釈をしめしておこう。企業にとって顧客は，企業の思いどおりになる操り人形ではなく自分自身の意志や力をもって独立に行動する存在であるが，同時に企業の宣伝や広告に影響されるという２面性をもつ存在である。企業にとっては顧客にじっさいに購買決定をおこなってもらうことが決定的だという意味では，顧客はたしかに主権をもつ存在ではある。だが同時に顧客は企業による操作と誘導の対象ともなるのであり，サービス提供企業は売上げを伸ばすために顧客を誘導し，操作しようとする。この限りでは，企業は顧客を主権者としてあつかわず，顧客の主権を踏みにじることも辞さない。このとき企業がとる戦略が「顧客主権の魔法的神話」なのである。すなわちそれは，顧客行動を誘導し方向づけようとするが，しかしなお状況を主権者としての「顧客が管理しているとみえるように」（Korczynski, 2002: 62-63）処理する企業の戦略なのである[2]。消費者資本主義のもとで企業がおこなう宣伝広告は，この魔法的神話を打ち固める。

　したがって「顧客主権の魔法的神話」とは，企業が誘導し操作する対象である顧客に操作や誘導の面を隠して，顧客を崇め尊重しようとする，顧客にたいする道具的な粉飾をさす。だからサービスの相互行為のなかで，顧客が自分たちを効率主義的にあつかったり，あるいは自分たちを操作・誘導しようとする企業の本音を垣間みるとき，道具的粉飾は剥落し，魔法的神話がくずれる。顧客は「幻滅 disillusionment」（Korczynski, 2002: 63, 64）を経験して怒り出す。これは，ライドナーによるマクドナルドの店員職務の研究が十分にしめすところである。

　たとえばマクドナルドの窓口労働者は，前章でみた示唆的販売 suggestive selling を強いられた。これは売上げを伸ばすために，顧客に「私たちのベーコン・ダブル・チーズバーガーを試してごらんになりませんか」とか「それといっしょに，ホット・アップルパイはいかがでしょうか」とすすめたり，「ラージのフライですね」と聞くことを意味した。顧客はこれに怒った。なぜなら第１に，労働者が余計な質問をすることで召使いの役割を踏みはずしてサービス提供を遅らせたからであり，第２に，その目的が売上げ増加にあったからであり，第３に，セリフが台本化されたルーティンであることが

明瞭だったからである（Leidner, 1993: 138-140）。要するに，顧客を操作して売上げを伸ばす試みであることに，すぐに気づいたからである。

［2］そこで管理者にとっては，サービスの効率的提供と顧客主権の神話の維持とを両立させる，というジレンマが生じる[3]。すなわち，接客労働者を統制して顧客あつかいの能率を上げさせる一方で，接客行為における管理権（主権）が顧客自身の手にあるような印象を顧客にあたえるように接客労働者にふるまわせるという，つまり「顧客主権の神話」を維持させるという，ジレンマである。サービスの前線職場に女性が多く雇用される理由の1つは，後者の要請を満たすことにある。こうして管理者による労働者統制には，相互に矛盾する二重の要請が課されることになる。管理者も労働者も，やっかいな顧客をあつかうために，相互に矛盾する要求をみたすタイトロープを渡らなければならない。

　ここで経営学におけるサービスの研究史を回顧しておけば，序論でみたように，1970年代以来，経営学ではサービスにたいする2つのアプローチが提唱されてきた。サービスの生産ライン・アプローチ〈対〉エンパワーメント・アプローチである。前者は，テイラー主義的生産方法をサービス生産に適用しようとし（Levitt, 1972: 1976），後者は前者の批判から出発して，顧客満足を重視し（Bowen and Lawler, 1995a; 1995b），これを達成することで従業員も管理者も満足するような新たな人的資源管理を提唱する（たとえば Zemke and Schaaf（1989）; Zeithaml and Bitner（1996）をみよ）。この人的資源管理ではとくに労働者のエンパワーメントが重視されるが，それは，「労働者により多くの権限，自律性，決定能力をあたえ」（Gutek, 1995: 173）たり，能力開発によって労働者の技術や知識を向上させることを意味する。これら2つのアプローチはまさに，以上にのべた接客労働者の統制に課される二面性を反映していたといえる。

［3］それでは，顧客をあつかわなければならない接客労働者を統制しようとするさいに，管理者が出会う困難はどのようなものか，を考察しよう。こ

れをみたうえで，次節では接客労働者の具体的統制方法を論じよう。接客労働者の統制の困難は，以下の5つの事情から生じる。

第1に，顧客の可変性がある。労働者があつかう顧客は千差万別であり，しかも状況によって顧客の態度や対応は変化する。このために，どのような顧客も画一的にあつかおうとする接客労働のマニュアル化は困難とならざるをえない。むろん，マクドナルド店員のように，セリフや動作の台本化による顧客あつかいのルーティン化は可能である。しかしそれにわざとらしさやしらじらしさが出るなどの点に，どの顧客にもあてはまる顧客あつかいの標準化の困難さがしめされる。

第2に，労働過程の公開性という事情がある。接客労働過程にはいつも顧客が存在し，労働過程はつねに顧客に公開されている[4]。これは，接客労働過程に顧客が参加するという特殊性のためである。このために，たとえばリチャード・エドワーズの単純統制はサービス提供を「ぶちこわす spoiling」(Macdonald and Sirianni, 1996a: 6) 危険がある[5]。管理者と労働者との人格的接触にもとづく単純統制は，管理者による労働者の直接的な威嚇や叱責や処罰を含むので，顧客が喜ぶ心地よいサービスの提供が，じっさいには管理者による労働者の過酷な統制や労働条件の賦課に支えられていることを顧客が知れば，ただちにこのサービスは「不良品」となる。現場での直接監督は，顧客主権の魔法的神話を破壊する。ベンソンのいうように，顧客のいる前で管理者がデパートのセールスウーマンをあからさまに叱責したり，怒鳴りつけによる労働者の駆り立て方式をとるとすれば，顧客の感情が害されて提供されるサービスは台無しになる。あるいは，店員のひどい労働条件が高い労働移動率をうんでいることが顧客に知れることも，デパートの評判をそこなう (Benson, 1986: 137, 165, 211-212)。単純統制のように「従業員のあいだに敵意をうむ摩擦的なタイプの管理」(Fuller and Smith, 1991: 3) は，つねに礼儀正しさと上品さを維持しなければならない接客サービスの雰囲気にはなじまない。

第3に，モニタリングの困難という事情がある。一般的にいえば，1人の監督者が多数の労働者の接客行為を同時にモニターする困難がある[6]。やや

特殊だが訪問販売員などのばあい，個々の顧客の住居を訪問するので，管理者は彼らの作業を物理的にモニターできず，したがって接客労働を統制できないという事情がある。あるいは近年興隆をみせている臨時人材派遣サービス業では，派遣労働者が広く分散した職場に派遣されるので臨時人材派遣企業による官僚制的統制だけでは有効でない（Gottfried, 1994: 112）。

　第4に，接客サービスの業績（生産性）の測定が困難であるという問題がある。これは接客労働にとってかなり本質的な点をなすのであるが，接客労働者の業績は，たんなる接客回数や接客時間や売上高では測定できない。顧客が接客サービスをどのように認知するか——労働者の接客態度が良かったか悪かったか，接客が心地よいものであったかそうでなかったか——が，とくに顧客をリピーター化して，長期的な売上げ増加をめざすためには，決定的問題となるからである。

　第5に，これも接客労働にとって本質的な問題をなすのだが，接客労働のばあいには，管理者は作業中の労働者に自律性と裁量をあたえて，自発性と創意を発揮させる必要にせまられることがある。たとえば労働者に裁量をあたえて，「自然の」雰囲気のなかで創造的な接客技能を発揮させる必要にせまられる。管理者が，接客労働者の感情労働[7]を動員して深層演技をさせるようなばあいには，これはなおさら必要となる。だが厳格な直接的統制たとえば単純統制は，こうした接客技能の発揮を不可能にする。

　フラーとスミスは，同じ理由からリチャード・エドワーズのいう官僚制的統制を接客労働過程に適用することも不適切だとのべる。官僚制的統制は「規則，手続き，期待」をあらかじめ規定する。だが接客労働は対人的熟練に依拠するので，労働者がこの熟練を行使できる自律性と裁量を必要とする。そこで労働能力のコード化・標準化に依拠する官僚制的統制は適用できず，適用すれば労働者が労働過程で自発性と裁量を発揮する余地を奪う。また技術的統制も問題をはらむ，と指摘する（Fuller and Smith, 1991: 3）。

　以上が管理者が接客労働の統制を試みるさいに直面する困難である。これらの困難が，製造業のような生産労働の統制のばあいには生じないことは一見してあきらかであろう。さらにいえば，第3点を除くと，以上のすべては

顧客主権の神話の維持という要請からか,あるいはこの要請と効率性の実現という要請を同時に満たさなければならないことから生じる統制の困難である。生産労働を基礎に構築されてきた労働者の統制方法(たとえばエドワーズの単純統制,技術的統制,官僚制的統制)は,接客労働では不適切な面をみせるのである。

第3節　統制方法

［1］以上の困難を克服する接客労働の統制方法を考察しよう。とくに,業務能率の向上と「顧客主権の魔法的神話」の維持という要請を両立させる5つの統制方法がある。

　第1に,監視カメラや電子的モニタリングやITによるモニタリングという統制方法がある。これらは,顧客にはもちろん労働者にも知られることなく,労働者の働きぶりを監視する。だから直接的統制の厳格さによって顧客主権の神話を破壊することなく,効率化要求を満たす方法をなすのである。監視カメラは,ファーストフード・レストランやコンビニ店で労働者を監視するために天井にすえつけられる (Fuller and Smith, 1991: 3)[8]。またスーパーマーケットのレジでのバーコード読み取り機や小切手処理機械などの導入は,レジ係の活動と時間の管理を可能にする。管理者はレジ操作の訂正の型と回数,引き出しの開けられた回数,1日に通過した商品と顧客数,顧客の精算時間,時間と顧客あたりの平均販売額,休止時間の長さなどを知ることができるからである (Soares, 2001: 112)。

　ITは,たとえばコールセンターで利用される。イギリスのコールセンターでは,市内電話は,自動接続システムによって手すきの作業員に電話が自動的に回され,作業員はコンピュータを使って銀行預金残高の照会,列車やコンサートの切符予約,保険払い戻し請求に対応する。市外電話は,予示ダイヤルシステムが顧客の電話番号のデータベースから顧客に電話をつなぎ,情報が画面に現われたのちに,作業員が特定の商品やサービスを販売する。作業員は画面をながめて情報を解釈し,データ入力や検索のためにキーボードを操作する。テクノロジーがスピードアップをうむとともに,作業状

態を個人別にたえず監視する。電話と電話のあいだの時間間隔を短縮することによる「実質電話時間」の最大化がめざされるが，業績以下の作業員はコーチされ，会話をテープにとられる（Taylor and Bain, 1999: 109）。またテイラーとタイラーは，イギリスの航空会社のチケットを含むサービスの電話販売職務と客室乗務員職務を調査し，ここでもITによるモニタリングがおこなわれていた事実を確認した。電話販売業務は「ハードな」基準と「ソフトな」基準によって測定され，業績は賃金に連動させられた。「ハードな」基準では，販売員，販売チーム，ユニット全体が月ごとの販売目標を課され，また通話回数，通話時間，電話と電話のあいだの時間間隔が「生産性」の基準にされた。「ソフトな」基準はチーム作業，専心，じっさいの電話会話の内容（職務技能）をさす曖昧なものだったが，これらが販売員と顧客との会話を測定する。会話は「盗聴」されテープにとられるという遠隔的モニタリングのもとにおかれ，結果は査定に使われた（Taylor and Tyler, 2000: 82-83; Taylor, 1998: 89-90）[9]。

監視カメラやITによるモニタリングは直接的統制に役立つばかりでなく，統制を自動化するパノプティコン機能をもつ。パノプティコンとは，19世紀のイギリスでベンサムが考案した監視搭からすべての収容室の囚人を監視できる一望監視施設であり，フーコーが『監獄の誕生』で発掘した恐るべき監視装置である。これの主要な効果は「権力の自動的な作用を確保する可視性への永続的な自覚状態を，閉じ込められる者にうえつけること」にある（フーコー, 1996: 203）。すなわち，じっさいに労働者が監視されていないとしても，自分の知らないときにいつも管理者によって監視されているという被監視の意識が労働者に内面化され，これが労働者の行動を統制し，統制の自動化をうむのである[10]。

接客労働の監視によるパノプティコン機能は，ふるくはエリノア・ランガーの古典的論文が指摘している。彼女は，1969年10月から12月までニューヨーク電信電話会社で働いた経験にもとづいて，パノプティコン機能に言及する。職務は，ニューヨークの電話交換所の1つで電話の新規敷設とサービスの注文をうけ，また顧客の苦情をなだめることだった。職場には5, 6人

の女性作業員ごとに1人の女性監督者がいたが，監督者は，いつでも机の上の電話で部下と顧客の会話を聞き取ることができた。毎日1時間，監督者はメインフロアを離れて私室にいくが，ここでどの労働者の電話会話も聞くことができた。「女性たちはとうぜんに，いつ彼女がこれをおこなっているかを知っているが，しかしだれの（顧客との——引用者）接触を彼女が監督しているかは知らない」（Langer, 1972: 326）。不断の監視の結果は，監視がどこでやむのかを確認できないことだ。会社は監視が限定されているというが，だれも確実には知らない。労働者が会社の監視に気づいていることは不安をうみだす。休憩室の電話は監視されているのだろうか，会社は新規職員や疑惑のある職員の電話を盗聴するのだろうか，労働組合活動は監視されているのだろうか，だれも自信をもっていうことはできない（ibid.: 327）。

ただし，パノプティコン的状況のもとで労働者の抵抗がなくなると結論するのは[11]，短絡的である。統制の自動化は傾向としてとらえる必要がある。テイラーとベインは，イギリスのコールセンターにおける電子的監視のもとでも労働者の抵抗があった事実を指摘する。コールセンターは作業のフォード化が進み，「頭に組立てライン」（Taylor and Bain, 1999: 109）をもつような状況であったが，労働者の抵抗が存在した。個人的抵抗は，じっさいに従事していなくとも電話作業に従事しているふりをすること，電話待ちの列から離れること，盗聴やテープにとられるときを察知して出し抜くというかたちをとり，集団的抵抗は，労働組合が，ティーブレイクや組合代表者の活動のために有給時間を要求すること，モニタリングの範囲を従業員の知識や会話の質のチェックやふるまいの査察に限定すること，個人の同定や個人的電話のモニタリングを禁止してカウンセリング後に従業員の前でのテープの抹消を交渉すること，タスク設計のさい単調な作業や既定の仕事率やモニタリングによる抑圧的作業環境を禁止し，画面から離れる定期的休息を要求すること，などのかたちをとった。彼らはコールセンターは「争う領域 contested terrain」だという（ibid.: 114-115）。

［2］第2は，顧客を利用した労働者統制方法である。これには，(1)顧客の

間接利用による統制方法と，(2)直接利用による統制方法，とがある。(1)は，企業による宣伝と「顧客の権利章典」の掲示である。企業による顧客サービスの宣伝は，宣伝どおりのサービスを期待する顧客による労働者統制を実現する。ホックシールドが指摘するように，航空会社が宣伝で，客室乗務員のスマイルや，ゆったりした座席や，性的魅力にあふれる女性乗務員によるサービスを約束すれば，乗務員は，こうしたサービスを期待している顧客の願望を満たすように行動しなければならない。こうした願望が満たされなければ，顧客は失望したり怒り出すかもしれないが，顧客の失望や怒りを処理するのも乗務員の役目となる（ホックシールド, 2000: 107-110）。

「顧客の権利章典」の掲示とは，たとえば接客労働者による顧客の権利の侵害を，管理者に知らせるようにうながすことである。アメリカのスーパーマーケットであるセーフウェイは，テレビ宣伝をつうじて店舗で不快な思いをした顧客がかけるべき電話番号を知らせ，同じくアルバートソンは，店員がレジのうえにリストされている顧客サービスをしなければ卵1ダースをあたえた。いくつかの店では劣悪なサービスの償いは金銭だった（Tolich, 1993: 366-367）。ウィンディクシーも新聞広告を出し，レジ係が親しみやすいあいさつと心からのありがとうをもって顧客に接しないなら，レジ係の制服につけた1ドル札を受け取れる，というキャンペーンをおこなった（ホックシールド, 2000: 171-172）。南カリフォルニアの食料品店店員は「私があなたに良い1日を願わないなら1ドルもらえます」と書いてあるバッジをつけさせられた（Gutek, 1995: 86）。上の例にもあるように，苦情相談電話の設置もこの種の統制に属する。これらは，顧客一般に呼びかける間接的な労働者統制方法である。

だが，(2)より直接的に顧客を利用する労働者統制方法もある。顧客の意見調査による統制である。フラーとスミスはこれを「消費者統制または顧客による管理 consumer control or management by customers」（Fuller and Smith, 1991: 3），あるいは「顧客による統制 customer control」（ibid.: 4, 5）と呼ぶ。彼女らによると顧客意見の調査方法は3つあった。①会社がおこなうもの，②会社が奨励するもの，③顧客がおこなうもの，である。①は，印

刷物や電話での調査や顧客との面談をつうじて顧客の意見を聴取するものである。スミスは，フォトコピーサービス会社が顧客の意見調査にもとづいて労働者統制をおこなっていた事実を指摘する。会社の販売エージェントと管理者は，コピー機を賃借した会社の社員に，コピースタッフにかんする定期的な意見調査を求め，このデータにもとづいて会社は労働者の業績を評価していた（Smith, 1994a: 295）。②は接客場面で会社が用意するコメントカードによるもの，③は顧客が電話や手紙で意見をよせるもの，である[12]。

　①の方法には，会社が調査員に匿名の顧客を装わせて労働者と中間管理者を監視させ，その結果を報告させる方法が含まれていた。このばあい，会社は偽装した「ショッパー」（覆面調査員）を使う。会社が自分で雇うこともあるが，ショッパーを他の会社に依頼することもある。極端なばあいには，偽装した顧客（覆面調査員）は，労働者との対面の様子をマイクで傍受できるように連絡装置をつけている（Fuller and Smith, 1991: 5-6）。覆面調査員の利用の歴史は古く，広範である。アメリカではすでに1890年代半ばに，デパートが覆面調査員を雇って「販売員の全般的なマナーや行動」について調査させていた（エイベルソン, 1992: 152）。ベンソンも同じくアメリカの1920・30年代のデパートの雇われショッパーの例をあげる（Benson, 1986: 262-263）。以下，目にふれる指摘をあげよう。ホックシールドはアメリカの航空会社による「ゴースト・ライダー」の例を（ホックシールド, 2000: 134），ボルトンとボイドはイギリスの同じく航空会社による「ゴースト・フライアー」の例を（Bolton and Boyd, 2003: 301）指摘する。小売では，トリクがアメリカのスーパーマーケットが利用する監視人の例を（Tolich, 1993: 366-367），ラファエリとサットンはアメリカの全国チェーンの食料品店の「覆面ショッパー」の例を（Rafaeli and Sutton, 1987: 28）を，ギャンブルは中国にあるイギリスの多国籍小売企業が非公式に雇用する「覆面ショッパー」の例を（Gamble, 2007: 12-13），あげている。そのほか，フレンケルその他はオーストラリアの住宅貸付会社に差し向けられる覆面顧客の例を（Frenkel et al., 1999: 146），シーモアはファーストフード・レストランにルーティンの遂行をチェックするために本部が送り込む「手

先」の例を（Seymour, 2000: 167），ヴァン・マーネンはディズニーランドの乗物にゴースト・ライドする監督者の例を（Van Maanen, 1991: 69），報告している[13]。提供されるサービスの質を知るために，このような覆面ショッパーを利用することはありふれたことである（Gutek, 1995: 169-170）。調査された労働者の接客態度は，むろん労働者の査定に利用される。日本の金融機関，流通，飲食業，病院，不動産チェーンなどの接客企業も，現在，こうした覆面調査員を利用している[14]。

　フラーとスミスによれば，以上の手段によって会社には次のことが可能になった。第1に，上の①②の方法によって，会社は応対した労働者を確認することができた。調査したコメントカード方式の約3分の1が，顧客が従業員の名前を書くように求めていたが，労働者の名前をたずねる質問項目がないとしても，対面の日時，部局，店，階などから名前はすぐにわかった。労働者の名札はこれに役立った。たとえば「パムはすてきだった」とか「スーザンは不愉快だ」というかたちで。第2に，印刷物や覆面ショッパーを利用した調査によって，会社は，労働者の行動と態度の情報を得ることができた。第3に，顧客の意見は，労働者の人事ファイルに送り込まれ，評価と処罰の資料となった。保険会社は，覆面調査員の予告なしの訪問と顧客に郵送される意見調査書によって，昇給・昇進の決定のための業績査定をおこない，自動車ディーラーは，顧客のコメントカードのうち否定的コメントだけを利用し，スーパーマーケットは，警告ばかりでなく一時的停職や解雇のためにも顧客の意見調査を利用していた（Fuller and Smith, 1991: 6-8）[15]。

　コメントカードや覆面調査員の利用においても，むろんパノプティコン効果がうまれる。顧客の目がいつでもサービス対面にたいする，不可視だがたえざるチェックとして機能するので，雇主の力をとらえどころのないelusive ものにする。パノプティコンの匿名の監視のように，労働者がいつもだれかから自分の肩ごしに見張られているという意識が，労働者の行動をたえず制約するのである（Fuller and Smith, 1991: 11）。

　さらに消費者の報告によって統制されたのは，労働者ばかりではなかった。消費者の報告は，サービス給付単位の全般的な質のデータをあたえたの

で，これを管理する中級管理者も統制された。じっさいトップレベルの管理者や雇主による消費者統制においては，労働者の統制とならんで，中級管理者の統制も重要な目的となっていた。労働者統制のばあいと同じく，第1に，消費者の報告によって中級管理者も個人的に確認できた。第2に，どの会社でも顧客情報を最終的に管理するのはトップの管理者であり，彼らがこの情報を定期的に査察した。第3に，トップの管理者は，顧客からの情報を分析して，店や勤務帯ごとの中級管理者の業績を比較することができた(Fuller and Smith, 1991: 8-9)。

　以上の方法では，管理者による労働者の統制過程は，労働者や顧客の目からは隠される。このゆえにフラーとスミスは，この顧客を利用する統制方法を，「管理者が自分の統制特権を維持すると同時に，しかし高質のサービスの給付に必要な量の自己管理を発揮する従業員の能力にはできるだけ干渉しない，新たな管理技術」と呼び，これが「純粋な統制権の行使から労働者を排除すると同時に，なお彼らの生産過程への参加を保証する」という統制のジレンマを解決する方法だ，と主張する（Fuller and Smith, 1991: 4)。たしかに労働者の生産過程への参加を要求すると同時に労働者を排除しなければならない点に資本主義的統制の根本的ジレンマがあり[16]，顧客を利用する統制方法がこのジレンマを解決する方法であるとする彼女らの主張は正しいようにみえる。またわれわれもこれまで，顧客を利用する統制方法を，業務能率の向上と「顧客主権の魔法的神話」の維持という2つの要請を両立させる方法として記述してきた。しかし顧客を利用する統制方法にこれらが可能になるのは，統制過程が労働者の目から隠される限りのことである。この前提がくずれれば，この統制方法は統制のジレンマを解決するものでも，2つの要請を両立させるものでも，なくなる。ところが労働者は，顧客のコメントカードや覆面調査員の利用による自分たちの統制を感知することがある。こうして覆面調査員によるモニタリングを知ったとき，ホテルのフロント係などの労働者は「スマイル・スト（スマイル拒否）」をし（ibid.: 12)，コールセンター労働者の熱意はくずれた（Korczynski, 2002: 128; Korczynski et al., 2000: 679)。したがって以上の方法は，なお労働者にたいするハードな

統制方法という色合いをおびるのであり,それだけで単独に用いられる限り統制のジレンマを解決するものではない。同じことは,IT や監視カメラによるモニタリングが労働者に明瞭に察知されるばあいにも,あてはまるであろう。

[3] これに反し,以下にのべる統制方法はソフトな統制戦略という性質をもつ。この戦略は次のかたちをとる。第1は,労働者の顧客志向やサービス志向に注目し,さらにこれを開発し訓練することである(Gutek, 1995: 119)。労働者の採用基準として,候補者が顧客との接触や「人助け」を好む性質をもつことを重視し,訓練,業績評価をつうじて接客性向や資質を開発する。ボルトンは,サービス組織が,その「人間性」が組織の価値を志向し必要な対人技能をもつ従業員の補充と選抜を,とくに重視していると指摘する(Bolton, 2005: 111)。これによって,顧客を配慮した労働者の接客態度や行動を誘導することが容易になる[17]。

　第2は,労働者のエンパワーメントである。コルジンスキによると,これには,①タスク・エンパワーメント,②チーム作業,の2つのレベルがある。①は,顧客の可変性に応じるために,タスクレベルで労働者に裁量と自律性をあたえることである。たとえば労働者は,管理者に相談することなく,不平をもつ顧客に請求書を減額してやったり,ドリンクやワインの特別サービスをあたえる権限を付与される。これは構想と実行の一定の再統一をしめすといえるが,しかし裁量の付与が「サービスの修復」に限定され,サービス本体の提供ではおこなわれない点に限界がある。②は,①よりも広い決定への労働者参加であり,タスクにたいする完全な責任,直接監督なしの作業,作業方法・時間の裁量,チームメンバーの多能化の奨励,補充員決定への参加,などからなる。だがこれはサービスセクターに行き渡っていない(Korczynski, 2002: 132-134)。

　第3は,究極の統制形態としての自己管理型の統制である。ミルズは,自己管理型の統制は産出高を中心としたものであり,活動の順序,方法,時期,場所などは従業員の裁量にまかされるとしつつ,サービス対面と自己管

理型の統制との関連を次のようにのべる。すなわち，①対面に使われる時間量，②顧客の企業への依存，③顧客との相互行為に必要な準備労働量，が大きければ大きいほど，従業員の裁量が必要になるので，これらは自己管理の程度と正の連関をもつが，④顧客との相互行為での従業員の代替性，⑤顧客がサービスの問題を知る程度，⑥相互行為を規制するガイドラインの確立の程度は，従業員の裁量を減らすので，自己管理と負の連関をもつとのべる(Mills, 1985: 163-167)。ここでは自己管理型の統制が，サービス相互行為で要求される従業員の裁量の点から要請されるとみなされる。こうしてこの統制のばあい，管理者は接客労働の遂行過程で労働者に大きな裁量と自律性をあたえて，労働者の行動を自己管理にゆだねる。労働者は行動を自己管理にまかされ，あるばあいには歩合給制などのかたちで労働過程の外部からのみ道具主義的な効率性を求められる。この統制形態は，労働過程において効率性と顧客志向性をめざして労働者に大きな主体性と労働意欲を発揮させることによって，統制問題の解決をはかろうとする[18]。典型はセールスマンの販売労働である。

　［4］しかしこれは，管理者にとって危険な統制形態である。まず，大きすぎる裁量と自律性を労働者に付与することは，管理者の権限を侵食し，統制そのものをほりくずしてしまう。あるいは，大きすぎる裁量と自律性の付与は，労働者が利己的な，会社の政策や利益に反する行動をとる可能性をあたえる[19]。これらの危険を回避するために，会社が労働者の行動に外的規制をくわえるばあいもあるが[20]，会社の利害にそうかたちで労働者の利害と会社の利害との一体性を労働者に確信させる方法もある。すなわち，労働者と会社の利害は同一であると労働者に確信させるイデオロギー的戦略である。
　ライドナーは，生命保険会社の勧誘員の研修過程の参与観察にもとづいて，このイデオロギー的戦略による労働者の「変身 transformation」過程を検討する[21]。保険会社は，研修で保険の売り込み技術や保険販売の知識を教えるほかに，会社の創設者のPMA（Positive Mental Attitude；積極的精神態度）哲学を教え込み，勧誘員の目標設定と目標達成を助けることをもくろ

んだ。まず会社全体に行き渡った文化としてのPMA哲学は，労働者に自己動機づけと自己規律を植えつけ，労働者を不屈の精神をもった保険勧誘員に鍛え上げることを目的にしていた。訓練者は労働者を起立させ「私は健康と感じる，私は幸せと感じる，私はすばらしいと感じる」と叫ばせ，「あなたのPMAはどうだ」と問いかける，被訓練者はみな「すばらしい」と叫ぶ。HHT（happy, healthy, terrific）の歓呼が会社全体を覆うが，それは潜在意識に，消極性の習慣を克服して自分の思考，感情，運命をコントロールする積極的思考を刻印する効果があった。それは，労働者にt（timidity；臆病）とf（fear；怖れ）を克服して目標に邁進することをうながし，行動を志向させる。朝と晩に「いまやれ」という文句を50回から100回繰り返すようにすすめられ，トライをうながされる。PMA哲学は「と思います」とか「やってみましょう」を認めず，やるという約束だけを求める。くわえて訓練者は，成功の可能性だけを強調した。訓練者は，勧誘の仕事が困難なことも見込客の拒絶に出会うことも隠さなかったが，成功の可能性を強調することで労働者の主体性が前面に出され，統制主体としての会社は後景に退いた。またルーティン的販売技術は会社の押しつけとしてではなく，労働者が成功するために自由に選択できる枠組みとして提示された。ここでも統制主体としての会社が隠された[22]。これらによって訓練終了時には，労働者は会社の用意するアイデンティティを取り入れて「変身」し，希望と不屈の決意に満ちたセールスマンが誕生していた（Leidner, 1993: 87-88, 101-102, 104-105, 116-117）[23]。

［5］以上は，1つの典型的な自己管理型統制である。ここで重要なのは，労働者の主体性が強調されて，統制主体としての会社が陰に隠れることである。そのためには，会社と労働者の利害の一体性を労働者に確信させる必要がある。会社と労働者の利害の一体性が労働者に確信されれば，会社の主張は労働者の主張と矛盾・敵対せず，労働者は主体的に自己を動機づけ，決定をおこないつつ行動していることになり，けっして会社から統制を受けているわけではないことになるからだ。

ライドナーの研究もこれを強調する。生命保険会社は勧誘員に，勧誘員と会社の利害は一致すると説き，保険の売上げ増加は，会社と労働者の双方にとって利益になることを強調した。このさい不適格者を保険に加入させて勧誘員の歩合給を増やすことは，会社のリスクを高めるので勧誘員の長期的利益にはならない，とのべた。同じ理由から高圧的販売や（保険のカバレージ・給付・掛金を偽って）見込客をだます不正販売を禁じ，現在の保険をキャンセルさせて新しい保険に加入させる「攻撃的販売戦術」も禁じた。これらは，長期的には会社の利益にも労働者の利益にもならない，とされた(Leidner, 1993: 114-116)。

ただ，会社と労働者の利害の一体性が説かれるばあい，顧客の利害は同一視されることも，敵視されることもある。同一視されるばあいには，会社と労働者と顧客の3者の利害の一体性が労働者に提示される。たとえば製品やサービスが優秀でそれらを買うことが顧客のためになるという信念のビジネス[24]や製品イデオロギーが労働者に信奉されるばあい，会社と労働者と顧客の3者の利害の一体性が主張される。顧客のためになる製品やサービスが売れれば，労働者のためにも会社のためにもなる。これによって，労働者による製品やサービスの執拗な売り込みが道徳的に正当化される。

しかし逆に，会社が顧客を敵に仕立てるイデオロギーを労働者に鼓吹することによって，会社と労働者の利害の一体性が強調されることもある。これは，①ずるい顧客のイメージを開発し，②接客労働を顧客との勝負を競うゲームにし，③顧客の立場を配慮しない「無視への意志」をもたせる，というかたちで実現される。ずるい顧客のイメージを開発して販売労働者の頭脳に刷り込めば，強引で問題のある販売方法も正当化される。たとえば集金人についてホックシールドはいう。「集金人たちの場合，（債務——引用者）取り立ての妨げとなるような感情を切り捨てるために，債務者は『怠慢者』で『詐欺師』なのだ，と自らに思いこませなければならない」(ホックシールド, 2000: 165) と。また接客労働を顧客との勝負を競うゲームと定義すれば，ゲームに勝つことは英雄的行為となり，労働者が男性であればジェンダー的にも正当化される。生命保険勧誘員についてライドナーはいう。保険

勧誘員は本来見込客に気に入られるために，へつらいや，怒らないことや，敬意を払うなどの男らしくない態度を必要とするが，会社は顧客との相互行為を英雄的な「意志の闘争」として枠づけ，勝利するためには男らしい決意，攻撃性，忍耐，禁欲が必要だと定義しなおした。この仕事は女ではとても成功しない，と(Leidner, 1993: 200-201)。さらに，道具主義による顧客敵視の正当化は，接客を労働者にとって非人間的関係にする。労働者は顧客について「無視への意志」をもつ必要がある。これをもてない者は職を去るしかない，と(Korczynski, 2002: 111)。

　以上の，接客志向性の利用・開発・訓練，エンパワーメント，自己管理型の統制は，いわばソフトな統制戦略に属する。これらは，監視カメラやITによるモニタリングという方法や，覆面調査員などの顧客を利用した統制といった，ハードな労働者統制方法とは，明確に性格を異にする。

第4節　統制の矛盾と労働者の抵抗

［1］労働過程論の伝統からすれば，上でみたハードな統制方法とソフトな統制方法は，アンドリュー・フリードマンの「直接的統制 Direct Control」戦略と「責任ある自律 Responsible Autonomy」戦略という2つの対比的な労働者統制戦略の概念によってとらえることができる。

　直接的統制戦略は，強圧的な脅し，周到な監督，構想と実行の分離，金銭的インセンティブの付与などをつうじて，労働者の責任を最小化し，労働者の熟練や創意を管理者による労働編成構想におきかえる。これにたいし責任ある自律戦略は，労働者に自律性，裁量，責任をあたえることで最小の監督によって労働者が責任をもって行動するようにうながし，忠誠心を勝ち取り，労働組合をもイデオロギー的に取り込もうとする（Friedman, 1977; 鈴木，2001: 第3章をみよ）。フリードマンによれば，これらは資本主義が歴史的に展開してきた2つの労働者統制戦略である。あるばあいには同一産業や同一企業が，直接的統制戦略から責任ある自律戦略への転換，または逆の転換というかたちで歴史的に交互に採用する統制戦略であり，この交替によって一方の統制戦略の硬直性が緩和される。別のばあいには，ある労働者

グループには一方の戦略が，別のグループには他方の戦略が同時的に適用されて，労働者が分断される。

しかし第2節でのべたように，接客労働者の統制には，効率性を達成しなければならないと同時に，顧客主権の神話を維持しなければならないという要請が課される。このために接客労働では，監視カメラや顧客を利用したハードな労働統制方法が，労働者の接客志向性の開発・訓練や，労働者のエンパワーメント，自己管理型の統制といったソフトな統制方法と組み合わされる。だから接客労働者の統制にあっては，フリードマンでは適用の時期や適用対象としての労働者グループを異にしていた2つの労働者統制戦略が，同一の労働者グループに，同時に適用されることになる。

［2］多くの論者が，接客労働では2つの統制戦略が同時に要請され，適用される点を指摘する。まずホックシールド（2000: 144）は，航空会社が客室乗務員に「純粋に親切な」サービスを要求すると同時に，サービス提供のスピードアップを要求する矛盾を指摘する。スターディも，顧客サービスの重視とともにテイラー化に対抗するエンパワーメント・アプローチが増加してきた事実を指摘する。「『エンパワーメント』アプローチは台本化されたサービスへの顧客の反感に対抗し……顧客との相互行為の『伝統的』形態を再建する試み」であるが（Sturdy, 2001: 3-4），エンパワーメント的で関係志向的なアプローチは，雇主が従業員の後天的な個人的特徴や自己規律にかかわることを意味する。したがってそれは，A. フリードマンの「責任ある自律」と「直接的統制」との，あるいはコルジンスキのいう「調整主義 Tailorlism」とテイラリズム Taylorism との，「代替しかつ結合する」アプローチがはらむ緊張と対応していたが，この緊張はコールセンターに象徴される，とのべる（ibid.: 6）。だからここでも，接客サービス労働者にたいする直接的統制戦略と責任ある自律戦略との代替や結合が主張される。

ソステリックは参与観察にもとづいて，カナダのナイトクラブで責任ある自律戦略から直接的統制戦略への転換が失敗した事例を分析する。クラブでは当初，従業員が個人的なサービススタイルを採用することで顧客との感情

的な絆を形成し，常連客はクラブへの帰属感をもっていた。こうした関係を維持するために管理者は従業員に，高度の自律性と信頼，そしてフレキシビリティと職務保障をあたえ，従業員がクラブにたいして責任をもつようにした。こうして責任ある自律戦略が展開された。管理者と従業員の関係は敵対的ではなく相互依存的だったので，従業員には高度の忠誠心がうまれ，労働移動率は低下した。しかし上級管理者は高質のサービスを顧客一般に広げ，売上げを増加させようとして，直接的統制戦略への転換をはかった。すなわち組織のヒエラルキーをフラット化して中間的な監督職（ウェイトレス長，バーテンダー長，ドアマン長など）をなくして権限を上級管理者に集中し，サービスを標準化し，従業員には家父長的で権威的なスタンスをとった。このようにして顧客と状況にたいする統制権や自律性を従業員から取り上げ，新たな方針に従わない従業員は解雇する，と脅した。この結果，顧客との緊密な交流やクラブの社交的性格が崩壊し，相互行為はバーガーキングの水準になり，また従業員間のインフォーマルな文化も破壊された。また別の管理者は，標準的なサービスのより厳格で官僚的な基準を確立した。これによって従業員と顧客とのなじみの関係やクラブへの顧客の帰属感がなくなった。売上げは低下し，従業員の士気は低下し，管理者にたいする軽蔑が増し，労働移動率が高まり，顧客の疎外感はさらに高まった。そこでクラブは，管理者の交替と統制戦略の再転換をよぎなくされた。失敗の原因は「ナイトクラブでは，行動をコード化し標準化することによって人間的部分を排除することは，いちじるしく無味乾燥で破壊的となる」（Sosteric, 1996: 317）ことにあった。しかし同時にソステリックはつけくわえる。「なんらかの変更が必要だったと論じることはできるが，管理者が従業員の参加とエンパワーの要求に忠実で，自分たちの変更理由を公にし，従業員にかんする問題や苦情を聞き，それに働きかけていたならば，変更はもっと成功していたであろう」と（ibid.: 316）。つまり，責任ある自律戦略が同時に展開されていたならば，直接的統制戦略は成功していたかもしれない，というのである。

　またマクドナルドとシリアーニは，サービス労働過程で用いられる統制方法として，直接的統制戦略と責任ある自律戦略という2つの戦略に該当する

生産ライン・アプローチとエンパワーメント・アプローチをあげ，両者は状況に応じて選択的に採用される統制方法だ，とのべる（Macdonald and Sirianni, 1996a: 6-9）。前者は「テクノロジーをつうじて労働者を管理するような戦略」であり，後者は顧客サービスの相互行為が「労働者のフレキシビリティと自発性を必要とするとき」採用される。このアプローチは，従業員に「自分自身の判断にもとづいて決定をおこなう権限をあたえることを提唱する」が，じっさいには管理者の権限を分けあたえることなく管理者と同じように考え，行動させることもあり，このばあいには労働者のエンパワーメントは，基本的な権利と保護の欠如を偽装するベールであるにすぎない，と論じる。

　[3] さらに先にふれたように，テイラーとタイラーは，イギリスの航空会社の客室乗務員職務と電話販売職務を調査した。そして前者では，接客において裁量を使えという管理者の指示が，厳格な「制服・身づくろい」規制と結びついていた事実を確認した。すなわち，客室乗務員は「きちんとして親切」なこと，「援助的で物わかりがよく，心構えができていて訓練され，誠実である」ことが期待され，選抜でも他人の要求にたいし我慢強く世話好きであることが基準となっていた。また研修課程では，個人的サービスの提供のために乗客の名前を覚えること，自分を名前で乗客に紹介すること，ボディランゲージ（キャビンをソフトに歩くこと，アイコンタクト，スマイルなど）を使うことが奨励された。同時に顧客との相互行為で裁量を使うことが期待された。けれども最近では管理者は，「制服・身づくろい」規制を実施するようになった。これはスポットチェックやフライト前の「身づくろいチェック」による制服着用，メイキャップとヘアドレスの規制，制服着用時のふるまい方の規制や，3ヶ月ごとの体重と身長比率の遵守からなっていた（Taylor and Tyler, 2000: 67-68, 82-85, 87-88）。こうして客室乗務員職務にたいする異種の統制方法の存在が指摘される。

　電話販売職務についてみると，ここでは2つの点で直接的統制戦略と責任ある自律戦略とが組み合わされていた。第1に，販売エージェントは販売

チーム監督者に，販売チーム監督者は販売チームリーダーに，販売チームリーダーはユニット管理者に監督される，というヒエラルキーのなかで，販売エージェントは「ハード」な目標と「ソフトな」目標を課された。「ハード」な目標では，販売員，販売チーム，ユニット全体が，月ごとの販売目標を課され，通話数，通話時間，電話と電話のあいだの時間間隔が「生産性」の基準にされて，測定された。他方「ソフトな」目標では管理者は顧客のあつかいを重視し，エージェントのエンパワーメントと自律性をつうじて感情労働を行使させ，「サービスの質」と「顧客満足」を最大化しようとし，顧客がエージェントとの会話を好意的に評価したかどうかを測定した（Taylor and Tyler, 2000: 82-83）。これら2つの目標は，それぞれが直接的統制戦略と責任ある自律戦略を表わしており，2つは同時に追求されたと理解できる。

　しかし第2に，「ソフトな」目標の追求自体にも，直接的統制戦略が組み合わされていた。エージェントの労働は，「『エンパワー』された従業員という管理者の主張にもかかわらず」「もっとも徹底した仕方で監督され測定された」（Taylor and Tyler, 2000: 82）からだ。それは遠隔的モニタリング，すなわちエージェントと顧客の会話を管理者が盗聴しテープにとることによっておこなわれた。管理者はじっさいに顧客との「関係の構築」というかたちでエージェントが発揮する感情的裁量権を認め，それの行使を金銭的，象徴的に報奨した（Taylor, 1998: 91-92）。管理者はエージェントを「エンパワー」して，高質の顧客サービスを「自発的に」「自然に」引き渡すことをもくろんだ（Tyler and Taylor, 2001: 68）。そこでエージェントの感情労働を動員するためにあたえられた裁量権は，管理者があらかじめ決めた処方箋からの感情の「肯定的逸脱」をも認めた。つまり管理者は「特定のサービスのエートスの実施をあらかじめ規定するように努力するのではなく，合理的で自立的な主体として個人的従業員の側で役立つ，不可欠の気質を解放するように努力すべきである」（ibid.: 67）と考えたのである。しかし同時に彼らは，エージェントが「無礼」で「侮辱的」な顧客にしめすかもしれない「否定的逸脱」は，遠隔的モニタリングによって排除しなければならない，

と考えた（Taylor and Tyler, 2000: 84-85）。そこでこれは「肯定的な感情の自律性の発揮を明白に支えるが，しかし否定的な感情の自律性を制限」しようとする統制システム（Taylor, 1998: 93）となった。ここには「従業員を『エンパワー』すると主張すると同時に，相互行為を処方し，監督し，評価する管理者のプログラムのなかの矛盾」が明白に存在した（ibid.: 95）。「ソフトな」目標の追求でも，直接的統制戦略と責任ある自律戦略とが同時に適用されたのである。

　同じくコルジンスキは，現代のサービス組織は「顧客志向の官僚制」[25] という組織モデルによって把握できると主張する（Korczynski, 2001: 81）。彼は，オーストラリア，日本，アメリカの5つのコールセンターの調査にもとづいて[26]，この組織モデルが顧客志向（高質の顧客サービスの引き渡し）と合理化（低コストで能率的な顧客サービスの提供）という2つの矛盾した論理を宿していることを確認する[27]。そのうえで，次の事実を指摘する。①コールセンターでは労働者は，顧客をあつかうますます多くの裁量があたえられると同時に，行動をルーティン化され，監督者によって顧客との会話をモニターされ，評価されたこと（ibid.: 86-87, 95-96），②あるコールセンターでは，会話の顧客仕様化をめざして労働者に自由裁量を許容する政策から顧客との能率的通話と通話回数を重視する政策に転換し，両政策の「バランス」をとることが問題になったこと（ibid.: 87），③あるコールセンターでは，上級管理者による時間・動作システムによる測定の導入が，会話時間の削減はサービス削減となると主張する中級管理者によって拒否されたこと（ibid.: 88），④コールセンターでは管理者は，労働者が顧客にファーストネームを教えて擬似的「関係」をつくるようもくろんだが，顧客が特定の労働者に電話し返すことはゆるさなかった。後者は非能率を意味したからである（ibid.: 88-89），⑤労働者は通話回数，平均通話時間，電話ネットワークにログインされる総時間，通話間の時間，完了した取引の種類と数を測定される（つまり「肩を掻く回数を測定される」）と同時に，会話で顧客への感情移入を求められ，会話をモニターされた（ibid.: 89-90），⑥会社は「合理化された感情労働」を要求した。すなわち合理性や能率と矛盾しない限りでの

感情労働の行使を，である（ibid.: 91）。コルジンスキの主張では，顧客志向が前面に出され，それが責任ある自律戦略に帰結する点がかならずしも明示されていないが，「顧客志向の官僚制」モデルのうちに，2つの労働者統制戦略の共存をみることは十分に可能である。

［4］またテイラーとベインは，先にもみたようにイギリス（とくにスコットランド）のコールセンターの調査にもとづいて，電子的監視がパノプティコン的な自動統制をつくりだすという見方に反対するが，彼らも，管理者は，テクノロジーによる技術的統制はコミュニケーションや労働者参加などのエンパワーメント政策によって補足される，と主張する。まずコールセンターの激しい労働強度の実態がしめされる。市内電話では，自動接続システムによって電話が手すきのエージェントに自動的に回され，エージェントはコンピュータを使って銀行預金残高の照会，列車やコンサートの切符予約，保険払戻し請求，欠陥パソコンの診断，に対応する。市外電話では，予示ダイヤルシステムが顧客の電話番号のデータベースから顧客に電話をつなぎ，情報がスクリーンに現われたのちに，特定の商品やサービスを販売する（保険販売では6通のうち1通は販売を成功させるという目標がある）。エージェントは画面をながめ情報を解釈し，データ入力や検索のためにキーボードを操作する。こうした電話テクノロジーとVDU（visual display unit）テクノロジーの統合が，スピードアップをうむ。1例は「実質電話時間」最大化のために電話と電話の時間間隔を短縮することであり，作業状態は個人ごとにたえず監視される[28]。業績以下の作業員はコーチされ，会話をテープにとられる。また顧客との会話の台本も使われる。シフトは長く，電話会話は緊張力を要し，キーボードは指，手首，腕を緊張させる。感情労働も使わなければならず，嫌がらせや罵り，セクハラの電話で感情的にへとへとになる。あるタスクが完了すれば次の作業が続き，作業員はつねに圧迫される。これは「頭に組立てライン」をもつ状況である（Taylor and Bain, 1999: 107-109）。だがテクノロジーによる労働強制には限界があり，雇主は「量的産出高を優先すべきか，それともサービスの質を優先すべきなのか」

(ibid.: 116) というジレンマにぶつかる[29]。すなわち動機づけを欠きストレスをこうむった労働者は，顧客に敏捷な対応ができず，良い業績を保証できず，高い労働移動率をしめす。これへの対応として，管理者はコミュニケーションや労働者参加の方策（チーム報告，提案計画，品質サークル，ニューズレターなど）を実施する。だが管理者がこれらの方策をとること自体，電子的監視が高質の業績を確保できない証拠である（ibid.: 110-112）。したがって彼らもここで，技術的強制にもとづく統制アプローチとエンパワリング・アプローチの結合を主張するのである。

　こうして管理者は，顧客をあつかう労働者に裁量権をあたえない直接的統制戦略と，これをあたえて接客過程で自発性と主体性を発揮させる責任ある自律戦略という，正反対の戦略を同時に実施する矛盾のなかにおかれる。同時に実施するというのは，2つの戦略を組み合わせて文字通り同時に実施すると解してもよいし，直接的統制戦略が，潜在的に必要だった責任ある自律戦略を欠いたために失敗したという，2つの戦略が客観的には要請されていたという意味に解してもよい。いずれにしても，接客労働者は，裁量をあたえられずにスピードアップや監視という効率の直接的上昇をめざす直接的統制と，顧客のあつかいに配慮して労働過程における責任や裁量をあたえられる責任ある自律という2つの統制戦略の結合のなかにおかれるか，責任ある自律戦略をも考慮せざるをえない直接的統制戦略のなかにおかれる。

［5］だとすれば，この矛盾からは，労働者の抵抗の1つの可能性が生ずる。すなわち労働者が，責任ある自律戦略において管理者が強調する顧客主権のレトリックを逆手にとって，顧客サービスの充実のために直接的統制戦略を緩和せよ，という対抗戦略をとりうる可能性である。

　いく人かの論者はこうした対抗戦略の可能性を主張する。ベンソンは，アメリカのデパートの管理者が，セールスウーマンは店の代表者であり，販売職は威厳のある専門職だと語ったとき，セールスウーマンはこのようなレトリックをかざす管理者に自分たちを第一級の市民としてあつかうように要求し，自分たちの威厳や特権が攻撃されることに抵抗した，と指摘する。1930

年代には消費の先導者としての立場を利用して，彼女らは管理者からの制服の着用義務化の要求に抵抗した。すなわち，自分たちが「うまく着こなし，スマートにみえ」ないなら「効果的販売はできない」と主張して，制服着用を強いる管理者に抵抗したのである（Benson, 1986: 232, 236）[30]。

コルジンスキは同じく，同一価値労働同一賃金の原則による女性労働者の賃金改善闘争で，管理者のレトリックを利用できると主張する。この原則は，労働者の性別にかかわりなく平等な価値（イギリスでは equal value, アメリカでは equal worth）の職務に平等な賃金をあたえることを意味するが，もし管理者が「現場（労働者――引用者）よりも重要な者はない」という顧客志向のレトリックを使いながら，女性現場スタッフに低賃金を支払い続けるなら，労働組合は現行賃金の不当性をますます主張しやすくなる。事実，イギリスのスーパーマーケットチェーン（セインズベリー Sainsbury）では，レジ係が倉庫係の職務とくらべつつこの原則を主張し，賃金表の改訂に成功したことが報告される（Korczynski, 2002: 167-168）。また彼は，労働者が強い交渉力をもたないばあい，労働組合は雇主との対立を回避して現場労働者の技能レベルを高めるために，顧客サービスの重要性というレトリックを利用できる，と主張する（ibid.: 181）。要するに，労働組合が職場を規制する強い交渉力をもたないばあいでも，管理者が顧客サービスの重視を宣言するなら，労働者は管理者に，顧客に高質のサービスを提供するためには，たとえば(1)労働過程に十分な数の人員配置が必要であり，(2)労働者には製品知識の充実などを含む技能訓練が必要になる，と要求できるわけである。

このような要求は，労働者に課される直接的統制の圧力を弱めることができる。(1)の要求は，労働者の作業負担を直接軽減するばかりではない。不十分な人員配置から生じるひどいサービス提供の不満を労働者にぶつけてくる顧客の怒りもやわらげる。(2)の要求も，接客労働者の専門労働者化を要求して労働者の地位を高めるばかりではない。顧客の横暴にたいして「地位の盾 status shield」（ホックシールド, 2000: 200）を築くことによって労働者を保護しもする。だから以上の労働者の抵抗戦略は，労働者に課される二重

の統制戦略のうち，一方の責任ある自律戦略を盾にとって，他方の直接的統制戦略の効果を弱める試みなのである。そして重要なことは，労働者は顧客サービスの重視を理由に管理者の統制に抵抗できるばかりでなく，同じく顧客サービスの重視を理由に，顧客にたいしても不必要なサービスや商品購入の無駄を説き，真に顧客の立場に立つサービスの充実を訴えることで，消費者団体と連携して管理者にたいする抵抗戦略を構築できることである[31]。接客労働者がつねに消費領域の近傍に存在して消費者を身近に観察することができ，またみずからも消費者になるという役割交替によって消費者心理を容易に理解できるという経験は，あるいは，サービス職務の拡大によって消費者もひんぱんに接客労働者となる機会の増大は，接客労働者と消費者の連携を打ち立てる基礎をなすであろう[32]。

結　語

本章は，管理者－労働者－顧客の3極からなる接客労働者の労働過程を提示して，顧客をあつかう労働者を統制しようとする管理者が出会う困難を具体的に検討した。そしてこの困難を回避できるような接客労働者の具体的統制方法をしめし，雇主による統制がおびる性格を直接的統制戦略と責任ある自律戦略の結合として特徴づけた。最後に，この統制にはらまれる矛盾を利用した接客労働者の抵抗の可能性について言及した。

顧客は，労働者にとっては「私たちの友人である敵」(Benson, 1986: 285) であり，敵になる可能性も友人となる可能性ももっている。労働者が統制の矛盾を突くとき，管理者のレトリックの利用という点でも，味方につけなければならない存在という点でも，この戦略は顧客を見すえたものとならざるをえないのである。

注
1) これは，接客労働者と顧客とのあいだに明白な地位の不平等があるばあいに顕著となる。召使いは主人を「ミセス」と呼ぶが，主人は彼女をファーストネームや「マイ・ガール」と呼びさえする慣習は多くのサービス職務で受

け継がれているので，レストランのウェイトレスは名札にファーストネームをつけさせられる（Macdonald and Sirianni, 1996a: 17）。パウルスも地位の不平等の例として，ウェイトレスは顧客をファーストネームやラーストネームでは呼ばないが，顧客からファーストネームで呼ばれ，ファーストネームの名札をつけ，ファーストネームで自分を紹介する事実を，また召使いが主人を「サー」「マーム」「ミスター」「ミセス」と呼ぶ事実をあげて，ウェイトレスの隷属が，19世紀の召使いの役割が私的家庭から私的企業に移された結果であると論じる。召使いが裏口から出入りし，ひどい部屋に住み，台所が家族の居住場所と隔離されていたのと同じく，ウェイトレスは裏口からレストランに入り，表口からの出入りは普段着を着なければならず，顧客とは別のトイレや休憩室を使い，台所は顧客の目から隠される（Paules, 1996: 266, 268）。

2) ギャンブルも「顧客が神様であるかのように顧客をあつかうことと，このレトリックを信じることとのあいだには，かなりの相違がある」（Gamble, 2007: 14）と指摘する。

3) このジレンマをになう現代のサービス企業を，コルジンスキは「顧客志向の官僚制 the customer-oriented bureaucracy; COB」という概念でとらえようとする（Korczynski, 2002; 2009）。この概念は「組織が形式的に合理的で，効率性への顧客の願望に訴えるという競争圧力に対応しなければならず，かつ，形式的に非合理的で，とくに顧客主権という魔法的神話の永続化をつうじて喜びへの顧客の願望に魔法をかけて対応するという，必要条件をとらえる」（ibid.: 64）。だからCOBでは，合理化原理は顧客志向（サービス改善，その個人化，顧客データ収集，顧客のための価値付加，顧客との関係構築）と結びつき，テイラリズム Taylorlism は調整主義 Tailorism と結びつく（ibid.: 65-66）。コルジンスキのCOBの概念を，ブルックは「古典的マルクス主義の伝統」の立場から，ウェーバー的な市場内グループ的階級概念にもとづくネオ・ウェーベリアン的概念であり，誤った労働組合主義を導く，と批判する（Brook, 2007）。この批判にコルジンスキは，COB理論はウェーバー的起源だけでなくマルクス的な労働過程的起源ももち，COB理論から帰結する労働組合主義も，消費者を考慮し商品化傾向に挑戦できる労働組合主義である，と反論する（Korczynski, 2007）。COBについては本文でのちに立ち返る。

4) たとえば小売について次のように指摘される。「小売の公開的性質 public nature も，相互行為的サービス労働者の統制にたいする高圧的なアプローチ

を排除する……。顧客が離れたところにいて関係する労働過程をみることができない製造作業とは対照的に，小売は比較的公開的な光景なのである。はなはだしく過酷な管理方法は，顧客のあいだに都合の悪い反応をうみだすことがある」と（Gamble, 2007: 8）。

5） 以下，エドワーズの単純統制，技術的統制，官僚制的統制という統制の3類型については，Edwards（1978; 1979），鈴木（2001）をみよ。Simpson（1985）はこれに，雇主が統制主体となるのではない職業的統制と自己統制（管理）をつけくわえている。

6） たとえば小売でも，「生産ラインとくらべて小売店の従業員の比較的分散した性質は，実際面で，管理者が彼らにたいする細かな統制を行使するのを困難にすることがある」（Gamble, 2007: 8）といわれる。

7） 感情労働とは，他人の精神状態に影響をおよぼすべく表情やジェスチャーを使って演技を試みる感情的努力である。ホックシールド（2000）および本書第Ⅱ部をみよ。

8） 日本のコンビニ店の監視カメラは，万引き防止のために顧客を監視するばかりでなく，労働者の行動をも監視する役割がある。

9） オーストラリアとアメリカの顧客電話サービスエージェントの統制についてはFrenkel et al.（1999: 140-144）を，アメリカン航空とカナダ航空の予約電話エージェントの統制についてはGarson（1989: 49-50, 51-58）をみよ。リッツア（1999: 188）も簡潔に指摘する。「電話マーケティング『工場』で働く人には，通常正確に守らなければならないマニュアルが与えられている。そのマニュアルは，予測できるかぎりの偶発事に対応できるように作成されている。管理職は，従業員が正しい手順を踏んでいるかどうかを確かめるために，しばしばその勧誘を盗み聴きしている。ある一定の時間にかける電話の回数や売上げが決められており，従業員はノルマをこなすことができなければ，即時に解雇されてしまう」と。

10） たとえばスーパーマーケットでは，レジの精算を待つ顧客の列の後ろに監督者が配置されるだけで「パノプティコン効果」がうまれる，と指摘される（Soares, 2001: 110）。

11） じっさい，コールセンターのような職場ではオペレータが労働の孤立性，管理者の監視，高い移動率などのために，組織化が困難であると指摘されてきた（Gottfried and Fasenfest, 1984: 93-94をみよ）。

12） ②③について，ランは台北のデパートが，顧客の手紙やコメントカードを化粧品セールスウーマンの統制に利用している事実を指摘する（Lan,

2001: 93)。

13) オーストラリアとアメリカのコールセンターでは，会社が雇った顧客を装った覆面調査員に電話をかけさせて，労働者の対応をモニターさせるという方法もとられている（Frenkel et al., 1999: 142）。

14) 調査を委託された会社は，あいさつやお辞儀などの基本動作ばかりでなく相手にあたえる印象も評価対象にし，調査結果は店長，副店長クラスの報酬に反映されるという（『毎日新聞』2006，3月24日朝刊）。

15) フラーとスミスは，消費者による統制が客観的に分析されたデータという外観をまとうことで，労働者の業績評価にたいするイデオロギー効果をもつと，指摘する。彼女たちによると，あるレストランチェーンの所有者は，消費者の意見調査にもとづいて従業員を「P/N 比率」（顧客の否定的点数にたいする肯定的点数の比率）によってランクづけしていた。しかしこのようなデータはまったくあてにならないと彼女たちはいう。回答率は低く，回答は選択形式のため否定的評価に向かうバイアスをもっている。その結果，データは労働者と中級管理者の業績をひどくゆがめる。顧客が労働者の応接態度をどう受けとめるかという情報はきわめて主観的であり，また会社が情報提供にたいしてあたえる物質的インセンティブによって顧客がいつわりの不平を書くことすらある（Fuller and Smith, 1991: 11-12）。にもかかわらず，それは「じっさいに」労働者に応接された顧客からの「客観的」情報であるので，労働者の業績評価のための資料にされるのである。

16) 多くの労働過程理論家が，これを資本主義的統制のジレンマと考えている点については，鈴木（2001: 243-246）をみよ。

17) この誘導の1例をあげると，ユニクロが「接客カイゼン運動」として1998年から開始した「CS（顧客満足）報奨制度」がある。この制度は店レベル，全国レベルで，顧客満足にすぐれた業績をしめした店員を，バッジや金一封や海外研修で報奨する（『週刊東洋経済』，2004，4月17日号: 41）。

18) すでにふれたようにフラーとスミスは，製造業で開発されてきた労働者統制方法は接客サービス労働では不適切だとする。たとえばR.エドワーズの単純統制，技術的統制，官僚制的統制は，顧客の前で敵対的労使関係を表面化することなく，また接客技術の行使に必要な労働者の自発性と裁量をあたえなければならない接客サービス労働では不適切である。これらに代わって彼女らが接客サービス労働の統制方法とするものこそ，先の顧客による統制と従業員の自己管理であり，これらは「持続的で目立たない統制システムの2つの柱を形成できる」とする（Fuller and Smith, 1991: 13-14）。

19) 典型例としては、たとえば会社が売上高だけで販売労働者の業績を測るとき、労働者は会社の信用をそこなっても強引な販売をおこなおうとする、といったばあいである（Frenkel et al., 1999: 136-137をみよ）。
20) たとえば、労働者がクライアントを引き連れて会社を辞めるのを防ぐために、会社が、辞職後一定期間はクライアントと接触しないという同意書に、労働者のサインを求めることである（Gutek, 1995: 185）。
21) ライドナーは、「変身」による統制の着想をビガートの研究（Biggart, 1989）から得ている（Leidner, 1993: 38をみよ）。ビガートは、アムウェイ社やタッパーウェア社やメアリ・ケイ・コズメティックス社やA. L. ウィリアムズ社などにおける委託販売員の統制関係を研究した。これらの直接販売組織（Direct Selling Organizations; DSOs）の販売員（ディストリビューターと呼ばれる）のあいだには人員補充にもとづく組織系図（ネットワークDSOs）があり、会社によるディストリビューターの統制方法は、労働と家族との結合というビジョンにもとづく家族構成員の組織への動員、家族・婚姻イデオロギーの利用、組織内部の疑似的家族関係の形成、家父長的ジェンダーイデオロギーの利用、労働行為と製品とにたいする信念による意味づけなどからなる。この点で官僚制組織の労働者統制方法とは根本的に異なっており、ビガートはネットワークDSOsを「カリスマ的組織形態」と呼ぶ（Biggart, 1989: 7, 8, 12, 75-76, 78-99, 102, 127）。

　自己管理型統制についてビガートは、1950年-80年のアメリカのベストセラー「ハウ・トゥ・サクセス」本が提示する成功の公式の分析をつうじて、労働者が自分自身を操作されるべき対象とみなし、組織の合理化技術とルーティンを自分に適用することで自己管理を受け入れている事実の証明である、とやや乱暴な断定をくだす（Biggart, 1983: 299, 308）。Biggart（1989）では、企業における自己管理の必然性を企業官僚制支配の限界から展開し、官僚制に依拠できない組織は自己管理型統制戦略をとると主張し、イデオロギーによるディストリビューターの変身は真に「生まれ変わる」経験となると指摘する（ibid.: 165）。だが「変身」戦略それ自体は、かならずしも官僚制と矛盾するものではない、と思われる。
22) 自己管理型統制における統制主体としての会社の隠蔽は、ビガートも指摘する。「自己管理は統制を感じさせない」、「ディストリビューターに自己管理の戦略——自己観察、自己目標の設定、自己批判——を教えるにさいして、組織は、個人が自分自身の目標を達成するのを助けるものとして認められ、管理者が確立した疎遠な目的のために労働者を操作するものとしては認められ

ない。組織は慈悲深い『援助者』であって利潤を求める『統制者』ではないのである」(Biggart, 1989: 164, 165)。

23) ライドナーは変身戦略の補完として，チームワークまたは従業員参加の戦略をのべる。外回りの生命保険勧誘員は，仲間や統制装置を欠いた環境で顧客と接触するので，仲間による経験の共有や励ましが必要になり，チームワークは問題の集団的処理と同僚労働者の監視にも役立った。販売チームには朝や晩のチームミーティングやセッション，会社が開かせる週に一度の定期的チームミーティング，定期的セッションがあり，ここで訓練の実施，熱心さと献身の補強，勧誘員の目標と成功の共有，集団的一体感の高まりがめざされた (Leidner, 1993: 16, 113, 160)。直接販売組織でもチーム努力が報奨される (Biggart, 1989: 151-152)。また航空会社では客室乗務員のチーム間の連帯を強調し，乗務員は2人1組で仕事する (ホックシールド, 2000: 132-134)。またヴィッキ・スミスは，調査した対事業所コピーサービス会社でチームワーク・アプローチと従業員参加が，問題の集団的処理と同僚労働者の監視による統制を実現していたとのべる (Smith, 1994a: 295-296)。チームワークや従業員参加が制度化されれば，公式のエンパワーメント戦略となる。

24) ビガートは，直接販売組織DSOsの構成員は，自分たちの組織が人類に奉仕するために「伝道の先頭に立っている」と信じ，アムウェイ社がすべての国にあるなら世界平和と理解に役立つと確信している，とのべる (Biggart, 1989: 119-120)。また台北の直接販売組織のディストリビューターを調査したランも，彼女らは，「自分自身を理想的生活スタイルの『伝道師』になぞらえていた」という (Lan, 2001: 98)。

25) 本章, 注3) をみよ。

26) じっさいにはこの調査は，14の事例研究からなるもっと広範な共同研究の一環として実施された。コルジンスキも参加しているこの共同研究では，現場労働が①サービス労働，②販売労働，③知識労働に区分され，それぞれの雇用関係が①官僚制的形態，②企業家的形態，③知識集約と官僚制のハイブリッド的形態，をとると論じられる (Frenkel et al., 1999: ch.4)。

27) コールセンター作業が徹底的にテイラー化されるので，管理者は顧客サービス・レプレゼンタティブをつうじて接客行為を個人化し，これによって組織が2つの論理を宿すようになる点については，Bolton and Houlian (2005: 689-690) もみよ。

28) そこで次のように皮肉られる。トイレに行くのもモニターされるので，管理者はスタッフが下痢しているのもわかる，と (Taylor and Bain, 1999:

110)。

29) フレンケルその他も、オーストラリアの金融サービス・コールセンター作業について、管理者は労働者が顧客にファーストネームを教えて擬似的「関係」をうみだすように指示するとともに、効率維持のために特定労働者に特定顧客を担当させない政策をとっていた事実を指摘する (Frenkel et al., 1999: 205-206)。

30) この戦略は、かつて熊沢誠がＱＣ運動への対抗として提起した「生産性向上のためには、まず人間尊重が大切であるといった理屈をたてる」(熊沢, 1993: 134) という戦略との類似性をもつ。

31) だから Cobble and Merrill (2009: 162) もいう。「SEIU (Service Employee International Union, サービス従業員国際労働組合──引用者) とその他のチャイルドケア労働者を組織している組合は、注意深く親との連携をつくり、ケア提供者の賃金と労働条件を改善することが、受領者が受け取るケアの質を高める仕方を、繰り返し強調する」と。彼女らは続いて、顧客の利益を考慮したチャイルドケア労働者、事務員、教員、看護師の組合モデルを論じる。

32) 熊沢誠も、居丈高な顧客や消費者が、製品やサービスを提供する賃金労働者に低賃金や働きすぎを強いる事実を指摘して、顧客や消費者が、明日は自分たちも過酷な労働条件を強いられる製品やサービスの提供者になりうるという可能性に気づくことが、労働者の過酷な状況を変える契機となりうる、と指摘する (熊沢, 2010: 372-374)。

第3章　統制の歴史的展開
―― 初期デパートにおける労働統制の諸問題 ――

序

　第1章では接客サービス労働の3極関係を論じ，第2章では企業が接客労働を統制する方法をあきらかにした。だが大規模な接客労働は一挙に出現してきたわけではなく，大衆消費社会の発展とともに徐々に姿を現わしてきたのである[1]。では，企業が接客労働を大規模に組織化してくる過程では，接客労働の3極関係と，そのもとで労働者を統制しようとする企業の試みは，どのような問題をうんできたのだろうか。いいかえると，接客サービス労働過程全体を管理・統制しようとする管理者の試みにたいし，他の2人の当事者である労働者と顧客はどのように対応し，この対応は管理者の側にどのような問題を提起したのだろうか。

　本章はこうした関心にもとづいて，S. P. ベンソン『対抗文化――アメリカのデパートにおけるセールスウーマン，管理者，顧客　1890年-1940年――』(Benson, 1986) に依拠して，生成期にある接客労働の統制がうみだした諸問題を考察する。

　ベンソン『対抗文化』は，副題がしめすように，1890年代から1940年代にいたる半世紀にアメリカのデパート販売をになったセールスウーマン[2]の労働生活を，公式統計，当時の新聞，業界誌，店舗新聞，従業員新聞，さらには社会調査・フィールドワークにもとづく論文や人事改革をめざす論文などの広範な資料にもとづいて，デパートの労働文化の中核をなした管理者や顧客との対抗と連携の関係のなかで考察した興味深い著作である。このすぐれた労働史研究には別の観点からの読み方と評価が可能であろうが，本章はこの本をもっぱら接客労働の統制という観点から読み，評価することを試みる。われわれにとってこの本が有益な理由は以下の点にある。

　第1に，1986年という比較的早い時期に，ベンソンはセールスウーマンの

労働研究をつうじて，接客労働の統制にともなう問題群をとらえていた。すなわち，生産労働とは区別される接客労働の特徴や，接客労働の統制の困難や，管理者-労働者-顧客の3極関係における利害対立と連携の関係などを提示していた。しかもベンソンは，ブレイヴァマン（1978），エドワーズ（Edwards, 1979），クロースン（1995）などの労働過程論の伝統にたつ諸論者が，製造業における労働統制モデルを直接に接客サービス労働過程に適用する欠陥を明確に批判しつつ，これをおこなった[3]。彼女の本を検討する理由はまずこの点にある。

第2に，初期のデパート管理者は，生産労働とは異なる接客労働の特徴にも，接客労働の統制が提起してくる問題にも自覚的でなく，したがってこれへの対処の仕方もわきまえていなかった。労働者は，接客労働の特徴を利用するかたちで雇主にも顧客にも抵抗を試みたが，管理者はこうした行動に対処する解決策も決意ももたなかった。現代の接客サービス労働では統制問題を解決するための方策は，すでにある程度は整備されている。第2章でみたように，管理者は直接的統制戦略に依拠するにせよ責任ある自律戦略に依拠するにせよ，一定の具体的な接客労働の統制方法を用意している。ところが接客労働の組織化過程の初期には，労働者の統制についても顧客の統制についても，管理者は明確な展望をもたずに，試行錯誤のジグザク過程のなかで解決策をみいだそうと試みる。この点に接客労働の統制のはらむ問題が鮮明にしめされるのである。

第3に，ベンソンは接客労働者の性格に鋭い理解をしめしている。初期デパートでは管理者・労働者・顧客という当事者たちは，消費者資本主義の成立期の事情を反映して階級的およびジェンダー的色彩をまとっていた。セールスウーマンは階級とジェンダーに規定されながら消費文化を先導した。そこに彼女らがたんなる労働者にはとどまらず独自の性格をおびた理由もあった。ベンソンの考察はいまでは歴史的な意味しかもたない部分もあるけれども，なお接客労働者の性格について貴重な理解を提示している。

こうして本章は3つの課題をもつ。第1は，ベンソンが接客サービス労働の統制の困難と独自性をいかにとらえているかを，労働過程研究の伝統のな

かで確認することである。これによってベンソンの研究の位置づけを試みる。第2は，初期デパートにおけるサービス労働者が，統制の困難を利用してどのような抵抗を試みたかを検討することである。抵抗は管理者にたいしても顧客にたいしてもおこなわれたが，その形態やそれへの管理者の対応の検討は，接客労働の統制の考察に有益な示唆をあたえる。第3は，ベンソンが洞察する消費者資本主義のもとでの接客サービス労働者の性格であり，それの今日的意義を確認することである。

本章を次の順序で展開する。第1節では予備的考察としてデパートの体系的管理が失敗し，管理者がセールスウーマンの統制に向かう経緯をみる。第2節では，接客労働の統制の困難についてベンソンの理解を評価する。第3節では，管理者と顧客にたいする労働者の抵抗の具体的な形態を考察する。第4節では，統制関係の曖昧化と接客労働者の性格にかんするベンソンの理解を検討し，結語でまとめをあたえる。

第1節　体系的管理と顧客創造の試み

まず，デパートにおける体系的管理と顧客創造の試みが失敗し，管理者がセールスウーマンの技能開発という統制の中心問題に進んでいく動きをみておく。

1．デパートとセールスウーマン

［1］アメリカでは19世紀の中頃に最初のデパートが巨大な成功を収め，1890年代までに小売の先導勢力となった[4]。成功理由として，多様な商品種類，定価制，自由な入店政策，商品表示の偽装禁止，自由な返品と交換などが知られている（Benson, 1986: 2, 7, 14, 31）[5]。

発足当初からデパートは建築美を重視し，円形建物，中庭のギャラリー，ステンドグラスの天窓とシャンデリア，大理石のアーケイドをつくり，装飾に豪華な木材，大理石，カーペットなどを使った。また1880年代までにエレベータ，通気システム，イルミネーション，電灯，現金転送装置などを配備し，トイレ，ラウンジ，レストランやランチルームやティールームなどの飲

食施設をつくり，電話・電信ステーション，遺失物取扱所，郵便局を設置した。デパートは新たな種類の店であり，消費の喜びを創造する「消費の殿堂」をめざした（Benson, 1986: 14, 18-20, 80-82）。

　顧客も消費を志向する新たな存在であり，圧倒的多数は，洗濯などの商業サービスや家電製品や既製服によって余暇をえた中流および上流階級の女性だった[6]。労働者階級の女性は，デパートに向かう金銭的，時間的余裕をもたず，そのブルジョア的スタイルにもなじまなかった（Benson, 1986: 75-78）。

　［2］顧客とは対照的に，1880年代までのデパートのセールスウーマンは圧倒的に労働者階級の女性であり，低賃金で労働条件が悪く，だらしないショップガールというイメージをもっていた[7]。デパートには顧客と店員とのあいだに階級的落差があった。

　デパート販売職は，女性の優勢と男性以下の低賃金という特徴をもっていた。販売員の半数から10分の9が女性であり，セールスウーマンの所得はセールスマンの3分の2以下だった。だが他産業の女性労働者とくらべると彼女らの地位は悪くなく，事務労働者と工場労働者の中間にあった。賃金は平均的女性労働者や女性工場労働者より高く，女性ホワイトカラー職のなかでは事務労働者に次いだ。1920年代までは，賃金でも失業率でも他産業の女性労働者より有利だった。そこで1940年までにデパート販売職は，メイドなどに次ぐ既婚女性の2番目の職種となった。デパート販売職は教育や訓練を必要とせず，職務経験のない中年女性でも就業できる唯一のホワイトカラー職だった（Benson, 1986: 178-180, 182-184, 187-188, 192-193, 204-205）[8]。

　セールスウーマンは安定した正規のフルタイム仕事だったが，エキストラとか臨時労働者と呼ばれたパートタイマーに支えられていた。パートタイマーの多くは学生と既婚女性で，短時間就業と低い賃金率のために賃金はわずかだった。しかし第2次大戦以前にパートタイム化が定着し，フルタイム仕事は侵食されていた（Benson, 1986: 184-187, 193）。

　昇給と昇進の可能性も高かった。セールスウーマンの経験による昇給幅は工場女性より高く，昇進は制限的だったが工場女性の2倍であり，年配女性

第3章　統制の歴史的展開──初期デパートにおける労働統制の諸問題──

は厚遇された（Benson, 1986: 189-190, 193, 201-203, 214-215）。他産業の女性とくらべると，セールスウーマンには高賃金，安定性，昇給と昇進の可能性という利点があった。

　不利な面は，土曜日の長い労働時間，無給の超過時間だった。1日の労働時間と週労働時間は工場女性や女性全体より短かったが，土曜日の労働時間は長かった。1900年までに工場は土曜日6時間以下となったが，デパートでは土曜日半日は大都会の店だけだった。また偶発事が規定時間以上に労働日を延長して昼食時間を削り，クリスマス期の長時間労働は最悪だった。不払いの超過時間は有名で，超過時間についてセールスウーマンはわずかな賃金か夕食をもらうか，なにももらわなかった。他方，昼食時間や休憩時間の点では平均的女性労働者より有利だった（Benson, 1986: 196-198, 200）。

2．体系的管理の不成功

［1］デパートでは1890年代から管理問題が生じ，工場と同じく体系的管理が試みられる。それは，①設備改善と空間再配置，②バイヤーの統制，③仕入れ改革，からなっていた。

　デパートは1890年以後，エレベータ，電灯，強制換気装置，電話，水道・暖房システムと，フロアスルー方式，エスカレータ，エアコンなどを導入する。設備改善はデパートを変えなかったが，高い棚から低い棚への，商品の大量展示から集中展示への変更といった店舗再配列は，資材と人間の動きを合理化し，在庫回転を速めた（Benson, 1986: 38-41）。

　1910年頃までに2度目の売場改革があり，商品の展示の整理や顧客の待ち時間減少によって顧客数も売上高も増加した。空間も再配置された。売上高によって地下，街路に接したフロア，中階，上階におく商品種類がきめられ，生産的販売空間と不生産的なそれが区分され，非販売空間は地下2階や上階に追いやられた。これは「バベッジ原理」[9]の空間配分への適用だった（Benson, 1986: 41-47）。

［2］バイヤーの統制問題もあった。デパートの売場を監督したのはバイ

ヤー buyer だった。バイヤーとは仕入業務を担当し，売場に責任をもつ管理者である。バイヤーは，上級管理者から相対的な独立性と自律性をもって販売員を管理し，広告コピーを書き，商品を陳列し，年業務の最終結果にだけ責任をもった。この点で工場の内部請負業者やフォアマンと似ていたが，労働者にたいする権限は彼らより小さく，資材にたいする権限は彼らより大きかった。すなわち労働者の雇用と解雇の公式権限はもたなかったが，商品選択には完全な自由をもっていた（Benson, 1986: 10, 16, 48-49, 51）。

1890年以前は売場は「バイヤーの帝国」[10]をなし，店舗管理者はバイヤーによる店の分断に悩んだ。第1に，バイヤーは販売を考慮せず仕入れすぎた。第2に，自分の売場業績を優先したので，商品系列がだぶったり欠落したりし，売場間で品質と価格が不統一となった。第3に，売場業績への固執が店の統一的政策と対立した（Benson, 1986: 16, 50-52）。

そこで1900年以後，上級管理者は売場機能の集中のために，店を①マーチャンダイズ，②経理と会計，③宣伝と広告，④サービス，の4部門構造にした。①はバイヤーの活動を制限し売場間の商品を調整した。②はバイヤーではなくデータと手続きで在庫と販売を管理しようとした。③と④は流行とサービスの統一的政策にバイヤーを従わせようとした。店は仕入れと販売を分離し，仕入れをマーチャンダイズ管理者に，販売をバイヤー以外の販売管理者にまかせ，バイヤーをフロア・ウォーカー，フロア管理者，アイスル管理者，フロア監督などの監督下においた。バイヤーの地位は低下したが，トップの管理者の態度も一貫せずバイヤーは勢力を維持した（Benson, 1986: 52-62）。

仕入れ改革も必要だった。バイヤーによるランダムな仕入れがまだらの在庫をうみ，これが在庫回転率と売上高を低下させた。そこで1920年代から30年代にマーチャンダイズ管理が導入された。これは，好まれる価格帯に在庫を集中して在庫を縮小し，品質と流行を重視した商品をそろえて在庫回転率を高めた（Benson, 1986: 62-66）。

しかしベンソンは，体系的管理は店に部分的秩序をあたえた点で進歩だったが，サービス提供における顧客と販売員を管理する必要を見逃していた，

と評価する（Benson, 1986: 66-67）。「店の商品，空間的配置，分業を合理化することは，販売の決定的機能にはほとんど影響をおよぼさなかった」（Kahler, 1988: 148）のである。

3．顧客創造の失敗

［1］そこで管理者はまず顧客創造を試みる。これは，(1)豪華店舗，(2)サービス，(3)宣伝・ファッション，の戦略からなっていた。(1)では店を豪華に改造した。1890年代の不況後にデパートは大理石の円柱をつくり，エスカレータに光る木材を使い（メイシー），ギリシア風の円柱の回廊をつくり，床に大理石や敷物を使い，シャンデリアで照明し，豪華なカウンターをつくった（マーシャル・フィールド）。管理者は，顧客をゲストに見立て，店を女性のクラブにした（Benson, 1986: 75, 82-84）。

(2)では，1900-30年にサービスを急増させる。全国の半分以上の店舗が，公衆電話，小包一時預かり所，落とし物あつかい，買い物補助，無料配達，待合室，贈答品相談部，通信販売，電話注文部，床屋，レストラン，郵便局，診療室，バスサービス，靴磨きスタンド，などのサービスを用意し，5分の1以上が託児所を設けた。さらに個人サービス案内所，内装サービス，仕立直しサービス，掛売り勘定，包装，返品などのサービスを提供した（Benson, 1986: 85, 87-89）。デパートは女性客の社交場となった。ドアマンが顧客を迎え入れ，お抱え運転手が車をガレージに運び，買い物に疲れればレストランの生演奏でくつろぎ，講演で気晴らしし，美術展示を楽しみ，旅行案内所で休暇旅行を計画した。顧客層のちがいも考慮した。価格帯によって商品を区分し特売売場を設置し，極上客だけに月ごとの掛売勘定を認め[11]，売場を男女別や若者向けに配列し，若い女性向けに講習会を開き男性向けに屋内パット練習場をもうけた（ibid.: 89-91, 99-101）。

(3)では，1910年代までに上流顧客の店はウィンドウを芸術的モチーフやタイムリーな問題で飾り，大衆価格店はウィンドウ別に商品を展示した。新聞に商品広告を出し，ラジオ宣伝もおこなった。ファッションでは最新のフランスの流行を取り入れ，パリに事務所をおき，通信員を送った。また宣伝や

カタログでモードを知らせ，ファッション雑誌を発刊し，ファッションショーを催した（Benson, 1986: 102, 104, 106-109）。

［２］だが顧客創造の試みは失敗する。第１に，すべての戦略が高い固定費のわりに当てにならなかった。(1)では，空間に収益を求めるコスト計算が，読書室，ラウンジに空間を使う政策と対立した。つまりビジネス計算が消費の殿堂政策と対立した[12]。また(3)は，成果をうまずに宣伝コストを上昇させた（Benson, 1986: 82, 91, 101, 104, 114）。

第２に，顧客行動が予測不可能だった（Benson, 1986: 114）。(2)では顧客が横柄になった。返品と冷やかし客が問題だった。多数の商品を家に送らせて気に入らないものを返品する顧客や，ちがった店で同じ品物を買って全部家に送らせ，一番良いものを選ぶ顧客がいた。冷やかし客はまちがった住所を教えたり，配達されれば商品を拒絶した。飼い犬のために骨を包んで無料で配達しろ，と要求する顧客もいた。顧客は思うがままにふるまい，見えすいたウソをつき，かんしゃくをおこした（ibid.: 91-93）。

横柄な客を退治するために，1900年代に問題顧客をブラックリスト化し（「ジェイ・クラブ Jay Club」計画），第１次大戦期には料金賦課や配達削減などで対応した。だが店の政策は1920年代には古い慣習にもどり，大不況期にはサービス削減に向かうなど一貫しなかった。返品は包装，配達を無駄にし，損傷のため完全価格での再販売を不可能にした。店は返品を認めたが，販売部のだれもが売上げからの控除をなす返品を嫌った。1910年代から20年代に，返品は掛売販売の15％から28％に，現金販売の5％から7％に，着払販売の12％から20％に達した。そこで店は，1900年代に常習犯のリストをつくり，返品期限を設けた。サービス戦略は効果はあったが，売上げを保証しなかった（Benson, 1986: 96-98, 115）。

(3)では，1920年代に顧客は独自の判断力をもつようになったため，宣伝が有効でなくなった。買い物は顧客の嗜好に従った活動となり，突飛で馬鹿げた広告に不信が高まった。ファッションでも顧客は独自のスタイル感覚を発展させ，品質と価格のどれを重視するかが不確実となった。また流行品の重

視は慣習的商品を求める顧客を失望させ，完全な品揃えという評判をそこなった（Benson, 1986: 101-102, 104-106, 109-113）。

［3］ベンソンは顧客創造の失敗の根因として，第1に，管理者の分裂した意識をあげる。彼らはビジネスマンであると同時に，消費文化の創造者たろうとした。ブルジョア文化によって上流および中流階級の顧客を創造するための消費の殿堂・サービス・宣伝とファッションという戦略は高いコストを要し，ビジネスの論理と矛盾した[13]。管理者が消費文化の創造を放棄して，第2次大戦後のディスカウント・デパートのようにセルフサービスの低価格政策に徹すれば，矛盾はさけられた[14]。だが彼らは第2次大戦以前には，セルフサービスもサービス削減や有料化もためらった（Benson, 1986: 5, 96, 125, 286）。これは消費文化の形成期に特有の事情と考えてよい。

第2に，管理者は顧客の力も予測不可能性も理解しなかった。返品にサービス削減や有料化で対抗できなかったのは，「威嚇する顧客の能力」（Benson, 1986: 93）のためだった。掛買い顧客も侮辱を友人に話すという恐ろしい力があり，男性上級管理者は商売の成否をきめる女性客に屈服した。顧客が店の評判と売上げに打撃をあたえたので，管理者は顧客の不平をなだめることに終始した（ibid.: 94-95, 96, 115）。また顧客が独力で判断し個性を重視したために顧客行動の予測不可能性が高まり[15]，宣伝・ファッション政策が失敗した。

以上では，顧客の傍若無人ぶりもさることながら，制御不可能な顧客に直面して，管理者がセールスウーマンの販売技能育成に向かう点が重要である。

第2節　労働者の統制

本節では販売技能育成を中心とした統制過程を考察して，ベンソンが接客労働の統制の困難と，それにしめされる接客労働の独自性とをいかにとらえているか，を検討する。

1. 統制の問題

[1] 1850-1890年には，管理者は販売技能は生得の才能であり，また魅力的商品はひとりでに売れると考えていたので，販売技能の開発に無関心だった。だが1890年代以後は労務管理の見直しをせまられる。第1に，顧客創造政策は高いコストがかかり，管理者は問題解決を販売員に求めるようになった。第2に，従来の労務管理方式には問題があった。セールスウーマンは「駆り立て driving」[16]というムチで規律づけられていた。彼女らはフロア管理者や覆面エージェントに監視され[17]，遅刻，販売伝票の書き込みミス，手続きミスには処罰と罰金を科された。罰金は本人の知らないうちに給料から天引され，1913年のニューヨーク市では女性の4分の1が俸給の10分の1から半分におよぶ罰金を科された。手続きミスの罰金は1910年代初めに廃止されたが，遅刻の罰金は1930年代まで存続した。この種の統制への不満が1910年代から1930年代に高まった。第3に，外圧もあった。顧客は礼儀正しい高級サービスとファッション情報を要求した。女性改革組織やジャーナリストは労働者の人間的あつかいを要求し，店舗施設や労働条件の欠陥を指摘し，低賃金のために店がセールスウーマンの売春の温床になっていると非難した(Benson, 1986: 124, 131-135, 137-138, 193-194)。これら内外の圧力が労務管理政策の転換を強いて，管理者を技能的販売の開発に向かわせる。

ベンソンは，デパートが販売技能の育成をめざした点で，技能を低質化させようとした20世紀の工場労務管理とは異なっていた，と主張する(Benson, 1986: 125)。彼女は，ブレイヴァマン以来の労働過程研究がこれを見逃し，製造業の統制モデルを小売業に直接適用してきた点を批判して，接客労働の統制の問題に進んでいく。

ベンソンはいう。ブレイヴァマン（1978）は労働不熟練化テーゼにしたがって，店舗業務の「熟練」が科学的管理によってずっと以前から分解されている，と論じる。単純統制，技術的統制，官僚制的統制という3つの統制システムを論ずるエドワーズ（Edwards, 1979）も，小売業では単純統制が普及していると主張する。だが「2人とも‥‥自分たちのモデルに小売業をあてはめようと試みるが，デパート業務の特有の性格を看過している」。デ

第3章 統制の歴史的展開——初期デパートにおける労働統制の諸問題——

パートは第2次大戦までは熟練を排除するのでなく熟練を高めようとしたのであり，単純統制を根絶し，販売員の忠誠をうみだす官僚制的統制をつくりだそうとした。また管理者の第一次的目的が労働者から知識と思考を奪うことだと主張するクロースン（1995）も誤っている。管理者は無知の労働者ではなく，販売技能をもつ専門家を求めたからである，と（Benson, 1986: 125-127）[18]。

これらの批判は，接客労働の統制の困難の認識に発していた。ベンソンは販売労働における「労働者と雇主との通常の2者関係へのクライアントの追加」（Benson, 1986: 125）からうまれる関係を，労働者・雇主・顧客の「3極関係 triangle」（ibid.: 240, 270）と呼び，「この種のサービス労働の核心」とみなす（Frank, 1987: 58）。第1章でみたように，接客労働過程の現在の研究ではいまや3極関係[19]が基礎にすえられるにいたっているが，ベンソンは早くも1986年にこの関係の本来性を指摘し，そこから接客労働の統制の困難を論じていく。

第1に，販売における熟練は現場と作業グループから分離できず，労働者の手においてのみその効果を発揮できた。管理者は工場におけるように精神労働と肉体労働を分離して，熟練を自分の側に移すことができなかった（Benson, 1986: 126-127）[20]。

第2に，販売員の生産性の測定と評価の困難があった。最大の「ブックbook」（これは1日の売上総額を意味する現場のスラングである（Benson, 1986: 127））で測定される生産性は，かならずしも販売員の能力をしめさなかった。マナーや顧客の感受性を配慮した販売でなければ返品や顧客喪失が生じたし，在庫作業や陳列のような非販売タスクにはこの尺度を適用できなかった（ibid.）[21]。

第3に，作業の監視が困難だった。命令だけでは複雑な販売過程を処理できず，命令実施のために監督をおけば，うるさい顧客や販売員によって販売が危うくなった。また顧客と店員との相互行為を細分したり標準化できなかったので，販売には科学的管理を適用できなかった。管理者は販売員に，顧客をあつかう裁量をあたえる以外なかった（Benson, 1986: 127）。

第4に，小売では顧客数が不規則で，毎日，毎週，また季節ごとに変動した。これが計画と人員配置を困難にし，天文学的な人事支出なしにはサービスを保証できなかった。労働負担の変動を均せなかったので，管理者は負担を販売員に移して超過労働をおこなわせた (Benson, 1986: 127-128)。
　第5に，店の公的性質があった。販売では工場とはちがって，労働者の超過労働，低賃金，不健康な環境，長時間労働が衆目にさらされた。中流および上流階級の女性顧客は憤激して，労働条件改善運動の先頭に立った (Benson, 1986: 128)。
　以上の困難はすべて，販売員の労働対象が顧客であることから生ずる。ベンソンは販売労働の独自性から生ずる統制の困難を正確に，かつ包括的にとらえている。しかもそれはブレイヴァマン批判を明確に意図したものだった。ベンソンの主張が，精神労働と肉体労働の分離にかんするブレイヴァマンの分析にたいする挑戦をなす (Turbin, 1988: 199) とか，販売労働が「ブレイヴァマンの不熟練化仮説の例外をなすこと」 (Bootcheck, 1988: 621) をしめすとか，「管理者の合理化の遍在にかんするハリー・ブレイヴァマンの一般化を覆すことに成功」している (Leach, 1987: 538) と評価されるのも首肯できる。ベンソンは，接客労働の統制の困難を先駆的に提示したというべきであろう。

　[2] 上の困難を検討しよう。第1の困難は，販売技能が「社会的相互行為における技能」であり，「もっとも管理しにくく，肉体的技能よりも統制がずっと困難な技能」であって，販売現場と作業グループから分離できない (Benson, 1986: 127-128)，という困難である。ベンソンは「私は熟練を客観的カテゴリーとしてではなく，むしろ労働それ自体の性質からはかけ離れていることがある社会的，経済的要請にもとづく判断力とみなす」とのべ，従来の熟練概念には，男性と技能的肉体労働に有利なバイアスがかかっていたために，男性職務が女性職務より熟練度が高いとされてきた点を批判する (ibid.: 229)。従来の熟練概念にはジェンダー・バイアスがかけられてきたというベンソンの主張は正しい。また販売技能が客観化されにくく，業務内容

第3章　統制の歴史的展開――初期デパートにおける労働統制の諸問題――

自体の性質とはかけ離れていることがある「社会的，経済的要請にもとづく判断力」だという主張も，販売技能の社会的性質を考慮すれば，正当であろう。だがこうした熟練は客観化や開発がまったく不可能というわけではない。20世紀前半の販売技能訓練は管理者の優柔不断によって失敗したが，管理者はエンパワーメント政策としての周到な選抜や訓練をつうじてこれを客観化し開発してきた。顧客と店員との相互行為を細分割したり標準化できないという第3の困難の後半部の問題も，マクドナルドの窓口労働者におけるようにあいさつやセリフさえ台本化するテイラー化が可能にする。あるいは生命保険勧誘員職務や電話販売職務におけるように，顧客への応対をルーティン化できる。第4の困難も，完全な克服は望めないとしても，デパート管理者がじっさいにそうしたように，交代制勤務やパートタイマーの採用によってある程度まで対応できる。

　しかし販売員の生産性の測定と評価という第2の困難は，いかんともしがたい。ことに，販売員の貢献の度合いを販売額では表示できないという点は，のちにみるように，販売労働者が抵抗の基礎にすることができたほど問題をはらんでいた。労働過程の公開性という第5の困難，また労働監督をおけばうるさい顧客や販売員によって販売が危うくなるという，関連する第3の困難の前半部の問題もやっかいである。ベンソンは第2の困難の解決として，販売員に顧客をあつかう裁量をあたえる以外なかったとのべるが，第5の困難および第3の困難の前半部についても，管理者はこうした解決をめざす以外にない。つまり究極的解決は，前章で論じたように，労働者に自律性と裁量をあたえる自己管理型の統制と，より包括的には責任ある自律戦略と，ならざるをえないのである。

　こうしてデパート管理者は，労働者に自律性と裁量をあたえる方向にふみだした。労働者が会社の目的にそうかたちで自律性と裁量を行使すれば，労働者の業績評価が正確さを欠くこともある程度まで許容できるし，顧客に公開される作業現場に監督者をおく必要もなくなる。しかし技能的販売として労働者に自律性と裁量をあたえる統制戦略の転換は，新たな統制上の問題をうみだした。まずはムチ政策からの統制戦略の転換をみよう。

２．統制戦略の転換

［１］デパートはムチからアメへと統制戦略を転換した。ベンソンによれば，新たな戦略は，(1)公平な処遇，(2)福利事業，(3)販売技能訓練，(4)インセンティブ付与，からなっていた。(1)は開明的政策である。デパートは「店員clerk」という言葉を「セールスウーマン」「仲間」「同僚労働者」に変え，調和，忠誠心，チームワークをうながすために店舗新聞や従業員新聞を発行した。また恣意的管理を廃止するために，期待される行動と処罰をのべたルールブックを用意した（Benson, 1986: 139-140）。

(2)福利事業は，従業員のためのサービス（医療ケア，有給休日・有給休暇）や福利施設（トイレ，ラウンジ，ダイニングルーム，ジム，診療所，図書室，休暇別荘など）[22]と，初等教育（健康法，文法授業など）の提供からなっていた。これらは作業環境を改善し，仕事を能率化し，会社のイメージを高め，また顧客との階級対立をそらすことに役立った（Benson, 1986: 142-143, 145-146, 194-196）。

［２］(3)1920年代以後広まる訓練は，一般教育，商品訓練，販売技能訓練からなっていた。一般教育は中流階級の礼儀正しさや価値を教え，商品訓練は製品知識と，文化や家事などの伝統的な女性のたしなみなども含んでいた。目的はセールスウーマンの中流階級化だった（Benson, 1986: 143, 147-148）。販売技能訓練では管理者は，ジェンダーを利用した人びとの操作，他人への感情移入，家事へのなじみなどをつうじて店員に顧客をゲストとしてあつかわせ[23]，示唆的販売 suggestion selling と得意客の開発を強調した。示唆的販売とは，マクドナルドでもおこなわれているのをみたが（本書: 54, 68）関連する商品を示唆する抱き合わせ販売であり，販売員は別の売場の商品を示唆し，顧客を別の売場に差し向けた。得意客の開発では，顧客の名前・住所・サイズ・購買習慣のファイル保存が指示された（ibid.: 130, 148-150）。

(4)では1910年代から30年代にインセンティブ賃金の導入があった。これには４つのタイプがあったが（棒給一本，歩合給一本，歩合プラス基本給，割

当量ボーナスシステム），いずれでも賃金は週あたり売上高に連動した（Benson, 1986: 159-161）。またプレミアムと昇進があった。プレミアムは製造業者がブランド商品を売るために販売員に提供し，労働移動率を低下させるための公式の内部昇進制は，女性に昇進機会を提供した（Benson, 1986: 163-165）。

3．転換の失敗

[１] 1900-1940年の統制戦略の転換は，技能的セールスウーマンを形成しなかった。アメ戦略には短所があったからである。(1)公平な処遇における処罰緩和では規則が同時に販売員の創意を阻み，(2)福利事業はパターナリズムへの反感をうみ，(3)技能は研修過程ではなく現場で育成され，(4)インセンティブは威圧的販売をうながし，昇進機会も不十分だった（Benson, 1986: 165-166）。これらは，戦略の実施や制度化の不十分さに由来する。

だが失敗は「もっと一般的な特徴」にもよっていた。第１に，管理者は仕入れから販売重視への方向転換を強調したが，じっさいには仕入れに固執し販売を低く位置づけた。真の技能的販売を開発するなら店の威信・報奨システムの徹底的改訂が必要であったが，それは賃金，訓練，福利事業のコストを高騰させ，労働者に危険なほどに転覆的な潜勢力をもたせた。管理者はこれに尻込みし，制限的手段で満足した。第２に，管理者はセールスウーマンに創意と独立性を教える一方で，それらの発揮を管理するというタスクを追求した。第３に，階級とジェンダーを操作する無理があった。管理者は，セールスウーマンに中流階級を模倣させたが，その社会的・経済的な力をあたえなかった。また彼女らのジェンダーを利用しようとしたが，女性文化と企業文化を統合できなかった。第４に，管理者は，女性労働と労働文化の２つの世界を理解しなかった（Benson, 1986: 166-167）。

[２] 第３と第４の理由は，階級とジェンダーから生ずる統制の困難である。第３の理由について，労働者階級出身のセールスウーマンを中流階級に仕立てることから生じた前半の無理は理解できる。だが不明確なのはジェン

ダーにかんする後半の指摘である。女性文化と企業文化の統合が意味しているのは，管理者が女性の家庭生活の技能を職場に移植しようとした点をさすと思われるが（Benson, 1986: 130），これがどんな困難をうんだかをベンソンはあきらかにしていない。関連してベンソンは，愛他的な「女らしい」価値を，競争的で利潤志向的な見地に組み込むトップマネジメントの試みが持続的緊張をうんだというが（ibid.: 167），この緊張の具体的内容も不明である。第4の，管理者が女性労働と労働文化の世界を理解しなかったという点は，管理者が，セールスウーマンの労働文化をインフォーマルな自治としてではなく，愚かさ，頑固さ，自己利益への無関心としか理解しなかったという指摘（ibid.: 255）に垣間みられるが，これは一般的にすぎる指摘であり，2つの文化の誤解がどんな帰結をもたらしたかをベンソンは明示していない。

それゆえここでは第3と第4の理由を措いて，第1と第2の理由に焦点をあてる。すでにみたように管理者がぶつかった労働統制上の困難のうち，とくに克服がむずかしい困難は，(1)販売労働者の生産性の測定と評価と，(2)労働過程の公開性から生じる統制への顧客の非難が販売を危うくする点だった。これらの困難には労働者に裁量をあたえる以外に解決はなく，じっさいにもこの方向に進んだことはすでにみた。

失敗理由の第1と第2は，この解決がどんな帰結をもったかを鮮明にしめす。第1の理由は，管理者が口先では販売と販売技能を強調したが，じっさいには販売と販売員を低く位置づけたことである。彼らの矛盾は，技能的販売の強調と女性販売員の低賃金との対照に表われたが（Benson, 1986: 131），販売訓練自体も矛盾していた。管理者は販売員に販売を専門職と考えさせようとしたが，じっさいには販売促進策に専心して，販売員を軽蔑し低く評価した。訓練部長でさえ販売員の無関心と無能力を非難した。販売員の査定方法も販売技能と販売員を尊重しなかった。販売員は，①売上げ，②上司の評価，③覆面ショッパーの報告によって査定された。①は量だけ強調し，②は主観的で恣意的で，③では覆面ショッパーが現場をチェックした。さらに管理者は訓練担当者を「組織のまま子」とみなし，低賃金と二級の地

位しかあたえなかった（ibid.: 155-159）。要するに管理者は，技能的労働者の育成をうたいながら，じっさいには労働者に低い地位しかあたえなかった。

　これは，統制における賃金労働者の現実の地位と，技能専門職の資格付与との矛盾である。だから第1の理由についてベンソンは，真の技能的販売を開発するなら，威信・報奨システムの徹底的な改訂と高コストが必要になり，労働者は危険なほどに転覆的な潜勢力をもっただろうと主張する。真の技能的販売の開発は，販売技能と洗練されたマナーやふるまいを育成するための十分なコストと，専門的技能にもとづく主体性の発揮と裁量の付与を必要とする。だが後者は統制を破壊する可能性をもつ。だからこそ，管理者はこれを怖れて制限的手段で満足したのであり，販売技能の強調にもかかわらず販売員を低賃金労働者としてあつかったのである。

　第2の理由は，販売員に創意と独立性を説くと同時に，それらの発揮を管理しようとしたことである。セールスウーマンは従順であると同時にものを考えなければならず，厳格に店の手続きに従うと同時に販売機会に創造的に対応しなければならず，店に絶対的忠誠心をしめすと同時に独自の判断力を発展させなければならなかった（Benson, 1986: 166-167）。

　こうして第1の理由も第2の理由も，労働者統制における管理からの排除と管理への参加の矛盾という，同じ事態を表わすものと理解できる。労働者に裁量をあたえない厳格な規律（管理からの排除）は労働者から創意と自発性と主体性を奪うが，他方，統制をゆるめて労働者に創意と自発性と主体性をあたえすぎれば（管理への参加），統制そのものが不可能になるという，第2章でのべた統制のジレンマである。接客サービス労働では製造業とは異なって，「販売員と顧客とのあいだのやりとりの無限の可能性が標準化と統制を受けつけなかった」（Benson, 1986: 167）ために，管理者は労働者に裁量的技能を付与せざるをえない状況に追い込まれた。この戦略では統制のジレンマが前面に出ざるをえなかった。

［3］ベンソンは，デパート管理者の労務管理政策の変化を分析することに

よって，接客サービス労働の統制の困難を的確にとらえている。しかもブレイヴァマンやエドワーズなどの労働過程理論家の弱点を十分自覚している点で，ベンソンの理解はその後のライドナー（Leidner, 1993）やコルジンスキ（Korczynski, 2002）などの接客サービス労働の研究に大きな影響をあたえる先駆性をもっていた。

　管理者は本来，労働者の管理からの排除と管理への参加とのバランスをうまくとりながら統制を実現するほかない。ベンソンのデパート管理者はバランスを実現する自信をもてずに，最終的には形式的で制限的な管理への参加手段をあたえて，実質的にはセールスウーマンを低賃金労働者としてあつかい，管理から排除することでおわった。

　しかしその後の統制形態の展開は，統制のジレンマを解決するいくつかの方法を準備してきている。もし職務の性質が労働者に危険なほどに大きな主体性と裁量権をあたえざるをえないとすれば，第2章でみたように，責任ある自律戦略とならざるをえず，究極的には自己管理型の統制となる。自己管理型の統制とは労使関係の敵対性をさけ，かつ対人的熟練の自発的発揮をそこなわないように労働者に自律性や裁量を付与する統制である。このばあい同時に労働者の主体性を，会社の利益に反せずこれに同化するように誘導していく必要がある。これは，会社の利益と労働者の利益は同一であると説くような一般的なものから，労働者の物の見方，考え方を一変させる人格的変容におよぶようなものまでのイデオロギー的統制となる。そして，これも第2章で論じたことだが，こうした責任ある自律戦略を，ITや監視カメラ，あるいは覆面調査員やコメントカードなどの顧客を利用した労働者統制手段による直接的統制戦略と組み合わせる必要もある。

　しかしベンソンのデパート管理者は，自己管理型の統制に舵を切って，労働者の管理からの排除と管理への参加とのバランスをとっていく自信も技術もなかった。したがって責任ある自律戦略を直接的統制戦略と適切に組み合わせるスタンスもみせなかった。そこに労働者の抵抗の余地が生じたといえる。

第3節　抵抗の形態

本節ではまず，労働者の抵抗を媒介した労働文化を概観し，次に統制における対立と連携の関係を提示し，そのうえで顧客と管理者にたいする抵抗の形態を考察する。

1．労働文化

［1］ベンソンは労働文化を「労働者が職務中の相対的に自律した行動領域を囲い込むイデオロギーと実践」と定義する。労働者がフォーマルな権限構造に直面して，この構造的制約に適応したり抵抗するために職務の可能性を利用するとき，労働集団内にインフォーマルで慣習的な価値と規則にもとづく労働文化が形成される。セールスウーマンの労働文化の核は販売技能であり，労働文化はセールスウーマンの3つのアイデンティティ（労働者，女性，消費者）を表現していた（Benson, 1978: 41; 1986: 9, 227）[24]。

体系的管理は，仕入れ・宣伝・人事・会計・販売促進などの権限系列を設定したが，同時にそれらを相互に対立させたことによって，また技能的販売を強調して販売員の権限を高めたことによって，労働文化形成の条件をつくりだした（Benson, 1986: 230）。

デパートは売場ごとに結束した。売場内の女性はキャフェテリアでいっしょに食事し，昼食を分け合い，休暇をともに過ごし，親睦会をもった。結束の基礎は販売技能だった。アパレル販売員は一目で女性顧客のサイズや一揃いの衣服の値段を見積もることができ，ブラウス販売員は衣服をみて顧客の体格に合わせてカットできるかどうかがわかり，経験ある販売員は香水をかぐだけで顧客の予算と嗜好がわかった。セールスウーマンはこうした技能にプライドをもち，販売実演ゲームなどで技能を集団的に開発した。セールスウーマンは同僚労働者のしぐさを学び，批評しながら，顧客あつかいを相互に観察し，技能を競い，個人的販売芸を称賛した（Benson, 1986: 241-244, 247-248, 251-252）[25]。

[2]結束が排他的になり，売場間に敵対が生ずることもあった。ある売場は別の売場のサービスと商品を非難し，別の売場の商品をすすめる示唆的販売を拒否し，別の売場の販売員の従業員購買（後述）を拒絶した（Benson, 1986: 244-245）。

　結束を保つために，インフォーマルな規則と販売高制限（後述）の違反者を集団的に処罰した。処罰は，違反者の在庫区画を乱すこと，違反者に肉体的暴力を加えること（わざと突き当たるなど），ボスや顧客や仲間の前であざ笑い恥をかかせること，最後に完全なオストラシズム，だった。新参者は，販売高制限を超過させようとする管理者の危険な考えを吹きこまれている疑いがあるので，適切に仕込む必要があった（Benson, 1986: 249-250）。

　売場集団は上級管理者と対立したが，バイヤーは別だった。セールスウーマンは公式にはバイヤーの部下だったが，両者は相互依存関係にあった。セールスウーマンはバイヤーの成功にとって必要な顧客情報をもっていたので，バイヤーは彼女らに接近した。他方セールスウーマンは教室訓練を嫌い，バイヤーから直接商品知識を受け取った。顧客情報と商品情報の交換がバイヤーとセールスウーマンとの強い紐帯を形成した。バイヤーは他の管理者にたいしセールスウーマンと同盟し，他の管理者とのバッファーとして機能した。バイヤーは他の管理者の嫌がらせからセールスウーマンを守り，味方し，規則をゆるめ，セールスウーマンもバイヤーをその上司からかばった（Benson, 1986: 254-255）[26]。

　体系的管理による権限系列の対立は売場の独立を強め，同じく技能的販売の重視は売場の権限を強めた。セールスウーマンは強化された売場の労働文化を使って顧客と管理者に抵抗した。

2．連携と対立

　[1]ベンソンは管理者・労働者・顧客の3極関係を論じ，この関係における2つの種類の連携と対立をいっしょに提示する。このため叙述が錯綜するので，整理が必要である。

　3極関係には，まず階級とジェンダーを基礎にした連携と対立があった。

第3章 統制の歴史的展開——初期デパートにおける労働統制の諸問題——

階級の点からは，デパートの顧客は勃興しつつあった都市ブルジョア文化の担い手たる上流および中流階級であり，管理者も同じ階級に属した。3極関係の当事者のうちセールスウーマンだけが労働者階級に属した。階級的落差が，彼女らにたいする顧客の嫌悪と侮蔑を，管理者の軽蔑を，うんだ。

だがジェンダー[27]の点からは，上級管理者のほとんどが男性で，セールスウーマンは女性だった。顧客も圧倒的多数（10人のうち8人か9人）が女性だった。デパートは「アダムのいないエデン」であり，完全に女性の領域だった（Benson, 1986: 76）。セールスウーマンは顧客と同じ女性文化のなかにおり，買い物客としての経験と，ファッションや女らしさにたいする態度において，女性文化を顧客と共有した（Turbin, 1988: 199）。しかも管理者は顧客と店員のジェンダー的同一性を利用して，技能的販売を育成しようとした。人びとの操作，共感による他人への対応，家事へのなじみなどを家庭生活から労働生活に移植し，店を家庭のようにみせかけようとした（Benson, 1986: 130）。

こうしてベンソンは，階級を基礎にして労働者に対立する顧客と管理者の連携が，またジェンダーを基礎にして管理者に対立する顧客と労働者の連携が生じた，と主張する。

［2］しかしこの主張には不明確さが残る。第1に，階級的にせよジェンダー的にせよ，連携と対立の関係が，統制関係からの帰結として説明されていない。たとえば階級的な，（顧客＝管理者）vs.労働者という連携と対立では，管理者は雇用労働者を統制するという意味で階級の規定性をあたえられているのではなく，たんに労働者階級とは異なる上流または中流階級に属するとされているにすぎない。このような階級関係はせいぜい3極関係におけるマクロ的環境をなすにすぎず，統制のミクロ的状況における当事者たちの具体的な利害の連携と対立を決定しない。（顧客＝労働者）vs.管理者というジェンダー的な連携と対立についても同じことがいえる。

第2に，階級にもとづく（顧客＝管理者）vs.労働者の連携と対立は，今日の接客サービス労働に一般的なものではない。顧客と管理者が，販売員と

は異なる同一階級に属するのは勃興期のデパートの特徴であり，今日の大衆消費社会では制限された範囲でしか妥当しない。

　第3に，ベンソンは，階級とジェンダーにもとづく連携と対立が具体的にいかに現われるかを明示しない。このためにベンソンの本の書評では，連携と対立の具体的様相について評者の解釈が分かれてしまうのである。たとえばある評者は，顧客と労働者とのジェンダー的「団結」の成立を，セールスウーマンの超過労働や低賃金に同情した女性顧客が管理者に労働条件を改善させ，福利サービスを提供させた点にみる（Carrison, 1988: 796）。けれども別の評者は，顧客と労働者の連携を，両者がサービス低下をまねく管理者の「コスト削減政策に抵抗するために団結した」点にみる（Frank, 1987: 58）。だが評者たちがいう2つの連携と対立はまったく性質を異にしている。これはベンソンの記述の曖昧さに起因する。

　[3] しかしベンソンは，以上の階級とジェンダーを基礎にして成立する連携と対立とは別の連携と対立の関係を主張する。すなわち，3極関係のそれぞれのグループは，他の2者に抗して自分の目標を追求したが，状況によっては第3者にたいし相互に連携した。たとえば，①セールスウーマンと顧客は，コスト低下を追求する管理者の政策にたいしてサービスの名のもとに相互に連携し，②セールスウーマンと管理者は，骨が折れ高くつく顧客の要求にたいし連携して対抗し，③顧客と管理者は販売を重視して，セールスウーマンの無関心と無礼とを声を一つにして非難した，と（Benson, 1986: 284）[28]。

　ここにしめされる連携と対立は，第1章であきらかにしたような，接客サービス労働の統制関係に由来する連携と対立であり，先の階級とジェンダーにもとづく連携と対立とは異なる。まず第1に，連携と対立が成立する理由が異なる。①が生ずるのは，コスト削減をめざす管理者によるサービス削減にセールスウーマンと顧客が反対するからであり，②が生ずるのは，顧客の過大な要求にセールスウーマンと管理者がともに反対するからであり，③が生ずるのは，販売員の無礼と無関心に顧客も管理者も反対するからである。第2に，連携と対立における当事者の組み合わせが異なる。階級とジェ

ンダーにもとづく組み合わせは，（顧客＝管理者）vs. 労働者と（顧客＝労働者）vs. 管理者であり，これ以外には存在しない。だがここでは組み合わせは，①では（顧客＝労働者）vs. 管理者，②では（管理者＝労働者）vs. 顧客，③では（顧客＝管理者）vs. 労働者であって，具体的状況に応じて成立する3つのパターンとなる。

ベンソンが統制関係における当事者間の連携と対立を，ジェンダーと階級にもとづくそれと区別せずに記述する点は欠陥だが，それでも前者をしめしたのは功績である。ベンソンが3極関係における当事者間の連携と対立のパターンを取り出していることを確認したので，この関係における顧客と管理者にたいする労働者の抵抗の形態を考察しよう。

3．顧客にたいする抵抗

［1］顧客にたいする抵抗からみよう。ベンソンは当時の業界誌の表現を借りて，セールスウーマンにとって顧客は「私たちの友人である敵 our friend the enemy」だったという。セールスウーマンにとって，顧客は明白な敵でもなければ同盟者でもないアンビバレントな存在だった[29]。それでもあらゆるばあいに顧客は彼女らにとって脅威だった（Benson, 1986: 258）[30]。

セールスウーマンにとって，顧客は自分たちの領分に侵入してくる他人であり，破壊的要素だった。顧客は，突飛な要求をして気まぐれにふるまい，セールスウーマンの社交を中断し，買う気もないのに時間を取り上げた。顧客は商品をみせろといって際限のない在庫作業をさせた。最大の侮辱は，顧客が販売員に質問しながら店中をぶらぶら歩くことだった。返品目的の購買はむろん，返品商品を店員の販売記録から控除した。顧客は1つの品物を買うのに長時間費やし，家に帰り，みた物をじっくり考え，それから別のセールスウーマンのところに行ってすぐに選んだ。インセンティブ賃金のもとでは，こうした顧客行動はセールスウーマンの業績や所得に影響したが，そうでなくとも侮辱だった（Benson, 1986: 260-261）。

［2］気まぐれな顧客に対抗する1つの戦略は，顧客を統制して選択権をせ

ばめることだった。顧客はできるだけ多くの商品をみたがったが，セールスウーマンは顧客に，余計な労働をさけるためにもたった1つの物しかみせなかった。あるいは顧客をつけあがらせないように，流行遅れを理由に在庫切れ商品をいいつくろった。また在庫作業に夢中で顧客に気づかないふりをして，突然その場から消え去った。顧客が自分たちの注意をひくそぶりをみせても，同僚とおしゃべりし続け無気力に応対した（Benson, 1986: 253, 260-262）。

　友好関係を築く方法もあった。セールスウーマンには多くの戦術があった。世辞をいい，店員にひどい目にあわされた女性に憐れみをみせた。実際よりも小さなサイズの服を着ているといって女性顧客をなだめた。顧客を喜ばせる策略もあった。顧客の体型や服装に合わせてブラウスやスカートを調整したり，店のサービスの利用を勧めた。小包み配達を勧め，にえきらない顧客には商品を自宅に送らせて家で考えるように勧めた。認められていない保証を顧客にあたえる方法もあった。適当な衣服が在庫にないとき，許可されている以上に着付け係に衣服を改造させ，気に入りの顧客には反物を多めに計った。「しかし」，とベンソンは注意する。顧客を友人や同盟者とみなしていたセールスウーマンでさえ，顧客とは距離をおいた，と（Benson, 1986: 263）。

　自分流に得意客をつくる戦略もあった。ある者は常連客にクリスマスカードを送り，礼をいうために来店した顧客になにかを買わせた。化粧品販売員は，過去の購買記録などの顧客カードをもっていた。顧客に電話して新商品や特売に注意させ，得意客には流行品をとっておき他の顧客には古い商品を買わせた。また電話で値下げを知らせたり，値下げされるまで品物を在庫室に隠した。彼女らは「未知の」顧客を相手にせず得意客に集中して，1,000人から1,200人の得意客をもつこともあった（Benson, 1986: 264）。だがベンソンは指摘する。最良のばあいにもセールスウーマンと顧客との関係はあてにならなかった，と。

　要するに，セールスウーマンは，顧客に抵抗し顧客を操作する多様な技術をもっていた。へつらいや親切さで顧客を支配し，気配りで顧客を無視し圧

倒できた（Benson, 1986: 268）。セールスウーマンの戦術の多様さは，彼女らにとって顧客がつねに潜在的脅威をなしたことをよくしめしている。労働者の顧客との連携の基礎にも，この敵対関係は存在したのである。

4. 管理者にたいする抵抗

［1］管理者への抵抗をみよう。第1に，販売高制限とインセンティブ賃金への抵抗がある。セールスウーマンは販売高制限をおこなった。販売高については売場集団内に基準（「グッド・ブック」）があり，これ以下だと責任をとらされたが，高すぎると仲間から敬遠された。セールスウーマンはインフォーマルな割当額に近づくと，努力をゆるめ販売回数を調整した。1日の早い時間に少数の高額販売をおこなえば，販売をやめて在庫作業をした。逆に顧客がすくないときやいないときは積極的に売った。職場集団は，低いブックの販売員に顧客を回すことによって，自分たちの売上げを犠牲にして助けた[31]。最悪の罪は，販売高制限を無視する欲張り屋grabberだった（Benson, 1986: 248-249; 1978: 50）。違反者の集団処罰のかたちは先にみたとおりである。

販売高制限は顧客変動のために，おそらく工場のクラフツマンの産出高制限よりも困難だったであろうが，労働者は同じく出来高制限で抵抗した。賃金を店員の売上高に連動させるインセンティブ賃金によって，集団的な販売高制限を管理者が切りくずそうとしたときも抵抗した。だが抵抗の形態は独特だった。

セールスウーマンは，冷やかし客を無視し，裕福で有望な見込客に販売を集中した。ブックに固執し，顧客を顧慮せず，在庫作業をさけ，人気のない商品を無視した（Benson, 1986: 256-257）。この抵抗は工場とは異なる効果をもった。工場管理者は品質を検査した製品に賃金を支払えばよかったが，小売では販売が満足におこなわれたかどうかを知る方法がなかった。ブックを引き上げるために販売員は販売に夢中になり，高くつく返品の割合を高めたかもしれなかった。インセンティブ賃金は販売員に「見るだけの」顧客，優柔不断な顧客，少額しか買わない顧客を無視させたかもしれない。態度，

物腰，顧客援助のような販売に含まれる無形のものや，在庫作業や商品陳列作業には報酬をあたえなかったので，インセンティブ賃金はこれらを軽視させたかもしれない (Benson, 1986: 162)。

みられるとおり抵抗は，先にのべたサービス労働の生産性の測定と評価の困難という特性をみごとに利用したものだった。労働者は，(1)販売サービスの質を無視して量に集中し，したがって(2)販売以外の労働（在庫作業や商品陳列）や，人気のない商品や，販売にかかわる無形のもの（接客態度や物腰）を無視した。(1)で冷やかし客を無視し，有望な見込客だけに販売を集中することは，将来の売上げを悪化させる。(2)でも販売以外の作業や販売態度や人気のない商品を無視することは，もうけをへらす。こうした店員の行動やそれが利潤におよぼす影響が，管理者にもわからない点が重要である。これはたしかに，管理者の盲点をつく抵抗だった。

［２］第２に，労働者は管理者の言葉を言質にした抵抗をおこなった。セールスウーマンはホワイトカラーの威信を重んじ，召使いの役割や規則には抵抗した。だから顧客用の立派な表玄関とは対照的な，汚い裏通りの従業員入口にも，その内側のタイムレコーダにも反対した。また荷物検査を嫌い，ファイリーンズでは規則に反して従業員用エレベータを使わなかった。規則とランクのしるしに怒った点ではセールスウーマンは工場労働者と同じだったが[32]，「セールスウーマンだけが，反逆のイデオロギー的基礎としてボス自身の宣告を利用することができた」とベンソンはいう。すなわち管理者が彼女らは店の代表者であり，販売は威厳のある専門職であると語ったとき，彼らは，彼女らが第一級の市民のようにあつかわれるべきだと主張できる舞台をあたえた，と (Benson, 1986: 231-232)。

セールスウーマンは自分たちの威厳や特権が攻撃されたとき，管理者に抵抗した。展示部が売場の装飾を引き受けたとき，売場のセールスウーマンは侮辱を感じ，展示部の作業を非難し，乱れた展示を直さなかった。セールスウーマンが，顧客にへつらう卑屈さを，たとえば「顧客はいつも正しい」というスローガンを拒絶し，メイドを連想させる顧客による衣服の試着を助け

ることに反対したのも，専門職の誇りと自信のためだった。販売訓練で，管理者がセールスウーマンに専門職を強調すればするほど，彼女らは顧客との平等を求めて顧客にへつらうことに抵抗した（Benson, 1986: 159, 232-233, 256）。同じ理由で彼女らはひんぱんに規則を破った。ボスや売場監督は大笑い，おしゃべり，歌うこと，馬鹿騒ぎ，を禁じたが成功しなかった。ささいな規則を公然とあざ笑い，返品を売上高から控除できないように販売伝票から数字を意図的に省いた。規則破りはファイリーンズに蔓延し，セールスウーマンは服装規則を破り，夏には遅刻が春の2倍となった（ibid.: 255-256）[33]。

こうしてセールスウーマンは，管理者が認めた専門職としての威信を基礎に抵抗した。これは，管理からの排除と管理への参加という統制のジレンマを利用した抵抗である。管理者が，労働者の技能を尊重して自律性と裁量を容認すればするほど，統制は危機におちいった。

［3］第3に，労働過程の公開性が強圧的統制を不可能とすることで，抵抗の基礎をあたえた。管理者による労働者の叱責は顧客の感情をそこなった。店員のひどい処遇が労働移動率を高めれば，店の評判をそこねた。駆り立て方式は危険となったので，セールスウーマンはブルーカラーよりも上司からの尊敬を受けた。顧客の存在が上品さと礼儀正しさを押しつけ，工場の「マギー」は店内では「ミス」になった（Benson, 1986: 127, 137-138, 165, 211, 216）[34]。

消費社会の到来とともに，顧客が上品で礼儀正しいサービスを要求し，ファッションと品質につうじた販売員が必要になったという事情もあった。また女性改革組織やジャーナリストや社会研究者も，労働条件が公開されていたのでセールスウーマンの長時間労働，低賃金，野蛮な規律，罰金，貧しさなどを非難した（Benson, 1986: 134-135）。非難を封ずるために，統制は開明的なものとならざるをえなかった。

こうしてセールスウーマンは，①サービス労働の生産性尺度の欠如，②管理者があたえた専門的技能にもとづく特権や裁量，③労働過程の公開性，に

依拠して抵抗した。これらは，接客サービス労働の特殊性を利用した抵抗であり，勃興期のデパート管理者はこの特殊性を処理できなかった。ベンソンはこの点も正確に分析している。

　顧客と管理者にたいするセールスウーマンの抵抗をまとめよう。顧客にたいする抵抗では，販売員の多様な顧客統制方法が興味深いが，なによりも販売員が顧客をつねに潜在的脅威として受け止めたことに注意すべきである。この脅威は，第1章でのべた顧客による労働者の監督効果としてつねに存在する。管理者にたいする抵抗では接客労働の特殊性を利用した抵抗が重要であり，接客労働の統制の困難がよくしめされている。これは，(1)接客労働がとりうる抵抗の可能性をしめす点でも，(2)抵抗に直面して統制が新たな形態に向かう点でも，注目しておくべきである。

第4節　階級対立の曖昧化と接客労働者の性格

　本節では，階級対立の曖昧化にかかわるベンソンの理解を検討する。この曖昧化をひきおこすのは，(1)3極関係における利害対立の移動と，(2)大衆消費時代の接客労働者の役割，である。

1．利害対立の移動

［1］第1の事情についてベンソンはのべる。「セールスウーマン／顧客／管理者の複雑な3極関係 triangle は，販売現場で階級対立を曖昧にし，変容させた。だれが敵であったかはつねにあきらかであったわけではない」と。3極関係では，管理者も顧客も，相互との，あるいはセールスウーマンとの，「移動する連携 shifting alliancies」に入るからである。そして「移動する同盟 shifting coalitions は，だれが同盟者であり敵対者であるかについて不確実性をうみだした。ファイリーンズの労働者は顧客を『私たちの友人である敵』と呼んだが，この文句は，3者のいずれによっても他者について使われることが十分にできた」(Benson, 1986: 6, 270, 284-285)。

　こうしてベンソンは，(1)3者のあいだに連携と対立があり，しかも連携は移動すること，(2)連携の移動は階級対立を曖昧にすること，を指摘する。

第3章 統制の歴史的展開――初期デパートにおける労働統制の諸問題――

［2］けれどもベンソンがじっさいに記述するのは，3者の「移動する連携」(Benson, 1986: 6) ではなく，「移動する対立」である．3つの例があげられる．

第1は，管理者‐顧客の対立が顧客‐労働者の対立に移動する例である．顧客は，本来は管理者の責任である店内の不便さや不備を，セールスウーマンのせいにした．顧客が釣り銭や包装される商品を待つときや，宣伝された商品のまちがいやそれが入手不可能とわかったとき，店を代表する店員に苛立ちを向けた．また顧客は，セールスウーマンがどうにもできない店の慣行を，彼女たちの責任と考えて非難した (Benson, 1986: 261-262)．これは，第1章でみた労働者が店の代表者として現われるために，管理者‐顧客の対立が顧客‐労働者の対立に移動する転移効果の一般的な例である．

第2は，管理者‐労働者の対立が，顧客‐労働者の対立に移動する例である．セールスウーマンは自分たちが雇主の犠牲になっていると感じていたので，顧客を犠牲にするのを喜んだ．顧客を敵ときめこんで販売完了後にほくそえみ，また他の顧客に聞こえるところで顧客のマナー，ドレス，趣味を大声で批評し，不愉快な顧客をほっておいた．店員は集まって顧客から受けた侮辱の話を何度も繰り返し，敵対的態度を維持した (Benson, 1986: 262)．ここでは労働者の顧客にたいする敵対が，雇主にたいする敵対から生じている点に対立の移動がある．この筋ちがいの対立の移動（転移）も第1章では転移効果と呼んだ．

第3はやや特殊で，管理者‐顧客の対立が管理者‐労働者の対立に移動し，さらに顧客‐労働者の対立に移動する例である．顧客が返品できない商品を返品しようとしたとき，管理者は，返品できないことを顧客にはっきり告げなかったという理由でセールスウーマンを非難する可能性があった．そこでセールスウーマンは，顧客に商品は返品できないと大声であてつけがましくいって責任を回避するとともに，管理者に起因する問題にたいする憤慨を顧客に向けた (Benson, 1986: 262)．これは本来は，返品を禁ずる店の規則をめぐる管理者‐顧客の対立である．だが管理者が返品できないことを顧客に明言しなかったという理由で返品をセールスウーマンの責任にする恐れ

127

が生じたとき，管理者－顧客の対立は管理者－労働者の対立に移動した。さらに労働者が顧客に返品はできないと宣言したことで，管理者－労働者の対立は顧客－労働者の対立に移動した。

　ベンソンが言及するのは，以上の対立の移動（転移）である。ベンソンが対立の移動をなぜ「移動する連携」と呼ぶのかは，はっきりしない。あえて推測すれば，ベンソンが階級にもとづく（管理者＝顧客）vs. 労働者という連携・対立と，ジェンダーにもとづく（顧客＝労働者）vs. 管理者という連携・対立を，デパートの連携・対立の基本構図として想定し，これらの連携・対立を上でのべた利害対立の移動がくずすことをもって，「移動する連携」と呼んでいるのかもしれない。だとすれば連携は接客労働の統制関係から生ずるものとしてとらえられていないばかりでなく，「移動する連携」も階級かジェンダーにもとづく連携のくずれをさすものでしかない。ベンソンの本の評者がこの点について「3極関係の複雑さは階級関係を曖昧にし，労働者の真の敵を不明瞭にし，労働者の怒りを顧客に置き換えることもあった」（Frank, 1987 : 58）とのべるとき，曖昧にされる「階級関係」は，セールスウーマンと雇主との統制関係ではない。だが3極関係における利害連携と対立および対立の移動（転移）は，3極的統制関係から説明されるべきである。そうでなければ階級とジェンダーにもとづく対立の曖昧化はしめすことができるとしても，労使間の統制関係の曖昧化は説明することができない。

2．管理者との対立

［1］階級対立を曖昧化する第2の事情として，ベンソンは，大衆消費時代の接客労働者の役割を指摘する。この役割が，彼女らの管理者および顧客との対立を激化させた。管理者との対立からみよう。

　セールスウーマンは，専門的販売技能を付与されたばかりでなく，消費者資本主義のもとで消費の先導者の役割をになった。この自負が管理者との対立を強めた。

　第1に，従業員購買における割引と掛買い（ツケ）をめぐる対立があっ

第3章　統制の歴史的展開——初期デパートにおける労働統制の諸問題——

た。管理者はセールスウーマンに店内購買を勧めた。消費の先導者としての彼女らの購買状況は売場の欠点を知らせ，売上高も店の総売上高の4％になるほどのもうけになった。割引率は10％から25％だった。掛買いは一定限度まで，また店内購買は早朝やスローな時間に，認められていた。彼女らの昇進は勤務中の外見にもかかるので割引は魅力であり，自分の店以外ではツケで買えるほど所得がないので掛買いは貴重だった（Benson, 1986: 194, 233-234）。

割引率をめぐる対立では，ファイリーンズは1932年に割引率を20％から10％に引き下げたが，従業員の激しい反対にあい1年以内に20％に戻した。これはどんな賃上げよりも従業員の好意的反応をうんだ。従業員にとって割引は資格や特権のしるしだったのである（Benson, 1986: 234）。

ほかの対立が生じたのも，消費の専門家を自負する従業員に，労働者としての階級的地位を実感させたときだった。第1に，店内購買で従業員は外部顧客のためにわきへ寄るよう命ぜられた。第2に，割引で買えるアパレルの数の制限や商品の最高価格の設定は，セールスウーマンのプライドを傷つけた。第3に，割引でも手がとどかない商品しかないとき，店内購買は高価格の商品と低賃金労働との矛盾を強めた。第4に，卸売価格がわかって，割引率が低く従業員購買でも店がもうけているのを知ったとき，セールスウーマンは怒った（Benson, 1986: 235）。

セールスウーマンは消費文化の中心にいる消費の「女司祭」であり，消費の殿堂のなかで自分たちを専門的知識をもつ消費の専門家だと自任していた。だからこそ誇りを傷つけ労働者としての地位を自覚させる管理者に怒った。これは，消費社会の出現時に彼女たちがになった特殊な役割のためである。

［2］第2はドレス規制である。ドレス規制のファッション訓練との共存がセールスウーマンを怒らせた。彼女らはファイリーンズでは黒い服のドレス規制に従っていたが，とくに制服を「奉仕のしるし」とみなし，孤児や囚人のようにみせる制服を嫌った。ドレス規制闘争では着用できるドレス範囲を

拡大するために2年間闘い，黒かダークブルーの服を着る権利を回復した。1930年代までに彼女らは消費の先導者としての権利を労働者としての権利と結合して，管理者に自分たちが「うまく着こなし，スマートにみえる」と感じないなら効果的販売はできない，といった（Benson, 1986: 236）。この闘争にもファッションの先導者としての立場が反映されていた。

第3に，盗みがあった。低賃金が消費を阻んだときセールスウーマンは商品を盗んだ。誘惑は強かった。商品はすぐに使用でき，隠すのは容易だった。巨大な商品量は管理システムを不完全にした。在庫から流行品を盗んだり，ちょっと「借用」（Benson, 1986: 238）した[35]。

盗みは復讐としてもおこなわれた。1920年代初めにイリノイ州のデパートでは賃金の大幅削減のあとに盗みが蔓延した。既婚女性は必要にせまられて熟達したどろぼうとなった。店内割引の乱用も横行した。会社は本人と扶養家族にしか認めていないのに，従業員は規定外の家族構成員や友人のために割引を利用した。割引の乱用には会社は解雇で対応したが，盗みは宿命とみてある程度黙認しもした。管理者は，侮辱された従業員が怒って店の利潤も評判もそこなうのを怖れ，頻出するばあいや大きな「不足」のばあいにだけ，盗み防止のキャンペーンをおこなった（Benson, 1986: 238-239）。

セールスウーマンは，消費文化形成期に消費の専門家としての地位をあたえられたので，この地位をそこない賃金労働者としての地位を想起させるあつかいに，通常以上に反発した。家族などのために盗むのはどろぼうだが，自分のために盗むのはそうではないという彼女らの解釈（Benson, 1986: 238）にも，消費の専門家という考えが反映されていたと思われる。

3．顧客との対立

[1] 顧客との対立をみよう。デパートには労働者階級出身のセールスウーマンと，中流または上流階級出身の顧客という階級的落差が存在した。1920年代と30年代には中流階級やカレッジ卒の女性がセールスウーマンとなったが，階級の壁は存続した。顧客は女主人として，召使いたるセールスウーマンに怒りや不機嫌をさらした。店員に親切な顧客でさえ店員を侮辱したり脅

した（Benson, 1986: 258-259）。だがセールスウーマンは消費の先導者の自負をもっていた。ここに矛盾があった。

　セールスウーマンは召使いの役割を引き受けて卑屈にへつらったが，これは彼女らの労働文化と相容れなかった。そこで顧客との平等か優位を主張した。その方法が，自分たちより上の階級の着こなしやマナーを模倣することだった。ショップガールは，売場にある金持ちの衣装の細部を調べ，安物で模倣した[36]。これが，管理者を苛立たせたけばけばしいドレスの意味であり，セールスウーマンが顧客との階級的ギャップをせばめて平等を主張する仕方だった。顧客を「あんた Dearie」と呼ぶ習慣も，顧客への従属的地位から脱却するためだった（Benson, 1986: 235, 259）。

［2］セールスウーマンは異常な階級的本能で「透視同然の敏捷さで顧客の社会的地位」を察知した。顧客が裕福で自信があればいんぎんにふるまったが，卑しい地位で落ち着きがなければ優越的態度で威圧した。見下されていると感じていたので，自分と店に値しない顧客だとふめば，上品な威圧は軽蔑とあざけりに転じた（Benson, 1986: 259-260）。

　相互行為は闘争となり，流行や品質の知識を張り合った。顧客は，セールスウーマンの行動や身だしなみを非難した。彼女らが不作法になれなれしくなったり，求められない助言をしたとき，顧客は「険悪な沈黙」や「堂々たる自制」で応えた。奇抜に着飾ったり「無精でむとんちゃくな身づくろい」をするセールスウーマンは，潔癖な顧客を怒らせた。彼女らは顧客のあざけりを無視し，「険悪な沈黙」には無視や自分たちの会話の続行で，悪口には無関心さで対応した（Benson, 1986: 26-27）[37]。

　彼女らの労働条件を改善した女性慈善家の顧客との接触でも，階級対立が出た。女性慈善家の顧客が給与，労働時間，個人生活について質問したとき，セールスウーマンは彼女らの関心をお高くとまったものとみなし，なれなれしさに怒った。1日に5回も賃金を聞かれて怒ったセールスウーマンは，「あんたはどのくらいもらってるの」と聞き返した。セールスウーマンと顧客のあいだには決定的距離があった（Benson, 1986: 260）。

4．大衆消費時代の接客労働者

［1］管理者と顧客にたいするセールスウーマンの反発の激しさは，彼女らに労働者の地位の自覚をうながしたであろうか。そうではない，とベンソンはいう。反発はむしろ労働者の地位を曖昧にした。

ベンソンは，セールスウーマンの性格を鋭く指摘する。消費者資本主義は，消費者と労働者という女性の2つの役割をつくりだした。だがセールスウーマンは2つの役割を模範的には演じなかった。一方では労働者としての地位は消費生活への没入をゆるさなかった。他方では消費の「女司祭」としての地位は，労働者としての行動を制限した。セールスウーマンの地位は，消費者資本主義のもとでのあらゆる労働者のジレンマをしめす極端なケースだった。彼女らは職場では労働者階級のメンバーとされるように駆り立てられ，職務外では大衆消費をめざして中流階級にさせられた（Benson, 1986: 271）。ベンソンは，彼女らの地位の両義性のうちに，労働者階級としての意識が混濁化されていく中心的要素を指摘する。

ベンソンの理解は，セールスウーマンの労働文化は「大衆消費社会が継ぎ目のない全体ではなかったし，いまでもそうである」（Benson, 1986: 271）ことをしめす，という認識に裏打ちされている。これは，大衆消費社会が労働行為から遊離した消費行為だけを開花させるのではなく，同時に，女性も賃金労働者となるという意味で大衆的な賃労働社会を開花させもした（そしていまなお開花させている）という認識である。だから消費行為を先導する立場にあると同時に賃金労働者でもあったセールスウーマンは，完全な消費者にも完全な労働者にもなりきれなかったのである[38]。

［2］事実，セールスウーマンの下層ホワイトカラーとしての意識は，労働者としての意識や行動を制限した。第1に，下層労働者への差別意識がある。19世紀から20世紀にかけてアメリカ女性は，デパート販売職を専門職や事務労働より下とみなし，デパート販売職のさらに下の工場労働，ウェイトレス，メイドなどを段階的に好ましくないとみた。消費の「女司祭」であるセールスウーマンは，一般の女性以上に，奴隷的なメイドの生活を嫌った

(Benson, 1986: 210-212)[39]。

　第2に，セールスウーマンの労働組合意識は低く組織化も遅れた。CIO以前の主要な小売組合だった「小売店員国際保護組合 The Retail Clerks' International Protective Association; RCIPA」には，1920年代中頃でも2,000人の女性組合員しかおらず（全国の女性販売労働者のたった0.4％），1930年代遅くでも組織化率は5％ほどだった。1890-1940年の半世紀にわたって労働組合はセールスウーマンにわずかな影響力しかもたなかった（Benson, 1986: 269）。

　それだけではない。セールスウーマンが戦闘性をしめしたときでも，彼女らのホワイトカラーの地位と，流行と消費の決定者として誇りが，労働者としての行動を妨げた。1937年のあるストでは，セールスウーマンはめかしこんでピケットをはずかしめ，スト行動をファッション・ショーのようにみせた（Benson, 1986: 270）[40]。

　[3] このようなセールスウーマンの立場は，大衆消費時代の到来という特殊な時代状況を反映していただけなのだろうか。たしかにその側面は存在する。管理者や顧客にたいする激しい反発は，消費者資本主義の興隆時の都市上流・中流階級と労働者階級との落差への考慮なしには理解できないからだ。この限りではベンソンの記述も過去のものとして葬り去らざるをえない面がある。しかし彼女らの立場を全面的にこの落差のせいにすることができるだろうか。

　そうではないであろう。ベンソンが，消費者資本主義のもとでは労働者は職場では労働者階級に属するが職務外では中流階級的となるとのべたのは，労働者は同時に消費者としての役割をになうために労働者としての立場が曖昧になるという趣旨だった。そしてベンソンは，セールスウーマンの地位は消費者資本主義のもとでの労働者の「極端なケース」だったとのべた。そうであったのは，彼女らが労働者であると同時に消費者だったばかりでなく消費行為の先導者でもあったためである。この点は接客労働者に一般化できる事実だと思える。

接客労働者は，顧客による物やサービスの消費を媒介する役割を引き受ける。消費が最終的な個人的消費であるなら，接客労働者が，顧客の個人的消費の先導者，消費の決定者としての役割を演じなければならない。顧客との不断の接触となる労働過程自体が，生産世界とは切れた消費過程の近傍に，あるいは消費過程そのものに属するのである。労働過程は，労働者としての意識を曖昧にする作用をもたざるをえない。ことに上層顧客を相手にしたり，大衆の余暇や娯楽をあつかう接客サービス労働者は，生産から切断された消費世界が労働環境を形成し，職務上消費をつねに領導しなければならない立場におかれる。このゆえに，こうした接客労働者はベンソンのセールスウーマンの性格をおび，労働者にはなりきれないという性格がつねにまといつくのではないだろうか。

　要約しよう。ベンソンは，接客労働の3極関係において対立の移動をしめすことで，労使の利害対立の曖昧化の一端をしめすことができた。しかし彼女のいう連携と対立は「階級」にもとづくものであれ「ジェンダー」にもとづくものであれ，統制関係に発するものとして説かれない点で不十分である。他方でベンソンは，セールスウーマンを大衆消費時代の消費の先導者として位置づけた。このセールスマンの特徴づけは，いまなお大衆消費時代の接客労働者に妥当する面をしめしている，と評価することができる。

結　語

　本章が検討したベンソンの研究の意義をまとめよう。第1は，ベンソンは，デパート管理者が顧客を統制するためにセールスウーマンの技能育成（責任ある自律の統制戦略）に向かった労務管理政策の転換を追究することで，接客労働の特殊性と統制の困難を明確に提示した。彼女はブレイヴァマンの系統にたつ労働過程研究とはちがって，3極モデルを使って生産労働とは異なる接客労働の特徴に焦点をあてながら，接客労働にたいするテイラー主義的統制の困難，またここから生じる労働者への技能と裁量の付与への統制の転換がうみだす諸問題をあきらかにした。これによって管理からの排除と管理への参加という資本主義的統制のジレンマが，接客サービス労働では

きわだつことをあきらかにした。
　第2に，ベンソンは3極関係における利害の連携と対立のパターンを提示したが，それには時代背景をおびた階級とジェンダーにもとづくパターンのほかに，接客労働一般に妥当するパターンもしめされていた。ベンソンは後者におけるセールスウーマンの顧客と管理者にたいする抵抗の形態を克明に記述して，彼女たちが管理者にたいしても接客労働の統制の困難を利用して抵抗したことをあきらかにした。これは，接客労働者の抵抗の多様性をしめす点でも，抵抗にたいする新たな統制戦略の出現を示唆する点でも，重要である。
　第3に，ベンソンは，時代的制約をおびた3極モデルにおける利害対立の移動を不十分ながら論じるとともに，大衆消費時代のセールスウーマンの地位を考察することで，労使の統制関係が曖昧にされる事情をあきらかにした。後者には接客サービス労働の特性として一般化できる階級意識の混濁化の要素を認めることができる。
　以上の点で，ベンソンの研究はなお，接客サービス労働の統制構造の理解に貴重な示唆をあたえるのである。

注
1) むろん大衆消費社会の出現はフォーディズムと関連している。Gabriel and Lang(1995: 9-10)はフォーディズムが，①エリート的コンシュマリズムを大衆的なそれに転換し，②グローバルな消費を成立させ，③生産と消費の関連をきわだたせたと論じる。またGartman (1999)は，ブレイヴァマンが，労働者の意識と文化にふれることなく労働過程を説明した点を批判しつつ，大量生産体制のもとで労働者が労働疎外と労働低質化の代償として大量消費をあたえられてこの体制に順応する過程を，矛盾に満ちたものとして描き出す。彼はアメリカにおける大量生産の発生からの発展の軌跡を，1910年代のフォードの工場から1990年代までの4つの時期に分けて，労働過程と消費者文化の「矛盾した関係」として跡づける。
2) saleswomanは，正確にはセールズウーマンと表記すべきであろうが，慣例に従ってこう表記する。
3) すでに1978年にベンソンは指摘していた。「ボスにたいして生産を対抗させ

ることしかできなかった生産労働者とはちがって，セールスウーマンは自分自身の利益のために管理者，顧客，商品を操作しつつ，複雑な3路的ゲーム three-way game を演じることができた」と（Benson, 1978: 47）。

4） ただし1980年代に名門・老舗デパートはM＆Aを仕掛けられ，90年代には多くが倒産した。R.H. メイシーは破産して94年にフェデレイティッドに買収され，ジョン・ワナメイカーも倒産した。今後伝統的デパートはフェデレイティッド，メイ，ディラードの3グループに再編されるといわれる（豊島，1996）。

5） ただレエマンズは，デパートの成功を劇的なものではなく漸次的なものととらえるべきだと主張する。広告も陳列もされず商品の売値を交渉できめるという伝統的小売方法は19世紀以前に廃止され，固定価格制も商品陳列も交換も現金制も出現していた。彼は成功の主因は，異なる商品が異なる売り場でいっしょに売られた点にあったという（Laermans, 1993: 85-86）。

6） エイベルソン（1992）は，19世紀末のデパートの中流階級女性の万引き行為の考察をつうじて大量消費時代のアメリカを社会史的に考察した異色の本だが，彼女は本文のような常識的理解に反して，19世紀後半の中流階級家庭における家事労働の女性負担は，生活水準上昇のために増加した，と指摘する。消費が重要になったのは家事労働軽減のためではなく，消費の社会化とぜいたく品の必需品化のためであり，これによって中流階級家庭の女性の公的領域への参加の増大，欲求の増大，既製品の増加と家庭内生産の縮小，ひんぱんな買い物，消費における階級的アイデンティティの形成，が生じたと論じる（同上，第1章）。

7） これは「だれでも『あんた』と呼び，『安っぽいけばけばしい』ドレスを着たがり，『極端でぎょっとする』髪型をしたがる，ガムを嚙む少女たち」（Benson, 1986: 213）のイメージである。顧客は販売員の聞こえる所でこういったという。「私だったらそれを買わないわ。店の女の子しかそれを着ないじゃない」と（Benson, 1978: 47）。さらに1900-1920年のアメリカの貧民は入浴と洗濯の回数が極度にすくなかったので（入浴と下着交換は週1度だった），デパートのショップガールの手引には「清潔にしておく」という説諭が含まれていたという（Cowan, 1983: 167）。

8） ただし第1次大戦後は，セールスウーマン職はハイスクール卒の，1920年代-30年代にはカレッジ卒の，女性を引きつけるようになる（Benson, 1986: 213）。

9） 「バベッジ原理」とはブレイヴァマン（1978: 89-90）の造語であり，技術

的分業によって労働者の熟練度を低下させて総労働コストを引き下げる方法をさす。

10) これは，19世紀後半のアメリカ工場を特徴づける「フォアマンの帝国」（ネルスン，1984：第3章）をもじった表現である。

11) デパートは第2次大戦までは，分割払い方式も採用しなかった。

12) それでもデパートは，第2次大戦まではサービスと消費の殿堂戦略を維持した（Benson, 1986: 101）。

13) エイベルソンは，キャンディ売場での目方の計りすぎの例をあげる。目方の計りすぎは損失だったが，店の気前のよさを表わした。「もし消費者に贅沢を奨励するのなら，店もすすんで同じような身振りをしなければならず，ましてや客に目方をけちっていることをほのめかすような危険は，けっしておかしてはならない」（エイベルソン，1992：135）。

14) ディスカウント・デパートは低価格，開放陳列，セルフ・セレクション，買物カート，チェックアウトといった食品スーパーマーケット方式を採用した。さらに月賦購入，長時間営業と日曜日の開店といった便宜もあたえた（マクネア／メイ，1982：49-52）。マクネアとメイはその成功要因として，顧客が「自分の属する所得層なり社会階層にふさわしいと思われる少数の店舗に固執するのではなく，むしろ多くの違ったタイプの店舗を愛顧する傾向」をあげる。ディスカウント・デパートは，上級および中級階級という特定顧客をめざすデパートの政策とは真っ向から対立した。

15) マクネア／メイ（1982：100）も指摘する。「ファッションは第一次大戦以来，消費者行動の重要な要因となっていた。……消費財でのスタイルの成長とファッションの重要性の増大は実利的で分析的な購買から，情緒的，非分析的な購買へ消費者の態度が転換したことにともなって生じた……。……このことは消費者がますます自主的で，洗練化され，確信を深め，自分の個性を表現することを大切にするようになったことを示唆している」と。

16) 「駆り立て」方式とは，解雇の脅しに依拠して，監視，酷使，どなりつけによって，労働者を作業にせきたてる方法をさす（ジャコービィ，1989：46-47）。

17) 「覆面エージェント」とは第2章でのべた覆面ショッパーだが，これが雇用されたのは，自分の店の従業員監視のほか，競争相手の店の価格や売れ筋を調べるためでもあった（エイベルソン，1992：151-152）。

18) ブレイヴァマン，エドワーズ，クロースンの所説については，鈴木（2001）を参照されたい。ただベンソンが販売技能育成戦略を，エドワーズの単純統

制ではなく官僚制的統制に向かうものと理解する点は妥当でない。ベンソンのいう販売技能育成戦略は強制的性質をもつものではなく労働者の同意獲得にもとづく統制をめざすものであり，フリードマンの責任ある自律戦略に属すると考えられるが，しかし内部労働市場を基礎にした規則の支配，ヒエラルキー的職務序列，種々の恩典を特徴とする官僚制的統制とは大きな距離がある。第1に，販売技能育成戦略は，労働組合不在下の低賃金状態で試みられた。第2に，フルタイムのセールスウーマンでも昇進と昇給の機会は限られていた。昇進と昇給の可能性は工場女性や事務労働女性よりは大きかったが，バイヤーやアシスタント・バイヤーはデパート全従業員の1％すこしだった。しかも職務は高い労働移動率をもち，内部労働市場の形成は弱かった。1925年と30年では労働移動率は年67％から250％以上であり，この高さが個人の昇進チャンスを劇的に増加させるほどだった（Benson, 1986: 164-165, 189, 210-211）。第3に，デパートは1920年代遅くまでに年配労働者のために職務保障と年金計画を制度化したが，管理者は労働者のほとんどが若く短期の従業員でコストがかからないという展望のもとに年金計画を考案したのである（ibid.: 203）。デパートでの20年代，30年代の官僚制的統制の成立は主張できない。

19) エイベルソンの本の訳者たちはこれを「三項関係」と呼ぶ（エイベルソン, 1992: 347）。

20) ベンソンは，この点に訓練プログラムの矛盾があったという。顧客との相互行為には経験が必要であり，技能は教室ではなく現場でのみ教えることができたのである。だが，現場での訓練を担当したバイヤーとスポンサー（新人の訓練義務をもつセールスウーマン）は，管理者の望む販売員の訓練に関心がなかった。バイヤーは迅速な販売に集中し，スポンサーは訓練のために売上高を低下させるのを嫌がった（Benson, 1986: 153-155）。

21) 生産性の測定と評価の困難はホワイトカラー労働一般にあてはまる。Edwards（1979: 88-89）は，ホワイトカラー労働では業績評価（彼のいう統制の第2要素）が困難だと指摘する。

22) 向井（1960）は冒頭のグラビアで1950年代のメイシーの建物，メインフロア，売場のほか，従業員キャフェテリア，娯楽室，図書室，医務室，訓練教室，休暇ロッジの写真を掲載しており，20世紀前半のデパートの福利施設の様子をうかがうことができる。また19世紀後半から20世紀初頭にかけてのデパートについては，エイベルソン（1992）冒頭数ページの挿絵をみよ。

23) コルジンスキ（Korczynski, 2002: 161）は，管理者が接客職務に女性を多

く雇用する理由を，女性が「顧客主権の神話」（第2章をみよ）の維持に適している点に求める。それは女性が，①男性より低い地位をもつ，②顧客が出会いを管理する外観を維持する役割をあたえることができる，③共感する役割を演じることができる，からである。

24）　ベンソンは，意識が労働過程内で第一次的に形成されるというブレイヴァマン（1978）とブラウォイ（Burawoy, 1979）の主張を，「工場の門をこえた生活の影響力をブレイヴァマンは無視し，ブラウォイは割引いている」と批判しつつ（Benson, 1986: 228-229），さらに彼らの男性中心的見方と意識形成過程の説明との批判に進む。第1に，熟練概念には，男性と技能的肉体労働に有利なバイアスがかかっている。小売業は非男性的で非技能的肉体労働が支配的なため，誤って二重に非熟練的とされる。第2に，ブレイヴァマンとブラウォイの家族意識／労働意識の二分法は男女労働者の意識形成過程を単純化しすぎている。セールスウーマンの労働文化は，労働者，女性，消費者としての意識を反映していた（ibid.: 229）。第1の批判は正しい。ただ第2の批判には，じっさいにはベンソンも職場外意識にたいする「労働過程の相対的自律性」を一定程度認めていると思えるので，慎重な検討が必要である。

25）　現場の語彙や合図も結束をしめした。「クレイプ・ハンガー」とは，買おうときめている物について顧客と議論して販売を台無しにするセールスウーマンを意味した。「ストーカー」は仕事の虫のセールスウーマンを，「メイン・スクィーズ」は監督者を，「スピフ」や「コーカム」はプレミアムを，「ルッカー」や「ラバー・ネック」は冷やかし客を意味した。「オー，ヘンリエッタ」の叫びは，喜ばせるのがむずかしい顧客を知らせ，鉛筆を1回コツと鳴らすことは監督者の接近を，2回鳴らすことは気むずかしい顧客を，知らせた（Benson, 1986: 245）。現場労働者が顧客に「軽蔑的な俗語表現」をあたえる例としては，Gutek（1995: 49）をみよ。

26）　次の逸話がある。1922年にファイリーンズは，在庫にない商品やサイズを販売員が教えれば賞金をあたえるという「完全在庫」コンテストをおこなった。不完全な品揃えはバイヤーに不利だったので販売員は最初の2週間は9件しか教えなかった。だが社長が情報をバイヤーに不利に使わないとのべてからは，1週間に800件の報告が殺到した（Benson, 1986: 254-255）。

27）　ベンソンがジェンダーをあつかう次元は，大きくは3つある。第1は，ジェンダー的色彩に染め上げられた労働文化の次元である。第2は，管理者がセールスウーマンのジェンダーを販売技能訓練に取り入れる次元である。第3が，セールスウーマンが顧客とジェンダー的に連携して男性上級管理者

と対抗するという，ここでの関係である。

28) 連携と対立についてこうもいわれる。デパートでは「労働者と管理者のあいだの2路的相互行為が，セールスウーマン，管理者，顧客の複雑な3極関係 triangle となった」。管理者と顧客とがセールスウーマンに対抗するとき彼女は困難におちいったが，彼女が一方を他方に対抗させることができたときは，自分のための空間をつくりだすことができた，と（Benson, 1986: 6）。

29) ただもちろん，管理者のスパイである雇われショッパーをセールスウーマンは敵とみなした。セールスウーマンはショッパーを見抜くのを自慢にし，親切さをもって彼女を葬ったり，集団的敵意を向けた（Benson, 1986: 262-263）。

30) 顧客はさまざまにとらえられる。Bolton and Houlian (2005) は，コールセンターの顧客を「神話的主権者」「機能的取引者」「道徳的行為者」の3つに類型化する。「神話的主権者」とは消費者主権の神話どおりにサービス労働者を隷属的に奉仕すべき者と考える顧客であり，「機能的取引者」とはできるだけかんたんに取引を終了したいと考える顧客であり，「道徳的行為者」とはサービス相互行為に敬意と礼儀をもってかかわる顧客である。それぞれの類型が以下のように論じられる。「神話的主権者」は減価される。労働者は時間内の生産性目標を課されるので高質のサービスを省略して，複雑で時間を食う問い合わせは「ほおっておき」，販売に集中する。ないがしろにされれば顧客も主権者からほど遠いのを理解する。「機能的取引者」は相互行為に誠実さを期待せず，サービスの過剰に苛立つ。労働者も顧客もサービスのルーティン化を相互行為からの保護物と感じる。顧客が「道徳的行為者」になるのは，相互行為が経済的活動の枠をこえた社会的活動になり儀礼的秩序がつくりだされるときであり，労働者の役割は主権者への奉仕ではなく「人びとを助けること」になる。ただ以上の類型化は，ルーティン化された短時間のサービスについてのものであることに注意すべきであろう。

31) 労働者は個人主義的インセンティブシステムにも集団的に抵抗した。割当量をこなせない者がこなす者に割当量を引き渡すことで，つまり個人の売上高を集団的に操作することで，歩合を配分し合った（Benson, 1986: 257）。インセンティブ賃金が無効だった理由には，賃金稼得機会が不平等だったこともある。管理者は賃金を販売高の変動と関連づけようとしたが，顧客数が変動したので同じ店内でも賃金稼得機会が異なり，販売員に不満が生じたのである（ibid.: 162）。だが労働者はこの事情を抵抗に利用したわけではない。

32) ただ規則については，接客労働者とその他労働者ではちがいが指摘される

こともある。パウルスはウェイトレスの従業員専用の出入口，トイレ，休憩室などは，19世紀の主人に従属する召使いの伝統の残滓であり，ウェイトレスのドレスコードの意味は，ブルーカラーやホワイトカラーとはちがうという。ブルーカラーのドレスコードには安全が意図されるが，ショートスリーブのウェイトレスの制服は熱い皿を運ぶには適していない。ホワイトカラー・ビジネスウーマンのドレスコードには地位を高めることが意図されるが，ウェイトレスの制服には低い地位の宣告とパーソナリティの抑圧がもくろまれている，と（Paules, 1996: 267-8）。

33) 遅刻の蔓延には「小売業の不均質なペースは大量の自由時間を残した」（Benson, 1986: 245）という労働条件が影響していたと推測される。

34) たとえばマーシャル・フィールドでは管理者は従業員規則をつくったが，「規則を掲示するにしても，それらが従業員みずから課したもので，強制されたものではないという体裁をとる」ように配慮されたという（エイベルソン，1992: 148）。

35) 顧客の万引き行為を防止するために売場では鏡が使用されたが，鏡を天井につければ店員の監視にも役立った（エイベルソン，1992: 122-123）。

36) だからヴェブレンやジンメルが喝破したように，消費は当時すでに社会的地位とランクの象徴となっていたのである（Gabriel and Lang, 1995: 51-52, 74をみよ）。

37) ヴァン・マーネンはディズニーランドの乗物作業員が，作業を妨げる顧客に仕返しする仕方をのべる。たとえば，乗客の身体を折り曲げさせあえがせておく「シートベルト・スクィーズ」，ビニールベルトで顧客の顔面に一撃をくわえる「シートベルト・スラップ」，厄介なペアを別々にさせて見知らぬ乗客といっしょにさせる「ブレークアップ・ザ・パーティ」，潜水艦が滝の下を通過するときに顧客をびしょぬれにする「ハッチカバー・プロイ」などである（Van Maanen, 1991: 72-73）。

38) エイベルソンもいう。「販売員はふたつの世界にまたがっていたのである。販売員は自己満足と派手な物質主義にひたりきった環境で働きながら，節約と自制を重んじる労働倫理に従うように強制されていた」，と（エイベルソン，1992: 131）。

39) アメリカでは1870年には女性賃労働者の半数（全労働力人口の12分の1の100万人）が家庭内召使いだったが，20世紀初めの数十年間に若い白人女性が召使いとなるのを嫌ったので，黒人既婚女性がこれに代わった（Cowan, 1983: 120）。召使いが嫌われた理由は，①主婦自身がやりたくない骨折り仕

事であり（家族が立ち入らない場所を占め，呼べばすぐ行かなければならず，家族が就寝中に働き，休日がないなど），②品を落とす労働だった（浮気な女とみられ，別の職業の女性や家族から低くみられる職業で，お仕着せを着て主人からファーストネームで呼ばれることに我慢するなど），からである。このため「暗い悪魔の台所」は「悪魔の工場」すなわち組立てラインよりも嫌われた（ibid.: 123-127）。

40) Gottfried and Fasenfest(1984: 99-100)は，ジェンダー関係が女性労働者の抵抗を形成する仕方を論じるなかで，女性労働文化にもとづくインフォーマル組織を組合化にいたる過渡的抵抗組織と位置づけて，ベンソンが組合化にいたる条件を考察していない点を批判する。しかしベンソンはセールスウーマンが消費文化のにない手であったことから負わされた限界を提示したのであり，この評価はやや酷であろう。

第Ⅱ部　感情労働

第4章　感情労働と労働過程の統制

序

　現代の先進国経済ではサービスセクターが興隆しつつあり，雇用も増加傾向をしめしている。サービスセクターの職務のなかで，とくに企業に雇用されて対人的サービス提供をおこなう接客労働は，生産企業の労働にはみられない独自の特徴をもつ。

　接客業務における労働者の生産物は，モノではなく対人的なサービス提供である。そこでこの労働過程には，生産労働における管理者と労働者のほかに，顧客といういま1人の当事者の参加が不可欠となる。また生産物が対人的なサービス提供であるために，雇用労働者による顧客の感情のあつかいという，見逃すことのできない重要な要素がつけくわわる。たとえば，不潔で見苦しい外見をもつウェイターのいるレストランは顧客を集めることはできないし，無愛想で無礼な客あしらいがつねに顧客の感情を害する銀行は預金を集められない。こうしてウェイターや銀行員には，顧客の感情を考慮しつつ労働過程を遂行することが求められる。だが顧客の感情を考慮することは，労働者が顧客の感情に合わせて自分の感情を制御し，管理することを必要とする。したがって接客職務では，この意味での精神労働が要求されもする。

　この事情のために，接客企業の労働統制方法も独特の性質をもってくる。企業は，顧客の感情を念頭において，顧客をあつかう労働者の感情管理の仕方に統制をくわえる必要が生ずる。企業による接客業務の組織化が進むと，顧客へのサービス提供はテイラー化された工場と同じく，大量化され，規格化されたものとなってくるが，これに応じて対人サービス労働を提供する労働者にたいする労務管理も，顧客に応対する労働者の，ますます組織的で規格化された感情の管理と設計をめざすものとなってくる。

組織が接客労働者の感情管理をめざす試みを自覚的に追求した先駆的業績として，アメリカの社会学者であるアーリー・ラッセル・ホックシールドの仕事がある[1]。彼女は，生産労働職務の激減と接客サービス職務の突出という現代経済の特徴を念頭におきつつ，おもに航空会社の客室乗務員の事例研究をおこない，感情労働の概念を中心に，企業による労働者の感情統制がいかなるかたちでおこなわれ，いかなる帰結をもたらし，現代社会における労働者の精神の蚕食がどこまで進むのか，を問題にした。この仕事以後ホックシールドは，有給労働と家事労働の両方の負担によってアメリカ女性がこうむっている重圧の研究に向かう（ホックシールド，1990; Hochschild, 1997）[2]。この方面の彼女の仕事は邦訳もありわが国でも比較的知られているといえようが，感情労働を軸にした彼女の仕事はそれほど知られていない。

　感情労働とその管理を論じた彼女の仕事は，企業の労務管理のメカニズムそれ自体に焦点をあてたものではない。ましてブレイヴァマンに端を発するマルクス派の労働過程研究の伝統に属するものではない[3]。それは現代社会における歪められた自己からの真実の自己の探求という社会学的テーマに強調をおくものであり，「感情の社会学」という領域に新たな局面を開拓したものとして知られている[4]。しかし彼女が提起した問題は，サービスセクター（接客職務）における労働者統制メカニズムの追求という点からも，労働過程研究にとって無視できない重要性をもっており，マルクス派の労働過程論の文脈のなかにこれを組み込むことは，労働過程論の展開にとって有意義な結果をもたらす可能性がある[5]。事実，感情労働の概念は，すでに欧米の労働過程研究とくにサービスセクターにおける労働過程研究では不可欠のものとなっているのである。

　本章の目的は，ホックシールドの先駆的著作である *The Managed Heart*（Hochschild, 1983a; ホックシールド，2000）[6] を中心に，感情労働にかんする彼女の所説を紹介・検討し，感情管理技能をタシット・スキルと試論的に位置づけて，接客労働における労働統制の特質を理解するための準備作業をおこなうことである。

第4章　感情労働と労働過程の統制

第1節　感情のシステム

　ホックシールドの根本的な問題関心は，社会生活に不可欠の役割をはたす人間感情とその管理過程が企業に利用されるとき，感情の作用にどのような変容ないし歪みが生ずるかをあきらかにしようとするところにある。この問題関心のもとに，彼女はまず「私的生活」で感情がいかに機能するかを考察し，次に「公的生活」で感情管理過程が企業によっていかに利用されるかを考察する。すなわち「私的生活」のどのような局面で感情がどのように機能するかを検討して，感情とはなにか，感情規則，感情労働，感情の交換といった社会心理学的カテゴリーを考察する。ついで感情労働が企業に売られることによって「公的生活」で感情の機能がいかに変容をこうむるかを検討する。中心目的は「公的生活」の検討にあるが，その前提として「私的生活」における感情の機能の理解が必要になる[7]。

　議論は3つの資料に依拠する。第1は感情の私的側面を調べるために，1974年にカリフォルニア大学バークレイ校で261人の学生におこなったアンケート調査である[8]。第2と第3は感情の公的側面をあきらかにするために，デルタ航空会社でおこなった客室乗務員 flight attendant と集金人 bill collector という2つの職務の事例研究である[9]。両職務はともに顧客の応接において労働者に感情管理を強く要求するが，両職務では労働者の感情の働かせ方が対照的である。これが「公的生活」における感情の機能の有益な考察を引き出すのを可能にする。

1．感情と感情規則

　[1] ホックシールドはまず，感情[10]とはなにかを問題にする。これには従来から2つの理論があった。感情の有機体理論 organismic theory と相互作用理論 interactional theory である。前者はチャールズ・ダーウィン，ウィリアム・ジェイムズ，初期のフロイトが唱えたもので，寒い天気が寒さをもたらすように外部の刺激が感情をもたらすとみる。感情に影響をおよぼす社会的要因が考慮されるとしても，感情が刺激される限りのことであ

る。しかしこのとらえ方では，われわれが感情を変化させうるという事実を説明できない[11]。そこで感情の相互作用理論が登場する。この理論はガースとミルズ，ゴフマン，後期フロイトが唱えたもので，感情を文化に影響される社会的，可塑的なものと理解する。ホックシールドは，感情を社会的なものとみなす点でこの理論に賛成するが[12]，しかし感情はこの理論が考えるよりも実体的なものだと主張する（Hochschild, 1979: 554; 1983a: 27-28）[13]。

　ホックシールドの積極論は以下のようになる。彼女は「不安 anxiety は信号機能をもつ」というフロイトの命題をあらゆる感情に拡大して，感情を，見ることや聞くことと同じく世界を知る1つの方法であると定義する。たとえば他人の激怒を怖れたり，他人の侮辱が自尊心を傷つけるとき，内部から自己の危険が合図され，この内的信号によってわれわれは自己と外部世界との関連を理解する。このようにあらゆる感情は，状況を見るさいの内部の無意識の見方を合図するという信号機能をもつ。もちろん感情が認知をゆがめ，不合理で誤った行動に走らせることもあるが，まったく感情をもたない人は恣意性の感覚しか経験しないので，自己と世界との関連について不合理な見方しかできない。この意味で感情は合理的な見方にいたる経路をなし，現実と自己との関連を語る感覚なのである。さらに感情は観察者の位置をしめす。愛，怒り，うらやみなどは，「私」の観点からの状況にたいする感覚なのである（Hochschild, 1983a: x, 29-30, 85）。

　感情は，自己の隠れた希望や怖れや期待を合図しもする。テニス選手がミスショットをしたときの怒りの感情はテニス試合にたいする選手の真剣さの信号であり，友人との破約に罪悪感を感じない感情は，友情にたいする真剣さの欠如の信号である。しかし感情の信号機能には2つのやっかいな問題がある。それは，われわれが感じないものを感ずると装ったり（表層演技），自分の感情を欺くことができる（深層演技）という問題である（Hochschild, 1983a: x, 31-34）。

　[2]　次にホックシールドは，感情規則，感情労働，感情交換の3要素から構成される「感情のシステム」（Hochschild, 1983a: ix-x）を定義する。

第 4 章　感情労働と労働過程の統制

　感情にたいする「台本や道徳的態度」が「感情規則 feeling rules」である。それは感情の型，強さ，持続期間，タイミング，場所にかんする社会のガイドラインを構成する（Hochschild, 1983a: 56, 85）。つまり感情規則とは，人びとの感じ方を支配する社会的，文化的な規則や規範を意味する。それぞれの文化は，出来事にふさわしい感情の「辞書」をもっている。社会とともに変化する感情規則に指針をあたえるのは社会的権威者であるが，感情規則はいろいろの仕方で個人に知覚されて諸個人間の感情の交換を支配し，これを枠づける。感情規則は，まず私的ひとりごと（独白）として経験されるが，他人から知らされることもある。たとえば「君は自分自身を恥じるべきだ」といわれるばあいである。この観点からは，たしなめること，叱ることなどは感情を訂正してしきたりへと調整する方法である（ibid.: 57-58, 62-63, 75; Hochschild, 1998: 6-7）。

　精神医学では，「不適合感情 inappropriate affect」の概念によって感情規則がしめされる。不適合感情とは，感情規則から逸脱した感情を意味する。たとえば葬儀では，人びとは一般に「ここが嘆きを感じるまさにその時でありその場所である，と感ずる」。しかしこの感情が誘発されないばあいがある。たとえば悲しいと感じないばあいや，死んだ人が生前引きおこした面倒や悪行を思い出して憤りを感じるばあい，などである。このとき社会的規範に適合するようにアンビバレンスが訂正されなければならない（Hochschild, 1983a: 59, 63-68)[14]。次項でみるように，この訂正のさいに要する努力が感情労働である。

［3］感情の交換 exchange は感情規則のなかでおこなわれる。感情の交換の２種類の基本形態がある。①内面的な礼をつくし，感情規則をもてあそばない，きちんとした交換と，②感情規則をもてあそび，皮肉とユーモアをつくりだす即興的交換である。感情交換のなかでは心理的な不払いや反支払いもおこる。たとえばパーティで自分に期待されている夢中をしめさず友人をシラケさせるなどは前者の例であり，心理的儀礼が支払われない。期待されているのと反対の感情をしめすなら，反支払いとなる。不適合感情は感情の

不払いや誤った支払いと解釈できる。このほか，夫婦間の感情交換のように相互性を維持するための感情交換[15]や，哀悼者が葬儀にふさわしい悲しみをそそる感情の「ギフト交換」もある（Hochschild, 1983a: 18, 77, 80-81, 83-84）。

感情労働，感情規則，感情交換という3要素は，以上のように「感情のシステム」を構成する。感情交換は感情規則にもとづいておこなわれるが，このとき感情管理と感情労働が要求される。立ち入ってみよう。

2．感情管理と感情労働

［1］人びとは，感情規則に適合するように感情を管理できる。感情管理のために要求されるのが感情労働である。感情労働とは，「他人のなかに適切な精神状態を‥‥生産する外面的表情を維持するために，感情を誘発したり抑制したりする」労働である（Hochschild, 1983a: 6-7）[16]。つまり，感情労働とは，感情の社会的準拠枠をなす感情規則に適合するように，人びとが感情管理をおこなう努力である。この意味で感情規則は「感情労働の指針となる」（ibid.: 56）[17]。

感情労働をおこなうさいにカギをなすのが演技である[18]。ホックシールドは，ロシアの演出家・俳優・理論家であったコンスタンチン・スタニスラフスキーの演劇理論に依拠して，表層演技と深層演技を区別する。

スタニスラフスキーによれば，人びとが日常生活でおこなう演技には2種類ある。1つは表層演技 surface acting であり，これは，とってつけた笑いや，肩をすくめるポーズなどの行為によって，外面的な見え方を変えようと試みる演技である（Hochschild, 1983a: 35）。俳優がただ感情をもつかのように演技するだけの表層演技は，音や目の感覚には訴えるが魂には訴えないので，感動させるというよりは喜ばせるための演技である（Stanislavski, 1965, cited in Hochschild, 1983a: 38）。

もう1つは深層演技 deep acting であり，この演技では，感情への作用の自然の結果として感情の表示 display がうまれる。深層演技にも，(1)直接に感情に働きかける方法と，(2)訓練された想像力を間接的に利用する方法とい

う，2つの方法がある。前者は，怒りを押えるとか，失望しないように努めるとかといった意志によるものだが，しかしこれらは感情の信号をさけたり，感情を引きおこすものから顔をそむけようとするにすぎない（Hochschild, 1983a: 35, 38-40）。後者こそ，真のメソッド・アクティング method acting をなす。この方法では，肉体や感情ばかりでなく，空想，および意識下のあるいは半意識の記憶，の世界全体が，貴重な源泉になる。たとえば，妻を失った男が悲しみを忘れようとしてメソッド・アクティングに頼るとすれば，彼は，前者におけるように妻を思い出させるものをさけるのではなく，まず，①「感情の記憶」を利用する。たとえば妻の無思慮や無慈悲さに自分が怒ったときのことを全部思い出す。次に，②「if」の想定を利用する。つまり，無思慮や無慈悲な姿が妻のほんとうの姿だとすれば，彼女をどう感ずるだろうか，と自問する。こうして深層演技をつうじて妻への愛から逃れようとする。プロの俳優はこの方法を芸術目的に利用する。彼は同じ感情の経験を積み，感情を呼びおこす「感情の記憶」を蓄積する。次に，この記憶が現在の現実とみえるように「as if」の仮定を用いる。つまり，おこったことがいま現実におこっているという幻想を可能にするために，大きな「if」をもっと確固とした具体的で小さな断片に分解する。すなわち，「もし私が恐ろしい嵐のなかにいるならば」という「if」を，「もし私のまゆが濡れ，またもし靴がずぶ濡れならば」というように，である。舞台が使われるのは観衆に影響をおよぼすためではなく，俳優のこの幻想を支えるためである（ibid.: 40-42）。

［2］深層演技の技術にもとづく感情労働によって，感情を変化させ，管理することができる。日常生活でも，感ずべきもの，感じたいもの，を感じようと試みるにさいし，深層演技の技術が用いられる。たとえば，愛する男に別れた女がいたことを知った女は，自分が傷つくのを怖れて深層演技をおこなう。「彼が自分のことしか考えないなら，彼は魅力的でない。もし彼が魅力的でないなら私は彼を愛さない」と考えて，愛におちいるのをさけるというように（Hochschild, 1983a: 43-44）[19]。

演劇では,俳優も観衆も俳優が感情的幻想をつくりだすことを知っている。しかし現実生活では,感情的幻想は明確に定義されるわけではない。それが明確に感情的幻想と定義されてしまえば「うそ」になる。感情がうそと定義されると,人びとは不安におちいる。感情が真実の自己を伝えるものではなくなるからだ。人びとが感情の真実を抑圧することはありうるが,人間は究極的には,現実を見定めようとする真実の自己に依拠せざるをえない。しかし同時に,日常生活は感情管理の必要上人びとに深層演技を要求しもする (Hochschild, 1983a: 46-47)。

ホックシールドは,真実の感情の探求という内発的要請と,社会生活から生ずる感情管理の要請との相克・対立を以上のようにとらえる。感情と演技との相違は「感情的不協和 emotive dissonance」(Hochschild, 1983a: 90) とも呼ばれるが,長期の不協和は緊張をうむ。演技のために感情を変化させることには,つまり感情労働による感情管理には,リスクとコストがともなう。感情は自己を知らせる信号機能をもつが,こうした自然的機能である感情を変化させるために感情労働をおこなうことは,必然的に,感情の信号機能をそこなう可能性がある (ibid.: 21, 30)。そして信号機能がそこなわれれば,自己と世界との真の関係が見失われる。感情労働が商品として販売され,企業が感情管理に統制をくわだてるとき,リスクとコストは顕在化する。

［3］感情労働の利用のほかに,ホックシールドは感情管理方法として,①舞台装置,②制度,③薬物,をあげる。企業は,労働者（と顧客）の感情統制のためにこれらも用いることができる。①舞台装置では,ホックシールドは人体の解剖実習と航空機内の雰囲気づくりの例をあげる。解剖実習では,死んだ人の人格と強く関連する死体の顔,生殖器,手はカバーをかけられ,解剖されない。さらに出血のない手ぎわよいプロの熟練,白衣の使用,非人格的な定型化された会話,といった感情管理のための適切な舞台装置が用意されるので,医学生は卒倒せずその場から逃げ出しもしない[20]。航空会社も感情管理の舞台装置をしつらえる。「ミューザク Muzak（バックグラウンド

ミュージックの商標——引用者）の選局，テレビと映画のスクリーン，飲み物をサービスしスマイルする客室乗務員，これらにはみな『家庭にいるように感じさせる』ことが計算されている」（Hochschild, 1983a: 49-51）。

②制度も，感情管理を可能にする。具体例としては，情緒障害児の収容施設における臨床医学生のグループ訓練がある。訓練では子供にたいする適切な見方や感じ方が教示される。制度を支える公式規則が感情を管理することもある。たとえば階層的制度では，うらやみと憎しみをさけるために底辺層にはトップ層の給与や特権が知らされない。会社，監獄，学校，教会などの「制度のなかでは，演技のいろいろの要素が個人から取り去られ，制度機構に置き換えられ」，制度が「われわれの感じる仕方を管理する」。また③薬物が使用されることもある。ホックシールドは，アメリカ電信電話会社でダーヴォン Darvon（鎮痛剤の商標），バリウム Valium（精神安定剤の商標），コカインなどが，職務の退屈やストレス解消のために保健部の看護師によって自由に処方箋もなく投与されていた事実に言及する（Hochschild, 1983a: 49, 52-54）。

［4］以上の感情管理方法について2点指摘しておきたい。第1は，演技は接客労働者の顧客への応対技術として重要だが，しかしそれにはもっと広い適用部面があると考えられることだ。たとえば企業内の労働者による企業への忠誠や献身の態度の表示，あるいは上司にたいする部下の服従態度で使われうる。これらでも労働者は表層演技と深層演技を区別するだろう。さらに企業目的や価値への労働者の服従で用いられる深層演技技術の具体的分析は，官僚制的統制のなかでの労働者の内面的心理にふみこむさいの有益なヒントとなりうる。労働者はどこまで深層演技によって企業に忠誠や服従をしめしうるか，そして深層演技がくずれて真の自己が現われるのはどんな局面か，という問題である。

第2に，労働者統制の観点からは，感情管理方法としての装置や舞台や制度の利用も重要である。2点あげておきたい。1つは，企業レベルの感情管理手段としての装置や舞台である。労働過程論ではベルトコンベアに代表さ

れる技術的生産装置が技術的統制の手段として強調されてきたが[21]，企業内の装置や舞台は従業員のなかに一定の感情をうみだす感情管理手段として使われうる。装置や舞台は，労働者の心理的統制の技術的手段となる。さらに接客サービス企業のばあいには，このような感情管理装置は雇用労働者の統制のためにばかりではなく，店内インテリアのように顧客の感情管理にも利用できる。もう1つは，マクロレベルの感情管理制度である。ホックシールドはこの種の制度として会社，監獄，学校，教会などをあげる。しかしここまでくれば，これらはたんなる感情管理の制度ではない。アルチュセール（1995: 37, 46）のいう「国家のイデオロギー装置」，イデオロギーの形成と再生産の装置としてとらえるべきであろう。

第2節 感情労働の統制

以上を念頭においたうえで，接客労働者が企業の設定する感情規則に従って感情労働を要求されるとき，どんな事態が引きおこされるかをみよう。

1．感情労働の販売

［1］ライト・ミルズは『ホワイト・カラー』（1982: 12, 166）のなかで「パーソナリティの販売」の事実を指摘した。ホワイト・カラーは，給料とひきかえに雇主にスマイルと親切そうな身ぶりを売るが，パーソナリティは企業の管理と訓練をつうじて規格化され標準化される傾向がある。たとえば販売員は「自分は販売の主役なのだと感じていても，実は彼の見せる品物も，値段も，すすめ方も，そして彼の自我さえも，会社から彼に与えられたものであり，それらはすべてテストされ標準化され」ており，彼らは「多数の消費者，顧客，管理者に対して自分の自我をも犠牲に供している」（同上: 164, 166）。

ホックシールドはミルズを批判して，労働者がたんにパーソナリティを売るためにこれをもつという規定では不十分であり，労働者に積極的な行使が要求される具体的技術こそ問題だという（Hochschild, 1983a: ix-x）[22]。「パーソナリティの販売」にかわって彼女があげた事実が「感情労働の販

売」，すなわち感情管理技術の販売だった。労働者の「感情労働」は賃金とひきかえに売られ，それゆえ交換価値をもつ（ibid.: 7, fn.）。

「感情労働の販売」という表現に，若干の批判的考察をくわえておく。第1は感情労働は単独で販売されるのではなく，それは接客労働者が雇用関係に入ったのちに発揮する1つの技能であること，第2はこの技能はタシット・スキルと規定できること，である。第1の点からみよう。

「感情労働」はホックシールドのいうように接客「労働」の一部をなすが，経済学的には「感情労働の販売」という表現は擬制であり比喩にすぎない。「感情労働」の販売者が現実には感情労働とともに肉体労働をも遂行し，したがって「感情労働」それ自体が単独で販売されるのではない点で「感情労働の販売」という表現は擬制である。だが公平さのために指摘しておくと，ホックシールドは『管理される心』以前には，売買される労働力の一側面として感情労働が販売されるとのべ，「感情労働」を技能 skill と規定してもいる[23]。感情労働を雇用関係に入る接客労働者の1つの技能とみる見方は正しい。だがこの見方をとるとしても，この技能はどのような性質をもつかという問題は残る。

ボルトンがいうように，感情労働をおこなう労働者は「熟練労働者としてまったく認められ」ず，この労働はむしろパーソナリティや性格的特徴や「ケアする自然の性質」として認知される。感情管理技能は「めったに承認されずわずかな報酬しか受けない『目にみえない』技能」なのである（Bolton, 2005: 155, 157）。このような感情労働は，スティーヴン・ウッドのいうタシット・スキル tacit skill に属すると考えられる。ウッドによると，タシット・スキルは，資格や技術というよりは，従業員の個人的特徴や態度のかたちで存在する，特定の作業状況で要求される，社会的または非技術的熟練である。タシット・スキルの獲得は職務中におこなわれる。タシット・スキルは3つの特徴をもつ。①ルーティン作業の習得には，無意識に定型化されたパターンを内面化する必要がある，②ルーティン作業のタシット・スキルはほとんど自覚されない，③タシット・スキルは集団性と関連している。それは協力・適応性・時間厳守・服従などの要素からなり，これらは作

業が労働過程全体とどうかかわるかを見抜く能力と関連している（Wood, 1987: 9-10）。

　タシット・スキルのこの定義は，感情労働が要求される多くの職務のばあい，労働者はそれを労働支出に含めて考えるのでその使用が自覚されないという点[24]と符合するし，多くの接客職務では感情労働の利用方法は職務につきながら習得されるという点とも一致する。のちにみる集金人のばあいには，あきらかにこれらがあてはまる。客室乗務員のばあいは，顧客の心理に「フライトの快適さ」をつくりだす感情管理の技術が，訓練プログラムなどをつうじて会社によって意識的に訓練される。このばあいには感情管理技術は，ウッドのいうタシット・スキルの範囲をこえてしまうとも考えられよう。しかし乗務員のばあいにも，のちにみるように，第1に感情労働の行使は生産作業における通常の熟練よりははるかに目立たず，またたとえばチーム労働をおこなうばあいの雰囲気づくりのように，管理者にも労働者にも自覚されない側面をもつ。第2に，客室乗務員の監督者も感情労働をおこなうとホックシールドは指摘するが，この感情労働も上の②③の点と一致する。これらの理由で，感情管理技能をタシット・スキルと位置づけてよいと思われる[25]。

　[2]「感情労働の販売」を，文字どおり単独の商品販売と考えることから生じる誤りの1例を，指摘しておく。ボルトンは，ホックシールドの感情労働論では，感情作業 emotional work が企業の統制に入ることによって感情労働 emotional labor に「変異」する（後述）結果，職務中の労働者は，主体性をもたず感情的な自律性も抵抗もしめさない労働者になり切ってしまう，と批判する（Bolton, 2005: 61-62）。ホックシールドでは「商業的」と同義の「公的」な生活に労働者が入れば感情の「変異」がかならず生じ，これが維持されるからだ。そこでボルトンとボイドはこのような感情労働論からの脱却をめざして，イギリスの3つの航空会社の客室乗務員の調査にもとづいて，労働者の職務中の感情管理を4つに類型化する（Bolton and Boyd, 2003; Bolton, 2005: ch.5-6）。第1の表現的 presentational 感情管理は，労働

者が適切な仕方で自己表現するために使われる。これは乗務員の退屈を救い，仲間に支援と友情を提供するユーモアやふざけで使われるが，これが労働者がほんとうの自分になる「管理されざる空間」をつくりだす。第2の慈善的 philanthropic 感情管理は，乗務員が同僚や顧客に配慮して感情のギフトをあたえる感情管理である（ホックシールドはギフトを私的領域だけに属させているけれども（Bolton, 2005: 105, n.1））。第3の規範的 prescriptive 感情管理は，たとえば安全やサービスの基準に配慮する専門職の立場からおこなわれる感情管理である[26]。第4の金銭的 pecuniary 感情管理は，もうかるサービスをうみだすべくスマイルしたり乗客のいうがままになる，召使いの役目を引き受けるための感情管理をさす。ボルトンは，ホックシールドに反対して，企業内部でも労働者はこれら4つの感情管理を遂行する，というのである。

表現的感情管理がホックシールドの（私的生活における）感情作業にあたり，金銭的感情管理が（企業内の）感情労働にあたる。ボルトンとボイドによれば企業統制に入るのは金銭的感情管理だけであり，表現的感情管理と慈善的感情管理，それに規範的感情管理は，「商業的に動機づけられていない，職場における感情規則」（Bolton and Boyd, 2003: 295）に従うのである。彼女らの説明では，規範的感情管理が企業統制に入るか入らないかという点にやや曖昧さが残るが，金銭的感情管理が企業統制に入ること，表現的感情管理と慈善的感情管理は企業統制に入らないと主張していることはあきらかである。そこですくなくとも表現的感情管理と慈善的感情管理は，企業の感情統制にたいして労働者の自律性を維持し抵抗するための感情的拠点となりうる，というのである。

このホックシールド批判は，労働過程論争において，資本の指揮下にある労働者を抵抗も反抗もしない自動人形であるかのごとく資本の意のままになるものと描いたとして，批判者たちがブレイヴァマン（と，さかのぼってはマルクス）に浴びせかけた批判を想起させる。ボルトンの批判ではホックシールドがブレイヴァマンの位置にある。ホックシールドの研究では「（生きた――引用者）客室乗務員はどこにいるのか」（Bolton and Boyd, 2003:

304)という批判もここから生じる。この批判で正当な点は，感情労働論では，①労働者の抵抗をも視野に収めること，②労働者はかならずしも深層演技に従事せず，演技を自覚していること（ibid.: 301），である。

しかし感情管理を4つに類型化し，「感情規則とこれにともなう動機づけの小さな部分だけ（つまり金銭的感情管理だけ——引用者）が『大企業の支配下』に入り，企業の利潤動機に支配される」のであるから，その他の類型の感情管理をおこなう労働者の個人的主体性は否定されない，という彼女らの主張は（Bolton and Boyd, 2003: 296; Bolton, 2005: 100-101），別の誤りにおちいる危険がある。たとえば慈善的感情管理をおこなうばあい，労働者はつねに「乗客に純粋に同情する」（Bolton and Boyd, 2003: 304）のだろうか。彼女らがあげる例では，機内で倒れた老人を助けたとき吐瀉物を浴びせられた乗務員は嫌悪の感情を偽装するためにハードに働き，友人として世話をするために敬意を提供したとされる（Bolton and Boyd, 2003: 299; Bolton, 2005: 142）。だが，このさい金銭的感情管理がまったく働かなかったとは考えにくい。

彼女らの感情管理の類型論の基礎には，感情労働（能力）が1つの商品として丸ごと販売される，しかも売られる感情労働（能力）は金銭的感情管理能力だけだ，という理解があるように思われる。このゆえに金銭的感情管理だけは企業統制に入るが，表現的感情管理と慈善的感情管理は企業統制から無傷で無垢のままにとどまり，労働者の感情的抵抗の拠点となるとされるのである。もしこのように理解されているとすれば，それは誤りであろう。他の感情管理（能力）と区別された金銭的感情管理（能力）だけが販売されると考えるのが誤りであるのと同じく，感情労働（能力）それ自体が単独で販売されると考えるのも誤りである。むしろ労働者の（感情労働も含む）活動全体が企業の統制下に入ると考えるべきである。むろんこのさい労働者が全面的に企業の自動人形になると考える必要はないが，企業統制下にあるという枠内で労働者の抵抗の精神的拠点を考えるべきであろう。感情労働を，労働者が職務中に発揮する技能の一部と考えなければならない理由はここにもある。

以下では感情労働をタシット・スキルとみなしつつ，ホックシールドの「感情労働の販売」を，タシット・スキル所持者による雇用契約締結の擬制表現と理解する。

　[3] ホックシールドに戻ろう。彼女はいう。組立てラインの労働者は現在労働者の6％以下を占めるにすぎない。現代産業で突出しているのは声による，あるいは対面的なサービス給付であり（Hochschild, 1983a: 8），これらの職務では感情労働がますます要求されている。「……われわれのほとんどは，他人の感情とわれわれ自身の感情とをいくらかあつかうことを要求する仕事をもっている」（ibid.: 11）。ホックシールドの見積もりでは，感情労働を要求する職務の労働者は男性がおこなう職務では4分の1にすぎないが，女性では全女性労働者の約半分が属し，アメリカ労働者全体では3分の1にのぼる。感情労働を要求する大部分の職務は，接客業務において中流階級の女性が遂行する。客室乗務員職務が感情労働研究の適切なモデルをなすのは，職務がスマイルにさいし感情の調整を要求し，乗客にたいする疲労と苛立ちの偽装を要求するからである（ibid.: 8, 11, 171）[27]。

　感情労働の商品化は，感情システムの変異 transmutation とも呼ばれる。それは，感情作業による私的な感情管理が，大企業の設計と統制のもとに入って転成ないし変成をこうむることを意味する[28]。すなわち変異とは，パーティを楽しもうとする感情的試みのような私的行為が，顧客のための感情生産のような公的行為に転成することを意味する（Hochschild, 1983a: 19）。

　念のためにのべておくと，どんな感情管理も自己と表情との不一致をともなう。ホックシールドはいう。感情管理それ自体は「洗練された生活にとって根本的な技術であり，広い関係ではコストはふつう根本的な利益にあたいする」と（Hochschild, 1983a: 21）。感情利用は演劇では立派な技術であり，私生活でも有益でありうるというのは，この意味においてである。しかしこの自己と表情との分離が損得計算の世界に入り，企業の感情規則のもとで変異がおこるとき，この分離は疎外的になる（ibid.: 37）。まず企業がどのような感情管理を要求するのかをみよう。

2．統制の諸相——客室乗務員の世界——

[1] 以下では，デルタ航空における客室乗務員を中心に感情統制の諸相をみてみたいが，ホックシールドの記述は整理されていない。リチャード・エドワーズは統制システムの3要素として，労働者にたいする(1)命令，(2)評価（と監督），(3)賞罰，をあげるが（Edwards, 1979: 18），これに従って彼女の記述を，統制の(1)命令と，(2)評価（と監督），の側面に分けて，やや整理したかたちで考察しよう。

(1)命令とは，雇主が労働者に作業タスクを命令するメカニズムや方法をさす。したがって感情統制のばあい，命令は，労働者は「企業が設定した感情規則に従って感情管理をおこなえ」，というかたちをとる。命令は以下の面にしめされた。

宣伝

会社によるサービスの宣伝は，それ自体労働者統制の手段となりうる。会社は宣伝で，フライトに遅れがでるばあいでも時間どおりのサービスを約束し，座席の半分しか乗客が乗っていない機内の写真でゆったりした空間を約束する。さらにスピードアップが職務満足を低下させているにもかかわらず，楽しそうな労働者のサービスを約束する。会社の約束は，労働者を強制して顧客の期待を実現させる。こうして「航空会社の宣伝が期待を高めるので，それは職務記述書を巧妙に書きなおし，役割を定義しなおす」（Hochschild, 1983a: 93; 1983b: 38）。宣伝による顧客の期待は，統制における命令の要素となる。これは生産労働者にはみられない接客労働者に特徴的な統制方法となる。

宣伝はスマイルも約束する。デルタのスマイルするかわいい女性の写真をのせた宣伝は「自分の仕事が好きな人びと」を強調し（Hochschild, 1983b: 38），PSA（Pacific South Airlines）の宣伝もスマイルを誇示する。「PSAでは，私たちのスマイルはたんにとりつくろったものではありません……。だからロスからサンフランシスコまでスマイルがついてまわります」（Hochschild, 1982: 14; 1983b: 38）。このためにスマイルしない乗務員は，宣

伝でそれに期待をもつ顧客に不審を抱かせ，顧客を怒らせたりする。

　ときにはスマイルは性的に色づけられる。「私たちはあなたがどんな願いもかなえられるように，ほんとうにどんなご奉仕もいたします」(コンチネンタル)とか「私を飛ばせて。お気に召すでしょう」(ナショナル)などの宣伝文句[29]は，乗客に地上からの解放感をあたえ，乗務員をゲイシャガールと考える幻想をうみ，宣伝を性的に色づける。こうした宣伝のために，女性乗務員は乗客の性的幻想に対応しなければならない。彼女らは，いちゃつきや誘いが「私の魅力とあなたのセクシーさのしるし」のように感じて行動しなければならず，屈辱的感情を抑圧しなければならない。宣伝は同じく顧客の期待をつうじて，ある会社の約束を別の会社の労働者が履行することを強制する。たとえばスピードアップが労働者の深層演技を不可能にしたとき，シンガポール国際航空はホステスの「シンガポールガール」のイメージを強調したが，デルタの乗務員は他の会社が発した乗務員の膨張したイメージを処理しなければならない。とくに経済的に劣勢な会社は，性的な売り込みを男性ビジネスマンに向けるが，最終的にはそれが航空会社一般の傾向となる。こうして，ある航空会社の宣伝が別の航空会社の労働者の仕事を定義しなおすのである (Hochschild, 1983a: 93-95)。

一般的規則とスマイルの強調

　デルタ航空の客室乗務員職務への応募者は面接前にパンフレットを読み，リクルーターから乗務員のあるべき態度を示唆される。一般的選抜基準は中流階級の外向的社交性，チームとともに働く能力，人びとへの関心，感受性，感情的スタミナだった。新人訓練の目的は，従業員が会社の要求を受け入れる準備をすることだった[30]。解雇の可能性を示唆され，訓練期間中の寄宿舎外の宿泊を禁じられ，転勤を示唆されることで，会社への依存感覚があたえられた。訓練センターの所長がマミー，その上司がダディとして紹介され，家族企業精神が印象づけられた。会社の規制は，アルコールの過度の飲用や薬物使用の禁止，体重規制などからなっていたが，ガードルや白い下着の着用義務，制服と同じブルーのアイシャドウの使用義務，バスト－ウェス

ト‐ヒップ‐腿の測定などの他の会社の規制はなく，デルタの要求はリーズナブルだった[31]。宗教的，政治的信念についての要求もなかった。しかし身体的外見と信念とのあいだに感情管理の中間地帯があった（Hochschild, 1983a: 95-101, 103-104）。

数百の規則を学び乗客のあつかいを指示されるなかで，被訓練者は会社の利潤がスマイルと結びついていることを強調された。「スマイルにほんとうに働きかけなさい」「あなたがたのスマイルはあなたがたの最大の資産です——それを使いなさい」と（Hochschild, 1983a: 104-105）。スマイルには感情の不平等が含まれている。乗客はスマイルしないことを選択できるが，乗務員はスマイルばかりでなく，それの背後に暖かさもつくりださなければならないからだ（ibid.: 19）。

アナロジー

感情管理の方法として，感情移入のためのアナロジーがよく使われた。たとえば訓練者は，アナロジーを使って嫌な乗客を見直すことで怒りを抑える仕方を教えた。すなわち，いつも注意を払ってもらおうとする乗客を「フライトの怖さの犠牲者」と考え，酔っ払いを「ただの子供のようなもの」と考えるのである（Hochschild, 1983a: 25）。

居間のアナロジーも使われた。機内を自分の家，乗客を「居間へのゲスト」と考えることである。ここではスタニスラフスキーの記憶による感情管理の方法が利用された。「あの座席に座っている人のなかに，あなたの妹の目をみるのよ」というように。家のアナロジーは，労働者を会社に参加させ，会社を家族と同様に保護させる。乗客も家にいるのと同じくあざけりから保護される。乗務員は，寝台とまちがえて頭上の収納ラックに登ろうとする乗客を笑ってはならず，乗客に不快感をあたえてはならない。さらにこのアナロジーは，家は安全で墜落しないという，リラックスしたくつろぎの感覚をあたえる。家庭の雰囲気にはなじまない離陸前の安全装備のチェックや，緊急避難のさい助けを求めるべき乗客の選り抜きは，乗客からさえぎられる（Hochschild, 1983a: 105-107）。

しかし居間のアナロジーは，①「販売を考える」という訓辞によって，また②感情の不平等によって，そこなわれた。訓練者はいう。「数百ドルが，おそらく数千ドルがあなたがたの礼儀にかかっているのです。(乗客と──引用者) 口論をしてはいけません。……乗客はいつも正しいとは限りませんが，けっしてまちがってはいないのです」。女・子供・初老，の乗客よりも百万マイル乗る乗客に礼儀が払われた。「販売を考える」という訓辞は，労働者が自分を，乗客に感情労働を売る自営業者とみなすことを要求しもする。しかし乗務員は自営業者ではなく，固定した賃金で働くことで「会社を売っている」のである。また居間のアナロジーは，感情の不平等によってもそこなわれた。乗務員は乗客を友人とみなすことを要求されたが，友人関係の相互性は排除された。乗客は乗務員にたいする感情移入や返礼の必要がなく，チケットといっしょに怒りを抑制しない権利を買っている。結局，非個人的関係を個人的関係とみなし，金銭的関係を非金銭的関係とみなす無理がアナロジーをそこなう (Hochschild, 1983a: 19, 85-86, 106, 108-110)。

フライトが混んで飛行機が遅れるときなどは，状況が荒れて乗客はアイレイト irate (本来は形容詞だが職場経験から名詞に転ぜられた言葉で，「怒った人」を意味する) になる。訓練では，新人はアイレイトを子供とみなすように指示された。さらに子供のアナロジーは兄弟間の対立にまで拡大され，兄弟なのだから1人の乗客だけ特別あつかいしないように注意された。大人としての客室乗務員は，子供への怒りを抑えるように感情労働をおこなう。もし子供のアナロジーによって深層演技を誘発できないならば，表層演技の戦略がとられ，乗客の名前が使われる[32]。「はいジョーンズさん，フライトはたしかに遅れております」というように。これは乗客に，自分が匿名ではないこと，いくらかの感情管理が配慮されていることを想起させる[33]。感情移入の表現も利用される。「あなたのカバンがない？ あなたがどう感じておられるかわかりますわ，接続の遅れ？ あなたがほんとうにどのように感じておられるかわかりますわ」。これは，乗客が乗務員を非難したことが誤りだと悟らせるのに効果がある。さらに，深層演技において居間のアナロジーを生き生きと保つ方法として，会社の言語で話すという方法があった。「嫌

なあるいはけしからぬ乗客についてはけっして語らず，制御できない乗客について語る」方法である。こうして言語的に，乗客はまちがったことをお̇こ̇な̇うのではないので，けっして非難しえず，怒りの対象にできない。会社の言語は恐怖の最小化にも向けられる。パイロットの操縦によって飛行機が危険な状態におちいったときも，乗務員はこれを「事故 accident」ではなく「出来事 incident」と呼ぶことで乗客の神経をなだめる。乗務員が使う言葉は，居間にふさわしくない感情を回避する（Hochschild, 1983a: 110-112）[34]。

怒りの除去

　初級訓練で焦点があてられたのは乗客の感情・スマイル・居間のアナロジーだったが，リカレント訓練では，乗務員の怒りの除去だった（Hochschild, 1983a: 113）。アイレイトへの怒りをいかにやわらげるか。インストラクターはいった。「私は彼らの生活でトラウマのようなことがおこったと考えるようにします。かつて私に不満をもち，ののしり，名前を聞いて会社にいいつけると脅したアイレイトを経験しました。のちに私は，彼の息子が死んだばかりだということを知りました。いまではアイレイトに会うとその人のことを考えます」。この予防戦術にもかかわらず怒りが爆発するなら，深呼吸，自分自身に話しかけること，アイレイトといっしょに家に帰る必要はないと考えることなどが，感情管理の方法として提示された（ibid.: 25）。

　また個人を役割から引き離すロール・ディスタンス[35]によって，怒りを抑えることも示唆された。「（乗客が——引用者）がみがみいっているのはあなたがたにたいしてではない，ということをよく覚えておきなさい。それはあなたがたの制服にたいしてであり，デルタの客室乗務員としてのあなたがたの役割にたいしてなのです。それを個人的に受けとってはなりません」（Hochschild, 1983a: 110）。さらにインストラクターは，怒りの除去は乗客のためでもデルタのためでもなく，乗務員自身のために必要なのだといった。推奨されたのは，他人が考え，感ずることに焦点をあてることだった。これに失敗するならば「私は逃げ出すことができる」という考えに頼ることが勧められた。「あなたがたは自分自身にいうことができます。逃げ出す30

分前だ，いま29分前だ，いま28分前だ」と。そしてどんな手段によっても怒りを追い散らせないとき，インストラクターと労働者はこう助言を交換しあった。「氷をかむ，怒りをまさにかみ砕いてしまう」「トイレに何度も飛び込む」，「コーヒーのなかにEx-Lax（下剤——引用者）を入れるといったひどいことを考える」と。だがこれらの助言は，怒りを表わす者は公式に解雇されるという警告をともなっていた（ibid.: 113）。

　ここで重要なことは，インストラクターは怒りの原因は問題にせず，怒りを回避する仕方にだけ焦点をあてたことである。検討された問題は「自分自身からどのようにして怒りを取り除くか」だけだった。さらに，労働者へのどれほどの「侮辱」がどれほどの怒りを正当化するかという問題について，会社と労働者とでは理解がちがっていた。だが訓練ではこのちがいが曖昧にされ，「それはたいしたことではない」という会社寄りの見方が採られた。怒りをそらすための技術は教えられたが，だれが怒りから保護されるのかという問題は曖昧なままだった（Hochschild, 1983a: 25, 29, 113）。

　[2]⑵評価（と監督）の側面に移ろう。これは，作業タスクを適切に実行しない労働者を確認するために，雇主が監督し評価する手続きをさす。デルタではこれは独特の形態を含んでいた。

チーム連帯の奨励
　居間のアナロジーがくずれたとき，会社は乗務員の相互交流の領域に着目する。会社が乗務員相互の感情処理の仕方に影響をおよぼせるなら，感情管理を保証できる。乗務員はふつうは2人1組のチームで働き，別のチームに親密に働きかける。仕事は「感情的トーン」を必要とするので協力が必要だが，適切なトーンは，食事や飲み物の提供や片づけのさいの友好的会話，からかい，ジョークによって維持される。飛行機に向かうバスへの乗車からひやかしをいうことで，乗務員たちは重要な関係的労働をおこなう。すなわち雰囲気をチェックし，リラックスさせ，各ペアがチームとなるような絆を暖める。雰囲気から苦痛の感情を取り除くために，死・離婚・政治・宗教など

の真剣な会話はさけられる。会話は相互の元気づけのためにおこなわれる。これは，①士気とサービスを改善する，②乗客や会社にたいする恨みを分かち合う，という効果をもつ。だが②は，労働者の怒りを増幅させ，共鳴者をつくってしまう。だから会社のメッセージは，あなたの怒りを静めてくれるもう1人のチームメイトのところに行きなさい，となる (Hochschild, 1983a: 114-116)。

乗客による労働者統制

　客室乗務員にはもちろん，乗務員付きのシニア乗務員，基地監督者，ときおりフライトにゴースト・ライドしてくる平服の監督者といった，公式の権限ラインがある[36]。だが乗務員の監督は，直接的にというよりは，乗客をとおして間接的におこなわれる。まず乗客の手紙がある。乗客からのどんな手紙も（コーヒーの温度・ポテトの大きさ・乗務員の外見，について不平をいう「オニオン」の手紙も，よいサービスをほめる「ランの花」の手紙も），職員ファイルにもちこまれる。これらの手紙は2,000人の乗務員を監督する29人の基地監督者によって賞罰に転じられる。ユナイテッドでは，この非公式の回路のほかに会社による乗客の意見調査という公式の回路がある。乗客は質問票に書き込むよう求められ，その結果は手紙で1年に2度労働者に提示される。乗客は乗務員のランクづけを求められる。質問項目は「よくもてなされているという感じを受けた」「必要以上に私に話しかけた」「乗客に話すときは誠実そうにみえた」「リラックスした機内の雰囲気をつくるのを助けてくれた」「自分たちの仕事を楽しんでいた」などである（Hochschild, 1983a: 116-117; 1983b: 38）。

直接的監督と監督者による感情労働の利用

　乗務員の監督者はほとんどが女性で，他の職場に移動せず，組合化されていないが，彼女らは部下からそれほど恐れられていないし，うらやましがられてもいない。彼女らは，乗務員の感情労働の提供を監視する。また乗務員たちに意見をのべさせて，職務中に部下が抑制している欲求不満をも処理す

る。客室乗務員にとってのオフ・ステージは監督者にとってはオン・ステージであって，乗務員たちの欲求不満と怒りを管理することは，それ自体，管理者にとって感情労働を必要とする（Hochschild, 1983a: 118）。

［3］以上で興味深いのは，第1に，接客職務における労働者統制のいくつかの特徴が先駆的にしめされていることである。これまでの労働過程研究は圧倒的に製造業に集中してきたという事情もあって（Frank, 1987: 55），接客職務における統制の独自性はかならずしもあきらかにされてこなかった。(1)会社によるサービスの宣伝が，顧客にたいする宣伝どおりのサービス提供を労働者に強いること，(2)乗客の手紙や意見調査による労働者統制，(3)ゴースト・ライダーによる乗務員の監視などは，接客労働者にたいする一般的な統制方法として用いられている[37]。つまり，サービスセクターでは「管理者は，労働者統制のために顧客を利用する」（Burawoy, 1996: 298）[38]。労働者統制のために顧客の利用が可能になるのは，接客労働過程では，製造業などにおける管理者と労働者のほかに，かならず顧客が第3の当事者として労働遂行過程に関与するという事情による。顧客を利用した統制では，管理者による労働者統制が顧客をつうじて間接的におこなわれるのであり，ホックシールドは間接的統制方法こそ主要なものとみなしている。

しかし第2に，統制にとって重要なのは，労働者にたいする感情管理の要求である。(1)スマイルの強調，(2)機内と居間の，乗客と子供の，アナロジー，(3)乗客への感情移入，(4)ロール・ディスタンスや会社の言語の活用，(5)怒りの除去方法，(6)顧客や会社にたいする怒りを凝集させないようなチームメイトの活用，などは，顧客のなかに「くつろぎ」や「快適さ」をうみだすための，労働者の感情管理と感情労働を要求する。こうした企業の感情統制の方法を，客室乗務員の職務にそくして具体的にとりだした点にホックシールドの功績がある。これら感情統制の方法は，接客業務では多かれ少なかれ共通に用いられると思われる。

さらに第3に，直接監督者が，乗務員の感情労働の提供を監督し，職務中に乗務員に生ずるフラストレーションの処理にあたるために，監督者たち自

身が感情労働の支出を必要とするとされている点も，ホックシールドは明確に意識しているとはいえないが，官僚制的統制における管理－被管理の連鎖[39]を考えるとき，きわめて重要になる。官僚制的統制システムではこの種の感情労働が要求される。これはのちに検討しよう。

3．感情労働の諸相――集金人の世界――

［1］ホックシールドは，客室乗務員の仕事とともに，デルタ航空集金部の部長をはじめとする集金人の仕事を観察した（Hochschild, 1983a: 138-139）。集金人は，航空会社だけでなく多様な会社の集金をおこなう。彼女は乗務員とくらべるとかんたんにしか集金人の世界に立ち入っていないが，この観察は職務と感情労働との関連の考察を補足する。

集金人とは，代理店に雇用されて，債権者から取立依頼された貸金を債務者から取立てる従業員である。彼らと客室乗務員の仕事のちがいは大きいが[40]，もっとも顕著なちがいの1つは，職務が要求する感情労働の性質が客室乗務員とは正反対なことだ。集金人は，顧客（債務者）の支払いへの抵抗をくじくために感情労働を使う。怠惰で低い道徳しかもたないといって債務者の不払行為をなじる。集金人の会話は債務者のなじりで有名で，このため彼らは敵意をもたれる[41]。職務の脱人格化も必要になる。名札をつけることを要求された客室乗務員とは対照的に，ある集金人は本名を使うことがゆるされなかった（Hochschild, 1983a: 139）。

［2］集金人の仕事をしめそう。

身元の確認

最初の仕事は債務者の身元の確認だ。債務者は名前を教えたがらないので，集金人は，警戒のゆるむ早朝電話の最初の文句で債務者をだまして，名前を確認する。債務者はしくじりをすぐに悟るので，出会いは最初から気まずくなる。だから速い会話が有利である。すなわち，たがいに確認しあったらすぐに用件に入って，あす金をもってこいと本題に移り，それから1秒お

くというように（Hochschild, 1983a: 140）。

脅しの調整

　次の仕事は，債務者への脅しを調整することだ。多くの集金人は，他人の取立ての観察からこのやり方を学ぶ。ある集金人の雇主は，速く集金するためにきつい脅しを好んだが，集金人は一般に「ソフトな集金」を好んだ。彼らは，時間をかけて本題に入ることで債務者の疑わしい点を有利に解釈してやったり，期間や金額は交渉可能だという暗示をあたえ，この見返りとして債務者の服従を引きだす。この段階では集金人は共同的な「私たち」で話す。「私たちがこれをどのように清算できるか考えてみましょう」というように。ときには第3者的立場に立つふりもする。「みてください。私たちがいま解決できることを考えてみましょう。さもないと，やつらは1週間以内にまたあなたに手紙を書きますよ」（Hochschild, 1983a: 141）。

　だが2回か3回の電話督促のあと金が支払われなければ，集金人は荒っぽくなる[42]。債務者の「支払わないための口実」はいまや「うそ」になる。ある代理店のボスは攻撃的で，「あれより激しくなれないか」とか「警告しろ！」とか従業員にいいながら，適度の侮辱行為をふるいおこさなければ「男じゃない」，とハッパをかける[43]。この圧力のもとにある集金人からせき立てられると，債務者もときおり暴力の脅しに訴える。このとき集金人は，こけ脅しとほんとうの脅しを区別しなければならない。集金人の攻撃の程度は，代理店によって異なる。評判のよい代理店は，債務者が「片づける」のを助けることを重視し，乱暴な集金人を「攻撃的すぎる」というが，ホックシールドの調査した代理店は，あからさまな攻撃で金をもぎとる方針だった。集金人はいう，「これらの集金人の多くは，人びとに何かをぶちまけるようにただどなるだけです。彼らの多くは，自分たちが大物であるかのように感じるようになるんです」と。別の集金人は，州の民法が債務者をののしるのを禁じていることに，苦々しく不平をのべた（Hochschild, 1983a: 143-146）。

疑惑の感情

　集金人も感情規則を遵守する。集金人は，債務者がほんとうのことをいっているかどうかの手がかりに注意する。ある集金人は，時間をかけて会社に手紙を書くような債務者は信用するが，集金人と接触する段になって買った商品に文句をいうとか，郵便為替のレシートをなくしたという債務者は信用しない，という。債務者が債務を認めることはほんとうのことを話している証拠になる。このとき集金人は債務者に支払猶予期間をあたえることがある。集金人が債権者を疑うこともある。客室乗務員とちがって集金人は債権者や自分の会社の言い分を信じるように求められず，それを信じる義務もない。ある集金人は，会社とシニカルに距離をおきながら，会社のために働いていた（Hochschild, 1983a: 141-143）。

アナロジー

　客室乗務員は感情労働を行使するためにゲストや子供のアナロジーを使ったが，集金人は感情移入や同情は禁物なので，これらを切り捨てるために「怠け者」や「ずるい奴」のアナロジーを使った。集金人は，債務者が貧しく正直であってもこのアナロジーを使わなければならない。集金人が債務者を，うそつき，ずるい奴，あるいは「生活保護のぐうたら」と非難すると，債務者は狼狽し，自分の威厳を主張することもある。しかし集金人は，債務者の社会的地位を無視し，感情移入を差し控えることで債務者の主張も無視する。集金人の感情表示は感情労働にもとづくが，この感情労働は，債務者はあたかも「盗品のまっただ中でのらくらしている怠惰な詐欺師」だというアナロジーによって支えられる（Hochschild, 1983a: 143-145, 147）[44]。

　[3] ホックシールドは，集金人と客室乗務員の職務を比較する。2つの職務はともに，顧客のなかに一定の精神状態をつくりだすために感情労働を必要とする。どちらの職務でも労働者は感情のねじ曲げを必要とし，監督者はこのねじ曲げを強要し監督する。しかし2つの職務では要求される感情労働が対極的な性質をもつ。客室乗務員はスマイルと柔らかな声を使う共感・信

第4章　感情労働と労働過程の統制

頼・善意の感情を求められるが，集金人はしかめ面と高い命令の声を使う不信や悪意の感情を求められる。客室乗務員は乗客の地位を高め，乗客の好意と信頼を誘発する。暖かさが生産され，無愛想と無関心は問題となる。だが集金ゲームでは，相手の自尊心を傷つけても金が引き出されなければならず，ゲームのあとの舞台では真正の疑惑がふさわしくなり，暖かさと友好性は問題となる。スピードアップはいずれの職務でも顧客を個人的にあつかうのを困難にする。集金人の職務ではこれは，債務者の協力と引き換えにあたえることのできる時間的猶予を奪う(Hochschild, 1983a: 137-138, 146-147)。

　以上のホックシールドによる集金人と客室乗務員の感情労働の比較は興味深い指摘を含むが，集金人の調査にはあまり時間とエネルギーが割かれなかったために，不十分さを残している。労働者統制の観点からはとくに，(1)集金人は雇主（管理者）から借金の取立て方法を指図されたとされるが，感情規則を設定したのは雇主か集金人自身か，(2)雇主が集金人の感情労働の行使を監督する方法は（ハッパをかけるといった）人格的統制によるだけなのか，(3)感情規則に従った感情労働の遂行から集金人はいかなる影響をこうむったか，が不明である。

　[4]ホックシールドの調査を補うものとして，ロバート・サットンの調査(Sutton, 1991)を紹介しておきたい。サットンは，組織が構成員に感情規範を守らせる手段を調べるために，クレジットカード未払金を取立てるアメリカの集金組織を参与観察にもとづいて調査した。350人の従業員のうち約200人が集金人で，彼らは親会社の発行したクレジットカードの6分の1から3分の1をなす30日以上の支払遅延にたいし，支払を督促した。集金人は約20万人の債務者に，1月約80万回の電話督促をした。

　債務者は不履行の段階によって（もっとも軽度の35日～64日の不履行者からもっとも重度の155日～184日の不履行者までの）6段階に分けられ，軽度の不履行者を経験のない若い集金人が，重度の者を経験ある年配の集金人が担当した。電話会話ではホックシールドの記述と同じく，「集金人は電話目的を隠す親切で形式ばらないスタイルではじめた（たとえば『もしもし，ア

ンディいる？ジャネットだけど』)。債務者が電話に出れば自己紹介し(『もしもし，銀行のビルだけど』)，遅れている支払いについてたずね(『記録では，あなたの請求書は支払期限を過ぎてるんだけど』)，特定日までに特定額を支払う約束をせまった」(Sutton, 1991: 246)。

　ホックシールドの調査と異なったのは，サットンの集金人は敵意というよりはマイルドな否定的感情を債務者に表示するように指導され(Sutton, 1991: 250)，債務者ごとに異なる感情を表示すべき規範があった点だ。規範には一般的規範と状況的規範があった。一般的規範は「緊急さ」の規範で，「激しさ」や「断固たる態度」をもって債務者に返済の緊急さを伝えることであり，不快な情報(クレジットカード喪失や家屋のような資産喪失の可能性)で警告をあたえた(ibid.: 252-253)。状況的規範は，①極度に不安がる債務者には暖かさを，②無関心な債務者には苛立ちや怒りを，③友好的な債務者には苛立ちや怒りを，④気の毒な債務者には苛立ちや怒りを，⑤怒った債務者には冷静さを，表示するというものだった。集金人の内面的感情と組織の感情規範とが一致するばあい(①②)には，偽りない感情を表示できたので感情規範の維持は容易だった。だが一致しないばあい(③④⑤)があった。集金人は，③友好的な債務者と④気の毒な債務者には，中立的感情か同情を感じたが，規範は債務者に苛立ちと怒りを伝えることだった。⑤怒った債務者には苛立ちや怒りを感じたが，規範は中立さと冷静さを伝えることだった。この緊張が集金人にジレンマをうんだ。

　集金人は，管理者から，友好的債務者(③)には非人格的になって感情的引き離しをおこなうよううながされた。落ち込んで疲れて気の毒な債務者(④)には，債務者を非人格的に考えて，苛立ちを表示することが長期的には債務者自身のためになるといわれた。怒った債務者(⑤)に自制心を失って敵意をしめすのは禁じられていたので，怒りの感情をたとえば次のように処理した。「ぼくはいつも自分にいい聞かせる，『彼はぼくに怒ってるんじゃない。ひょっとすると彼は今日は悪い日だったんだ』と。あるいは『彼は集金人に次々に電話をかけられて我慢できなかっただけだ』と」。また電話を切ったあとに債務者をののしって怒りをそらしたり，ジョークと笑いで緊張

第4章　感情労働と労働過程の統制

を解放したり，怒鳴り返したくなるときは電話を切るように，うながされた。ただ支払い不能が判断でき，冷静さを表示するのはムダとわかったばあいに怒鳴り返すことを，管理者はゆるしていた（Sutton, 1991: 259-265）。

　ホックシールドの調査をサットンの集金人調査の結果で補えば，次のことがわかる。(1)ホックシールドでは不詳だったが，サットンの集金人には管理者が設定した明確で詳細な組織の感情規範があった。つまり集金人組織には，アドホックに雇主が命じるのではない明確な感情規則を設定しているものがあること。(2)ホックシールドでは，雇主が集金人の感情労働の行使を監督する方法は人格的統制（エドワーズのいう単純統制）しかないようにみえたが，サットンの集金人には技術的統制や官僚制的統制も感情労働の統制手段として利用されていた。すなわち，未払い期間に応じた債務者への１日の電話督促回数の基準があり，集金人は借金額，支払歴，カード保有期間などの情報を表示するコンピュータ画面をみながら債務者に電話で督促するが，管理者は集金人と債務者との会話を盗聴し，集金人の画面をみることができた（「スパイと密告 spy-and-tell」システム）（Sutton, 1991: 249, 256）。だから感情労働の行使には技術的統制も利用された。さらに組織の感情規範は従業員の選抜・社会化・賞罰によって維持された点で，官僚制的統制の要素も動員された。選抜では組織の規範と一致するような労働者が採用され，社会化では試用期間中に感情規範への服従を求められ，コーチされ，叱責を受ける。賞罰では昇給，昇進，現金賞与，称賛などの報奨や，非難，警告，降格，解雇などの制裁が使われた（ibid.: 254-256）。だがサットンの調査でも，(3)感情労働の強要が集金人にいかなる心理的，精神的および感情的影響をおよぼしたかという点は，明確でない。彼は，集金組織が一般に「表現される感情について採用される規範を，構成員に遵守させることに成功している」（ibid.: 266）と判断するが，しかし集金人が「感情的不協和」にいかに対応するかは，ホックシールドの客室乗務員ほどにはあきらかにされていない。

　［４］ホックシールドは集金人の考察ののちに，感情労働職務の３つの特徴

173

をまとめる。職務は、①公衆との対面的な、または声による接触をおこなう、②他人にある感情状態（感謝や恐怖）をつくりだす。対面的サービス労働の生産物は精神状態である。③雇主が訓練や監督をつうじて従業員の感情労働を統制する（Hochschild, 1983a: 147, 156)。このばあい第1に、①②では感情的負担と感情労働とを区別する必要があり、第2に、③では賃金労働者と自営業者を区別する必要がある。

　第1は、たとえば空中数フィートに「鉄を引っぱりあげる」鉄鋼労働者の恐怖を抑える労働と感情労働とは異なることである。下層肉体労働者の労働は顧客との接触がなく、パーソナリティや社交性が要求されないので感情労働は要求されない[45]。会社も労働者の感情管理に関心をもたない。大多数の感情労働者は中流階級に属するが、ボスほどは稼がないので、感情労働は要求はされるが目立たず、それを仕事にすぎないものとみなす。これに反し大会社のトップ経営者の政治的、宗教的、哲学的信念はもっと「職務に関連したもの」になっており、自己と仕事が密着している（Hochschild, 1983a: 153-155)。

　第2は、賃金労働者と自営業者との区別である。独立の精神科医や弁護士は感情労働を必要とする。しかし彼らは監督されず、自分で感情労働を監督する。彼らの職務は、3つの指標のうち2つを満たすにすぎない（Hochschild, 1983a: 153)。だがこれについては批判もある。たとえばウーターズは、自営業者も感情労働をおこなうのだから、感情労働者から排除するのは納得しがたいという（Wouters, 1989a: 100)。しかしホックシールドの意図はあきらかであって、彼女は、企業による賃金労働者の感情統制の企てこそが、感情のねじ曲げによる感情と自己との疎隔という問題を大規模にかつ組織的にうみだした元凶とみなし、これに焦点をあてるために自営業者を排除したのである。

第3節　感情統制の矛盾と特質

　企業による労働者の感情統制は、労働者に緊張を強いる。ふたたび客室乗務員の世界に戻ってこの局面をみよう。

1. 変異の成功と失敗

[1] 労働者の感情システムの変異が成功して, 高質のサービスが提供されるばあいにもコストはある, とホックシールドはいう。客室乗務員のばあい, コストは, (1)乗務員の作業手続きの標準化が, 感情規則を訓練プログラムやマニュアルとして公式化し, (2)この結果, 労働者の感情交換がせまい回路に追い込まれることによって, 感情労働が不熟練化されることである (Hochschild, 1983a: 118-119)。

彼女はいう。ブレイヴァマン（1978）は, 肉体および精神労働について労働の「精神」的要素が企業に奪われることで労働が不熟練化され, 職務の統制権が失われると主張した。これは感情労働にもあてはまる。たとえばデルタ航空の「標準的実践部門」には24人の「方法アナリスト」がいるが, 彼らの職務は, 接客業務の作業手続きをコード化する43のマニュアルを更新することである。彼らは, 1920年代にも30年代にも40年代にも存在しなかった。感情管理の「構想」は管理者の手に移され, 労働者は標準的手続きの「実行」に制限されるので, 深層演技の技能訓練は不熟練化に結果する。技能提供の時と方法は労働者の裁量にゆだねられるが, タスクの定義全体が以前よりも硬直化し, 労働者の選択範囲が大幅にせばめられる一方で, 職務範囲のなかにますます多くのサブタスクが明記される。「乗務員は雑誌を渡したか？」「何回？」, タスクはもっと明確に規定される。「雑誌はどのように手渡されたか？」「スマイルをもってか？」「心からのスマイルをもってか？」と。会社は, 乗務員はこれに不満をもったけれども, 乗務員の救助技能ではなく食事提供の役割を強調し, 乗務員を魅力あるウェイトレスと宣伝した (Hochschild, 1983a: 119-121)。

こうしてホックシールドは, 感情システムの変異が成功するばあいには, この成功がまさに感情管理の標準化・規格化を条件とするために, 感情労働の不熟練化が生ずると主張する。すなわち感情労働についても「構想と実行の分離」が生じ, 感情労働が「実行」機能に制限され, また「実行」機能が細分化されてマニュアルに規定されるようになる, とのべる。この理解は問題を残すが, 検討はのちに回して議論を追ってみよう。

［2］では，労働者の感情システムの変異が失敗するばあいはどうか。このときは感情労働の行使が不可能になる。1960年代にはフライトは混んでおらず，乗務員が乗客に話しかける時間があり，乗客はフライト経験があり富裕だった。だが70年代早くのリセッション以後，黄金時代は終わった。航空会社は長時間の大量輸送でコスト効率的なフライトを追求した。乗務員に多くの乗客があてがわれ，酒と食事のサービス時間が短縮され，地上時間（フライト前後の時間）も短縮された。また1978年以後の規制緩和による価格競争とともにチケット価格が低下し，大量の「ディスカウント・ピープル」が乗り込んできた。フライト経験の豊富なビジネスマンは，フライト経験のないディスカウント乗客とサービス低下について乗務員に不平をいう。次にはディスカウント乗客が乗務員に訴える。周遊船はグレイハウンドのバスになってしまった。だが会社は乗務員を増員しなかった。組合が高賃金を維持したので，会社は少数の乗務員をハードに働かせた（Hochschild, 1983a: 91, 122-124）。「それはあたかも，人間を運ぶコンベア・ベルトがもっと速く動きはじめたようなもの」だった（Hochschild, 1983b: 37）。

1980年代初めに超スピードアップがあった。航空会社が，低コストで労働組合のない会社や，低コストで飛行機を賃借りするだけの会社と競争しなければならなくなったからだった。そこでユナイテッドは「フレンドシップエキスプレス」便を開始した。低料金，最低のサービス，「かなりつまった」座席のこのフライトは，たった1年半のうちにユナイテッドの全フライトの23％を占めるようになった。乗務員が1日1,000人の乗客をあつかうことも珍しくない。地上時間が制限されて，機内掃除やフライト間の支給品取り替えの時間がなくなる。不平をいう乗客に無料のトランプやドリンクを配れない。さらにリセッションはカバン検査係，ゲート係，チケット係，管理者のレイオフを要求した。飛行距離は長くなり，ちょっとした事故と気分の乱れが多くなった。超スピードアップは個人的サービスを不可能にし，乗客と労働者はストレスでいっぱいの状況をみいだした（Hochschild, 1983a: 124-125）。

2．感情統制にたいする抵抗と帰結

［1］この状況に労使はどのように対応したか。労働者はスピードアップにスローダウンで抵抗した。だが彼女らの仕事は，舞台での演技によるサービス提供である。この特殊性のために，抵抗はコスチュームを変え，台本を短縮し，演技のスタイルを変えるというかたちをとった（Hochschild, 1983a: 126, 131）。

第1に，労働者は身体的外見の権利を要求した。職務にふさわしくない服装，特別の装身具，ニューパーマ，あかるいメイキャップで，仕事に出かけた[46]。第2に，表情やスマイルの（拒否の）権利を主張した。会社は労働者に，増大する乗客へのスマイルを要求するが，労働者は大げさにはスマイルせずスマイルをすぐにひっこめ，目を輝かせないことで抵抗した。これはスマイル戦争だった[47]。この反抗は乗客からの抵抗に出会った。乗客はスマイルがないのをだまされたと感じたり，怒りと解釈した。スピードアップと乗務員の反抗との摩擦は感情労働の拒否に拡大した。労働者は深層演技を控え，表層演技に後退した。彼女らは「ロボットになる」といわれたが，自分たちは「ロボットではない」といった。これが意味するのは「私は装うが，装っている事実を隠そうとはしない」ということである。乗務員組合は安全・救助の技術を強調し，個人的サービスには低い優先性しかあたえなかったが，会社は競争に勝つためにサービスを強調し，その規定を厳しくした。だが労働者は規定をいっそう拒否した（Hochschild, 1983a: 126-130）。

怠業にたいする会社の対応は，①新人の最低年齢と教育条件の引き下げによる安価な労働の調達，②多くのアジア系アメリカ女性の補充だった。会社は②を，アジア系女性の「言語的熟練のため」という理由で正当化しようとしたが，労働組合は，②のねらいが既雇用労働者を押しのけ，会社のいいなりになる日本人女性で満たすことだと主張した（Hochschild, 1983a: 125, 130-131）。

［2］スピードアップが労働者にあたえた一般的影響はストレスだった。このため1978年以降，ドラッグとアルコール，無断欠勤，不平が蔓延した。ス

トレスの原因には長いシフト，肉体的リズムの乱れ，オゾンの影響などもあったが，一般的原因は感情管理の問題だった（Hochschild, 1983a: 131）。ここでホックシールドは，企業による感情統制が引きおこす矛盾として注目すべき議論を展開する。

彼女は，感情労働者は3つの困難な問題に直面し，それぞれに対処するにはリスクとコストがともなう，という（Hochschild, 1983a: 187）。第1は，自分が職務役割や会社と融合してしまわずに，いかにしてそれらとの一体感をもてるかという問題である。これはとくに，アイデンティティの形成が弱い，経験のない労働者にとって重要となる。問題解決には，状況を「脱人格化する」能力が必要である。脱人格化できない労働者は，たとえば機内の混雑状況についての乗客の不平を自分の欠陥のせいにする。逆に乗客がフライトを喜んでいるとき，ほめ言葉を自分の性質の反映と受けとめる。職務を演技とみなさず，「ほんとうの」自己と「演技させられる」自己を分離しない労働者は，スピードアップの状況では，スマイルとこれを維持する感情労働とが自分のものなのか，それとも会社にあおられたものなのか，わからなくなる。彼女らは傷つけられ，怒りをかきたてられ，落ち込まされる（ibid.: 132-133）。このような労働者は「燃えつきる」可能性が高い。すなわち，世話をするのをやめ奉仕すべき人びとから離れて，なにも感じないという感情的な「死」にいたる。燃えつきた感情的なこごえの感覚は，短期的にはストレスを減少させて落ち込みからの出口をあたえるが，長期的には重大なコストをもつ。労働者は内面的信号の鈍さに慣れるが，感情への接近を失い，周囲の世界を解釈する手段を失うからである（ibid.: 187-188）。

第1の問題を解決して2つの自己を分離する労働者は，演技を商業的見せ物と割り切り，演技する側面としない側面を区別して「燃えつき」ないようにする。だが第2の問題にぶつかる。労働者が深層演技に習熟していても，いつもそれを使う気にはなれず，条件がそれをゆるさないこともある。顧客に礼儀を払う手近な方法は，表層演技による感情の偽装となる。たとえばスピードアップは深層演技を不可能にし，表層演技に切り換えさせる。しかし表情しかあたえない対応によって，彼女らは自分を「偽っている」と感ず

る。自分を「ただの俳優であり本物ではない」と非難するのである(Hochschild, 1983a: 134, 187-188)。

　第3の問題は，自分を偽っているとすれば，いかにして自尊心を維持できるかという問題である。2つの対応がある。第1の対応は，自尊心を救うために職務を「幻想の創出」と定義しなおし，偽りを職務に必要な表層演技とみなすことである。職務を軽く深刻でないと考えて，職務から自分を引き離すのである。第2の対応は，演技することを拒絶し「ロボットになる」ことだ。だがこれは乗客を怒らせる。そこで彼女らはさらに後退する。第1のばあい労働者には「たんなる幻想の創造者」というシニシズムが残り，第2のばあい演技することのしらじらしさが残る（Hochschild, 1983a: 134-136, 187)。

　こうなると労働者は職務に没入して燃えつきるか，職務から身を引くか，どちらかの可能性が高くなる[48]。良い演技のための条件を獲得することは，労働組合による労働条件改善のように，最終的には実践的政治の問題である。しかしホックシールドは，労働組合も問題全体を解決することはできないという。なぜなら演技の舞台を支配できても，労働者は仮面の背後で自分の感情を聞いているからである，と(Hochschild, 1983a : 189)[49]。

　[3] 以上ホックシールドは，(1)変異が成功しても感情労働の不熟練化がおこること，(2)変異の失敗が引きおこす感情労働者の抵抗が独自の形態をとること，(3)感情管理の統制は2つの自己の分離の問題を引きおこすこと，を主張する。検討しよう。

　(1)では，感情管理の標準化を感情労働の不熟練化過程と理解できるか，という問題がある。ホックシールドは，企業による感情管理の設計と標準化・マニュアル化はブレイヴァマンの「構想と実行の分離」をしめすという。感情管理が管理者によって設計され，標準化された感情管理方法が労働者に押しつけられ，感情管理タスクの細分化がおこなわれるという意味では，これはたしかに「感情のテイラー化」(Frank, 1987: 59) である。だがそれは，ブレイヴァマンのいう意味で労働の不熟練化過程をなすわけではない。

多くの労働過程理論家が指摘したように，ブレイヴァマンは19世紀の多能工的熟練労働者がテイラリズムによって不熟練化される過程をもって，労働者の疎外過程とみなした[50]。この見方に従うとすれば，接客労働者が感情労働によって外見を変化させこの変化が顧客のなかに一定の「精神状態」をうむとしたばあい，テイラー化される以前に接客労働者がおこなっていた感情労働が，テイラー化された以後よりも，多くの熟練技能をもっていたとはとても証明できない。あるいは，資本に雇用される以前の労働者の管理されざる感情労働が，あるいは，私生活で発揮されていた感情労働が，テイラー化された感情労働よりも技能的にすぐれていたということも証明できない。むしろ感情労働をタシット・スキルととらえる本書の立場からは，偽装された外見を表示するための感情的技能は，それだけをとってみれば，テイラー化によって向上するとさえ理解できる。むろん管理者から押しつけられる感情管理の方法は，ホックシールドのいうように，感情発動の選択幅をせばめ，感情の信号機能の障碍を引きおこし，感情システムの作用をゆがめる。こうみてくると第1章でのべたように，接客労働者の態度，意識，感情などが統制されることによって主体が変化することは，労働不熟練化という概念ではとらえられないというべきである。企業による感情管理方法の押しつけが精神的疎外状況を意味することはあきらかだが[51]，ホックシールドはこの疎外状況をブレイヴァマンに盲従して把握したために，誤って労働の不熟練化過程ととらえたのではないだろうか[52]。

　(2)接客労働者の抵抗が，コスチュームを変え，台本を短縮し，演技のスタイルを変えるかたちをとり，労働者は企業の指定する外見を拒否したりスマイルをやめた（スマイル戦争）という点にも注意すべきである。ここでは労働者の管理者にたいする抵抗が，①顧客にたいする演技の（拒否を含む）変化のかたちをとった点と，②生産労働者のばあいとはちがって顧客に向かったこと，が重要である。①は感情労働者の独特の抵抗形態であり，②は第1章でのべた利害対立の転移であり，このばあい管理者-労働者間の対立は労働者-顧客間の対立に転移している。

　(3)は，演技する自己と演技していない自己を分離できる労働者であって

も，事情が深層演技を不可能にするばあいには表層演技に後退すること，しかしこの後退は自分を「偽っている」という意識をうみ，この意識が自尊心の問題を提起する，と展開される。自尊心を救う仕方は，職務を「幻想の創出」と割り切って職務から身を引くか，演技をいっさい拒絶することである。いずれのばあいにも，会社による感情労働の統制は労働者に深い精神的損傷をあたえる。この分析は，感情統制の帰結を鋭く突いたものと評価できよう。

3．統制システムと感情労働

［1］本節のまとめとして，感情統制と統制システムとの関係を論じておきたい。問題は，(1)感情統制における統制の間接性と，(2)感情管理の適用部面，の2つである。

第1は，感情労働の統制が，責任ある自律戦略とイデオロギー的統制との二重の間接的統制を要求する点である。ホックシールドも認めるように，現代の職場に共通な統制システムはリチャード・エドワーズのいう官僚制的統制である[53]。これは労働者の協力を引き出すことをねらった間接的統制形態であり，客室乗務員にもこれが適用された。だが感情管理の統制はさらに，労働者への自律性や裁量の付与をともなう責任ある自律戦略とイデオロギー的統制を必要とする。会社は感情管理をテイラー化することで感情労働の支出をできるだけ定型化・標準化・マニュアル化するが，それには限界がある。ホックシールドもいうように，管理者は感情管理技能を提供する時と方法を，労働者の裁量にまかさざるをえない (Hochschild, 1983a: 120)。つまりどんな状況で，どんな感情表示のためにどんな感情労働をおこなうかは，労働者がマニュアルのなかから選択して決定しなければならない。そうなるのは顧客の可変性のためであり，いろいろの状況下の千差万別の顧客に感情的に対応する必要をすべてルーティン化することができないからである。だとすれば，感情労働の行使には，労働者に自律性，裁量，責任をあたえて責任ある行動をうながす，責任ある自律戦略が必要となる。

もう1つは，接客労働者に感情労働の行使をうながす必要である。労働者

が深層演技に習熟していても，それをいつも使う気にはなれなかったり，会社の商業主義のしらじらしさに嫌気がさすばあいもある。だから会社は，労働者が感情労働を行使するように鼓舞するイデオロギーをあたえる必要がある。乗務員に自分を賃金労働者ではなく自営業者と考えさせる方策や，会社への忠誠心や企業の価値の内面化をうながすことなどは，こうした方策に属する。感情労働の行使ではこうしてイデオロギー的統制をつうじた統制の間接性が強まる[54]。

［2］第2は，感情労働の適用部面の問題だ。ホックシールドは感情労働の適用部面を「公衆との対面的な，または声による接触」の部面に限定した。しかし他人のなかに一定の感情状態を創出するという努力は，接客労働の局面に限られるわけではない。

どんな職場でも，業務は同僚労働者との関係や上司と部下との関係をとおして遂行される。官僚制的統制では，労働者を統制する管理者も上級管理者の統制に服するという管理‐被管理の連鎖が形成される。このヒエラルキー的連鎖のなかではとうぜんに感情管理が要求される[55]。これらのヒエラルキー関係および同僚関係のなかで支配する感情規則は明示的または暗黙であり，一部は管理者によって一部は労働者自身によって設定される。ホックシールド自身の記述でも，客室乗務員は職場の協力的な「感情的トーン」を維持するために，からかいやジョークをいいあうことで雰囲気の改善につとめた。また下級管理者は，部下の乗務員の職場での不満を聞くという感情労働をおこなっていた。このような職場関係に存在する感情規則を射程に入れると感情労働の考察領域はいっそう拡大されることになろう。

結　語

感情労働論は，さらに感情労働と家族との関係，ジェンダーと感情労働，職務のジェンダー化，性的アイデンティティの喪失，といった問題の考察にまでおよんでいく。だが本章は，企業による労働者の感情労働の統制という労働過程の側面に絞って，ホックシールドの議論を紹介・検討してきた。

最後に，感情労働論が労働過程論にとってもつ意義をのべ，労働過程論にとって発展させるべき論点を整理して，結論にかえたい。意義からのべよう。

　第1は，ホックシールドが，接客職務の中心内容を，感情労働にもとづく顧客への対応として明示化したことである。彼女の研究が注目される背景として，産業構成においてサービスセクターの比重が高まり，接客業務が増大して，感情労働が要求される職務が急激に増加しているという事実がある。しかしその接客職務で，いったい労働者はどのような労働をおこなっているのか。接客職務の身体的作業内容や接客労働者の処遇であれば外面的に把握できる。だがそれでほんとうに接客労働を理解できるのか。彼女の研究が光彩を放ってくるのは，感情労働の概念を使って接客労働の中心内容を顧客への対応として明確にし，それが接客労働者の主体性におよぼす影響を主題化したためである[56]。

　第2は，労働過程の心理的・精神的統制の局面に光をあてることによって，労働者統制の新たな局面を切開していることである。「感情労働」という新たな概念を導入してその統制過程として接客労働過程を描いた点でも，感情統制の実態とそれが労働者におよぼす影響を立ち入って考察した点でも，客室乗務員と集金人という正反対の感情労働が要求される職務をとりあげて労働者の精神過程にあたえる影響を対比的に考察しようとした点でも，それはきわめて斬新な試みだった。労働過程論の伝統との関連でいえば，ホックシールドの研究は，企業による労働者統制の範囲が労働者の同意や協力といった域をこえて，人間主体の感情という領域にまでおよんでいる点を，鮮明にしたことである。さらに彼女は統制形態の独自性から，客室乗務員の独自の抵抗形態にも注目していた。こうした功績のゆえに彼女の考察は，接客労働者の統制や抵抗にかんするその後の研究における参照点となった。ホックシールドの仕事によって，接客労働の統制の研究は，企業が労働者の主体性をいかに統制しているのか，その統制は成功しているのか，さらに統制が労働者の主体性にどんな影響をあたえているかといった考察を欠いては，もはや不十分なものとなった。

第3に，ホックシールドは明示してはいないけれども，接客労働過程は管理者－顧客－労働者の3極関係をもって構成されるという理解をしめした点だ。彼女の議論を整理してみれば，管理者による客室乗務員の感情労働の統制という点に絞っても，管理者－労働者－顧客の3極関係とそこでの当事者たちの相互関係がはっきりと現われている[57]。彼女の接客労働の理解は，伝統的な労働過程論における管理者－労働者間関係を中心とした理解をのりこえていた。接客業務ではこの3極関係こそ労働過程の中心構造をなすが，それを提示したという意味でもホックシールドの研究は先駆性をもつのである。

　ホックシールドの感情労働論の意義は以上につきるものではないがこれにとどめて，次に労働過程論が展開すべき感情労働論の論点をのべよう。

　第1は，ホックシールドが創造した感情労働の性格の問題がある。端的にいってそれはなんであるのか。本章はこれを一種のタシット・スキルと位置づけたが，そう規定するとしても，一般に接客サービスにおける熟練の性格をどのように考えるかは，なお検討が必要である。よく知られているように生産職務における熟練の定義をめぐっても，明確な定義や尺度は確定されておらず，熟練にたいする見方も対立をみせているのが労働過程論の現状であるが，サービス職務の多様性を考慮すれば対人的サービスにおける熟練の概念・定義・尺度の検討には，いっそうの困難が予想される。さらに，次章でしめすように感情労働は「シャドウ・ワーク」であるという性質をもつ。それはその痕跡が目にみえなければみえないほど，すぐれた労働なのである。それの特殊な学問的意義の1つはそこにあるが，それだけに，それはいっそうとりあつかいがむずかしい概念をなすのである。

　第2に，感情労働概念の具体的適用場面の問題がある。問題は2つある。まずサービスセクターの拡大とともに接客業務が増大して，感情労働が要求される職務が急激に増加しているという事実がある。こうした職務で具体的感情管理がどのように求められ，企業による統制がどのようにおこなわれるか，その実態の研究が必要である。さらに，本章が指摘したように，感情労働がインフォーマルなかたちで職場で要求される局面はかなり広い。ホック

シールドは感情労働の適用部面を接客職務の接客部分に限定するが，しかし彼女自身，感情労働が行使される領域は接客部面には限られないという理解を垣間みせている。労働者による感情労働の支出の指針をなす職場の感情規則は，官僚制的統制のもとでの労使関係や，管理 - 被管理の連鎖や，また職場の同僚関係をつらぬいて，職場の同意の対象の１要素を構成している。このゆえに感情労働の適用部面を広げるならば，この概念を用いた分析は，インフォーマルな世界を含む職場の実態にせまる可能性をあたえると考えられる[58]。

第３に，ホックシールドは感情労働の行使が労働者に感情的こごえや自己喪失などの否定的影響をあたえると論じたが，その後こうした彼女の主張にたいして，感情労働の行使はかならずしも労働者に否定的影響をあたえるものではないとする異論が提起された。まず本章注48)で紹介したウーターズやケンパーの批判がある。またステンロスとクラインマン（Stenross and Kleinman, 1989）は，アメリカの警察で，犯罪者と被害者とにたいする刑事の感情労働の性質を検討した結果にもとづいてホックシールドに反対し，同じ職業のなかでも労働者はある感情労働を疎外的とみなすが，別の感情労働を満足をあたえるとみなす，と結論する。同じくワートン（Wharton, 1993）も，銀行労働者と病院労働者の調査にもとづいて，感情労働の行使が一定の条件のもとでだけ労働者に心理的ダメージをあたえると主張し，条件しだいでは感情労働の遂行それ自体が労働者に満足をあたえるものだと主張する。こうのべることで彼女は，感情労働の結果を媒介する諸要素に注意を向けるように力説する。またトリク（Tolich, 1993: 377-379）は，職務中にも労働者は自律的感情管理をおこなうことによって感情労働の疎外を軽減していると主張し，こうした観点からホックシールドの感情作業と感情労働，感情労働の私的領域と公的領域という二分法を廃して，規制された感情管理と自律的感情管理という新たな二分法を設定すべきことを主張する。これらの批判の検討は第６章で試みるが，感情労働の研究はこうした広がりをみせている。

ホックシールドの研究は，以上の点で労働過程研究の発展にとって大きな

可能性をあたえているといえる。

注

1) 組織における感情というテーマにおけるホックシールドの位置については、次の指摘がある。「過去20年間に感情と組織のテーマについて書かれたもので『管理される心』に言及しないものはほとんどない」と（Bolton and Boyd, 2003: 289; Bolton, 2005: 48, 60）。ラファエリとサットンは感情表示がいかに組織に利益をもたらすかを例示して、感情研究の枠組みを提示する。この利益は、組織については、即座の利益、（出会いが繰り返される）アンコールの利益、（口伝えなどで広がる）感染的利益と、個人については、金銭的充足、精神的・肉体的充足とされる（Rafaeli and Sutton, 1987: 29-32）。

2) 『管理される心』（ホックシールド, 2000, 原著は1983）以後の『セカンド・シフト』（ホックシールド, 1990, 原著は1989）と『タイム・バインド』（Hochschild, 1997）の関連にかんたんにふれておく。『セカンド・シフト』では共働き夫婦のセカンド・シフト（第2の勤務、すなわち家事労働）の負担をめぐる10組の夫婦間の緊張の考察が主題をなすが、『タイム・バインド』は、アメリカでもっとも「家族にやさしい」政策をとるアマーコ会社（仮称）での130人の管理者・労働者との面談と、妻か夫あるいは双方がこの会社に勤務する6家族の調査とにもとづいて、おもに子供の世話をめぐり共働き従業員がいかに時間に締め上げられた生活をしているかをしめした研究である。両著書の関係についてホックシールドはいう。『セカンド・シフト』では有給仕事と家事にはさまれた女性の家庭での緊張関係を問題にし、男性が家事を女性と分担すれば緊張は減ぜられる、と論じた。しかし家事が分担されても、有給仕事の負担がますます大きくなり、家事の時間が減少していた。家庭生活の考察だけでは不十分であり、有給仕事時間の延長のもとで職務と家庭生活のバランスをいかにとるべきかが問題となった。この考察のために執筆されたのが『タイム・バインド』である、と（Hochschild, 1997: 6-7）。また仕事と家庭生活の問題を考察した論文集として、Hochschild (2003b) がある。ついでにふれておくと、Wharton (2011) はホックシールドの弟子たちの編著（Garey and Hansen, 2011）にたいする書評論文だが、とくに『セカンド・シフト』と『タイム・バインド』における彼女の仕事を説明し、ホックシールドを「20世紀と21世紀のもっとも影響力ある社会学者の1人」と呼び、この本の編者たちが彼女の社会学を「ホックシールド社会学

Hochschildian sociology」(ibid.: 463)と命名していることを紹介している。
3) だが彼女がマルクスに無関心だったわけではない。それどころか，『管理される心』が，『資本論』で描かれた19世紀の壁紙工場の児童労働者の肉体労働と20世紀の客室乗務員の感情労働の比較から記述をはじめているように，ホックシールドはマルクス疎外論の観点から感情労働に接近する。このゆえに彼女の本は「ゴフマンのドラマトゥルギー的見方と，マルクス主義のアメリカ的支脈との結合の形態をとる」(Wouters, 1989a: 96)とか，「彼女はマルクス主義的見方を採用して，他の形態の労働が資本主義では商品となるのとまったく同じく，感情労働も商品となると論じる」(Korcyznski, 2002: 141)と評され，また「ホックシールドの仕事のマルクス主義的支柱」(Callahan and McCollum, 2002: 221)が指摘される。
4) この面では，ホックシールドは感情研究を心理学からもぎとって社会学にもちこんだ，ともいわれる(Bolton, 2005: 50)。
5) 労働過程論者であるスターディとファインマンもいう。「感情統制は重要な批判的検討になお十分にさらされなければならず，感情研究と労働過程理論とのあいだにある大部分が海図のない領域に属する」と(Sturdy and Fineman, 2001: 138)。
6) 本書は刊行された年に，ニューヨーク・タイムズのブック・オブ・ザ・イヤーを受賞し，その後もその他の賞を受賞した(Wouters, 1989a: 95)。
7) もっともホックシールドは『管理される心』20周年記念版への「あとがき」で，過去20年間に忙しい家族がアウトソースする家事労働の代行業者が増え，家庭はもはやたんなる私的生活の領域ではなく「市場化された私的生活の領域」となり，感情規則は「仕事文化と家族文化の両方の複雑な混合物」となった，と指摘する(Hochschild, 2003a: 203-204)。
8) 質問項目は「あなたが深い感情を経験した，あなたにとって重要だった現実の状況を書きなさい」と「あなたが自分の気持に合うように状況を変えたか，あるいは状況に合うように感情を変えたような，あなたにとって重要であった現実の状況を，できるだけ完全に具体的に書きなさい」の2つだった(Hochschild, 1983a: 12-13)。
9) 客室乗務員の事例研究は，デルタ航空訓練センターの研修への参加，副社長を含む20人の役員・7人の監督者・4人の広告エージェントとの面談，パンアメリカン航空の30人の乗務員との面談を含む乗務員採用過程の観察，乗務員を診察するセックス・セラピストならびに労働組合役員との面談にもとづく。集金人の事例研究は，デルタ航空の集金部長を含む5人の集金人との面

談にもとづく（Hochschild, 1983a: 13-17）。なおデルタ航空が調査対象に選ばれたのは次の理由による。デルタは，①他の会社よりサービスを尊重し，②訓練プログラムが業界一で，③サービスが高くランクされ，④本社がアメリカ南部にあり乗務員組合がない。これらのために「デルタ会社の要求は高く，その労働者の要求は低い」（ibid.: 13）ので，会社の要求と乗務員の対応が鮮明なのである。

10) ホックシールドは，"emotion"という言葉は克服される状態を意味するが"feeling"はそういう意味をもたないとしつつも，"emotion"と"feeling"という言葉を互換可能なものとして使うといっているので（Hochschild, 1979: 551, fn.），また別の箇所では"feeling"とは「より拡散した，あるいはマイルドなemotions」だといっているので（Hochschild, 1990: 118），いずれにも「感情」という訳語をあてる。また彼女は「感情管理emotion management」という言葉を「感情作業emotional work」や「深層演技」と同義のものとして使うといい（Hochschild, 1979: 551, fn.），さらに感情に働きかけることは，感情を管理することや「深層演技」と同じことだとしている（ibid.: 561）。

11) ホックシールドは，ダーウィンとフロイトが感情管理過程を感情にとって外在的と考える点を批判する（Hochschild, 1998: 11）。感情管理は感情の創出でもある，と（Hochschild, 1990: 120）。

12) ゴフマンとフロイトの相互作用理論にたいするホックシールドの批判については，Hochschild（1979）をみよ。

13) ホックシールドによる従来説のこの整理には批判もある。Scheff（1984: 158）は，ホックシールドのいう有機体理論家も生物学と文化との相互作用の問題に取り組んできたこと，また文化志向的理論家（ホックシールドでは相互作用理論家）は構成主義者constructionistと呼ぶほうが適切であること，を主張する。この批判に応じた結果かどうかはわからないが，のちに彼女は感情モデルを，①有機体的，②相互作用的，③社会構成主義的，に類型化したうえで自分は②をとる，とのべる（Hochschild, 1990: 119-120）。

14) 家族関係には感情規則は存在せず，これに感情を適合させる努力（感情作業）も存在しないと考えられがちだがそうではない，とホックシールドはいう。じっさいには絆が深ければ深いほど多くの感情が必要になるし，感情規則は「感ずべきである」という道徳的命令のかたちで厳然と存在する。これに無意識なのは，しきたりとなった感情労働が自然におこなわれるからである（Hochschild, 1983a: 68-69）。

第4章　感情労働と労働過程の統制

15) ホックシールドは，セカンド・シフト（共働き夫婦にとっての第2の勤務，すなわち家事労働）の負担をめぐって生じた，ともに弁護士である夫婦の冷えた関係を，感謝という感情の「相互交換の不足」として特徴づける（ホックシールド，1990: 第8章）。

16) 感情労働は次のようにも定義される。「私は感情労働 emotional labor という言葉を，公的に観察可能な表情や肉体の表示をうみだすための感情管理を意味するものとして使用する。感情労働は賃金と引き換えに売られ，それゆえ交換価値をもつ。私は感情作業 emotion work とか感情管理 emotion management という同義の言葉を使うが，それは，それらが使用価値をもつ私的文脈で遂行されるこれらの同一の行為に言及するためである」(Hochschild, 1983a: 7, fn.)。みられるようにホックシールドは賃金とひきかえに売られる，それゆえ公的部面で用いられる感情労働に emotional labor という用語をあて，私的部面で使用価値をもつ文脈で用いられる感情作業に emotion work という用語をあてる。これはもちろん，使用価値をつくる労働を work と呼び，価値をつくる労働を labour と呼んだエンゲルス以来のマルクス主義の伝統（マルクス，①, 1968: 63-64をみよ）を踏襲している。Callahan and McCollum (2002: 220-221) はこの区別の重要性を力説する。

17) アシュフォースとハンフリーは，ホックシールドを若干修正して，感情労働を「適切な感情の表示行為」と定義しなおす。このように感情労働を感情経験から切り離して，行為者の行動に引きつけて定義する理由は，①顧客に直接影響をおよぼすのは実際に感じられる感情ではなく「表示規則への服従」であり，②人びとは感情管理する必要なしに表示規則に従うこともあるからである。ここから感情労働は「他者にたいして自分の行動を故意に方向づけようとする限りでは，印象管理の形態と考えることができる」とされる (Ashforth and Humphrey, 1993: 89-90)。ただそうなると，顧客に印象をあたえるという問題が前面に出て，労働者への影響の問題が後景に退く可能性もある。

18) 先にもふれたが，ホックシールドの観点は「ゴフマンのドラマトゥルギー的見方とマルクス主義のアメリカ的支脈との結合の形態」(Wouters, 1989a: 96) と評される。グローブとフィスクは，ゴフマンに依拠して印象管理のドラマトゥルギー的方法のサービス・マーケティングへの適用可能性を検討する。これによると，ドラマトゥルギーとは，行動にドラマのメタファを適用し，社会的相互行為を演劇的なものとして描く (Grove and Fisk, 1989: 430)。ドラマトゥルギー的見方では，観衆の前の個人の活動（「ふるまい」

「背景」「個人の前面」),「ふるまいのチーム」,表の場所と裏の場所(表舞台と裏舞台),演技を維持する「防衛的実践」(演技者の忠実さ,規律,慎重さ)などが重要になる。サービス・マーケティングではこのうち「個人の前面」(演技者の外見やマナー),「背景」(物理的環境),「防衛的実践」という演技の3つの構成部分があいまって,望ましい印象管理をつくりだす。ドラマトゥルギー的見方が最大の適用可能性をもつのは,顧客との接触の程度が密で高く,しかも多くの人びとに奉仕するサービス組織である,とされる (ibid.: 434-435)。

19) こうのべると,感情労働を必要とするのは深層演技だけで表層演技は感情労働を必要しない,と理解する向きもあろう。だがホックシールドは表層演技のばあいにも感情労働が必要だと考えている。たとえば次の主張をみよ。「第1の方法である表層演技を使って,われわれは自分たちの内面的感情 feeling を変える働きによって感情の外面的表現を意識的に変える」(Hochschild, 1990: 120)。Ashforth and Humphrey (1993: 92-93) と Bolton (2005: 79-80) も同じ解釈をとるが,後者はさらにふみこんで行為者が表層演技から深層演技に移行する理由を,感情的不協和から生じる緊張をゆるめるというホックシールドの説明 (Hochschild, 1983a: 90) に求める。

20) スミスとクラインマン (Smith and Kleinman, 1989) は,専門職の要件としての情緒的中立性がどう開発されるかという観点から,医学部の最初の3年間の訓練過程の2年半にわたる参与観察にもとづいて,医学生が「不適切な感情をいかに処理するか」を研究した。これは,たとえば解剖や解体で「肉屋」のように骨盤をがりがり切る「狂った科学者」とか,女性患者の心音を聞くさいの性的問題にかかわる学生の感想を含む興味深い報告であるが,ホックシールドの記述を確証している。医学部では感情管理の公然たる教育はなかったが,隠れたカリキュラムとして感情処理のための語られざる規則と手段があり,学生は以下の感情管理戦略をとった。(1)死体や患者との接触を機械的,分析的な問題に転じること,「ペニスと睾丸はコックとタマじゃない」という用語を含む学問自体が感情管理戦略になる,(2)「ほんとうの医学」を学び実践することから生ずる快適な感情を強調すること,ここでは身体との接触が誇りや特権の感覚に転ぜられる,(3)患者に感情移入したり非難したり冗談をいうこと,たとえば患者優先の原則によって自分の感情を殺し,患者を非難することで自分の感情を患者のせいにし,あるいはジョークやユーモアで状況を定義しなおすこと,(4)不快や不安を引きおこす接触をさけること,たとえば解剖では死体の頭部や性器を覆い,検診では乳房や直腸

部や性器の検査を回避すること。これらの戦略に依拠して学生は，患者との客観的で専門的な距離をおく近代西洋医学における医師 - 患者の関係を再生産する。

21) 技術的統制については，Edwards（1978; 1979）ならびに鈴木（2001）を参照されたい。

22) Hayes（1984: 484）は，ライト・ミルズからダニエル・ベルにいたるまでの多くの著述家が，職務中に対人的技能を発揮する必要を主張し，「自分自身を売る」事実を指摘してきたが，ホックシールド以前にはだれも，このような技能の行使において労働者がじっさいにおこなうことを，ホックシールドほど適切にとらえなかった，と指摘する。

23) ホックシールドはいう。「交換の深いジェスチャーが市場セクターに入り，労働力の一側面 an aspect of labor power として売買されるとき，感情は商品化される」が，このとき「労働力の一側面として売られるものが深層演技である」，と（Hochschild, 1979: 569）。また需要されるのは「感情管理の技能 the skill of emotion management」である，とものべる（ibid.）。

24) ホックシールドも指摘する。「深層演技は自己の一部として経験される可能性は低く，職務の一部として経験される可能性が高い」と（Hochschild, 1979: 570）。

25) ボルトンも，感情作業 emotion work を「熟練作業 skilled work の独自の形態」（Bolton, 2004: 20）とみなし，リトラー（Littler, 1986）の熟練概念にそってこれを理解しようとする。ただし「それは無形で，瞬時に消滅し，変化をこうむるので，その質的特徴を定義するのは困難であり，これが感情作業を，多くの職業の不思議な要素であると考えられているけれどもめったに理解されずわずかしか報酬のあたえられない，『目にみえない』熟練にする」（ibid.: 32）。感情作業を熟練と考える試みは，なお検討が必要である。

26) 規範的感情管理が，1980年代以来の公共セクターの市場化や金銭的効率性の導入をつうじて金銭的感情管理によって浸透されてきている事実を認めつつも，ボルトンはなお規範的感情管理の独立性を主張する（Bolton, 2005: 127-130）。

27) ワールド・エアウェイズのフライト・マニュアルは，労働者に次のように指示する。職務中に「旅行を楽しみなさい」「疲れをみせないように」と。職務の一部は職務のストレスを曖昧にし，職務を楽しむことだった（Hochschild, 1982: 14）。

28) もっとも私的生活における真実の自己の感情が，公的生活における企業の

感情規則に従った感情に転成するというホックシールドの変異の説明については，私的生活でも社会から強要される感情規則の押しつけと転成があり，矛盾している，という指摘がある（Wouters, 1989a: 101-102）。同じような批判として，Frank（1987: 60-61）は，ホックシールドは私的な感情管理の世界を理想化していると指摘する。私的家族は，女性の感情管理のヒエラルキー的で卑屈な性質をまとっているのに，彼女は，結婚における私的な感情関係を相互的なものとみて，商業的世界の感情管理のウルトラ・テイラー化とのまちがった対比をおこなっている，と。Scheff（1984: 158）も，ホックシールドは日常生活の感情の世界を最良のものとみているが，日常生活の世界でも感情利用はおこりうるし，感情労働の低質化が広がっているのは商業部面だけではなく文化全体においてである，と批判する。さらに Hayes（1984: 485）も，私的家族の感情システムをギフト交換とみなしている点で，ホックシールドが素朴なロマンティシズムにおちいっている，と指摘する。これらの批判は検討にあたいする。

29） さらに1970年代のアメリカのナショナル・エアラインの広告は，「私はシェリルよ，私を飛ばせて」というものだった（Korczynski, 2002: 183）。

30） ライドナーは，入社後の新人労働者訓練を「統制方法」と理解すべきであり，それにもくろまれるのは「組織の目的と政策にたいして労働者の同意を組織化し，労働者が組織の基準と規律を内面化すること」（Leidner, 1999: 87）だと的確に指摘する。

31） ニクソンその他（Nickson et al., 2001）は感情労働概念を拡張して，「美的労働 aesthetic labour」概念を主張する。感情労働は感情管理をめざすが，美的労働は従業員の身体面の，外見の管理をめざす。サービスにはハードウェア面（たとえばホテルの内装や外装，部屋，食事）とソフトウェア面（サービスの質や接客など）があるが，管理者は，美的労働によって労働者を「よく見え」「適切に聞こえる」ようにして，会社のイメージを具現するハードウェアに転じている。彼らは，グラスゴーの小売業，ホテル，銀行などの調査にもとづいて，これまでの研究が，サービス企業が求める技術的，社会的，美的技能のうち美的技能を看過してきたと批判する。労働者の補充と選抜では，サービス企業は対人的技能，特に美的労働を重視する。求人広告では「口上手でスマートな外見をもつ」「とても見映えがよい」がうたわれ，応募書類に写真同封を求める。女性にはスマイル，きれいな歯並び，髪型，プロポーションを，男性にはきちんとした外見，ひげそり，身だしなみの努力を求め，声やアクセントも重視し，適切な気質と，言葉やドレスのコード，

マナー，スタイル，容姿，ボディサイズといった「性質」を求める。訓練では，組織が望む仮面へと労働者を成型し，身だしなみ（ヘアカット・髪型，メイキャップ，ひげそり）と態度が訓練され，「身繕い委員会」や「制服警官」が規制を監視する。技術的技能は，職務についてから訓練する。美的労働を感情労働と区別して強調すべき理由がなお曖昧だが，サービス企業がこうした努力を労働者に要求することは明白であり，議論の発展を期待したい。

32) テイラーとタイラーは，イギリスの航空会社でチケット電話販売員と客室乗務員の職務を調査したが，後者についての報告は，ホックシールドの記述を確認する。客室乗務員はこの仕事が「女性の労働」であり，選抜でも他人の要求にたいし我慢強く世話好きであることが基準となるという，ジェンダー化された仮定のもとで労働していた。研修課程では，個人的サービスを提供するために乗客の名前を覚えること，自分を名前で乗客に紹介すること，性的に色づけられたボディランゲージの使用を奨励され，制服や身繕いのチェックを受けたという（Taylor and Tyler, 2000: 86-87）。

33) ギュテクは，顧客に名前で話しかけ名前で礼をいうことを，「出会い」を擬似的「関係」にみせかける方法と位置づけるが，このためには顧客の住所，電話番号，購買歴，嗜好を記録する顧客データベースが，したがってITが，重要になる（Gutek, 1995: 200-201, 221）。

34) 同じくヴァン・マーネンは，ディズニーランドの研修所では，顧客が「ゲスト」と，乗物が「アトラクション」と，ディズニーランドが娯楽センターではなく「パーク」と，警備員は「セキュリティ・ホスト」と呼ばれ，「むろんディズニーランドでは事故はなく，『出来事』だけがある」とされる事実を報告する（Van Maanen, 1991: 65-66）。

35) アーヴィング・ゴフマンは，ロール・ディスタンスを次のように定義する。「個人とその個人が担っていると想定される役割との間の……鋭い距離を役割距離 role distance と呼ぶことにする。ここには次のようなことも含まれている。個人は，実際に，その役割を拒否しているのではなく，すべてを受け入れるパフォーマーにとって，その役割のなかに当然含まれていると見なされる事実上の自己を拒否しているのである」（ゴッフマン，1985: 115）。したがってロール・ディスタンスは，個人と役割とのあいだにくさびをうちこむが，役割の完全な拒否を意味しない。それは，自分が遂行している役割からの軽蔑的な離脱を伝える行為なのである（同上：118）。

36) 航空会社の覆面調査員については，Taylor and Tyler（2000: 88），Bolton and Boyd（2003: 301）もみよ。

37) ときには会社は,労働者に感情労働を強要するために顧客を利用した露骨な方法を案出する。1982年にウィンディクシー(アメリカのスーパーマーケット)は新聞広告を出して,レジ係の制服にドル札をつけ,もし彼らが親しみやすいあいさつと,心からのありがとうをもって接しないなら,顧客は1ドル受けとれる,というキャンペーンをおこなった(Hochschild, 1983a: 149-150)。

38) Burawoy (1996: 298)は,ブレイヴァマン以後の労働過程論争をふりかえりつつ,ブレイヴァマンが労働統制を熟練収奪に還元したことへの反省が,統制の類型化の研究(Edwards, 1979)や,ブレイヴァマンによる管理者のあつかいの検討をうむとともに,サービスセクターへと研究を移動させた,とのべる。そのうえでサービスセクターにおける労働者統制のための顧客利用を指摘する。

39) これについては,Edwards (1979: 139-142),ゴードン(1998: 36-38)をみよ。

40) 新人の訓練もちがっていた。客室乗務員は2週間から5週間(デルタでは4週間)の集中訓練を受けるが,集金人の訓練はかんたんな書類手続きだけで1時間以内に終了した。だから訓練では労働者を引きとめることができず,仕事を好まない従業員はすぐにやめるので,労働移動率はきわめて高かった(Hochschild, 1983a: 138-139)。

41) わが国では1999年に,商工ローン最大手「日栄」社員による強硬な債権取立てが恐喝未遂として問題になった。債権取立てマニュアルには「笑顔で接する」「心から相手を褒める」などの指示があったが,警視庁の捜査では,じっさいには「家売って金つくれ。腎臓や目の玉もそうや」「女房売ってでも金つくれ」「娘をソープで働かせろ」「今すぐビルから飛び降り保険金で支払え」「消費者金融から百万円借りてこの場で返せ」などの文句が使われていた(『産経新聞』,1999,11月4日朝刊;1999,11月5日朝刊;1999,11月8日朝刊)。サットンが調査したアメリカの集金人も,督促電話で似たようなことをいった。電話でテレビの音が聞こえれば「どうしてテレビを売りに行かないんだ」,あるいは「あんたは請求書に払えない,でも電話をのばしている,これは5ドル多くかかるんだよ。電話のばしをやめて5ドル送れ」と(Sutton, 1991: 258)。

42) 「日栄」の債権取立てのテクニックには,「脅し役」と「なだめ役」のコンビによるものがあった。まず「脅し役」が債務者や保証人に執拗に電話をかけ,直後に「なだめ役」がおだやかな口調で電話して説得し,親族や友人に

金策を依頼させた（『毎日新聞』，1999，11月4日夕刊）。この対比戦略が有効なことは知られている。ラファエリとサットンはチャルディーニに従って，犯罪取調員と集金人を調査して「善玉警官，悪玉警官」の感情対比戦略がいかに有効かを論じる。これは，（善玉警官としての）肯定的感情の表示と（悪玉警官としての）否定的感情の表示を対比的に組み合わせて，どちらか一方の感情表示よりも有効性を高める戦略である。たとえば，嫌な感情を引きおこす悪玉警官がいれば，善玉警官はいっそう親切で親しみやすい感情を誘発させるので，犯罪容疑者は善玉警官に服従する。彼らはこの調査から5つの感情対比戦略を確認し，それが有効な3つの理由をしめす（Rafaeli and Sutton, 1991）。

43）「日栄」についても似たことが報じられる。「そんな電話のかけ方じゃ，金なんか返すわけないぞ」といった管理部長が，「返せないものは返せない」と反論した部員に激怒し，「回収するのが仕事だろう」などといいながら部員の頭や顔をなぐり2週間のけがをさせた（『毎日新聞』，1999，11月8日夕刊）。また社長は債権回収部門の社員を年3回全国から集めて，あらかじめ回収成績を調べておき会議の場で成績の悪い社員を土下座させ，「何でこんなんや」とか「辞めてまえ」と罵倒していたという（『読売新聞』，1999，11月5日夕刊）。

44）「日栄」でも，「『やつら（債務者や保証人）は借りたもんを返さん盗っ人なんや』『人間と思うな』というのが，組織としてマニュアル化していた」という（『産経新聞』，1999，11月8日朝刊）。

45）この点で，高級ホテルのドアマン，部屋付きメイド，売春婦は例外をなす（Hochschild, 1983a: 156）。

46）制服や名札の着用はサービス組織の行動規範をしめすことがあるが（Rafaeli, 1989a: 386），Gottfried（1994: 119）も，臨時人材派遣企業の派遣労働者が，オフィス仕事第1日目に着るべきドレスという派遣企業の規定を無視し，スラックスを着て抵抗した事実を指摘する。

47）怠業はスマイルのコストを目立たせた。労働者は「スマイルのしわ」を懸念し，これを職業上の危険とみなした。あるスマイル・ファイターの伝説がある。若いビジネスマンが女性乗務員に「君はなぜスマイルしないの」と聞いたとき，彼女はいった。「なぜだか教えましょう。まずあなたがスマイルして」。ビジネスマンはスマイルした。彼女は答えた。「けっこうですわ。ではそのまま動かさないで，そして14時間そのままにしていてね」。彼女は，乗客は乗務員のスマイルにたいする権利をもつと宣伝する会社に挑戦したのである（Hochschild, 1982: 14; 1983a: 127-128; 1983b: 35）。

48) ウーターズは，スピードアップ後のKLMオランダ航空の調査にもとづいてホックシールドの主張に反論し，ホックシールドのいうようなリスクは生じないと批判する。すなわち，第1のリスクについては，乗務員の職務との一体化や職務への専心が演技の自覚を排除していないと指摘し（Wouters, 1989a: 115），第2のリスク（演技ゆえの非難）で問題になるのは演技それ自体ではなく演技能力なので，このリスクは非現実的だと主張する。第3のリスク（自己との疎隔やシニシズム）は，顧客との絆の不安定性から生ずる限りではだれにとってもさけられないが，ホックシールドの意味でシニカルになることはなく，職務を幻想の創出とみなす，と批判する。要するに，ホックシールドは感情労働のコストにこだわるあまり，乗務員職務の喜びを理解せず，彼女らの労働条件について一面的で道徳的な解釈をしている（ibid.: 115-116）。しかしウーターズの依拠するKLMの乗務員は，会社の感情操作を進んで認める会社寄りの労働者にも思える（ibid.: 117をみよ）。ケンパーも，感情労働の危険や感情的疎隔にかんするホックシールドの結論はデータがほとんどなく，セラピストの発言も不確実で，問題が感情労働から引きおこされるのかどうか不明である，と批判する（Kemper, 1985: 1370）。しかしホックシールドを弁護していえば，彼女の指摘した問題は，感情労働の企業による利用が引きおこす災厄の可能性の問題と解釈できる。この問題は第6章で考察する。

49) ホックシールドにたいする左派からの批判としては，前注のWouters (1989a) の批判とは異なるが，乗務員にとっては「自己の喪失」など重大な職務上の欠陥ではない，という批判がある。すなわち，信じられないほどの長いシフト，2段階賃金システム，数年にわたって安定した家庭をもてないこと，労働組合つぶしの活動，職務保障の不確実性，などにくらべれば，「自己の喪失」など労働者階級以外の人びとだけが享受できるぜいたくにすぎない，というのである（Frank, 1987: 60）。

50) たとえば，Szymanski (1978), Cutler (1978), Meiksins (1994), Knights (1990), Burawoy (1996) などをみよ。メイクシンズは，ブレイヴァマンの熟練概念がせますぎるので，対人サービス職務における広範な熟練（客室乗務員や生命保険勧誘員のそれ）を無視する結果となっている，とブレイヴァマン・テーゼを批判する（Meiksins, 1994: 47）。またSmith (1994b: 414) は，ホックシールドの感情管理の概念は，『労働と独占資本』を基礎としながらもこれと断絶するものであり，感情統制は労働者のパーソナリティ，精神，自己についての感覚にかかわるので，構想と実行の目にみえる分割ライ

ンが存在しない，という。

51) 「ホックシールドにとって，この『人間感情の商品化』が攪乱的なものであるのは，それがサービスセクターの労働者を彼または彼女のほんとうの自己から疎外するからである」(Frank, 1987: 60)。またハイマンは感情労働は「独自の技能」を表わすが，その強制された生産は「劣化 degradation の形態」とみなすことができるという (Hyman, 2006: 40)。感情管理の外的強制性を考慮すれば，この評価は妥当であろう。

52) シーモアはブレイヴァマン流の労働不熟練化概念ではサービス労働を把握できないが，感情労働の概念こそサービス労働の把握を可能にする，と指摘する (Seymour, 2000: 170)。この主張も，感情労働が労働不熟練化概念ではとらえられない事情を示唆する。

53) ホックシールドは「こうして監督は，直接的であるよりは間接的である。監督は，乗客が管理者に伝えることについての客室乗務員の感覚に依拠している」(Hochschild, 1983a: 117) とのべ，続いて「現代の職場にもっとも共通である間接的な『官僚制的統制』については……」(ibid.) として，Edwards (1979) の参照を求める。官僚制的統制については，鈴木 (2001) をみられたい。

54) ズキンはいう。サービス産業は労働の極度の標準化，管理者の権威，職務の機械的遂行に依拠するが，管理者は顧客との接触を直接に，また不断に監視できないので，高質のサービスの引き渡しは従業員がサービスの役割を内面化することにかかる。たとえばディズニー会社の管理者は，ディズニーランド従業員を監督することができないので，従業員に「企業文化を買い込ませようとする」と (Zukin, 1995: 70-71)。またアシュフォースとハンフリーは，感情労働を行使する接客労働者の統制の困難を指摘する。「サービスの出会いの流動的で突発的な性質，サービスの相対的無形性，しばしばサービスがあたえられる直接的で対面的な仕方のために，組織が伝統的統制システム (たとえば直接的監督，規則それに手続き) をつうじて出会いを規制するのは困難である。さらに……組織は，サービス行為者と顧客との感情的関係を指定することができない。したがって組織はしばしば，間接的統制に，すなわちサービス役割との一体化と，サービスの価値と規範の内面化とを促進するサービス文化の確立に，集中する」と (Ashforth and Humphrey, 1993: 102)。ここでは統制の困難として，①サービスの出会いの可変性，②サービスの無形性，③対面的給付方式，④感情労働給付の不確定性があげられ，そのためにサービスの価値と内面化をうながす間接的でイデオロギー的統制が

必要となる，と指摘される。

55) スタインバーグとフィガートもいう。「感情労働は‥‥職務保持者が監督者，部下，同僚労働者の感情管理にかかわるとき，組織内部でも遂行される」と（Steinberg and Figart, 1999: 12）。

56) シーモアはいう。「多くの実践家にとってホスピタリティ仕事は多くの点で他のセクターの仕事とはちがっているという感覚が残っているが，‥‥ホックシールド（1983）の研究が出るまでは，これらの相違がどこにあるのかを正確に突き止めることはむずかしかった。／ホックシールドが論じたのは，サービス労働者は，それにともなう肉体的および精神的な労働とともに『感情』労働のために他の種類の労働とはかなり異なるということだった」と（Seymour, 2000: 160）。

57) だからフランクは，ベンソンと同じくホックシールドも，この3極関係（triangle）をサービス労働の核心とみなしている，と指摘する（Frank, 1987: 59）。

58) この点について，Wharton（1993: 228）は，感情労働を要求する職務はかならず大衆接触職務であるとするホックシールドの理解に疑問を提起し，あらゆる職業について要求される感情管理のタイプと程度を研究する必要を指摘する。

第5章　感情労働とジェンダー

序

　前章では，接客職務における賃金労働者の感情管理が企業統制のもとに入ることによって，どのような結果が引きおこされるかを中心に，ホックシールドの所説を紹介・検討した。しかし前章では，労働者の感情管理にたいして企業がくわえる統制の一般的局面とその結果に焦点をあてたために，これ以外の，感情労働とジェンダーの関連にかんするホックシールドの考察をほとんど切り捨てざるをえなかった。

　しかしこの考察は重要である。感情労働は，外見や態度を偽装するための努力というその本来的性格からして，ジェンダー的不平等の問題と初めから交差せざるをえないからである。社会にジェンダー的不平等とこれを支えるジェンダー的規範が存在するならば，雇用関係もこの規範に従って形成されざるをえず，そのために雇用関係に入る男女に異なるジェンダー的規範に従った感情労働を要求する。

　社会のジェンダー的規範に染まった顧客と不断に接触する接客労働者には，この接触をもたない労働者よりも，ジェンダー的規範に従ったはるかに多くの感情労働が要求される。さらに，ジェンダー的に劣位にある女性労働者が接客職務に雇用されるとすれば，女性労働者には男性労働者よりも多くの偽装の要求と，したがってより多くの感情労働が要求されることはあきらかなのである。このゆえに，たとえばテイラーとタイラーは指摘する。「感情労働を『ジェンダー中立的な』現象とみなすことはできず，経験的研究は，かなりの量の感情労働を要求する雇用形態が女性に支配されていることを証明している」，と（Taylor and Tyler, 2000: 77）。そのために女性労働者は，接客労働過程で感情的に「よりハードに労働する」（Bolton, 2005: 156）ことを強いられるのである。

ジェンダーにかんするホックシールドの考察は，ジェンダー的不平等のもとで生じる感情労働の偽装的性格に切り込んでいるばかりでなく，顧客が労働過程の外部からもちこむジェンダー・イデオロギーや，感情労働を要求する企業によるこのイデオロギーの利用のために職務にどのような変容が引きおこされるか，またこの変容が女性接客労働者にどのような影響をもたらすかという問題を追究しており，感情労働とジェンダーという主題について注目すべき洞察をあたえている。

 そこで本章は，前章に引き続き，おもに *The Managed Heart* (Hochschild, 1983a; ホックシールド, 2000) におけるジェンダーと感情労働にかんするホックシールドの考察を取り上げて検討する。

第1節　感情管理と女性

 本節では，感情管理と女性の関係をみるために，「私的生活」における感情管理と職務との関連，女らしさを構成するために利用される感情労働，感情労働の偽装的性格について，ホックシールドがあたえる説明を考察する。

1．感情管理と家族

 [1]まず感情管理と家族との関連からみよう。これについてのホックシールドの主張は2点からなる。第1は，家族は感情管理の訓練土壌をなしており[1]，子供の社会化過程における親による感情管理の訓練の仕方が，親の職務に強く関連することである。第2は，家族のなかでジェンダー的差異にもとづく感情管理の訓練がおこなわれることである。

 第1の点について，ホックシールドは，感情管理の訓練の仕方のちがいを，労働者階級，中流階級，上流階級の家族について考察する。彼女は，社会言語学者のバジル・バーンスタインに依拠して，家族における感情のコントロールシステムを，地位的および人格的なそれという2つの型に区別する。まず地位的コントロールシステム positional control system の家族では，年齢・性・親子のような公式の関係によってつくられる公式の規則が，子供の意思と行動をコントロールする。地位的家族はかならずしも権威主義

的であったり感情的に冷たいわけではなく，権威を，人格的感情ではなく非人格的地位によって基礎づけるにすぎない。このような家族では，たとえば，人形と遊びたいといい続ける子供にたいして，母親は性的地位に訴える。「坊や，人形と遊んではいけません。人形は妹のためのものでしょ。ここにタイコがあるから，かわりにこれで遊びなさい」，と。これにたいし，人格的コントロールシステム personal control system の家族では，公式の地位よりも子供の感情が重視される。同じ状況で母親はこういう。「なぜ人形なんかと遊びたいと思うの。とても退屈じゃない。なぜタイコで遊ばないの」，と[2]。地位的家族では，コントロールが子供の意志に作用して，子供が規則にしたがって行動するように命ぜられるが，人格的家族ではコントロールが子供の意志をつうじて作用して，子供は正しい行動を選択するよう説得される。一般に，労働者階級の家族は地位的であり，中流階級の家族は人格的である（Hochschild, 1983a: 156-157）。

　ホックシールドは同じくメルヴィン・コーンに依拠して，労働者階級の親は行動それ自体を認可する可能性が高いが，中流階級の親は，子供の感情と意図を認可する可能性が高いと主張する。たとえば中流階級の母親は，息子が野蛮で破壊的な遊びをしたことにたいしてよりも，立腹したことにたいして罰をあたえる傾向がある。耐えがたいのは，野蛮な遊びではなく立腹なのである[3]。感情労働の訓練は，中流および上流階級の家族が多くおこなう。中流階級の子供は，①目上の者の感情が重要であること，②子供自身の感情が重要であること，③感情には管理（モニター，認可，コントロール）が意図されること，を学ぶ。中流階級の子供は，感情規則に従って感情を形成するよう求められる。だから「大きな感情労働者は，小さな感情労働者を育てる傾向がある」（Hochschild, 1983a: 156）。

［２］以上の，中流階級の子供には感情管理の訓練，労働者階級の子供には行動の訓練という，階級と感情労働の訓練との対応図式は，しかし，ゆるやかにしか妥当しない。一般的には，感情労働の訓練の仕方には親の所属する階級という要因よりも親の職業という要因がもっと強く作用する，とホック

シールドは主張する。問題は親の職業なのである。中流階級に属してはいても接客職務についていない親は，地位的権威を承認するように子供を訓練することもあるし，労働者階級に属してはいても接客職務についている親は，人格的権威を承認するように子供を訓練することもある。すなわち，感情労働を要する職業では，感情管理を学び，感情規則に従うのを学ぶこと，これが重要なのである。感情労働を必要としない職業では，行動の管理を学ぶことが重要であり，会社もこれを求める（Hochschild, 1983a: 159）。

上流階級はどうかといえば，ここでも職務が関連する。感情労働をおこなう上流階級の親は，感情は重要だというメッセージと感情管理を学べというメッセージとをうまく結合するが，逆に，感情労働をおこなわない上流階級の親は，感情は重要だというメッセージを強調するが，感情をうまく管理しろとは主張しない。これにたいし感情労働をおこなう労働者階級の親は，感情をうまく管理しろとしか主張しない。感情労働を必要としない肉体的，技術的労働をおこなう労働者階級の親は，どちらのメッセージも主張しない。家族のなかで感情をどうあつかうかは，社会階級とはゆるやかにしか関係せず，企業による感情労働の設計に関係する（Hochschild, 1983a: 159-160）。

［3］親の職業が感情労働を要するか否かにもとづく，家族における感情労働の訓練の仕方のちがいにかんするホックシールドの指摘は，2つの点で重要である。第1に，ここではイデオロギー的再生産の場としての家族という把握が明確にしめされている点である[4]。ホックシールドがいうように，「階級的相続の一般的パターンがあたえられていれば，それぞれの階級が自分の子供たちに『自分の』タイプの労働環境に必要な熟練を用意し，階級にふさわしい仕方で引き渡す傾向がある」（Hochschild, 1979: 570）[5]。家族は雇用労働者を再生産する場であるが，ルイ・アルチュセールが指摘したように，賃金労働者の再生産には賃金労働者としてのイデオロギーの再生産機能も含まれており，親の職務に従って家族のなかで異なるイデオロギー的再生産がおこなわれる[6]。しかし労働者階級は諸階層に分化している。労働過程と労働統制方法の相違が，諸階層へのこの分化の1つの要因をなしていると

考えられるが[7]，ここでは諸階層間にあって，親の職務が労働過程で感情労働を要する職務であるか否かによって，家族においてイデオロギーの再生産の仕方の差異（感情労働による感情管理の仕方の差異）がうみだされると指摘されている点が重要である。

　第2に，職場における労働者統制の構造と，家族におけるイデオロギー的再生産の関係が示唆されていることである。人格的家族における子供の意志への働きかけと説得によるコントロールと，地位的家族における地位に依拠する行動命令によるコントロールとの差異がうまれるのは，親の職務が感情労働を要するか否かによっていた。だがさらにホックシールドはいう。オートメーション化によって感情労働を要求する職務が増加するならば，人格的コントロールシステムのなかでの感情労働，感情規則，感情の社会的交換が，職務中や職務を離れても，人びとが説得される方法となる。逆に，オートメーション化が感情労働を要求する職務を減少させるとすれば，非人格的コントロールシステムの拡大にみちびく，と（Hochschild, 1983a: 160）。ここでは感情労働を要求する職務が増大するか否かが，一般に人びとをコントロールする型を，したがって社会における感情のあつかわれかたを，社会的に決定する，という観点が明瞭に認められる[8]。

　しかし一歩ふみこめば，職務が感情労働を要するという事実は，もしこの感情労働の統制を企業がくわだてるとすれば，企業による労働者統制のなかに感情統制という要素が含まれることを意味する。そして労働者の感情にたいする統制が，企業が設定する統制の型ないしその型に含まれる要素と密接に関連していることはあきらかである[9]。たとえば生産職務において単純統制や技術的統制という労働者統制のタイプが支配的であれば，企業は一般に，労働者にたいして明示的な感情管理を要求しない。ところが第2章で指摘したように，接客業務では一般に，直接的統制戦略と責任ある自律戦略とを結合した労働者統制方法が適用される。それは，単純統制や技術的統制といった強制に力点をおく直接的統制戦略のなかにある接客業務でも，顧客の存在が従業員に，細部のタスクの規定をこえる特殊的，偶発的出来事にたいする対応を要求するとともに，接客に必要な自発性とフレキシビリティを要

求するために，従業員に裁量権があたえられなければならないからである[10]。こうした責任ある自律戦略の1つの要素として感情労働の統制が含まれるならば，あるいは単純統制や技術的統制の過酷さを顧客にたいして打ち消す砂糖まぶしとして接客労働で感情労働の動員がはかられるとすれば，感情労働を行使する労働者は，家庭で自分の子供にも感情労働の訓練をほどこす。だとすれば，ホックシールドの考察からは，職務における統制の型に含まれる感情労働の統制という要素が家族における感情のあつかいに影響をあたえる，という仮説が導かれるのである。職務における感情統制という要素はこうして，家族における感情のあつかいに影響をおよぼす重要な要因となりうるのである。この仮説による感情労働職務につく労働者を再生産するルートは，責任ある自律戦略のもとでの感情労働の統制→職務での感情労働の行使→親の労働者による家庭での子供への感情管理の訓練→感情労働者の育成と感情労働職務への補充，となろう。ホックシールドは，感情を媒介とする統制システムと家族関係の関連を考えるうえで，貴重な洞察を投げかけている。

［4］さらに，家族は将来の職務にそなえて親が感情労働の訓練を子供にほどこす場であるばかりでなく，感情労働のジェンダー化が準備される場でもある。これが感情労働と家族との関連の考察におけるホックシールドの第2の論点をなす。ホックシールドは家族のこの機能については断片的にしか言及していないが，主張は次のようになる。男性と女性には，異なった種類の感情労働が要求される傾向がある。全体としてみれば，女性は感情労働の客室乗務員の側に特化される傾向があり，男性は集金人の側に特化される傾向がある。しかしこの特化は，少年・少女時代にあたえられる心の訓練に依存している。女性には，「ナイスであること」において怒りと攻撃を抑制するという課題が課され，男性には，いろいろの種類の規則を破る人びとを攻撃するという役割のために，恐怖と弱さを抑えるという課題を課される傾向がある，と（Hochschild, 1983a: 163）。

家庭における感情労働のジェンダー別の訓練にかんするホックシールドの

記述は以上のように一般的なものにとどまるが，ともかくこうして男女には感情管理の異なる課題があたえられ，感情管理の仕方にジェンダー的差異がもちこまれる。だがホックシールドは，ここから進んで，女性の「女らしさ」は彼女らの感情労働の遂行の結果である，というおどろくべき議論を展開する。この点をみよう。

2．女性と感情労働

［1］女性は一般に，男性よりも他人の要求によりよく適応し，より協力的であると考えられている。しかしホックシールドは，女性が適応的，協力的であるのは，女性としての「自然の」性質によるのではなく彼女らがおこなう感情労働の結果である，と主張する。すなわち，適応的で協力的な女性は，服従をしめすことにおいて他人の幸福感と地位を肯定し，高め，祝福するという積極的な感情労働をおこなう[11]。この服従は「ナイスな」表現を自然にみせる感情を引きおこすことで，よい女の外見を形成するように努力することを要求する。女性がこの種の労働をおこなうのは，ジェンダーシステムにあって彼女らが従属的社会層であり，自分たちに欠如している物質的資源（金・権力・地位）とひきかえに自分たちの貴重な資源をなす感情労働を提供するからである(Hochschild, 1983a: 164-165)[12]。

こうしてホックシールドは論ずる。女性は感情の技術を開拓してきたが，深層演技の技術は異常に高い「二次的獲得物」なのであって，この技術が誤って「自然的」と呼ばれ，女性自身が形成するものというより誤って女性の「存在」の一部とされてきたのである，と。感情にかんして女性が共有する言語は，男性にとってそうであるような征服者の言語ではなく，技巧に富んだ獲物を獲得する話であり，彼に彼女を欲しがらせる方法，彼の心理を見抜く方法，彼に注意を向けさせたり彼の興味をなくさせる方法にかんする言語である。女性の従属は青年期に「生活の事実」として経験されるが，女性はこの従属に受動的に適応するのではなく，感情を必要と目的に積極的に適応させる。だが同時にこれを，同意の受動的状態にみえるようにおこなうのである。ここで必要な技術は演技であり，感情労働は道具なのである（Hochschild,

1983a: 166-167)。

「女らしさ」なるものは，先天的というよりは後天的に獲得されるものであると理解する立場や，女性がうまれながらに「女らしさ」という性質をもつという本質主義を退けて，この性質を社会的に構築されるものと理解する立場は，むろん珍しいものではない。ホックシールドの理解の独創性は，この「女らしさ」を，女性が積極的におこなう感情労働という具体的な努力の結果としてとらえた点にある。このゆえに，*The Managed Heart* のジェンダーにかんする章は「もっとも手ごたえがある telling」(Kemper, 1985: 1369) という評価もうまれるのである[13]。

以上のようなジェンダー形成における感情労働行使の主体的，能動的側面を取り出してこれを強調すれば，感情労働とはジェンダーを「実行すること doing」である，とする理解となる。ウェストとジンマーマン (West and Zimmerman, 1987) は，個人は社会的相互行為においてジェンダーを「実行すること」によって，イデオロギー装置としてのジェンダーとこれに規定される制度が構築されるという立場にたって，性（セックス），性区分，ジェンダーの3つを区別する。性は，生殖器や染色体による生物学的分類基準であるが，日常生活の性区分はこれによるわけではなく，性区分の社会的確認を表示（して，生物学的分類基準を推測）することでおこなわれる。したがって性の生物学的分類基準がなくとも，性区分は可能である。ジェンダーは，性区分の社会的確認を表示する行為を管理する活動，行為の産物である。だがこれは，慣習的で一般的なジェンダーの表示にとどまるものではなく，行為の結果があるジェンダーにふさわしいと説明できるように，特定の状況のなかで意図的に行為を管理する（そのために労働する）ことでなりたつ。だからある個人のジェンダーは，他人との相互行為のなかで，他人の判断と対応にたいして意図される繰り返しの行為なのであり，これによって性区分が正常で自然なものとして正統化される。こうして彼らはホックシールドの感情労働について，「ホックシールドが『感情労働』と呼ぶものの遂行にさいして，女性客室乗務員は，同時に自分たちの女らしさの上演を生産している」(ibid.: 144) とのべ，感情労働をジェンダーを「実行すること」

として位置づける[14]。

　[2] ホックシールドは，女性の感情労働が労働とみなされない点では，それはイヴァン・イリイチのいう「シャドー・レイバー」(Hochschild, 1983a: 167, 170) の1形態であるという。いうまでもなく，イリイチの本のタイトルは『シャドウ・ワーク』であり，ホックシールドが「シャドウ・レイバー」と呼ぶ理由は不明である。がそれはともかく，ホックシールドは次のようにのべる。この労働は「家事労働のようにまったく労働とみなされないが，しかしそれにもかかわらず，他のことをおこなってもらうためには決定的である。家事をうまくおこなうことと同じく，要領は努力の跡を消すことであり，きれいな家や歓迎するスマイルだけを提供することである」と (ibid.: 167)。だとすれば，感情労働が「シャドウ・レイバー」と呼ばれる理由はイリイチとはまったく異なることになる。イリイチでは「シャドウ・ワーク」とは「賃金も支払われず，かといって家事が市場から自立することにいっこうに役立つわけでもない一種の労役」(イリイチ，1982：4-5) を意味する。ホックシールドの「感情作業」や「感情労働」もその面をもつであろうが，「シャドウ」と呼ぶ主要な理由はその偽装的性質に，すなわち「努力の跡を消すことであり，きれいな家や歓迎するスマイルだけを提供すること」にあるからである[15]。

　この労働の生産物は「ナイスさ」である。これはどんな感情の社会的交換でも必要な潤滑油であり，「あなた，ナイスなジャケットを着てるわね」は相手を気持よく感じさせる。そのほか，恩恵をほどこすことや女性に期待されるサービスを提供することによる「ナイスさ」の表示もある。これらは感情労働によって支えられるが，この労働によって相手にたいする敬意 deference がうみだされる。適応的，協力的，援助的であるために，女性は秘密の感情労働をおこなっているのであり，この結果，女性は議論をすること，ジョークをいうこと，教えることが，これらの鑑賞を表現するよりもうまくないとみられる[16]。女性は他人を積極的に高揚させる労働をおこなうが，この労働において自然にみえればみえるほど，感情労働は労働としてし

めされず，この自然さ以外の貴重な性質はなにもないものとして偽装されることに成功する。こうしたジェンダーに特化された感情労働の発揮が，子供時代に課される男女別の異なった訓練に依拠している（Hochschild, 1983a: 163, 166-169）。

　感情労働によっておこなわれる偽装は，結婚生活においても現われる。ホックシールドは，結婚には大きな経済的不平等がしみこんでいるが，結婚では男女が愛しあおうと試みるので，絆そのものが，女性の男性への従属を偽装することを必要とするという。偽装は「私たち」の仕方での語らい，共同決定や共同の銀行預金口座などのかたちをとるが，婚姻関係の外部には不平等が厳然と存在する。そこで女性は，平等の感覚を維持するために偽装して，二次的決定について強く主張したり，制限された領域について積極的となる，といった行動をとる。自分の究極的な不利を理解し，この立場を変更できないと感ずる女性は，この偽装において感情労働をおこなう。しかしこれは秘密の労働である。偽装による自分の魅力が秘密の労働の産物であることを告白することは，自分を価値のないものにするからである（Hochschild, 1983a: 169-170）。

　[3] 結婚生活における感情労働による女性の偽装の例として，(1) 無能力の偽装，(2) 平等の幻想の創出による二次的決定への固執という偽装，をしめそう。第1の例では，ホックシールドは，ある共働き夫婦のセカンド・シフト（第2の勤務，すなわち家事労働）の分担の例をひきあいにだす[17]。ホックシールドは結婚生活における男女の役割にかんするジェンダー・イデオロギーを，①伝統型，②平等型，③移行型（①と②の混合型）に類型化する（ホックシールド, 1990: 23; Hochschild, 1990: 126）。この夫婦はともに伝統型であり，夫は，男は一家の長であるべきと考え，妻が働くのを許してやるといった態度をしめしていたが，じっさいには夫の収入だけでは家族の生計が維持できず，妻の収入が必要だった。妻も外見的には，自分のほんとうの仕事は家庭であると信じ，夫と対等であることを望まない伝統主義者だったが，しかしじっさいには妻は，活動的で外向的で意志も強く頭のよい女性

だった。彼女は，本来女性は男性と同じくらい賢明で実力をもっていると考えていたが，結婚生活を守るためには本来的な性格や知性を抑制し，自分がデリケートでひよわで知識をもっていないと装い，夫にたいしてみせかけの服従の態度をとることが必要だと考えていた（ホックシールド，1990: 100-101）。偽装の必要はここにあった。

　偽装が具体的なかたちをとったのは，夫に家事の分担をしてもらう現実的な必要が生じたときだった。伝統主義の立場からは，夫を台所から遠ざけなければならないが，しかし現実生活の必要上からは夫に台所を手伝ってもらわなければならなかった。このとき，妻は「無能力を装った」。すなわち，料理では夫のほうが妻よりもうまいので，支払いの仕事では妻がヘマをするので，妻は運転ができないので，妻が暗証番号を「いつも忘れてしまう」ので，夫が料理をし，支払い仕事をし，自動車を運転し，銀行の自動支払い機を操作した。夫は，「こうして計算された無能力に次々と対処しているうちに……セカンド・シフトの半分近くを分担するようになっていた」（ホックシールド，1990: 105）。無能力とならぶ偽装の形態は，病気の戦略だった[18]。これらの偽装によって，妻は自分の伝統主義（女らしさの感情）を傷つけられることなく，家事の半分を夫に担当させたのである（同上: 106-107, 379）[19]。

　［4］第2の例は，平等の幻想にもとづく二次的決定への固執という偽装である。これは，共働き夫婦のあいだの家事労働の平等負担をめぐる闘争と妥協において，あからさまにしめされる（ホックシールド，1990: 第4章）[20]。ある夫婦にあっては，妻はフェミニストで夫にセカンド・シフトの平等負担を要求するが，夫は平等負担を拒否する。妻は，夫の分担の拒否というつらい真実を忘れ，離婚をさけるために，じっさいには家事負担の不平等な分割である「階上は妻，階下は夫」という家事の分担を承認する。妻はこうして，家事の負担をめぐる夫婦間のいさかいをさけようとした。平等の幻想がつくりだされたが，この結果，大枠である不平等は意識的に度外視され，妻は夫が，たとえば犬の世話をしないときのような二次的領域についてだけ怒

ることになった[21]。しかし，とホックシールドはいう。「すべてを『うまくいかせる』ためには，複雑で相当量の『感情作業』（エモーション・ワーク）——自分が感じたいと望んでいる『正しい』感情を感じるように努める作業——が必要であった」と（同上：67）。

要約すれば，感情労働の訓練基盤は家族のなかにあり，家族では，おもに親が感情労働を要する職業にあるかどうかにしたがって異なった感情への配慮を子供に求める。またとくに女性はナイスさを演技するために感情労働の訓練にもとづくその提供を強いられる。この感情労働の結果として，またその痕跡が消されることで，適応的，協力的，援助的という女性の「自然的」性質がうまれるのである。

第2節　職務と女性

以上のような感情労働と女性の関係は，企業による雇用労働者の感情統制に利用される。「公的生活」すなわち職務におけるこの利用はいかなるかたちでおこなわれ，いかなる帰結をもたらすか。(1) 職務のジェンダー化と，(2) 性的アイデンティティからの疎隔という事態にそくして，これらの点を考察しよう。

1．職務のジェンダー化

［1］まず，女性の低いジェンダー的地位から，職務のジェンダー化が引きおこされる点をみよう。ホックシールドはいう。一般に，高い地位にある人びとの感情は重視されるが，低い地位の人びとの感情は軽視される。女性はジェンダー的に低い地位にあるので，その感情は割り引かれる。合理的だが重要でないものとしてか，非合理であり放逐できるものとして，割り引かれる。こうして男性が怒りを表わすときは合理的な，または理解可能な怒りと考えられるが，同じ程度の怒りを女性が表わすと人格的不安定のしるしと解釈される[22]。地位が低ければ低いほど，その人の判断は信用されず，感ずるものに敬意が払われない。女性は感情的である（「感情原理 doctorine of feelings」）と信じられているので，その感情は現実の出来事にたいする反応

ではなく，感情的な女性の反映とみなされる。たとえば医師は，女性患者よりも男性患者の病気にかんする訴えを真剣に受けとめ，また，女性患者の病気の主張は，現実への反応ではなく「想像しているだけだ」と解釈する可能性が高い。女性は自分たちの感情を真剣にあつかってもらうために，自分たちの感情を前面に押し出す。しかしここから悪循環がはじまる。彼女らはますます自分たちの反対する，女性が感情的だとする「感情原理」を強化してしまうのである (Hochschild, 1983a: 172-174)。

　地位と感情のあいだにこうした関係があるので，低い地位の部類の人びと（女性，有色人種，子供）は，感情の劣悪なあつかいにたいする「地位の盾 status shield」がない。職場ではこの事実が，2つの点で職務内容を変容させる。たとえばホックシールドが研究したデルタ航空の客室乗務員のばあい，第1に，女性乗務員は男性乗務員より，粗野で険悪な話や，サービスや航空会社への攻撃にさらされ，感情が手荒にあつかわれる傾向があった。彼女らのジェンダーの低い地位のために，悪口にたいする地位の盾が弱かったのである。さらに，女性乗務員には，女性の会計士，バス運転手，庭師よりも，女性らしい役割が期待された。この役割とは，乗客たちが家庭や広範な文化から借り入れて期待している，ジェンダーにかかわる2つの役割であり，①妻と母親の役割（食事の提供や必要物の差し出し）と，②魅力あるキャリア・ウーマンの役割（着飾って，家庭とは隔たった専門的で整ったマナーをもつ姿），である[23]。そこで乗客は，男性乗務員には仕事・昇進などについて質問し，女性乗務員には結婚や子供をもつかなどについて質問する (Hochschild, 1983a: 174-176)。

　第2に，女性の低い地位は，同一の職務をジェンダー的に分割して，これを男女に割りふる。女性は男性よりも上手にジョークを理解し，話を聞き，心理的アドバイスをあたえるように求められる。しかし乗務員は乗客に敬意をしめし，ジョークをナイスに理解すると同時に，持ち込めるカバンの大きさなどについての機内規則の実施にさいしては断固たる態度をとらなければならない。つまり，乗客にたいし権威的でなければならない。前者の役割が女性に，後者の役割が男性に割りふられた[24]。女性乗務員は乗客にたいして

権威をもてず，断固たる機内規則の実施には困難がともなったからである。また乗客も，男性乗務員が女性乗務員よりも多くの権威をもつと考えた。乗客は，たとえば20歳の男性の乗務員が，じっさいにはそうでないにもかかわらず，もっと年長の女性乗務員の「管理者」や「監督者」であると考えたのである（Hochschild, 1983a: 177）[25]。

［２］客室乗務員のばあい，男性が権威をもつという想定は２つの結果をうんだ。１つは，女性のスケープゴート化である。飛行機が遅れるとき，ステーキをもっていくとき，氷がないとき，乗客の欲求不満は女性乗務員に向けられた。女性は乗客の不満を吸収し，それをくい止めることがその役目であると期待された。いま１つは，男性も女性も，権威の架空の再配分に適応していたことである。男性乗務員は，じっさいよりも多くの権威をもつかのようにふるまい，これが彼らを悪口に不寛容にし毅然とさせたので，乗客の不平はやんだ。また女性乗務員は乗客の悪口をさけるために，女性客よりも自分たちに敬意を払わない男性客に敬意を払うという戦術をとった。もっともこの戦術によっても悪口のエスカレートをさけるにはほとんど成功しなかったのだが（Hochschild, 1983a: 177-178）[26]。こうして客室乗務員という同一の職務がジェンダー的に分割されたのである[27]。

次の例がある。座席の下に収まらないかばんを自分の前においていた男に，女性乗務員がいう。「それは入りませんので，なんとかしなければなりません」。彼は答えた。「でもこれは旅行中ずっともってるんです，ずっと離さずもってきたんです，ばかなことをいわないでください」と。そこに若い男性乗務員がやってきた。「お客様，このかばんはあなたの座席には大きすぎます，これを向こうにもっていかなければなりません」。「ああ，あなたですか」と男はいって，かばんを彼に手渡した…。トラブルメイカーは男性にまかせる，という女性の態度が助長された。だがこの態度は男性の地位を高め，女性労働者が男性労働者を監督するのを困難にした。ある男性乗務員は，自分が女性の命令に従うには，自分に敬意を払うという条件が必要だとのべた（Hochschild, 1983a: 178-179）。

地位と権威にたいする女性のこうした態度は，女性労働者の2つの補償的対応をうんだ。1つは，きびきびとした活発な母親という女性の権威モデルを使うことだった。こうしたかたちで乗客と同僚労働者のジェンダー的期待にそうことで，女性は，「いばりちらす」とか「容姿に思い上がっている」とかの非難をかわすことができた。もう1つは，尊敬の小さなしるしを重視することだった。たとえば，女性乗務員の多くは「ねえちゃん girl」という呼びかけに反対していた。「ねえちゃん，クリームをもってきてくれ」という注文は「ああミス，クリームをもってきていただけませんか」という注文とは異なる効果をもっており，呼びかけ方は，地位を指示し礼儀正しさへの権利を約束するとみなされた。尊敬のしるしを重視することで「あなたが私にたいして自分を管理するなら，私もあなたにたいする不快な感情を管理しましょう」という取引がおこなわれたのである（Hochschild, 1983a: 180-181）。

　［3］以上の，地位と感情の関係から職務のジェンダー的分割を説明するホックシールドの議論には，職務とジェンダーの関係について重要な指摘がある。それは，もともと低い社会的地位にある女性乗務員の感情を乗客が軽視することから職務に「女らしさ」が要求されたり，同一の職務のジェンダー的分割が生じる，という議論である。またこうした職務のジェンダー的分割にたいする女性労働者の補償的対応の記述にも注目すべきである。これらは，職場外の社会から顧客が接客労働過程にもちこむジェンダー・イデオロギーによって，男女間の職務内容の差異や女性労働者の補償的対応がうまれる，という指摘である。

　ただ，彼女の論理には不十分と思われる点もある。この論理では，職務のジェンダー的分割は，顧客が労働過程外部の家庭や文化から労働過程にもちこむジェンダー・イデオロギーが女性乗務員の行動を規制することから生じることになっている。男性乗務員の女性乗務員にたいする優越的態度は，乗客のこのイデオロギーやそれへの対応を反映したにすぎない。しかし職務のジェンダー的分割は管理者ももくろむのである[28]。つまり管理者は，労働過程外部の既存のジェンダー・イデオロギーを利用して顧客行動の統制をはか

るために，接客労働者の感情労働の設計を試みる[29]。この面からすれば，ジェンダー・イデオロギーの育成における職場と家族の機能は相互規定的となろう。すなわち，企業内の感情の統制は，職場外の（おもに家族内の）ジェンダー・イデオロギーを組み込んで設計され，それが職場の感情労働のあり方を規制して職務のジェンダー的差異を形成する。他方では労働者の感情統制がおこなわれるばあいには，先にみたようにこの統制による影響をつうじて親による家庭での子供への感情管理の訓練がおこなわれ，それによって感情労働者の育成がはかられる，というように。

しかしホックシールドでは，職場外のジェンダー・イデオロギーを組み込む企業内の感情管理の設計過程があきらかにされていない。企業による労働者の感情統制についてホックシールドが強調するのはむしろ，統制が引きおこす帰結としての性的アイデンティティからの疎隔である。

2. 性的アイデンティティからの疎隔

［1］企業による労働者の感情統制から乗務員の自己疎外の問題が引きおこされることは前章でみたが，これ以外にも，企業による感情統制は女性乗務員に問題を引きおこす。それは，会社が女性乗務員に「女らしい性質」を要求する[30]ことから生ずる，性的アイデンティティの問題である。

権威の欠如と女性は感情的だという「感情原理」に直面して，女性乗務員は，①援助する母親の性質と，②性的に魅力的な友人の性質，という2つの「女らしい性質」を演技することで地位の改善をはかる。ある女性乗務員は，絶妙に控え目な挑発をもって通路を体をゆらせながら歩くことで，男性乗客の関心と好意を確保するために，自分の性的魅力を利用しているとのべた。しかしこのような演技は，航空会社の要求するところでもある。会社は，女性乗務員の体重と年齢の資格要件，訓練，容姿と態度についての乗客の手紙を強調し，セクシーで魅力あるサービスを宣伝するからである。だから女性が個人的目的のために「女らしい」性質を使っているとしても，母親らしい行動をとることもセクシーな容貌やしぐさをしめすことも，会社のもくろむところなのである。こうして2つの「女らしさ」は会社に管理され

第5章　感情労働とジェンダー

る。ほとんどの乗務員は，会社がこれらの性質を使ってもうけている，とのべた（Hochschild, 1983a: 181-182）[31]。

［2］その結果はどうか。女性乗務員は，会社のために母親の役割を演ずることはしらじらしいと感じていた。しかし性的魅力については，女性乗務員を診察してきたセックス・セラピストは，「性的関心の喪失」と「オーガズム以前の問題」を指摘した（Hochschild, 1983a: 182-183）。女性乗務員は，若いときに他人の世話をし，他人に思いやりのあるよい少女だったが，若いときに会社に雇われて，他人の世話をするという性質をさらに使われる。そのためにこれらの女性は，本来の自分を決定するチャンスをもたず，これが彼女らの性生活にしめされる，と。彼女らは「……他人に関心をもつ人の役割を演じますが，自分の性格の別の側面を探求し，自分の性的その他の欲求を発見するチャンスをもちません。ある者は，他人を喜ばせることにかかりきりにされすぎているので，男が嫌いではないのですが，積極的に好きになりもしないのです。これは，彼女らがオーガズム以前的というよりは……関係以前的だということです。彼女らは他人がもっていない自分の数少ない部分の1つとして，自分のオーガズム能力にしがみつくのです」（ibid.: 183）。彼女らの性的問題は女らしさの過度の利用にたいする抗議形態であり，この形態がしめしているのは，自己のますます広大な領域が「私のものではない」ものとして放棄されてしまっていることである。現実の自己は，その表現の多くの部分が術策と感ぜられるにつれてますます隅に追いやられる。職務中のほんとうの自己と会社の制服を着た自己との分離を受け入れることは，たしかにストレスを回避する防衛手段ではある。しかしこの解決は重大な問題を提起する。自己を二重化するにさいして，必然的に，全体的自己についての健全な感覚が放棄される。「ほんとうの」自己と「舞台上の」自己とのあいだに生ずる緊張のために，彼女らは他人の地位を高め性的魅力を提供するという伝統的な女性の2つの役割を遂行し，享受する能力から疎隔される（ibid.: 182-184）。

　この点について，ホックシールドは次のエピソードを引きあいにだす。あ

る男性の乗客が機内の調理室に座っている女性乗務員と出会った。彼女は両足を拡げ，ひじをひざの上にのせ，あごを一方の手にのせ，火のついたタバコを他方の手に——親指と人差指のあいだに——もっていた。男はたずねた。「なぜタバコをそんなふうにもってるんだい」。見上げもせず，スマイルもせず，女はもう1服していった，「私がタマをもってるなら，この飛行機を操縦してるだろ」と。女らしい制服と女らしい「ふるまい」の内側にあったのは事実上の男だった。エピソードがしめすのは，女性の威厳を標準化し陳腐化する商業論理にたいする，舞台裏での激しい抗議だった（Hochschild, 1983a: 184)[32]。

　以上では，会社が宣伝などをつうじて乗務員に「女らしい性質」を無理やり押しつけることから引きおこされる性的アイデンティティからの疎隔という問題が論じられる。こうした問題は，労働過程論の展開にとって無視すべき問題ではない。労働過程論のカバーする問題は，テクノロジーや，生産編成や，労働の不熟練化や，統制の類型化や，同意の形成の諸問題にとどめられるべきではない。ジェンダーと労働者統制との関連はいっそうの追究が必要である。

3．本来の自己の追求

　［1］最後にホックシールドは，感情管理の問題を歴史的パースペクティブのなかにおく。ホックシールドは，ライオネル・トリリングに依拠して，感情表現にたいする人びとの評価には2つの転換点があったことを指摘する。第1の転換は16世紀におこった。これ以前には不正直さは欠陥でも美徳でもなかったが，16世紀中に正直さは称賛されるべきものとなった。というのは，この時期は社会的階級移動の時期であり，狡猾さが階級的上昇の重要な道具となり，演技の技術がそのために使われたからである。だがその後，階級移動が都市生活の現実となり，狡猾さと表層演技がますます一般化され，欺瞞がありふれたものとなるにつれて，第2の転換が生じた。正直さは美徳とはみなされなくなり，正直な魂は「洗練されておらず，やや愚かな，単純な人」と考えられるようになった。欺瞞はふつうのこととなり，偽善者や悪

人は人びとの関心を引かなくなった。人びとが関心をもつ欺瞞は自分自身の内面的欺瞞となった。そして感情管理の商業化とともに，正直さに代わって，自然な仕方で感じ，感じようと試みない真正さが尊重されるようになった。こんにち，技巧のない管理されざる感情が尊重されるのは，それが希少となっているからである。感情の商業化とともに，人びとは一方では商業化された感情の割引に熟達するようになり，他方では「自然の」感情，すなわち管理されざる感情に，未曾有の価値をおきはじめた（Hochschild, 1983a: 189-194）。

　しかし，人びとが表層演技や深層演技によって装う「偽りの自己」も，ジェンダー的分化の傾向がある。偽りの自己とは，自分の欲求を犠牲にして他人を喜ばせようと演技する「私」である。偽りの自己それ自体が不健全だというわけではない。偽りの自己にも，健全なものと不健全なものとがある。健全な偽りの自己は，真の自己だけでは達成できない思慮深さ，親切さ，寛大さの提供を可能にする。不健全な偽りの自己のモデルは，ナルシシストと利他主義者である。前者は偽りの自己にたいして愛と称賛を求め，後者は偽りの自己を過度に発展させて，他人の世話に過度にかかわる。男性にとっての危険はナルシシスト的な偽りの自己であり，女性にとっては利他的なそれである（Hochschild, 1983a: 195-196）。

　［2］現代では，こうした感情労働の性的分割に，企業による感情管理の組織化がつけくわわっている，というのがホックシールドの認識である。企業は労働者の感情統制によって，労働者の真の自己を顧客に提供させようともくろむが，そうすればするほど労働者には自己が偽りにみえ，真の自己がわからなくなる。たとえば，デルタの乗務員訓練では，乗務員が乗客に怒る原因は，顧客や会社の誤りではなく労働者の誤りによる，と教えられる。インストラクターによると，乗務員が乗客に怒るのは，彼女らが乗客をまちがった仕方でみているからであり，乗務員が「感じやすすぎて，神経が過敏すぎる」からなのである（Hochschild, 1983a: 196）。

　「このようにして会社の目的は，労働者が自分の感情の解釈を求められる

仕方のなかに浸透していく。それはことあるごとに労働者にたいして問題を提起する。『それが，私が自分の怒りについて考えるべき仕方なのか，これが，会社がそれを私に考えてもらいたい仕方なのだろうか』。こうして労働者は燃えつきるばあいにそうであるように，自分の感情との接触を失うことがあるのであり，あるいは，感情が意味するものについて会社の解釈と戦わなければならないのである」(Hochschild, 1983a: 197)[33]。

結　語

　以上，感情労働とジェンダーの関係にかんするホックシールドの所論を紹介・検討してきた。感情労働というキー概念を使って，ジェンダーと職務の関係に光をあてたところに彼女の立論の斬新さがあるといえる。以下では，感情労働と職務，およびジェンダーと感情労働の関係について，今後展開されるべきと思われる問題を提示して結論にかえよう。

　第1に，職務における感情労働の統制が，家族における感情労働の訓練にいかなる影響をあたえるかが追究されるべきである。ホックシールドは，家族を感情労働の訓練土壌とみなし，親の職務と関連づけて家族のなかで感情労働の訓練がなされるか否かに，感情労働者が再生産されるメカニズムを洞察した。この洞察は，家族内部における労働者のイデオロギー的再生産を，労働過程で要求される感情労働と結びつける点ですぐれているといえるが，ホックシールドでは，職務と感情労働の訓練の仕方との関連が一般的に考察されるにとどまっている。しかしこの考察は，責任ある自律戦略のもとでの感情労働のどのような統制が，親の労働者による家庭での子供の感情管理の訓練にどのような影響をあたえるか，という具体的考察にまで進むべきであろう。

　第2に，ジェンダーと職務の関係では，ジェンダー・イデオロギーにもとづく労働者統制が，とくに接客職務において重要となる点である。ホックシールドが女性客室乗務員にそくして提示した，性的に色づけられた宣伝などのかたちで会社が流布するジェンダー・イデオロギーにもとづく労働者統制や，あるいは端的に感情労働を動員して顧客に「女らしさ」の提示を要求

するような労働者統制は，統制関係のなかにジェンダーという独自の要素をもちこむ。しかしすでに指摘したように，ホックシールドは航空会社が乗務員の女らしさを利用したサービスを宣伝するとして会社によるセクシュアリティの利用に言及するが，労働過程外部に存在するジェンダー・イデオロギーを企業が接客労働者の統制システムに組み込む仕方を具体的に論じていない。

　ジェンダー的差異をもたらすような労働者統制の形態は，接客サービス業務ではとくに重要となる。労働対象が顧客であるばあいに，顧客が男性であるか女性であるかに応じて，応対する労働者が男性となるか女性となるかは，サービスの質を顧客がいかに認知するかの決定的な要素となりうるからである[34]。この点についてコルジンスキは，航空機の男性乗客は一般に若い女性乗務員の前では，「より男らしく感じ，したがってよりくつろぐと感じる」というパンアメリカン航空会社の主張を引きあいに出して，これを「サービスの質のジェンダー化された定義の明白な例」であるとする。だからこそ管理者は，サービスの質のジェンダー化にそって，顧客が敬意を期待する低い地位の現場職務に女性スタッフを雇い入れたり，顧客サービスの技能訓練セッションをジェンダー化するのである（Korczynski, 2002: 51-52）。こうしたかたちで接客労働者にジェンダー的差異をもたらす統制は，これまで労働過程論が追求してきた統制とは異なる様相を呈するであろうし，統制が労働者におよぼす影響もホックシールドが女性乗務員についてしめしたように，従来の研究でしめされてきたものとはかなり異なるものとなろう。こうした点が，多様な職務にそくしてあきらかにされるべきであろう。

　第3に，企業がジェンダー的差異をもたらす労働者統制をあからさまに追求しないばあいであっても，同一職務のジェンダー的分割の考察は，とうぜんのことながら，より深められるべき考察項目をなしている。「ジェンダーが1つの職務から2つの職務をつくる」（Hochschild, 1983a: 176）とすれば，同一職務にいる男女労働者に顧客が異なる期待をもつという関係は，フォーマルなかたちにせよインフォーマルなかたちにせよ，多くの接客職務

に存在するであろう。家族が生産関係によって規定されるとともにジェンダー関係に規定されるのとまったく同じように，職務も管理者－労働者の関係によってばかりでなく，ジェンダー関係によって規定される。この点についてのホックシールドの考察は，女性の弱いジェンダー的地位によって引きおこされる職務のジェンダー化とこれが強いる感情労働の性質，さらにジェンダー化が引きおこす女性の補償的対応，を分析した点に，不十分さと不明確さを残すとはいえ，ユニークさを認めることができる。労働過程は，生産内関係の要素として上司と部下の関係や同僚関係のほかに，ジェンダー関係をも規定的要素として含んでいるのであり，この要素が職務のなかでもつ意義をさらにあきらかにする必要がある。

注

1) ホックシールドは一方で，私的生活と公的生活との二分法にもとづいて前者を感情規則からまぬがれる領域，後者をそれにしたがう領域としているが，じっさいには本文のように家族が感情規則による感情管理の訓練土壌をなすと説明している点で，矛盾しているという指摘がある。これについてはたとえば，Wouters (1989a: 98-100) のほか，Frank (1987: 60-61)，Hayes (1984: 485)，Scheff (1984: 158) などをみよ。

2) 同じく，「おじいちゃんにはキスしたくない――なんでいつもキスしなくちゃいけないの」という子供にたいして，地位的家族は「子供はおじいちゃんにはキスするものです」と答えるが，人格的家族では「あなたがおじいちゃんにキスしたくないのはわかってるわ。でもおじいちゃんは健康がよくないし，あなたがとても好きなのよ」となる (Hochschild, 1983a: 157)。

3) コーン (Kohn, 1963: 312-314) は，中流階級と労働者階級の親が子供に体罰をくわえる状況を研究して，労働者階級の親は子供の行動の直接的結果に対応し，中流階級の親は行為における子供の意図の解釈にもとづいて対応する，と指摘する。これは，労働者階級の親は子供が尊敬に値することを重視するので礼儀作法に厳しいが，中流階級の親は，子供が内面化された基準にもとづいて行為することを重視するという相違による。この価値観の相違が，労働者階級の親の息子と娘にたいする体罰基準の区別と，中流階級の親におけるこの区別のなさや，野蛮な遊びには寛容だが癇癪の爆発には厳しい中流階級の親の反応を説明する，と主張する。チョドロウ (1981: 282-283)

第5章　感情労働とジェンダー

　　もコーンの考えに賛成して，パーソンズ学派は中産階級の男の子をホワイトカラーに育成していく家族の役割を，フランクフルト学派は労働者階級の性格を育成する家族の役割を，精神分析を利用して考察したと指摘する。
4）　Himmelweit and Mohun（1977: 22）も主張する。「家庭内労働の経済的機能は，日常的および世代的な労働力の再生産である。それのイデオロギー的機能は，子供の社会化をつうじての生産関係の再生産，等々である」と。
5）　ホックシールドは，中流階級の子供は感情を罰せられ，労働者階級の子供は行動を罰せられると指摘して，さらにいう。「社会化における階級的相違は，異なる程度の感情の商品化のための訓練になる。これが，階級構造が再生産されるもう1つの仕方である」と（Hochschild, 1979: 571）。
6）　アルチュセールはさらに指摘する。「労働力の資格付けの再生産が保証されるのはイデオロギーへの隷属の諸形態にしたがってであり，またこうした諸形態のもとでである」と。ここで労働力の資格付けというのは，労働力の多様な《職業》や《ポスト》への資格付けを意味する（アルチュセール，1993: 16, 19）。だからアルチュセールは，労働者には職業やポストに従って「隷属」すべき固有のイデオロギーがある，と主張しているわけである。
7）　こうした試みの1つが，Edwards（1979）を中心にしたアメリカ・ラディカル・エコノミストによる労働過程研究だった。彼らは，アメリカの労働者階級が弱体化した基礎には，労働過程における異なる統制システムにもとづく労働市場の分断の事実がある，と主張した。すなわち，労働過程には単純統制，技術的統制，官僚制的統制という3つの異なるタイプの労働統制システムが存在し，この統制システムのタイプの相違にもとづいて労働市場が，独立1次，従属1次，2次，の3つの市場に分断され，これに対応してアメリカの労働者階級は中間層，伝統的プロレタリアート，労働貧民の3つのグループ（フラクション）に分断されていると主張した。以上の分断的労働市場論については，Edwards（1979），ゴードン／エドワーズ／ライク（1990），都留（1985）を，また彼らの労働過程論の概略については，鈴木（2001）を参照されたい。
8）　しかしホックシールドが，家族のなかの人格的コントロール・システムは「家族をこえて」学校でも職場でも「拡大する」（Hochschild, 1983a: 159-160）というとき，ここには混乱がある。ホックシールドの立論によれば，家族のなかでの感情のあつかいを規定するのは，親の職業だったはずである。この見方によれば，感情のあつかい方を規定する人格的コントロール・システムが「家族をこえて」，学校でも職場でも拡大するのではない。基礎となり

基盤となるのはまず職務である。そして家族のなかで感情のあつかいを規定し，子供にそのあつかいを教える仕方が異なるのは，親の職務が感情労働を要求するものであるか否かによる。それゆえ一般的には，職務の形態が家族における感情のあつかいと，さらに家族をこえ，たとえば「学校」における感情のあつかいを規定する，と考えられるのである。こうした曖昧さは，のちに指摘するジェンダー・イデオロギーの形成における，家族と職場の双方の規定関係をめぐるホックシールドの曖昧さにもつうずる。

9) 以下にのべる統制のタイプについては，鈴木（2001）を参照されたい。

10) 第2章で論じたように，このために接客労働の統制では，労働者に自律性や裁量をあたえて管理への参加をうながすことと，それらをあたえず管理から排除するという統制のジレンマがとくに強く出てくる。

11) チョドロウ（1981:271）もいう。われわれの社会ではおんなは妻・母親であり他人との関係でみられるが，おとこは職業上の点から定義される。そこでおんなにはますます情動的・心理的機能が要求される。「おんなの仕事は『情動の仕事』である」と。

12) ホックシールド自身がおこなったものを含む2つのアンケート調査によって，彼女は，女性がより適応的であることは感情労働の結果であるという主張を補強している。これらの調査によれば，愛情なしには結婚しないと答えた男性は女性よりはるかに多く，自分の感情を管理すると答えた女性は男性よりも多かった。また望みどおりに事をはこぶために故意に感情をしめす，と答えた女性は男性よりはるかに多かった。これは，男性より感情的で感情を制御できないという女性のイメージに反するものだった（Hochschild, 1983a: 166）。

13) ケンパー（Kemper, 1985: 1369）は，こうした観点から，同じ職務でも女性は男性より感情労働を多くおこなうという主張，そしてとくに女性の「自然な」差異が社会的構築物でありうるというホックシールドの主張を，説得的とみなしている。

14) ジェンダーを「実行する」という考え方から組織とジェンダーの関係を考察したものとして，Hall（1993）がある。

15) マクドナルドは，ナニー nanny，オペア au pair をメイドと比較して，感情労働を含むケア労働の偽装的性質をあきらかにし，この性質をめぐる対立と矛盾を鋭く考察する。彼女はナニー，オペア，メイドの仕事をそれぞれ子供の世話，ヨーロッパ人が担当する子供の世話，掃除と家庭の世話，と定義したうえで，3者の仕事が目にみえない「再生産労働」（シャドウ・ワーク）

であり,「自然に」女らしいものとして,つまり熟練労働ではなく生得的性向の結果であって努力を要さないものとみなされる,と指摘する（Macdonald, 1996: 248）。そこでメイドは自分たちの地位向上のために,サービスへの支払いの獲得をめざして,目にみえない労働を取り除こうとする戦略をとる。これに反し,ナニーとオペアは「目にみえない仕事を目にみえるようにしよう」とする戦略を採用して,ケアにおける子供たちへの自分たちの愛情と責任を,雇主たる親に承認させようとする（ibid.: 250, 254-255）。けれどもナニーとオペアの戦略は,雇主たる母親との対立を引きおこすことがある。母親はナニーとオペアに「シャドウ・マザー」の役割を期待するからだ。すなわち「母親であるかのように家庭にいて,本当の母親が帰宅すると次には消え去り,‥‥子供の精神生活にはその存在の痕跡を残さない,自分自身の延長」（ibid.: 250）としての役割を,である。ナニーとオペアは目にみえない仕事を雇主に承認させようとする一方で,この努力を目にみえないものにする必要があるのである。

16) 女性にはこの労働を多くおこなうことが期待される。学生たちは,男性の教授よりも女性の教授に暖かく援助的であることを期待するので,比較的多くの女性の教授が冷たいと考えられている。心理学者,精神医学者,ソーシャルワーカーは,正常な成人女性の性質として「きわめて如才なく,きわめて優しく,他人の感情によく気がつく」をあげた（Hochschild, 1983a: 168）。

17) ついでに言及しておくと,家庭はもはや,伝統的な意味で労働世界からの安息をあたえる避難所ではなくなっている,というのがホックシールドの認識である。『タイム・バインド』（Hochschild, 1997）の目的は,現代アメリカの働く女性にとって家庭と職場が逆転している関係を論ずることにある。長時間の有給労働をおこなう仕事をもつ女性にとっては,家庭は子育てを含むたくさんの家事を能率的に遂行しなければならない場所であり,「もう1つの職場」である。他方で職場は,洗っていない皿や,けんかや,泣いている子供や,怒りっぽいティーンエージャーとは遮断された場所であり,家事から解放されるとともに,自己満足,幸福感,精神の高揚をあたえてくれる場所である。彼女らは,仕事という「家庭」に行くことによってだけ,家庭という「仕事」からの救済を得る。彼女らにとって家庭が仕事となり仕事が家庭となる,という逆転がおこっている。そのために彼女らは家庭に帰りたがらず,進んで会社での長時間労働に従事する（ibid.: 35ff.）。ホックシールドはまた,第1世界の共働き夫婦にとっての時間のなさが,グローバリゼーションによるグローバルなケアの連鎖をうみだす,と論じる。すなわちアメリカ

女性が第3世界の移民の、たとえばフィリピン女性をナニーとして雇用すると、フィリピン女性も本国に残している自分の子供の世話のために自分の送金でより下層のフィリピン女性をナニーとして雇用する。こうしてケアの連鎖がうまれ、第1のフィリピン女性の愛情は、本国の子供からアメリカでケアする子供に「転置」される。ケアの連鎖の上方にいる子供は下方にいる子供から奪った、剰余価値ならぬ「剰余」愛情を得ている（Hochschild, 2000: 135-136）。熊沢誠も、香港 - フィリピン間のメイドの「輸入」関係を指摘する（熊沢, 2007: 153）。なお Parreñas（2009）は、こうしたケアの国際的連鎖がうみだす不平等関係、新自由主義的な福祉国家後退が移民ケア労働者の低賃金化を促進すること、受入れ国が移民の家庭内労働者を制限することによって人権を否定していること、などの問題点を論じている。

18) この偽装は自分のジェンダー・イデオロギーを状況と和解させる「ジェンダー戦略」である。だが、ある行動コースを追求するために「感じる仕方」を変化させ「感じなければならない仕方」に一致させる点では「感情戦略」でもある。ホックシールドは3つのジェンダー戦略があったという。まず、家事を夫に負担させるようにする「平衡安定化戦略」があった。また夫が負担しないばあいに夫にもっと負担するように圧力をかける「積極的変化の戦略」と、間接的な仕方で夫に圧力をかける「受動的変化の戦略」があった（Hochschild, 1990: 129-130）。本文がのべる偽装は「受動的変化の戦略」である。なおホックシールドは1970-1990年に出版されたベストセラー女性アドヴァイス本を検討して、これらが「ジェンダー」戦略をしめす、と理解する。すなわち「彼女ら（著者たち——引用者）は広範な社会状態の読み取りをおこない、いろいろのタイプの読者に、いかにして、どのくらい、そしてだれに感情的注意を『投ず』べきかを推奨する」（Hochschild, 1994: 2) と。

19) 同じく、男性の側でも偽装がおこなわれることがある。家事労働の分担をさけてこれに抵抗するために、ある夫は、自分に割り当てられた家事から注意をそらし、気もそぞろにやる、という偽装戦略をとった。食料品の買物リストを忘れたり、ライスをこがしたりすることは、次回から夫がこうした家事を頼まれないようにするための戦略だった。これは無能を偽装する女性の戦略の男性版だった（ホックシールド, 1990: 295-296）。別の偽装の例もある。ある夫婦では、妻は150人の部下をもつ大企業の重役であり、夫は開業歯科医であった。妻は、会社での長時間労働のため子供といっしょに過ごす時間の少なさに苦慮していたが、会社では成功し昇進を続けた。夫には子供と過ごす時間があったが、夫は、友人から妻の所得で隠退することができると

からかわれ，子供の世話に多くの時間を費やすことはアメリカ中西部の町では公衆の称賛を得られず，さらにそうすることは自分の父親からの批判を招くなどの理由で，「半ば無意識に」妻に対抗しはじめる。すなわち，仕事への専心の偽装をはじめる。妻が火曜日の晩に早く帰宅できないといえば，自分も水曜日の晩のライオンズ・クラブに欠席できないといい，妻が出張しなければならないといえば，数カ月後に自分も出張する理由をみつけだした（同上：78-79）。

20) 家事負担をめぐる闘争では男性はいろいろの形態で抵抗するが，ホックシールドは，もっとも多くの感情的準備を必要としたのは「欲求の引き下げ」の戦略だったという。たとえば，買い物をしないのは自分が「何も必要としない」からであり，夕食の用意をしなかったのは冷たいシリアルが「よかった」からだ，と（Hochschild, 1990: 131-132；また，ホックシールド，1990: 296, 379もみよ）。

21) このほかの妻の偽装戦略として，①自分の余暇時間と夫の余暇時間との比較をさけ，自分の余暇時間を仕事をもつ母親との比較に限定し，夫の余暇時間を夫の父親や自分の父親との比較に限定すること，②自分はまめだが夫はまめではないと考えたり，自分は家事をおこなうように育てられたが夫はそうでないと考えること，などがあった（Hochschild, 1990: 133-134）。

22) カンター（1995: 11-21）は，経営管理論におけるテイラーの科学的管理法でもメイヨーの人間関係学派でも，女性を感情的と考えたために女性は合理的管理者像には不適格とされた，と指摘する。さらにムーアは大学のフェミニスト理論の授業で，家族内の女性の抑圧や家事負担の不平等等を語るとき，学生たちは女性教員よりも男性教員のほうが「客観的で科学的」であると感じる，と報告する（Moor, 1997）。

23) カンター（1995: 251-256）は自分が調査したインダスコ社（仮称）では，多数派たる男性によって少数派の女性が，①母，②誘惑者，③ペット，④鉄の女，のどれかの役割を演じさせられた，とのべる。

24) カンター（1995）は，企業内の女性の低い地位を，ジェンダーではなく企業の客観的組織構造（機会・権力・仲間集団の比率）にもとづいて説明する。たとえば女性も男性も指導者として男性を望む理由を，男性のほうが女性よりも「勝者あるいは権力保持者」となる可能性が高い点に求め，「意地悪く生意気な女性上司」がうまれる理由も組織内の彼女らの無力さに求める（同上：197-210）。つまり「ジェンダー（人）が職務を作る」のではなく，「職務が人を作る」（同上：322）と理解する。この理解に耳を傾けるべき点は多

いが，職場外から職場にもちこまれるジェンダー意識や雇主によるそれの利用を軽視するのはやはり問題であろう。

25) ピアースは，民間法律会社と民間大企業の法律部門での調査から，法律補佐員 paralegal の感情労働が職場のジェンダー関係を再生産するメカニズムを分析するが，この分析はホックシールドの記述を裏書きする。すなわち「男性の法律補佐員は，男性であったために事務弁護士としばしばまちがえられた。大部分の秘書は女性だったので，女性の法律補佐員はしばしば秘書とまちがえられた。多くの女性の法律補佐員は，事務弁護士のためにタイプを頼まれると報告した。……これらの例が例証するのは，法律補佐員のジェンダーが自分たちの職業上の役割の認知にいかに影響するかということだ。男性であることはある人の職業上の地位を引き上げたが，女性であることはそれを引き下げた」（Pierce, 1996: 196) と。ホックシールドのばあいは労働者にたいする顧客の認知であり，ピアースのばあいは労働者間の認知であるという相違はあるが，同じ認知が生じている。

26) しかしこうしたジェンダー的戦術が成功することもある。ローソンは，自動車セールスで女性セールスウーマンが男性セールスマンとは異なる販売戦術をとることで職務をこなしていた，とのべる。すなわちセールスマンが顧客に圧力をかけて販売を強いる戦術をとったのにたいし，セールスウーマンは，①顧客にゆっくり接近し，みるだけの顧客にもていねいに応対した，②買いそうかどうかで顧客の「品定め」をしなかった，③顧客と友人になるなどの関係的販売方法を使った，と（Lawson, 1996: 60）。

27) ピアースも同じく，男女の社会的地位の相違がジェンダー化された分業をうむ，と主張する。すなわち，女性には世話的であることが，男性には政治的助言者や「イエスマン」であることが期待され，また女性には情緒的であることが，男性には情緒的に中立的で礼儀正しいことが期待されるので，男女は異なる感情労働を遂行することが期待される（Pierce, 1996: 197)。だから「法律補佐員であることは，女性と男性にとって同じ職務なのではない。男性と女性の法律補佐員は，事務弁護士によって異なったかたちであつかわれ，異なった期待に直面し，異なった種類の感情労働をおこなう」と（ibid.: 187, また204もみよ）。

28) テイラーとタイラーは，航空会社「フライトパース」（仮称）の電話販売員と客室乗務員を調査して，管理者の統制がジェンダー化された感情労働の支出を強制して性的差異を再生産する事実を主張する。たとえば電話販売員の選抜では，管理者は高質のサービスを「自然に」引き渡す「パーソナリ

ティ」として女性を選抜することを当然視し，女性電話販売員には性化された顧客に耐える深層演技が訓練された。また女性販売員は，「ハードな」基準と「ソフトな」基準の両方で評価されたが，男性販売員は「ハードな」基準をクリアしていれば「ソフトな」基準は大目にみられた。客室乗務員は「女性の職務」と考えられたので，選抜でも「女らしい」他人の世話をする性質が重視された。訓練ではとうぜんのごとく，女らしさは「美しさ」の点から評価され，女らしいボディランゲージやはっきりと性的に色づけられた身体的表現を使うことが期待された（Taylor and Tyler, 2000: 83-87）。なお，家族内で形成されるジェンダー関係と職場内のジェンダー的不平等の形成との関係をどうみるかについては，Glucksmann（1990: 14ff.）が問題点を指摘している。

29) この理解が，どちらかというと組織における感情を補足的要素ととらえるのにたいし，パトナムとマムビー（Putnum and Mumby, 1996）はこれとはちがって，通説とは異なるフェミニスト的アプローチの立場から，近代官僚制組織における合理性がいかに家父長的ジェンダー関係に浸透され，ジェンダー関係を感情労働が支えるかを暴露しようとする。そのうえで，職場を支配する感情労働にかえて，作業感情 work feelings を中心とした職場構築を提案する。作業感情とは，道具的目的や官僚制的合理性が押しつけるのではなく，人間の相互行為から出現する感情である（ibid.: 49）。官僚制がその合理的でジェンダー中立的な外観にもかかわらず，権力関係の再生産のためにセクシュアリティに深く依拠しているという彼女らの分析は注目すべきであり，作業感情の提案もラディカルである。

30) デルタ航空は「女らしい性質」として，とくに「南部の女らしさ」を好んだ（Hochschild, 1983a: 109）。しかしこの点について Frank（1987: 61）は，ホックシールドが，サービス労働における人種差別を忘れていると批判す
る。接客業務の労働者の大部分が有色だからこそデルタは「南部の白人の女らしさ」を利用する。航空会社が女性を雇用するのは，同情，親切，卑屈さを安い価格でもたらすからであり，また乗務員の人種的ヒエラルキーが高ければ高いほど，奉仕する乗客の地位は高いものと認知されるからだ，と。しかしホックシールドは人種差別を忘れているわけではない。デルタ航空のある訓練授業では被訓練者123名のほとんど全員が白人女性だった，とホックシールドは指摘する。「どこに黒人がいるのか，と思った。どこに男性がいるのか。なぜこれは白人女性の仕事なのか。少数の黒人客室乗務員の1人が私にいった，『白人であるのは，デルタが偏見をもった白人の旅行大衆とみなす

ものの要求を満たすからだわ』と」(Hochschild, 1983b: 36)。

31) このような環境のもとでは，顧客のふるまいは容易にセクシャルハラスメントに転じうる。ヒューズとタディックは，カナダの女性販売労働者が男性顧客からうけるセクハラについて，①その拡がりと種類，②労働者にあたえる影響，③女性労働者の対応について，調査結果を報告する。彼女らが強調するように，セクハラを女性接客労働者がおかれる男性顧客との力関係において考察する必要がある。とくに企業が高質の顧客サービスを売り物にするなかで，管理者は仕事の性的に色づけられた性質を「たんに職務の一部」と，女性労働者を「性的商品」とみなし，またセクハラへの対応が売上げや評価に影響するので，労働者も顧客への考慮を優先して顧客に直接「やめろ」といえないような状況がうまれている点が重要である (Hughes and Tadic, 1998: 208-209, 214-215, 217)。

32) スターディとファインマンは，企業による感情統制にたいする労働者の抵抗の形態を，①企業による感情表示要求と私的感情との緊張として経験され，ストレス，アイデンティティの混乱，燃えつきなどにいたる「精神内失調的 intrapsychic」抵抗，②組織の要求する感情から自己を分離する，疎隔による抵抗，③スマイル・ストや感情爆発にいたる「公然たる抵抗」に，類型化する (Sturdy and Fineman, 2001: 142-149)。

33) 「しかし今日の大部分の労働者にとっては，表情や感情のどこで会社が停止し，どこで個人がはじまるのかを知るのはむずかしい」(Hochschild, 1983b: 42)。だからこそ「表情や感情」のどこまでが会社に属し，どこまでが労働者に属するかが，「領分争い」の対象となるのである。

34) 「対面的相互行為について顧客が抱く期待は，雇主がおこなう決定と顧客が出会う雇用パターンとの形成において，きわめて重要な役割を演じる」(Macdonald and Merrill, 2009: 120-121)。看護師と患者の関係におけるこうした点については，スミス(2000: 104-105)をみよ。また Martin(1999) は，「男の仕事」とされる警官が市民と相互行為するとき，①男性の警官，男性の市民，②男性の警官，女性の市民，③女性の警官，男性の市民，④女性の警官，女性の市民，という組み合わせにおいて，職務とジェンダーがいかに交錯するかを論じている。

補論　感情労働論と労働過程論

　この補論では，「感情労働」の概念をつくりだしたアーリー・ホックシールドの古典的作品，『管理される心』（原著1983年刊，邦訳2000年刊）が出てから20年ほどたった時期までに，感情労働の研究がどの方面で進み，どのようなことが問題にされてきたのかをのべる。そのうえでホックシールドが提起した感情労働の問題が，接客サービス労働の独特の統制構造とどのように関連してくるかについて論じてみたいと思う。

1. ホックシールド以後の感情労働論

　ホックシールドは感情労働という概念を使いながら，デルタ航空の客室乗務員と集金人の労働を観察し，感情の商品化がうみだす事態を鋭く問題にした。感情労働は，相手のなかに自分の望む精神状態をうみだすように外見を維持する努力，として定義された。彼女は私的生活（おもに家族・友人・恋人との関係，またコミュニティ内の関係）における感情労働の作用を考察し，次に感情労働が商品化され商業的に利用されるとき，つまり労働者がおこなう職務の一部に転ぜられて公的領域で利用されるとき（感情システムの変異），感情の本来の機能がゆがめられて，労働者のアイデンティティの喪失，精神的疲労，燃えつき（バーンアウト），などの精神的疎外が生ずると論じた。

　ホックシールド以後，感情労働の研究はおびただしい数の事例研究となって現われてくる。彼女のいう私的生活が事例研究の対象となったばあいもあるけれども，問題にされたのはおもに接客サービスセクターにおける雇用労働者が，顧客との対面的または声による接触をつうじて遂行する，公的生活における感情労働だった。とりあげられたサービス労働には，スーパーマーケットやコンビニエンスストアのレジ係，レストランのウェイターやウェイトレス，ファーストフード店の店員，旅客機の客室乗務員，航空チケット販

売員，コールセンターエージェント，自動車販売員，看護師，銀行員，集金人，警察署の犯罪担当刑事，生命保険勧誘員，法律事務所の補助作業員，ヘアスタイリスト，秘書，ディズニーランドの乗物係員など，多様な職務が含まれていた。こうした感情労働の研究が問題にしたのは，社会学の方面では，(1)それぞれの職務で発揮される感情労働の内容（職務のどの局面でどのような性質の感情労働が要求されるか），(2)感情労働の行使が労働者自身にどのような影響をおよぼすか（ここでは感情労働の否定的帰結＝感情的消耗が問題にされることが多いが，感情労働は労働者にかならずしも否定的帰結をあたえるものではないとも指摘される），(3)企業の感情管理戦略にたいする労働者の反応（それのどの側面に労働者は抵抗または順応したか），(4)感情労働自体がジェンダー化されて（とくに女性が優勢な）職務をジェンダー的に分離する側面，などであった。また経営学の方面では，サービス労働者の感情労働の行使が，顧客行動，職務満足，販売額，労働生産性などに大きな影響をもつことから，(1)感情労働の発揮と販売額との関連や，(2)感情労働の発揮と労働者の所得との相関などが追求されてきた。

2．労働過程論との接続

　ホックシールドの感情労働論は一方では「感情の社会学」の基礎をすえたが，他方では，接客労働者の労働過程に新たな理解を切り拓くことになった。彼女の本来の関心は，感情の商品化が引きおこす事態にあった。彼女にとって，私的生活における感情労働はどんな社会でもいわば社会生活を円滑にするために必要な労働であり，かならずしも人間精神の疎外過程を意味するものではなかった。ところが企業が営利目的のために労働者の感情労働の利用をもくろんで感情管理の技術を開発し，これを労働者に訓練するところまで進んでくるとき，労働者の本来の自己と偽りの自己との二重化，本来の自己の変容などの精神的負担が生じてくる，というのである。だから彼女は，企業が自分に都合のよいかたちで雇用労働者の感情労働を利用するときに生ずる諸問題をあきらかにしようと試みたといってよい。この点において，彼女の研究はハリー・ブレイヴァマン『労働と独占資本』（原著1974年

刊，邦訳1978年刊）以来，欧米で展開されてきた労働過程論と接続することになる。しかも，労働過程論が従来あまり注目してこなかった接客サービス労働の独自の統制の側面をあかるみにだすというかたちで接続するのである。

　ブレイヴァマンは，企業が雇用労働者をどのように自分の目的に方向づけて（労働者の統制），労働者から労働を有効に引きだすかに，労働過程の中心問題をみた。彼は，テイラー主義にもとづく構想と実行の分離の原則（管理者による精神労働の独占と労働者の肉体労働への限定）がこのためのもっとも有効な手段であると論じ，労働の不熟練化こそが現代にいたるまで労働過程を組織化する主要原理であり続けている，と宣言した。彼の労働不熟練化仮説は多くの難点をはらみ，これにたいする批判を軸に労働過程論争が展開してゆく（労働過程論争については，鈴木（2001）を参照されたい）。

　ホックシールド自身は，企業による感情管理を一種の労働不熟練化過程とみなすことで感情労働論をブレイヴァマンの労働不熟練化仮説と関連づけたにすぎないが，彼女の感情労働論は，じつはもっと広い労働過程論の文脈のなかに位置づけられるべきものだった。

3．接客労働における3極的統制関係

　製造業などの労働過程では，労働者の行動を望みどおりに方向づけようとしていろいろの統制形態を考案・実施しようとする管理者と，この統制形態に抵抗ないし順応する労働者という2極的統制関係を想定できた。だが接客サービス労働のばあいにはそうはゆかない。

　接客サービス労働は，労働過程の「原料」が顧客であるという独自性をもつ。製造業の労働者が物的原料に働きかけて製品を生産するのと同じく，接客労働者は顧客に働きかけてサービスをうみだす。ところが顧客は，意思と意識と，それに「感情」をもった人間である。このような労働過程で労働者の統制を問題にするばあい，「原料」としての顧客を考慮せざるをえなくなる。それはこの種の労働過程では次の事情がつけくわわるからである。(1)顧客統制の必要，(2)顧客による労働者統制，(3)顧客にたいする労働者・管理者

の利害連携と，労働者にたいする顧客・管理者の利害連携，がこれである。説明しよう。

(1)接客労働では，労働者の労働業績のよしあしは顧客のあつかいが成功するかどうかにかかる。そこで管理者は労働者ばかりでなく，労働遂行を容易にするように顧客の行動や態度をも統制することが必要になる。たとえば病院では予約による順番待ちのルールに従うことを，ファーストフード店ではトレイの後片づけを，顧客に義務づけることが必要になる。(2)顧客は迅速で良質のサービス提供を望むので，労働者のさぼりや不注意によるサービスの質の低下は顧客の不満や怒りを引きおこす。労働者は労働過程で管理者からばかりでなく顧客からも行動を統制される。(3)顧客行動を統制する必要という点では，労働者と管理者の利害は連携する。管理者は利潤を引き上げることができるので，また労働者も業績を向上させることができるので，両者ともに顧客行動の統制をめざす点で利害は一致する。また労働者がさぼらずに迅速に良質のサービスを提供することは，管理者と顧客の双方にとって利益となるので，労働者統制の点で管理者と顧客の利害は一致し，連携する。しかしこれらの利害連携のかたちはサービス職種によって異なり，同じ職種であっても局面によって利害連携のかたちはくずれて，別のかたちに移動することがある。

こうして接客サービスの労働過程では，製造業におけるように管理者と労働者の2極的統制関係ではなく，管理者・労働者・顧客の3極的統制関係を設定して，3人の当事者のあいだの複雑な利害関係を考察する必要がある。

4．接客サービスの統制関係と感情労働論

ホックシールドの感情労働論は，接客サービスの3極的統制関係における，おもに顧客統制の側面で問題になってくる。顧客統制の側面は，(1)労働者による顧客統制と，(2)労働者の主体性の変化，という2つの局面を含むが，感情労働はいずれの局面にもかかわる。

ホックシールドによる感情労働の定義は，「自分の感情を誘発したり抑圧したりしながら，相手のなかに適切な精神状態……を作り出すために，自分

の外見を維持」する努力，というものだった。だからこの定義は，感情労働の遂行による本人の外見の維持が「相手のなかに適切な精神状態……を作り出す」局面と，感情労働を遂行する本人が「自分の感情を誘発したり抑圧したり」する局面という，2つの局面を含むのである。接客サービス労働のばあいに第1の局面をなすのは，雇用労働者が自分の感情労働によってつくりだす表情や，肉体的動作や，言葉，声の調子などをつうじて顧客に影響をあたえる（顧客を統制する）過程である。管理者はこの影響を確実にするために，接客労働者の服装や身だしなみを規制するばかりでなく，マクドナルドの店員におけるように，あいさつ，スマイル，注文の聞き出しなどの動作やセリフを台本化して労働者の行動をルーティン化し，労働者による顧客の統制を定型化しようと試みる。マクドナルドなどでは「表層演技」だけで十分であろうが，職種によっては「深層演技」も必要になる。

　第2の局面は，感情労働によって労働者の主体性を変化させる局面である。管理者は，顧客に好ましい印象をあたえるように独自の感情規則を設定して，この感情規則に従って労働者が確実に感情労働を行使するように，労働者を訓練しなければならない。そのためにとくに重要となるのは，「深層演技」の訓練である。この訓練は一時的な主体性の変化を含むが，ばあいによっては管理者による労働者の主体性の構成にまでおよぶこともある。たとえば生命保険勧誘員などの職務は，その意志のない見込客の家でたった1人で見込客を説得して商品購入をおこなわせるという，たいへん困難な職務である。生命保険勧誘員は，保険加入を拒否する顧客の頑強な抵抗に出会い，勧誘員は顧客の家に入れてもらえず会話すら拒否されることがある。販売に失敗して労働者が気分的に落ち込む可能性も高い。管理者は感情労働を発揮させることによって，困難な接客職務に立ち向かうことのできる主体へと労働者を鍛え上げなければならない。こうして管理者は，接客部面で労働者が自分の望むように感情労働を行使するばかりでなく，感情労働を発揮することで困難な接客職務に立ち向かえるように顧客に応対する労働者の主体性を構成する必要にも直面する。

　これら2つの局面のいずれにあっても，労使関係という階級の問題のほか

に，ジェンダーの問題が交差してくることをつけくわえておくべきであろう。顧客統制の局面では，管理者は，顧客をうまく統制できるように顧客のジェンダーを考慮して，ジェンダー化されたルーティンを開発する必要がある。また労働者の主体性を構成する局面では，管理者は主体をどのようにジェンダー的に構成するか，が問題となる。さらに，このような管理者の統制戦略にたいしては，ジェンダー的見方にもとづく労働者の抵抗あるいは否定的反応が生ずることもとうぜん予想される。そうした労働者の対応を考慮することも必要である。

　感情労働論は，以上のように，接客職務の独自な労働統制構造のなかに位置づけてみるとき，それのもつ意義もはっきりしてくるように思える。しかし，労働統制という観点から感情労働論にアプローチするばあいにも，感情労働論にはなお残された重要な領域がある。それはホックシールドが試論的に展開した，社会階級や職業間における家庭内の感情労働の訓練の仕方の相違によって階級と職業が再生産される構造の説明である。これは，『管理される心』における客室乗務員と集金人の職務にかかわる感情労働のすばらしい分析や，「もっとも手ごたえがある」と評価された感情労働とジェンダーとの関連の分析の影にかすんであまり注目をひかなかった箇所であるが，わたくしのみるところ，ホックシールド以後まだほとんど手のつけられていない重要な研究領域をなすのである。

第6章　感情労働論の批判

序

　サービス産業の競争が激化するなかで，企業が顧客の存在を重視するにつれて，1990年代以来接客サービス労働の研究が注目されてきている。この研究にすくなからぬ影響をあたえているのが，ホックシールド（2000）の感情労働論である。

　前章の補論で，わたくしは，ホックシールドの感情労働論は，ブレイヴァマン以来の労働過程研究の流れと接続されるべきであり，そのときその意義も鮮明になると指摘した。それは，感情労働論が，私的生活における感情管理過程が公的生活において企業の営利目的に従属させられるさいに生ずる事態を問題にしており，この問題の立て方は，企業が雇用関係に入る労働者をいかに統制して労働を有効に引きだすかという労働過程論の問題設定と一致するからである[1]。そして労働過程論の系譜からすると，感情労働論が提起する問題は，接客サービス労働者の主体面の考察に新たな局面を切り拓くものとして位置づけることができる[2]。感情労働論は，接客企業が労働者の感情管理過程を統制するとき，主体としての接客労働者にどのような反応や影響が生ずるかを問題にしているからである。

　ところで感情労働論には，企業による感情労働の統制が接客労働者にあたえる反応や影響をめぐって，1つの論争点がある。ホックシールドは，感情労働の統制に起因する接客労働者の感情的機能不全（ほんとうの自己と偽りの自己との疎隔，そこから生ずる感情的な落ち込みやこごえや燃えつきなど）を指摘し，感情労働の行使が労働者にあたえる否定的影響を強調した。しかしこの主張にたいしては，さまざまの事例研究にもとづく反論や異論が提起されている。その主旨は，感情労働の行使は，接客労働者にかならずしも彼女の強調するような否定的影響をあたえず，反対に労働者に楽しさ，喜

び，新鮮で刺激的な経験，感情的解放感などをもたらすことによって，大きな職務満足をうむ，というものである。たとえばウーターズ（Wouters, 1989a）は，ホックシールドと同じく航空会社（KLM）の客室乗務員の調査をおこなって，客室乗務員には感情労働の否定的影響は認められず，それの行使は解放感や楽しさをもたらす，と論じた。またワートン（Wharton, 1993）は銀行労働者と病院労働者のアンケート調査にもとづいて，感情労働が接客労働者にもたらす影響が肯定的となるか否定的となるかは職務条件にかかる，と指摘した。さらにライドナー（Leidner, 1993）も，マクドナルドの店員職務と生命保険勧誘員職務の参与観察をおこなって，労働者が感情労働のルーティン化による統制に抵抗せず，これを積極的に受け入れている事実を確認した。以後，感情労働を職業的に行使することが労働者にとっていかなる影響をもたらすかという問題は，感情労働論の1つの焦点をなしていくことになる。

　それでは，労働過程論の観点からは，感情労働論をめぐるこの論争はどのようにとらえることができるか。本章の目的は，第1に，ホックシールドの批判者たちの主張を検討することによって，感情労働の行使が接客労働者に楽しさや解放感などの肯定的影響をもたらす根拠を，接客労働の独特の統制関係から提示することにある。第2に，感情労働が肯定的影響をもたらすとして批判者たちがあげる要因を，雇主の労働者統制戦略のなかに位置づけることにある。これらを論じることによって感情労働論における論争に労働過程論の観点から解答をあたえようと試みる。第3は，これらの考察をつうじて，感情労働論が労働過程論に提起する問題について一定の見通しを得ることにある。全体として本章は，感情労働論と労働過程論との具体的架橋をはかることを目的とする。

　以下の順序で本章を展開する。まず感情労働論の考察対象を明確にし，ホックシールドの感情労働論にたいする批判者たちの批判内容をみる。次に統制関係において感情労働が労働者に肯定的経験をうむ理由を説明し，雇主の統制戦略がこうした経験を強める事情を考察する。最後に考察をまとめる。

第6章 感情労働論の批判

第1節 感情労働論の考察対象

　[1] まず，感情労働の行使が労働者にあたえる影響を論じる前提として，(1)感情労働とはなにか，(2)感情労働者としてどのような労働者を考察対象とすべきか，という基本的な点を確認しておく。これが必要なのは，1つには考察対象を拡散させないためであるが，いま1つには，感情労働が論議されはじめている日本で，これらの点について誤解がしばしばみられるからである。

　ホックシールドの問題関心は，人間が世界を理解するための1つの機能である感情が，企業の営利目的に従属させられるときに生ずる事態を考察することにあった。このさい感情労働は「自分の感情を誘発したり抑圧したりしながら，相手のなかに適切な精神状態‥‥を作り出すために，自分の外見を維持」する努力として定義された。さらに，感情労働を必要とする職業は3つの特徴をもつとされた。すなわち，①顧客との対人的接触をもち，②労働者が他人のなかに感情変化を引きおこし，③雇主が労働者の感情管理活動を監視する，という特徴である（ホックシールド，2000: 7, 170, 179）。

　以上からさらに2点を確認できる。1つは，ホックシールドが問題にする公的生活における感情労働とは，職務が労働者に要求するたんなる感情的負担ではないことである。彼女はいう。数百フィートの高さで鉄の上を歩く鉄鋼労働者，落下傘部隊の隊員，カーレーサー，爆発物を運ぶトラック運転手などは恐怖感を抑えなければならないが，この努力は感情労働ではない（ホックシールド，2000: 178）。これらのばあいにも当事者は感情の誘発や抑圧を必要とするが，それによって「相手のなかに適切な精神状態」をつくりだす必要はない。だから接客労働者が顧客によって感情を傷つけられ，不快な思いや悩みをいだいたり，それらに苦しむこと自体は，感情労働には属さない。ホックシールドの強調にもかかわらず，この点は往々にして理解されていない。だがこの点が看過されれば，感情労働論はたんなる職業上の，対クライアントとの関連での「感情的悩み」の議論に堕してしまう[3)]。感情労働とは本質的に，顧客のなかに一定の精神的反応を誘発するために顧客の前

で演技する感情的努力をさすのであり，したがって感情労働の問題はまず，企業から顧客に一定の感情的反応を引きおこすことを命ぜられる労働主体の問題としてとらえられなければならない。

　［2］もう1つは，感情労働の遂行主体は接客サービスに従事する賃金労働者であることだ。賃金労働者は雇主が設定する感情規則に従って感情労働を遂行して顧客に感情変化をもたらし，雇主から感情労働過程やその結果を監視される。ホックシールドはいう。ソーシャルワーカーや保育者，医師，弁護士などの仕事は，感情労働を監視する直接的監督者がおらず，感情労働を非公式な職業規範と顧客の期待とにつきあわせてみずから監視している点で，3つの条件のうち2つしか満たしていない，と（ホックシールド，2000: 176）。これらの職務は顧客相手の自営業か，もしくは感情労働の行使に自律性や裁量をもつ接客賃金労働者とみなすことができるが，本来の感情労働職務と考えられていない[4]。接客賃金労働者が職務経験から自分流儀の感情規則を設定して自発的に感情労働を遂行するばあいも，感情労働論の本来の対象とならない。ただし，顧客との対応に接客労働者が行使する感情労働が影響をあたえ，その結果顧客対応のよしあしが管理者による公式・非公式の評価対象となるばあいには，労働者が自発的におこなう感情労働も，感情労働論の考察対象となりうる[5]。

　この点についてウーターズは，ホックシールドは感情労働職務を監督者による監視を要する職務に限定して，感情労働を自己監督する医師，弁護士，ソーシャルワーカー，教員などの職務を意図的に除外したが，それはこれらの人びとの暮らし向きがよいからであり，これらの人びとをあつかうことは，資本主義的企業の批判をめざすホックシールドの立場と相容れなかったからだ，と批判する（Wouters, 1989a: 100）。しかしこの批判は妥当ではない。第1に，それは，現代アメリカのサービスセクターの拡大とそれが要求する感情労働に焦点をあてるという，すなわちサービスセクターにおける賃労働関係の拡大にともなう感情労働の問題をとりあげるという，ホックシールドのすぐれて現代的な問題関心を無視している（Hochschild, 1989: 440を

みよ）。第2に，監視が意味する感情労働の強制という側面が，労働者の感情管理が企業統制に入ることによって不可欠となる点を無視している。この点をマクドナルドとシリアーニは正しく指摘する。彼女らは感情労働論の焦点をなすのは「感情的プロレタリアート」，すなわち相互行為的サービス労働に従事する現場労働者と専門職補佐員，の労働と経験であるとし，感情的プロレタリアートと，自己監督に服するホワイトカラー感情労働者では，感情労働のガイドラインが明確に指定されそれの発揮が監視される点で決定的区別がある，と主張する（Macdonald and Sirianni, 1996a: 3）。「感情的プロレタリアート」とは「対面的または声によるサービス労働を遂行するが，自分たちの感情の指針となる『感情規則』にたいする支配権をもたず，顧客にたいして従属的地位にあるサービス労働者」なのである（Macdonald and Merrill, 2009: 115）[6]。感情を自己管理する感情労働者が焦点にならないのは，その暮らし向きがよいからではない。それは，他人に雇用されて雇主から感情労働の行使を強制されるか否か，という点にかかわるのである[7]。

第2節　感情労働論にたいする批判

［1］ホックシールドが，感情労働の統制から生ずる労働者への否定的影響を強調したのは事実である。ボルトンは感情労働にかんする最初期の研究は，「ほとんど例外なく……従業員の感情を形成し統制しようとする組織の試みの否定的帰結にかんするホックシールドのペシミスティックな関心を共有する」とのべる（Bolton, 2005: 53）。スタインバーグとフィガートも，『管理される心』刊行後に論じられた問題点について次のようにいう。「最初に研究が検討したのは，感情労働の提供が従業員の幸福感にあたえる効果だったが，これは燃えつき，疲労，感情的偽りといった，従業員にとっての否定的帰結の特別の強調をともなっていた」。「しかし」，と彼女らは続ける。「皮肉なことに経験的図柄は，学者たちが仮想するよりもはるかに複雑だった。……感情労働は職務満足にたいして一様に否定的な影響をもつわけではない」と（Steinberg and Figart, 1999: 12-13）。

　では，ホックシールドの批判者たちはどのような批判をおこなったのか。

批判者たちの多くは，感情的プロレタリアートによる感情労働の行使は，かならずしも労働者に否定的影響をもたらすものではない．感情労働が喜びや楽しさや気分の高揚といった肯定的影響をもたらすか，それとも否定的影響をもたらすかは職務の条件しだいである，と論じた．つまり批判は，ホックシールドにたいする部分否定のスタンスをとっていた．これらの批判はとうぜんに，どんな職務条件が感情労働の影響のちがいをうむのかをあきらかにする方向に向かった．批判者たちの理解と提示された職務条件については議論の途次みていくことにするが，ここではウーターズの批判（Wouters, 1989a）を取り上げることにしたい．それは彼の批判が，感情労働は否定的影響をもたらさないとする立場から，上記の部分否定ではなく，ホックシールドにたいする全否定となっているからである[8]。

［2］ウーターズは，KLM オランダ航空の客室乗務員の調査結果にもとづいて，ホックシールドがあげる「感情労働の人間的コスト」（ホックシールド，2000: 152-157）をことごとく否定する．第1のコストは，職務との一体化のために乗務員が燃えつきるというリスクだが，ウーターズは，これは旧式の考えであり，こんにちだれが誠心誠意仕事と一体化するのか，と反論する．ホックシールドの客室乗務員もウーターズのそれも，公的自己と私的自己を「融合」させておらず，職務と高レベルで一体化するばあいでも，職務と自己との分離や演技を自覚している．彼女たちが感情労働行使のさいに道具的スタンスをしめさないことはめったにない．第2のコストは，演技のゆえに自分を「誠実ではないたんなる俳優」と非難するリスクだが，これも現実的でない．労働者が自分を非難するのは，優越的なまたは卑屈な行動のためか，「真正」すぎるためか，下手な演技者であるためなどだが，これらすべてで問題なのは，演技すること自体ではなく，演技能力，感情利用能力，動機づけである．第3のコストは，職務に演技が必要なことを認めて，ほんとうの自己と見せかけの自己とを区別することから生ずる疎隔やシニシズムの感覚である．ウーターズは，これはだれにもさけがたいが，これを回避するのがまさに感情管理技術である，と批判する．ホックシールドの客室乗務

員は，私生活でも仕事でも自己を「ほんとうのもの」と考えていた。感情管理が乗務員に，シニカルにならずに幻想をつくりだすものとして職務を認知させる。要するに，職務にたいするシニシズムがおこるとしても，感情管理技術によってそれを回避できる，というのである（Wouters, 1989a: 115-116）。

　ウーターズの批判のうち本章にとって重要なのは，(1)客室乗務員は職務中の演技を自覚しており，ほんとうの自己と演技中の自己とをつねに区別しているという点，(2)感情労働の負担の原因は演技すること自体にあるのではなく，「演技能力，感情利用能力，動機づけ」にあるという点である。第1点にいう演技の自覚とは，かならずしも演技中の自覚である必要はない。演技外にいる感情労働者が「ほんとうの自己」を取り戻しているときに，職務中の行為を振り返って演技と認定している事態をさすのであってもよい。こうして感情労働者は演技中の自己と演技外のほんとうの自己との疎隔に悩むことはなく，かりにこの疎隔が生じても感情管理技術によって処理できるのであり，それ以上の障害は感情的プロレタリアートにはおこりにくい，ということである。ウーターズによれば，KLMの客室乗務員は会社に感情管理を操作されている点を自覚したうえで，この操作に同意していた。だからホックシールドは「コストがまったくないか，あるいはほとんどないところにコストを認めさせている」（Wouters, 1989a: 118）。この批判にはホックシールドは沈黙し，『管理される心』の主張を繰り返すだけである（Hochschild, 1989）。

　演技の自覚という点は，他の論者も主張する。たとえばライドナーは，ホックシールドは企業による感情労働の利用が引きおこす落ち込みを強調したが，多くの労働者は自己の内面への企業統制に抵抗するわけでなく，「自分自身についての考えをそこなわないような自分の役割の解釈を試みる」（Leidner, 1993: 23）とのべる。彼女が調査したマクドナルドの店員は，職務中に偽装する陽気さもへつらいもほんとうの自己にふれるものと「認めなかった」し，深層演技を要求された生命保険勧誘員でさえ，見込み客の裏をかくという操作性を自覚していた（ibid.: 192-193）。またボルトンとボイドも航空機の客室乗務員の調査にもとづいてホックシールドを批判する。すな

わち客室乗務員は深層演技などおこなわず，うるさい顧客や不快な顧客をあつかっていることも，自分たちが「空虚なふるまい」を提供していることも，自覚している，と（Bolton and Boyd, 2003: 301）。とくにボルトンがこうのべるのは，資本主義的労働過程に入っても，感情の公的世界と私的世界にはホックシールドがいうような明確な分割ラインは存在しないので，接客労働者は資本の思いどおりの感情操作に服するわけではなく，「あらゆる感情が組織によって統制されるわけではな」(Bolton, 2005: 2) い，という理解にたつからである。アメリカのレストランのウェイトレス職務を参与観察したパウルスはもっと明確に，ウェイトレスは自分の感情の制御権を維持し，ときに自己を操作して顧客に服従的であったり友好的となるが，この自己の操作を他人を操作する手段と認めている。だから「フロントステージとバックステージとの，つくりだされる感情と自発的な感情との境界はいぜんとして明瞭である。演技の真っ最中においてさえ，ウェイトレスは自分の役割のなかの自己を失わない，あるいは自分の目的を見失わない」(Paules, 1996: 277)。こうしてウェイトレスは他人の感情を操作するために自分の感情を操作することを自覚し，これと自発的で偽りでない自分の感情とを区別しているので，自己疎外や感情の方向感覚喪失にはおちいらないのである(ibid.: 284)。だからパウルスは，ホックシールドが職務中の演技によって感情的損傷をこうむると主張するのにたいし，ウェイトレスは「仕事に身を入れすぎないし，職務から自分自身を引き離すとき，『それについて不快に感じ』ない」(ibid.: 285-286) と批判する[9]。

［3］第2の点は，感情労働の発揮が肯定的帰結をうむか否定的帰結をうむかは，演技すること自体の問題なのではなく，「演技能力，感情利用能力，動機づけ」の点で演技が成功するか否かにかかる，という点である。この主張も説得性がある。上の能力や動機づけを作用させることで感情労働による演技が成功して，相手に有効な心理状態を引きおこすことが労働者にとって困難であればあるほど，感情労働の行使が労働者にあたえる精神的，心理的負担も大きくなるからだ。

第6章　感情労働論の批判

　こうしてみるとウーターズの批判は的確であると思える。決定的なのはホックシールド自身の記述である。『管理される心』では，1978年以後の価格規制緩和と1981年以後のサービス競争の激化によって航空産業が効率化をめざした結果，割引客などの乗客増加にもかかわらず客室乗務員が増員されず，労働が強化されたので，乗務員の感情的ストレス，疲弊，抵抗，スマイル戦争が生じたとされるが，この記述にすぐに続けて，感情労働の否定的帰結が総括的にのべられる。そのために，会社による感情労働の酷使が直接に乗務員にたいする否定的影響をうんだかの印象をあたえられる。だが彼女の本をよく読めばそうでないことはすぐにわかる。ストレス，精神的疲弊，抵抗などの乗務員の感情管理の問題が顕在化したのは，作業のスピードアップが乗務員の感情労働の行使を不可能にしたからなのである。

　彼女はいう。産業の能率化によって客室乗務員は大量の乗客をあつかわなければならなくなり，作業がスピードアップされて乗客との接触時間が短縮された。このとき深層演技は不可能になった。そこで乗務員は深層演技をやめて表層演技に後退し，「ロボットになった」。しかし産業の「高速化が起こる前は，ほとんどの労働者が，よいサービスをするのに必要となる前向きな善意を持っていた。彼女たちはたいてい，誇りをもってそうしていた──変異に賛同していたのだ」と。あるいはこうもいう。「感情がうまく商品化されるときには，乗務員は，詐欺師やよそ者のような気分にはならない。彼女は，自分の心を込めたサービスが実際にはどうであったかについて，ある程度の満足感を得る」（ホックシールド, 2000: 145, 149, 157）と[10]。

　客室乗務員にとって感情的負担が大きくなったのは，まさに深層演技が技術的に不可能となり，乗務員が感情の変異に失敗したからである。深層演技が成功しているとき，乗務員は善意をもって顧客サービスに従事し，それに誇りをもっていた。ウーターズがのべるような，感情管理技術の成功が労働者に満足感をもたらすような状況が存在したのである。

　われわれは，感情労働の利用が労働者に否定的影響をもたらすというケースを排除すべきではない。しかし，感情労働の否定的影響をもたらす要因よりも肯定的影響をもたらす要因のほうが強いばあいにも，感情労働の否定的

影響が顕在化すると考えるべき理由はない。そして接客労働者のばあい，肯定的影響をもたらす要因のほうが否定的影響をもたらす要因よりも優位にたつ事情が，たしかに存在するのである。

第3節　統制の3極関係と労働者の利益

［1］以下では，接客サービス労働者が遂行する感情労働が肯定的影響をもたらす事情を検討する。まず接客労働の独自の統制関係とそこでの接客労働者の位置をみる。この統制関係に占める労働者の位置が，接客行為における労働者の利害と，そこで発揮される感情労働の帰結を決定するからである。

すでに第Ⅰ部で何度も論じたように，接客労働者の「労働対象は顧客」（Glazer, 1993: 17）である。このため接客労働過程は，製造業におけるように管理者と労働者の2人の当事者ではなく，顧客をつけくわえた3人の当事者から構成される。製造業の労働過程における管理者-労働者の2極関係は，接客サービスの労働過程では，管理者-労働者-顧客の3極関係となる。接客労働過程では，3者を軸とする「3極関係」（Benson, 1986: 6）「3面的関係」「3面的競争」（Leidner, 1993: 22, 124, 133, 166）「3極関係的相互行為」（Macdonald and Sirianni, 1996a: 6）が現われるのである。しかも3人の当事者は労働者の接客行為を中心に各自の利害を追求して，他の2者の統制を試みるので，3極関係は3極的統制関係となる。ここで統制controlとは，ある当事者が自分の意志を他の当事者（たち）に押しつけて自分が望むような行動を他の当事者（たち）から引きだそうとする行為を意味する。第1章でものべたように，ブレイヴァマン（1978）以来の労働過程論の伝統にもとづく統制概念は，接客労働過程にある顧客，管理者，労働者の行動にも適用可能なように，このようなかたちに拡張される必要がある。

ここでの統制関係は多方向的であるが，労働者に視点をすえて統制関係をみよう。第1に，労働者は顧客サービスを迅速に遂行することを管理者から命ぜられ，行動を統制される。第2に，労働者も顧客行動を統制しようとする。これは，そうすることを管理者から命ぜられているという点でも，労働者自身の仕事を効率化するという点でも，労働者にとって利益になる行為で

ある。第3に，労働者は，管理者だけでなく顧客からも行動を統制される。顧客は労働者による高質で迅速なサービス提供を望むので，ミスや手抜きによるサービスの劣化や遅滞をゆるさないように労働者の行動を監視する。労働者は管理者のほかに，顧客という「さらなるボス」(Fuller and Smith, 1991: 11) をもつ。この意味で，顧客はどんなに友好的にみえようと労働者にとって「潜在的脅威」(Benson, 1986: 258) をなすのである。

［2］感情労働の発揮はむろん労働者にとって負担となる。しかし上の第2の統制関係ではそれは顧客統制の手段となり，労働者に利益をもたらす。まさに「感情労働は，潜在的にやっかいなサービス受領者の行動を労働者が統制しようと試みる手段」(Leidner, 1999: 90) なのである。この点を明確にしておく必要がある。労働者の感情労働の発揮が，顧客のなかに適切な精神状態をうみだすとすれば，それはそれ自体，良質のサービスの生産を意味する。あるいは適切な精神状態をうみだすことが顧客行動の統制に役立つならば，労働者の接客仕事を容易にし，効率化する。これらの点で感情労働の発揮による顧客統制は，労働者に現実的な利益をあたえる。ここに，感情労働の発揮が労働者に肯定的影響をもたらす最大の理由がある。

　しかし労働者は，顧客を統制する立場にあると同時に，顧客から行動を統制されもする。そこで接客の場は，顧客を統制しようとする労働者と，労働者を統制しようとする顧客とが衝突する場となる。ラファエリは，イスラエルのスーパーマーケットにおける顧客とレジ係とのあいだの接客行為の主導権をめぐる「闘争」を指摘する。顧客は商品ばかりでなくサービスにも金を払っていると考え，レジ係がまちがった金額をレジに打ち込んで不当な代金を要求しないように，また精算のための待ち時間をできるだけ節約しようとして，レジ係の行動を監視する。他方レジ係は，顧客のコメントなどの「無視」，「拒否」，顧客の行為の不当さを言葉やジェスチャーで伝える「対応」，ジョークや会話で顧客に口をはさませない「引き入れ」などの手段で，顧客行動を統制しようとする (Rafaeli, 1989b: 259-265)。ある状況下では労働者は，接客行為をめぐる顧客との主導権争いを「第一次的」とみなす

(Leidner, 1993: 128)。

　［3］顧客と労働者との対抗関係のなかでは，顧客行動にたいする統制を強め，顧客からの統制を弱めることが労働者の利益になる。そのための手段が労働者の感情管理技術を含むならば，この手段が有効であるかどうかが感情労働の帰結をきめる。この様相は職種や職務の局面によって一様でないであろうが，それをしめしたいくつかの事例研究は存在する。

　ライドナーは，マクドナルド店員と生命保険勧誘員の職務を調査して，労働者が職務のルーティン化を受容する仕方の相違をしめした。生命保険勧誘員のタスクは顧客を統制して強引に保険に加入させるという大きな困難があったので，第2章でみたように保険会社は，勧誘員に通常の表層演技も深層演技も含む顧客統制技術を教え込むと同時に，勧誘員のものの見方・考え方を会社側にたつように一変させて，不屈の精神をもつ勧誘員にする「変身」戦略を採用した。勧誘員は「変身」戦略を受け入れたばかりでなく，顧客統制技術もむろん積極的に受け入れた（Leidner, 1993: 87, 151-152）。勧誘員には，その気のない見込み客を説得（統制）して保険に加入させるという強力な動機があり，感情労働の行使を含む顧客統制技術は，見込み客を保険加入させるにさいし，じっさいに有効だった。だから労働者が，顧客統制技術に含まれる感情労働の効果的な行使を肯定的に評価するのはとうぜんだった。

　これにたいしマクドナルド店員は，接客時間が短く，店内ルールが周知され，顧客が商品購入をきめているなどの点で，顧客統制の必要はなく，管理者からその権限もあたえられず，ただ顧客へのルーティン的対応だけが要求された。感情労働を使うばあいにも，制服や身だしなみや愛想のよさ，台本化されたセリフなどによる表層演技だけが要求された。にもかかわらず店員は，管理者の用意した顧客統制技術を受け入れた。その理由は，顧客統制技術とこれに含まれる感情管理技術が，顧客による労働者統制を阻止し，顧客の攻撃から労働者を保護したからである。たとえば不愉快な顧客が労働者の行動に文句をつけても，顧客統制技術によって顧客と距離をおくことができた

(Leidner, 1993: 146, 175; 1996: 34)。だから感情管理技術を含む顧客統制技術は，労働者に積極的利益ではないとしても，嫌な顧客との接触を制限する遮蔽物として，消極的利益をもたらした。

こうして顧客統制技術とそれに含まれる感情管理技術とは，生命保険勧誘員には積極的な，マクドナルド店員には消極的な，利益をもたらした[11]。いずれの職務でも，企業のガイドラインにそった感情労働の行使は，労働者に心理的負担や疎外感をもたらす。しかし3極的統制関係にいる労働者が感情労働を行使することは，労働者による顧客統制の力を強めて，こうした不利益を上回る積極的または消極的な利益を労働者にあたえる。だから企業が命ずる感情労働の行使が，労働者に肯定的影響をもたらす可能性は高まる。

［4］だが逆の例もある。労働者による顧客統制の力よりも顧客による労働者統制の力が強いばあいである。この事情によって労働者が接客場面を支配できないとき，感情労働の発揮は重い負担となり，労働者に否定的反応をうむ。ステンロスとクラインマンは，警察の犯罪担当刑事の職務を調査して，刑事にとってある感情労働は疎外的だが別の感情労働は満足感をあたえる，と結論する。犯罪担当刑事と被害者との関係は，通常の接客場面における賃労働者と顧客との関係とは異なるけれども，相互行為における当事者による感情労働の発揮の状況が，この感情労働過程にたいしていかなる認知をうむかという問題に照明をあたえている。大方の予想に反して，被害者との面談は刑事につらさや無力感などをもたらしたが，犯罪者の取り調べは，刺激的で楽しい経験をもたらした。刑事にとって被害者との面談が不快だったのは次の理由による。(1)刑事は被害者の不満を真剣にきくように上司から命ぜられ，被害者も刑事が無関心なら上司に不平を訴えた，(2)被害者はあてずっぽうの犯人を示唆し，効果のない指紋検出を刑事に要求した，(3)テレビの刑事物のように被害者が早く結果を出せと刑事をせっついた，(4)被害者の盗品識別情報（メーカーや自分の物である証拠）がいい加減で役立たなかった，(5)被害者は，盗品を取り戻したり保険金を受け取ると犯人逮捕に無関心になった，である（Stenross and Kleinman, 1989: 444-448)。これらの事情は，刑

事が，上司からの指導や被害者の気まぐれな行動のために面談中の支配権を握れず，被害者によって仕事の進捗を妨げられたことに帰着する。顧客（このばあいは被害者）による労働者（このばあいは刑事）統制の力が強かったので，顧客統制のために職務中に発揮する感情労働が成功せず，刑事は職務遂行を妨げられた。そこで刑事は，感情労働過程を疎外的と感じたのである。

こうして顧客との対抗関係において，感情管理技術を含む顧客統制技術が有効であり労働者の利益になるとすれば，労働者は職務満足をあたえられ，感情労働行使の肯定的影響を経験することになる。そればかりではない。労働者は，企業の用意する感情管理技術に抵抗するのではなく，むしろこれを進んで受け入れる可能性が高くなる。その結果，管理者による労働者統制は成功する。つまり，接客労働過程では，顧客との対抗のなかで労働者に顧客統制が必要となるという事情が，労働者による感情労働の行使が肯定的影響をもたらす可能性をあたえ，しかも管理者による労働者統制を成功させる，という関係が存在するのである。

第4節　雇主の統制戦略

［1］以上，接客労働の統制関係から，感情労働の行使が労働者に利益と肯定的影響をもたらす事情を考察した。だが雇主はさらに，感情労働の行使が肯定的影響をもたらすような労働者統制戦略を展開することができる。以下では，感情労働の行使は労働者に肯定的影響をもたらすとしてホックシールドの批判者たちがかかげる諸要素を，この戦略のうちに位置づけてみたい。

職務が自律性をもつばあい，職務中の感情労働の発揮は疎外的とならないという分析結果が出ている。ワートンは，銀行と病院の現場サービス労働者を調査して，感情労働は一様に否定的帰結をもたらすわけではない，とのべる。高い自律性をもつ職務に積極的に参加する感情労働者は高レベルの職務満足を得る。逆に，低い自律性しかない職務に積極的に参加する感情労働者は感情的消耗のリスクが高い，と。さらに，職務の自律性は当該職務における感情労働の行使を嫌悪させないという調査結果は，感情管理が問題になる

のはそれが雇主の指揮下にあるばあいだけだとするホックシールドの主張と一致する，とのべる（Wharton, 1993: 218, 220, 222）。

またトリクは，スーパーマーケットのレジ係の調査にもとづいて，感情管理を，自律的感情管理と他律的感情管理とに区分する。レジ係は，前者では解放感を，後者では疎外感を経験する。最大の自律的感情管理がおこなわれるのは，職務を離れて「私のお客」と「私の店員」という関係が形成されるばあいである[12]。職務を離れた顧客への特別サービスという関係において，レジ係は，非疎外的で解放的な感情管理を経験する。他方，他律的で規制された感情管理が現われるのは，会社が顧客の「権利章典」を店内に掲示したり[13]，労働者にスマイルを強制するばあいである（Tolich, 1993: 371-372, 374-375, 378）。

職務の自律性や感情管理の自律性が意味するのは，統制関係の視点からは，職務中の顧客からの労働者を統制しようとする圧力と顧客の統制を命ずる管理者の圧力，このうちの1つか両方が弱いか（ワートンのばあい），存在しない（トリクのばあい）ケースとして，またそのような条件のもとで発揮される感情労働のケースとして，理解することができる。とくに顧客統制を命ずる管理者の圧力が弱ければ，労働者は感情労働の発動について裁量をもつ。すでに論じたように，感情労働が顧客統制を強めて労働者に利益をもたらすならば，労働者には否定的影響にまさる肯定的影響をもたらす。しかし労働者に感情労働行使の裁量があることは，かりに感情労働の発揮が労働者の精神的負担となったり，その発揮が不可能であったり，労働者に利益をもたらさないならば，労働者は感情労働の行使から撤退したり，感情労働を表層演技に制限することでその行使を弱める自由をもつことを意味する。労働者はいわば，肯定的結果をもたらす感情労働の行使だけを選択することができる。その結果が，非疎外的で解放的な経験となるのはとうぜんであろう。

［2］自律性をもつ職務で発揮される感情労働，あるいは自律的感情労働は労働者に肯定的影響をもたらす，という事情は重要である。というのは，雇

主の労働者統制戦略のうちには，労働者による感情労働行使に自律性をあたえて，労働者の肯定的経験を強めるものが存在するからである。このような戦略として，(1)人格的「変身 transformation」戦略と，(2)職務の再定義，を取り上げてみよう。

人格的「変身」戦略とは，労働者を洗脳して，その思考方法や，物の見方，考え方にわたって会社が望むような人格へと労働者を変造する戦略をさす。ライドナーは，生命保険会社は保険勧誘員にこの戦略を使った，とのべる。保険会社は，勧誘員職務に裁量をあたえざるをえなかった。保険販売というタスクを達成するためには顧客とのフレキシブルな対応が必要であり，しかも外回りする勧誘員の行動を会社は監視することができなかった。しかし勧誘員に裁量をあたえれば，勧誘員は会社の利益に反した行動をとることもありえた。そこで会社は，勧誘員の人格を変容させ，態度と思考方法の徹底した改造を試みた。具体的には，「積極的精神態度 Positive Mental Attitude」と呼ばれる哲学を勧誘員にたたき込んで，積極的思考を潜在意識に刻印し，これをスローガン化した「幸せ，健康，すばらしい happy, healthy, terrific」を繰り返させ，朝晩「いまやれ」という文句を50回から100回繰り返させる。こうするうちに勧誘員は消極的思考を克服し，オプティミスティックで熱狂的で，自信をもち毅然として辛抱強い，臆病や怖れにひるむことなく目標に向かって邁進する勧誘員に「変身」をとげていく（Leidner, 1993: 87, 100-103）。

人格的「変身」戦略では，労働者が職務中に発揮する感情労働は，自発的で自律的となる。したがって自発性と自律性のなかで行使される感情労働も，労働者に肯定的影響をうむ可能性が高い。しかも変容した人格が作動させる感情労働は変異をとげているので，職務中に自発的，自律的に行使される感情労働であっても，それの行使は顧客の統制とともに，管理者による労働者統制の成功を保証するように誘導されている。感情労働の行使が主体としての労働者に肯定的影響をあたえ続けるなかで，労働者統制の成功が保証されるのである。

次に職務の再定義をみよう。これは，職務を（あるばあいにはジェンダー

的に）解釈しなおすことである。ステンロスとクラインマンは，刑事が被害者との面談を感情的につらい経験と考えてこれを嫌悪したのは，警察文化の男らしい倫理に従って，被害者との面談を被害者のケアという女らしい仕事と考えていたからだ，という。逆に，元来は感情的につらい経験である犯罪者との面談を，楽しくエキサイティングで貴重な学習経験に転ずることができたのは，それを「多くの犯罪者を捕まえる方法」として解釈しなおしたからだ，とのべる（Stenross and Kleinman, 1989: 444-445, 450; Steinberg and Figart, 1999: 17）。

　職務のこのような改釈は，労働者自身によっておこなわれることもあるが，雇主の戦略によっておこなわれることもある。ライドナーは，雇主が，労働者の仕事と自己のイメージを和解させる戦略を使う，と主張する。感情労働が表層演技に限定されていたマクドナルド店員であっても，顧客が店員を侮辱したり無礼にふるまうとき，会社はこの経験を，店員の品格を落とすものとしてではなく，自己制御できない顧客よりも労働者がまともな人間であることの証しとして，提示した（Leidner, 1993: 189）。「変身」戦略によって人格を変容された生命保険勧誘員のばあいにも，管理者は，いろいろの点で職務を定義しなおした。たとえば管理者は保険販売を，労働者の利益にも会社の利益にもなるものとして提示したが，そのうえに保険販売を，万が一のとき最愛の者を財政的困窮から救うのだから見込み客の利益にもなる，と潤色した。これによって管理者は，保険勧誘員がおこなう強引な保険勧誘を倫理的，道徳的に正当化した。さらに管理者は，職務をジェンダー的に定義しなおした。保険勧誘員職務は，見込み客にへつらい，気に入られ，腹を立てず，敬意を払う必要があった。これらは女性的とみなされる職務の側面だった。だが管理者は，これらの側面を，男性的で英雄的な「意志の闘争」（ibid.: 201）過程として定義しなおした。すなわち，保険販売職務は決意，攻撃性，忍耐，禁欲を必要とする男らしい職務であり，とても女が成功できる職務ではない，というように，である（ibid.: 114, 123, 200-204）[14]。むろん勧誘員も管理者にしたがって職務を解釈した（Leidner, 1991: 158, 164-165）。このようなかたちで，職務の特徴や職務行為の意味が逆転され

る。

　職務の再定義によって，感情労働の発揮にともなう心理的，倫理的困難が緩和されるので，労働者は雇主による職務の再定義を受け入れる。これは，職務が自律性をもつばあいと同じく，雇主の目的にそった自発的，自律的な感情労働の発揮を容易にすることによって，主体としての労働者に肯定的影響をもたらすであろう。

　［3］最後に，雇主の意図的な統制戦略の直接的結果として感情労働の行使が労働者に肯定的影響をあたえるというケースに属するわけではないが，人格的「変身」戦略や職務の再定義などの条件が整えられると，感情労働過程がゲームとして展開され，それが労働者に肯定的影響をあたえる可能性があることを指摘しておくべきであろう。感情労働の発揮過程が，マイケル・ブラウォイの同意形成論（Burawoy, 1979）が主張するようなゲームとなるのである。彼の同意形成論は，労働者が労働過程をゲームとして構成することで，資本主義的生産関係にたいする労働者の同意が形成されると主張する[15]。労働過程をゲームとして構成するとは，一定のルールに従って遂行すべき労働過程を，労働者がせまい変動幅のなかで主体的に操縦し制御することによって，稼得賃金を最大化することをさす。労働過程が厳格にルーティン化され労働者には変更不可能にみえるとき，制御可能なわずかな余地が存在するならば，労働者はそこに自由と変化を求めて労働過程をゲームとして展開する。だが労働過程をゲームとして展開することは，必然的にゲームのルールの承認を含み，ルールの承認はルールの基礎をなす資本主義的生産関係を忘れさせてしまう。こうして労働者のゲームへの参加は，現存の労使関係にたいする労働者の無意識の同意をうみ，労働者はこの関係を維持し強化する点で管理者の共犯者となり，管理者による労働者統制が達成される。

　ゲームとしての労働の展開は，感情労働過程でも生じうる。ホックシールドの客室乗務員も厳格な会社の規則や慣行のもとにおかれ，そうした労働条件は「決して変えることのできない事柄として扱われた」（ホックシールド，2000: 130）。しかし第1に，客室乗務員にとってもせまい限界内の行動

の自由はあったはずであり，第2に，会社は深層演技の訓練をほどこしていた。会社は労働者に，客室を家庭の居間と考え，乗客を「個人的なお客様」とみなし，アイレイト（文句つけ）をただの子供ととらえ，さらに自分を賃金労働者ではなく自営業者と考えるように方向づけた（同上：121-122, 126）。ブラウォイではゲームの結果として生ずる「空想世界」＝「諸個人が彼らの存在の現実的諸条件にたいしてもつ想像的な関係の表象」（アルチュセール）がはじめから設定されたうえで，深層演技が訓練された。だから深層演技に成功すればするほど，ゲーム展開の論理が働く余地はあった。

　ステンロスとクラインマンも感情労働のゲーム的側面を指摘する。刑事は，大声をあげ，毒づき，会話を拒否し，ヒステリックになる犯罪者が，ほんとうの感情を偽装していると考えた。刑事は，取り調べを犯罪者との知恵くらべと考え，犯罪者にはったりをかけ，嘘をいわせ，ミスを利用し，不安にさせて犯罪者をだますことを，刺激的でチャレンジングだと感じた。犯罪者はゲームプレイヤーであり，取り調べはゲームへの挑戦だった（Stenross and Kleinman, 1989: 441-442）と。ライドナーも，感情労働過程のゲーム化を指摘する。倫理を重んじて強引な販売やだます販売はしないといっていた生命保険勧誘員でさえ，有望な見込み客をみつけるとよいカモとみなし，「見込み客を操作する能力を楽しんでいた」。しかも会社は，感情労働の発揮を含む販売技術の受け入れを勧誘員に強要するのではなく，これを勧誘員の「成功のための枠組み」として提示した。それを受け入れるか受け入れないかを個人的選択の問題として提示し，成功は個人の努力にかかる，とのべた。販売技術を受け入れて職務に専心するか否かが，自由な個人の主体的決断の問題とされることによって，販売は勧誘員の性格の強さを証明する機会となり，成功を用意する手段となった（Leidner, 1993: 104-105, 193, 223-224）。こうして，ブラウォイのいうゲームとして労働過程を展開する条件が整えられたのである。

　感情労働過程のゲームとしての構成は，感情労働の発揮過程を，苦痛や疲労をともなわないものにする。それどころか，それを刺激的で新鮮で楽しい経験にする。感情労働の行使は，労働者の自己実現行為ではないとしても，

すくなくとも自己能力の確証行為にはなりうるからである。そしてこれが同時に，労働者を顧客統制に果敢に向かわせることによって，管理者による労働者統制の成功を保証することはいうまでもないであろう。

　雇主が接客労働者にたいして以上のような戦略を展開するならば，感情労働の発揮が労働者に肯定的影響と職務満足をもたらす機会は増加することになる。

結　語

　本章は，接客サービス労働者が感情労働の行使に苦しむことなく，むしろこれを楽しみ，気分を高揚させ，職務満足を経験するというホックシールド批判にたいし，接客労働の独自の3極的統制関係からこの経験の根拠をしめし，さらに雇主の統制戦略のうちにこの経験を強めるメカニズムが存在することを説明しようと試みた。接客労働の統制関係を軸にすえることで，感情労働の帰結のかなりの部分を，心理学的迷路におちこむことなく説明できると考えたからである。

　しかし本章がホックシールドの批判者たちの主張の根拠をしめした限りでは，ここでの議論は批判者たちの主張の正しさを認めたことになる。これは，ホックシールドの感情労働論を否定したことになるのだろうか。わたくしはそうは思わない。彼女の主張は，批判者たちが考えるよりも大きな射程をもつと考えるからである。本章の議論が否定したのは，接客サービス労働者による感情労働の行使が，かならず接客労働者の燃えつき，自己疎外感，感情的こごえなどの精神的損傷を引きおこす，という主張だけである。

　感情労働行使の否定的側面を強調したホックシールドは，他方で次のようにのべてもいる。「変異がうまく機能している場合であっても，犠牲は払われているのである」(2000: 137-138) と。犠牲とはむろん，企業が接客労働者の内面的精神世界にまで侵入し，肉体的作業と同じくこの精神世界を我物化して営利目的に従わせる結果，労働者の人格やパーソナリティが商業主義の道具に変容される点をさす[16]。

　これの結果は，これまでのべてきたように，第1に，利潤獲得を目的とし

第6章 感情労働論の批判

て他人を操作し欺くために自己を操作し欺くことが，労働者が接客サービス職務につくための必要条件となり，管理者からたえずこれを強要されることであり[17]，第2に，感情労働の行使が利益をもたらすので，労働者に否定的影響というよりは肯定的影響をあたえ，したがって労働者に職務満足をうむ可能性が高くなることである。そして第3に，労働者が職務上の利益のために管理者の感情管理技術を受け入れるなら，管理者による労働者の統制は成功することである。

これらがしめしているのは，接客サービス労働者の増加とともに，意識されざる疎外状態がますます拡がるということである。意識されざる疎外状態とは，自己の感情労働が管理者による顧客統制という他人の営利目的のために行使され，その行使を管理者たる他人に強制されることが，自己の意識のなかで顕在化せずに，あるいはすくなくとも問題化せずに，むしろ労働者がこれらを積極的に受容している状況をさす。これは疎外の極端な形態であり，それは感情労働の行使が労働者に直接にもたらす否定的影響よりも，はるかに大きな問題である。そしてこれこそが，労働過程論にたいして感情労働論が提起する問題であると思えるのである。

注

1) ボルトン（Bolton, 2005: ch.2）は，組織における感情のあつかいを学説史的に回顧する。ウェーバーの官僚制論，テイラーの科学的管理論，フォーディズム，古典的管理理論家（ファイヨル，バーナード）は感情を無視し，行為者を自動人形として描いた。人間関係学派（メイヨー，ハーズバーグ，マズロー，マグレガー）は組織のインフォーマルな側面を問題にしたが，感情を労働者の個人的動機づけと職務満足の点からだけ考察し，組織の政治的，社会的，経済的要因を不問に付した。システムズ・アプローチは組織を外的環境との関連で考察するが，人間関係学派と同じく感情を組織の非合理性として放逐した。ゴフマンらの象徴的相互行為主義は感情が組織のフォーマルおよびインフォーマルな側面におよぼす影響を考察したものの，組織のマクロ的，構造的側面を過小評価した。労働過程分析（labour process analysis; LPA）はいくつかの欠陥をもつが，構造の欠如と構造の物象化をともに克服する（ibid.: 29）。組織内の対立を構造的とみなすとともに，組織に

よる労働者からの労働の引き出し（労働の不確定性）を中心に当事者による労働過程の再形成を考察する。そこで「感情統制をめざす試みは労働過程的説明に求められる」(ibid.: 42) べきだ，と評価される。さらに最近のゴールマン (1996) による感情的知性論 (EI または EQ) をシステムズ理論と人間関係論の新版として，またフーコーに依拠するポスト官僚制組織論と制度主義をシステムズ理論の再版として，批判する。ボルトンは，組織の感情分析は労働過程分析とゴフマンとの統合によってはたされる，と主張する (Bolton, 2005: 10, 88, 91, 103, 153)。

2) リッツア (2001: 112, 116-117) も，主体の研究の重要性を強調する。彼はブラウォイ (Burawoy, 1979) に賛同して，労働者や顧客が世界のマクドナルド化を黙認して進んでこれに従うばかりでなく，これを積極的に創造してもいると論じ，ライドナー (Leidner, 1993) が考察したマクドナルドのルーティン的作業のもとでも，労働者が自律性と創造性を発揮した事実を指摘する。

3) P. スミスでは，看護師の感情労働が統制される側面は，弱いとはいえ無視されてはいない（スミス，2000: 41-47, 113をみよ）。感情労働の演技的側面も指摘されている（同上：70, 101, 224）。だがこの本の訳者であり，感情労働論のわが国への紹介者の1人でもある武井麻子はのべる。「……より深刻な問題は，……患者の精神的な不安定さではなく，……患者に手を焼く看護婦自身の精神状態なのでした。看護計画に当の看護婦への支援策や救済策が書かれていないことが不思議なくらいでした。／そんなときホックシールドの感情労働という概念と出会ったのです。この言葉ほど看護の仕事を形容するのにぴったりな言葉はないと思いました」（武井，2000: 269）と。感情労働の力点がこうして「患者に手を焼く看護婦自身の精神状態」＝看護婦の感情的負担それ自体，におかれることによって，労働者（看護婦）の感情労働の統制過程と，感情労働が顧客に向かって演技する努力であるという感情労働の本質的側面が軽視される傾向がうまれる。

4) このゆえにボルトンは，ホックシールドの感情労働の定義では公的セクターの専門職ケア労働者である医師，看護師，ソーシャルワーカーの感情管理が抜け落ちてしまうと批判し(Bolton, 2005: 52)，それにもかかわらず多くの論者が，この事実を無視して看護師や法廷弁護士のような専門職に感情労働の概念を適用している矛盾を指摘する (ibid.: 126)。

5) たとえばシーモアとサンディフォードは，イギリスのパブチェーンを調査して，大企業とはちがって小さなチェーン店では，①感情管理を含む公式の

訓練がなく，②企業が設定する感情規則が存在しなかったが，③労働者は同僚の模倣や試行錯誤，あるいは管理者や顧客とのインフォーマルな接触による社会化をつうじて，暗黙の感情規則を学んだこと，④管理者は労働者の感情労働の行使を監督・モニタリングしなかったが，熟達した感情管理者を期待したことを，あきらかにしている（Seymour and Sandiford, 2005: 552-553, 555-556, 558, 560-561）。④の事情が，この種の労働者を感情労働論の考察対象にする。

6）「感情的プロレタリアート」はアメリカ労働者の29％をなす，とされる（Macdonald and Merrill, 2009: 118）。

7）わが国でも『管理される心』の邦訳の刊行以来，感情労働論への関心の急速な高まりがみられる。しかしそのばあい取り上げられる職業が，病気や貧困の問題をかかえるクライアントに直面する看護師，ソーシャルワーカー，介護労働者，福祉労働者などに集中しすぎている点に，欧米の研究とくらべて偏りがみられる。こうなるとどうしても，対クライアントとの関係での労働者の感情負担の問題に重点がおかれ，ホックシールドが強調する企業による感情管理の強制という側面や，印象管理技術としての感情労働の側面が後景に退く傾向が生じる。

8）ウーターズの批判を取り上げるのは，そのほかに，彼が *Theory, Culture and Society*, vol.6, no.1で最初にホックシールド批判をおこない（Wouters, 1989a），同誌同号でホックシールドがリプライし（Hochschild, 1989），さらにこのリプライにウーターズが回答する（Wouters, 1989b）という論戦のなかで，ホックシールドとの対立点を鮮明に打ち出しているという事情もある。

9）ただアメリカのウェイトレスの収入は，周知のように会社からもらう委託料のほかにチップ収入からなるので，自分を「伝統的な意味での従業員」とは考えず，むしろ「私的企業家」「独立実業家」と考えていることも（Paules, 1996: 272-274），こうした感情管理の自律性と抵抗力の維持に役立っていると考えられる。

10）ホックシールドがこうのべるのをとらえて，Brook(2009b: 18) は，ホックシールドが，感情の商品化を廃絶するのではなく，労働者が自分の「ほんとうの自己」をうまく管理できさえすれば，疎外を防ぐことができるかのように考えている，と批判する。

11）顧客統制の利益の大きさの点では，ホックシールドの客室乗務員は生命保険勧誘員職務とマクドナルド店員職務の中間にあり，集金人は生命保険勧誘員型職務であったと考えられる。

12) ベンソンは，アメリカのデパートのセールスウーマンも，顧客との特別の関係を形成することによる顧客統制のさまざまの技術をもっていた，とのべる（Benson, 1986: 260-264）。
13) 本書，75頁をみよ。
14) ローソンは「意志の闘争」というライドナーの特徴づけに賛成して，自動車セールスでも男性セールスマンの強引な販売戦術が「男らしい」ものとされ，こうした戦術をとらないセールスマンが「意気地なし」「負け犬」「弱虫」と呼ばれたことを報告する（Lawson, 1996: 66-67）。
15) ブラウォイの同意形成論については，くわしくは，鈴木（2001: 第4章）を参照されたい。彼自身による比較的最近のこれにかんする説明として，Burawoy（2001）をあげておく。
16) ホックシールドは，感情労働に従事する労働者には，①燃えつき，②自己と職務の分離による不正直さの自責，③自分が幻想作りだと考える皮肉さ，というリスクをともなうが，しかし労働者が「職業生活の条件にたいする統制権の感覚をもっと強く感じられるならば，3つのスタンスにおける害は縮小できる」（ホックシールド，2000: 214）という。他方でしかし彼女は，たとえば「よい演技のための条件を労働者が制御できるかどうか」は労働組合などの「実際的な政治にかかっている」としても，組合が「すべての問題を解決することはできない」。それは演技にまつわる感情労働の問題があるからだ，と主張する（同上: 216-217）。
17) マクドナルドとシリアーニはいう。「組立てラインの労働者は……自分の職務を公然と嫌うことができるし，自分の同僚労働者を嫌うことさえできる。……サービス労働者にとって職務に就くことが意味するのは，最低限それを好むように装うことであり，最大の場合には実際に彼の自我全体を職務に没入すること，職務を好むこと，相互行為する人びとを純粋に配慮すること，である」と（Macdonald and Sirianni, 1996a: 4）。

第Ⅲ部　労働移転

第7章　スーパーマーケットにおける経験

序

　接客サービス労働の労働対象は顧客であり，接客サービスの労働過程では製造業のそれとは異なって，管理者と労働者ばかりではなく顧客をまきこんだ複雑な利害関係が生ずる。このために管理者による接客労働者の統制が特別の困難にぶつかることは，これまで考察してきたとおりである。

　しかし管理者は，従来は労働者がおこなっていた接客サービス労働を顧客自身におこなわせることによって，対応の困難な接客業務や接客労働者の統制を除去してしまうことができる。これは典型的にはセルフサービス化[1]のかたちをとるが，セルフ化されると，それまで賃金労働者がおこなっていた対人的サービス労働が顧客の側に移転され，顧客自身がこの労働を遂行するようになる。この過程をアメリカの社会学者であるノーナ・グレイザーは「労働移転」と呼んだ。彼女は，1920年代にはじまるアメリカのスーパーマーケットのセルフサービス化と，1960年代以来の医療労働のセルフケア化という2つの事例について「労働移転」の広範な研究をおこない，労働移転によって賃金労働者や顧客がこうむる影響や，賃金労働者と顧客のあいだに生ずる変化や，さらには公的有償労働の領域と私的無償労働の領域との関係などについて，興味深い考察をおこなった。労働移転がひんぱんにおこなわれるのは個人的消費領域内にあるか，あるいはその近傍に位置する接客サービス労働においてである。

　本章の目的は，グレイザーの著書，『女性の有償労働と無償労働』（Glazer, 1993）の分析に依拠して，第1に，労働移転がどのような背景のもとで生じ，またそれを可能にする条件はなにかを考察することにある。第2には，労働移転が，接客労働における顧客，労働者，管理者のそれぞれにいかなる問題を引きおこすのかを検討することである。中心目的はむろん第2

の点にある。本章ではスーパーマーケットにおける労働移転の事例をとりあげ，医療における労働移転は次章で検討する。

本章の構成は次のようになる。まず第1節で労働移転の概念を説明する。第2節では，アメリカのスーパーマーケットにおけるセルフ化がどのような要因を背景に開始されたかを，第3節ではセルフ化の実現条件を，考察する。第4節では，労働移転の結果とそれがはらむ問題点を検討し，結語で考察をまとめる。

第1節　労働移転論

まず労働移転とはなにを意味し，社会的にいかなる帰結をもたらすかを概略的に説明し，グレイザーが労働移転の考察から引きだす結論を，先回りしてしめしておく。

1．労働移転の概念と実例

［1］グレイザーの問題関心は，家庭内における生産が工業化や商業化によって押しのけられ，生活過程が商品化されたにもかかわらず，アメリカにおける女性の家庭内無償労働が存続しているのはなぜか，という点にある。じっさい1960年代と70年代をつうじて，女性労働者の有償仕事と無償仕事の負担はへらなかったのである[2]。

この理由の1つを，彼女は「労働移転 work transfer」に求めた。労働移転とは，有償労働が無償労働に転換されることであり（Glazer, 1993: xi），かつて賃金労働者がおこなっていた有償労働が，セルフサービス[3]やセルフケアのかたちで顧客のおこなう無償労働に転換されることを意味する[4]。このばあい，顧客とは個人的消費をめざす財やサービスの買い手を売り手たる企業の側からみた規定であり，企業外部の私的家族の観点からは家族構成員である。この観点からは労働移転は，接客サービス労働者の有償労働が家族構成員の家庭内無償労働に移転される過程となる。なお蛇足となることを怖れつつ断わっておけば，本書は家庭内労働（domestic work）と家事労働（housework, household work）[5]を区別せず，いずれも家庭生活での直接的

第7章 スーパーマーケットにおける経験

必要にもとづいておこなわれる労働と定義する。したがってそれは家庭という空間でおこなわれることを要件とせず，スーパーマーケットやコインランドリーでの作業も家庭内労働や家事労働に属することになる。

　労働移転は，典型的にはセルフサービス化で生ずる。セルフサービス化によって雇主は，これまで賃金労働者を雇用しておこなわせていた労働を顧客やクライアントに代行させることができる。労働移転によって雇用労働者がへり，有償サービス労働者と顧客とのあいだで労働が配分しなおされるので，新たな社会的分業が編成される(Glazer, 1993: 6, 229)。

［2］セルフサービス化としての労働移転の例は枚挙にいとまがない。たとえば，ガソリンスタンドがセルフ化されれば，これまでスタンドで雇用されていた労働者が排除され，かわりに顧客が給油仕事をおこなう。銀行で自動現金預け払い機（ATM）がテラーにとってかわれば，顧客が機械で出納作業をおこなう。電話会社が直接ダイヤルと電話自動回線装置を採用して電話交換手を廃止すれば，顧客がダイヤルしなければならない。郵政公社が郵便番号を利用しはじめれば，利用者は郵便物に郵便番号を書き込まなければならない。医師や歯科医は，払い戻しのために保険書類を患者に書かせる。いろいろの請求書は，事務員による仕分けや記録の仕事をへらすために，顧客に口座番号や支払総額を記入させる。保険会社は，クライアントにおこなわせるために自分たちがおこなうペイパーワークに料金を課す。コンピュータ化された図書館は，コンピュータ検索の専門家のかわりに補助員を雇用し，学者に検索の専門家となるように要求する (Glazer, 1993: 6-7, 19)，等々[6]。

　労働移転では，以上のようなかたちで賃金労働者の有償労働が，顧客のおこなう無償労働に転換される。スーパーマーケットでは顧客は，店員に相談することなく品物をみつけ，集め，レジ係までもっていく。カウンターでカートから商品を降ろし，袋詰めし，自動車まで運ぶ。顧客は店員がいないために商品の適切さや耐久性等々も自分たちで評価する。買い物以前に労働がおこなわれることがある。顧客は，店員不在のために情報源として新商品の広告や消費者レポートを読む。

263

労働移転が完全におこなわれるのは，顧客がすべての労働をおこなって賃金労働者をまったく必要としなくなるばあいである。だから労働移転の究極の形態は自動販売機の設置だ，とグレイザーはいう。自動販売機による食品販売は1978年の23％から1988年の55％まで増加し，いまでは自動販売機でリーバイスやコンピュータ・ソフトウェアも買うことができる（Glazer, 1993: 51, 66）[7]。

　ただし，次の例は労働移転ではない。(1)大学事務員のワープロ仕事を大学教員にやらせること，(2)薬局で顧客が自分で薬を選ぶこと，(3)消費者がドゥ・イット・ユアセルフの組み立てキットを組み立てること，である。(1)は，賃金労働者の労働が非賃金労働者としての顧客に移転されるのではなく，ある賃金労働者（事務員）から別の賃金労働者（教員）への労働移動 shift of work である。(2)では，顧客はかつての薬剤師の労働をおこなうわけではないので，労働移転には属さない。(3)のキット組み立てはそれ自体消費であり，組み立てキットの製造労働を顧客が代行するわけではないので，労働移転には属さない（Glazer, 1993: 26）[8]。

　労働移転は，そこから労働が引き抜かれる賃金労働者の有償労働部面と，そこへ労働が移転される家庭内無償労働部面の双方に影響をおよぼす。これの影響を考察することがグレイザーの研究課題をなす。

2．従来の考察

　[1] グレイザーが労働移転をはじめて考察したわけではない。労働移転の事実は彼女以前にもかなり取り上げられている[9]。どのような文脈と観点から労働移転が取り上げられてきたのだろうか。

　B. セリグマン（Seligman, 1968: 229）は，1960年代のアメリカの食料品価格高騰の原因を考察するなかで，食品小売業の粗利益上昇の理由の1つとして，スーパーマーケットにおけるサービスの主婦への移転を指摘する。「どんな製品が上質の買い物を表わすかについて，彼女にアドバイスする，利用できる人間の店員はもはや存在しない。店員は，缶詰に値段を貼る『物の付き添い人』に転換され，彼が伝えることのできる唯一の情報は，缶詰の豆の

位置にかかわる。その結果，いまや主婦自身が昔は小売業者が支払っていたサービスを遂行する」。

まさに労働移転が指摘されている。セリグマンほど明示的ではないが，同じ1968年に V. フュックスは，サービスの生産性にとって労働過程への顧客参加が重要だと指摘した。「サービスにおいては，消費者はしばしば，生産において重要な役割を果す……。理髪店の椅子にすわっている場合のように，時にはその役割は，本質的に見て受け身のものである。……しかしスーパーマーケットや，セルフサービスの洗濯店では，消費者は実際に労働するし，医師の診察室では，患者が答える疾病歴の質が，医師の生産性に大いに影響するかもしれないのだ。銀行の生産性は，（窓口）事務員か顧客のいずれが預金伝票に書き込むかどうかによって影響される——しかもそれが正確に書き込めるかどうかである。……多くのサービス産業における生産性は，一部は，消費者の知識，経験および動機づけに依存していることがわかる」（フュックス，1974: 222-223, 原著は1968)[10]。

同じ観点から P. ミルズ（Mills, 1986: ch.9）は，「顧客はサービス組織の構成員であり，組織の業績の有効性にとって決定的」であると論じ，顧客がサービス組織とのかかわりで「なんらかの活動の遂行をまぬがれることはめったにない」と主張する。たとえば顧客は，税理士との接触では計算記録を持参させられ，小売では返品時にレシートを持参することを要求される。顧客はサービス提供のために正確な情報を提供することが期待される。サービス提供が完了しても，たとえば患者には術後の運動をおこなうことや，学生には宿題をおこなうことが要求される。ミルズはこの点から，顧客に労働をおこなわせるための顧客行動の統制方法を論じる。だがフュックスもミルズも，労働過程への顧客参加の重要性を論じたものの，労働移転を正面から取り上げていない[11]。

［2］ワインボームとブリッジズは，労働移転をジェンダー視点から考察し，賃金労働者としての女性と消費労働者としての主婦との対立を論じた。

彼女らは，「消費は労働である」と定義したうえで[12]，この労働を「消費

労働 consumption work」と呼び[13]，消費労働をおこなう労働者を「消費労働者 consumption workers」と呼ぶ。「消費労働者」は家庭責任からみて，まず家事のおもな担当者たる主婦である。所得との関連で消費労働はすでに「資本によって構造化されている」が，この構造化は資本と国家によってさらに押し進められる。まず資本と国家が夫の労働時間や子どもの就学時間を決定するために，消費労働は他律的となる。主婦は家事や買い物の時間を自分できめられず，待つことを余儀なくされる。だが消費労働の再編は，消費者自身に労働させるところまで進む。たとえば主婦はスーパーマーケットでは買い物労働をおこなわなくてはならず，医療サービスでは家族構成員を病院やクリニックに連れて行かなければならない。そこで主婦は賃金労働者と同じくスピードアップをこうむるが，細分化された賃金労働者の労働におけると同じく自分が購入する財やサービスにかんする専門知識や選択権を欠いている。他面では，資本が消費労働を拡大して主婦にたいして消費労働の負担をふやすことは，賃金労働者の余剰人員化をもたらす。だから「商業セクターとサービスセクターの賃金労働者は，その戸口に持続的にスト破りをもつことになる。資本主義的組織化はレジ係と買い物客とを，看護師と患者とを，教師と両親とを，相互に対抗させる」（Weinbaum and Bridges, 1976: 91-92, 95）。

ワインボームとブリッジズの労働移転論にはのちに立ち返るが，最近では現代世界のマクドナルド化を主張するジョージ・リッツアも，労働移転に言及する。「ファストフード・レストランやその他のマクドナルド化システムにおける『労働過程』のうち，きわめて重要であるにもかかわらず，ほとんど注目されていない側面のひとつは，かつて有給の従業員によって行われていた作業の多くが客が無給で行うように誘導され，おそらくはそう仕向けられてさえいるということである。……マクドナルド化は客を『労働過程』に組みいれてしまった。つまり客は労働者なのだ！これは雇用主側にいくつかの利点をもたらしている。すなわち，労働費用の削減（もしくは無償労働），従業員数の削減，人事問題の減少である」（リッツア, 2001: 113）。

労働移転によって，マクドナルド化システムは従業員ばかりでなく，無償

労働をおこなう顧客をも搾取することによって，搾取水準を引きあげている，とさえ主張される[14]。すなわち，マクドナルドの顧客は，セルフ化された無償労働をおこなうことで「価値を生産している」が，顧客は「自分たちが生産する価値に見合う支払いを受けていないばかりか，ただの一銭も受け取ってはいない」。だから「現在では，剰余価値は従業員の労働投下時間からだけ派生するのではなく，客のレジャー時間からも派生しているのである」（リッツア, 2001: 114-115, 122）と。顧客はむろんマルクス的な意味で搾取されるわけではないが，たしかにこの指摘は，労働移転による有償労働から無償労働への転換の事実を突いている。しかしリッツアのばあいも事実の指摘にとどまる。

3．グレイザーの考察

［1］以上の研究にたいするグレイザーの研究の特徴を，あらかじめのべておく。彼女の研究は，労働移転の2つの事例研究からなっている。「劇的なリストラ」をこうむり，労働移転がかなり進展していたアメリカの小売業と，保健サービス業である。

ただし，両産業での労働移転は，(1)移転される労働の性質，(2)生じた時期，(3)労働移転を引きおこした主体と理由，を異にしていた。顧客に移転される労働の性質がちがっていたのは，小売のセルフ化では財の配分機能をおこなうサービスが，保健サービス業のセルフケア化ではケアサービス自体が，顧客に移転されたからである。時期の点では，小売業の労働移転は1912年にはじまり60年までに完了したが，保健サービス業のそれは1984-85年に進行中だった(Glazer, 1993: xii, xiv, 8, 14)。主体と原因の点では，小売のセルフサービス化は直接に賃金コスト削減をめざす民間小売業者が開始したが，保健サービス業のセルフケア化は医療費削減をめざす国家と民間企業が開始したという相違があった。

グレイザーの考察の特徴は，第1に，従来の労働移転の研究が，労働移転の結果や影響を考察するにとどまっていたのにたいし，両産業における労働移転のプロセス自体を追求している点にある。すなわち両産業において，労

働移転がおこなわれた背景,条件,そして影響が詳細に追求される。このゆえに労働移転にかんする彼女の研究は,接客労働過程の独自性を考察しようとする本書に有益な示唆を提供する。

［２］第２は,フェミニスト的,マルクス主義的立場から労働移転にアプローチする点である。フェミニスト的立場がとられるのは,労働移転では女性労働者が中心となるからである[15]。労働移転それ自体は,かならずしも女性労働者に固有に生ずることではない。グレイザーもセルフ化によって男性有償労働が消失する例は知っているし,移転された労働を男性家族構成員がになうばあいもむろん意識している。しかし労働移転で移転されるのは,一般には,サービス企業の低賃金職務で優勢な女性労働者の有償労働である。また移転先の家計では,現行のジェンダーシステムがうむ女性の従属と家庭責任のために,労働負担者は,家事の主たる担当者である女性（主婦）とならざるをえない（Glazer, 1993: 6, 43-44）[16]。労働移転の影響が女性に集中するために,ジェンダー視点が不可欠となるのである。

マルクス主義的立場が採用されるのは,資本主義的生産関係を中心に労働移転が引きおこされるからである。労働移転が引きおこされるのは,直接には資本主義的生産関係のもとで労働コストを低下させる必要からであり,その結果発生する女性の無償労働は直接に資本蓄積を助ける（Glazer, 1993: xiii, 15-16, 42-43）[17]。グレイザーがブレイヴァマン（1978）による資本主義的労働過程の定義を受け入れるのも（Glazer, 1993: 5）,彼以後の労働過程論の展開とその欠陥を念頭においているのも[18],マルクス主義的立場を採用したことの現われである。

以上のようにマルクス主義的階級関係を基軸に労働移転が考察されるばかりではない。労働移転の考察では,階級関係のほかにもジェンダー関係や人種的,エスニック的関係も影響してくる。たとえば「グレイザーは,労働移転の影響は富裕な白人女性よりも非白人女性のほうが,また労働者階級の女性のほうがより大きい,とのべる」（Hill, 1995: 127）というように,である。だからグレイザーは,労働移転の考察では機械論的な「資本主義第一」

の考え方はとらないし，資本主義的関係によって社会生活が一義的に構成されるとも考えないという（Glazer, 1993: 43）。にもかかわらず彼女は，労働移転における資本主義的生産関係の中心性を強調するのである[19]。

［3］グレイザーが労働移転を考察する目的は，社会生活を公的領域と私的領域に分ける二分法を批判することにある。この二分法は，社会を有償労働の公的領域と家族生活の私的領域とに分割し，ジェンダー的に意味づける。すなわち，公的領域は家族外部の社会的，経済的，政治的，知的生活領域として男性の世界をなし，私的領域は，家族・友人関係，血縁的・自発的団体，隣人関係などにおける（感情的，性的，援助的，養育的）「個人生活」という女性の領域をなす，というようにである（Glazer, 1993: xi, xv, 29）[20]。

　グレイザーは，主流派理論家もラディカル派理論家もフェミニスト理論家も，この二分法を受け入れている点を批判する。

　第1に，女性の無償の家庭内労働を私的なものと把握することによって，家庭内労働は，直接には家族のためにおこなわれる労働（間接には労働者階級の社会的再生産や次世代の労働者の「社会化」のための労働）としか把握されない。だが労働移転は有償賃金労働を「自発的不払い（無償）労働」（Glazer, 1984: 67）に代替することによって，企業の賃金支出を低下させて利潤率を上昇させることで，直接に資本蓄積を助けるのである（Glazer, 1993: 15-16, 33-34）。

　第2に，二分法的理解は，私的領域の無償労働が公的領域の有償労働と連関していることを把握しない。この理解は，労働移転が提示する2つの領域の交錯を認識せず，公的領域と私的領域の女性労働が同格であることを認識しない（Glazer, 1993: 6, 31, 34）。たとえば労働移転によってある労働は公的領域から私的領域に移されるが，移転される労働の内実は「私化されてはいるが公的な労働」（Glazer, 1984: 67）なのである。

　第3に，二分法的理解は，雇用労働と家事労働という女性の二重の負担を解決しない。二重の負担の解決策として，フレキシブルな時間，職場の託児所，老人ケアのための休暇時間，パートタイム労働，分割シフト等々といっ

た解決策が提案される。だがどれも公的領域と私的領域という二分法を前提しており，女性を負担から解放しない。解決策は，保健，住宅，休暇などの権利を雇用と結びつけるのではなく，権利を市民権として主張し，賃労働システムに挑戦するものでなければならない（Glazer, 1993: 12-13）。

　［4］グレイザーの主張には説明不足の点もあるが，基本的主張は，公的領域と私的領域の二分法は資本と国家が人為的に構築したものだ，ということである。両領域は本来は内的に一体化していたが，資本と国家が，公的領域の有償労働世界と私的領域の無償労働世界とに，経済的，政治的，ジェンダー的に分割した。だが分割後にも，公的領域の有償労働と私的領域の無償労働とは，後者が再生産労働（労働者階級の日常的・世代的再生産）として前者を支えるという以上の内的連関をもつのであり，これを労働移転は端的にしめす。だからこそグレイザーは，「公的世界と私的世界との境界の流動性を証明」（Rovi, 1995: 98）し，「資本主義社会における女性労働の性質，貢献，価値にかんするマルクス主義的－フェミニスト的仮定の再考を要求する」（Hill, 1995: 128），と評価されるのである。

　私的領域と公的領域の二分法にたいする批判がグレイザーの結論を構成する。この結論には公的労働と私的労働をめぐる，さらにはそもそも労働とはなにかという労働概念をめぐる問題提起が含まれている。しかし本章は考察を拡散させないために，私的領域と公的領域の二分法にたいするグレイザーの批判が含む問題提起を正面から論ずることは控え，考察を労働移転過程の分析に限定する。

第2節　セルフ化とその背景

　ここではグレイザーに依拠して，アメリカの小売業におけるセルフ化（労働移転）がどのような背景と要因から生じたか，をみる。

1.　セルフサービス化

　［1］第1次大戦前のアメリカの小売店には，店員サービスがつきものだっ

た。食料品やその他商品は，独立した家族所有の専門店（肉屋，ドライグッズストアなど）で売られ，大きな市場も小店主からなっていた。大都市には大きなドライグッズストア（ボストンのファイリーンズやジョーダン・マーシュ，シカゴのマーシャル・フィールドなど）があり，近隣や小コミュニティにはドライグッズストアが，田舎町にはゼネラルストアがあった。こうした店では，店員が顧客のために商品を探し，支払いを計算し，勘定を請求し，品物を配達し，ばあいによってはツケで売るなどの店員サービスがあった（Glazer, 1993: 50-51）。

セルフサービスは第1次大戦前に食品小売に導入され，第2次大戦前に食料品店チェーンとスーパーマーケットで広範に採用された。最初にセルフ方式を導入したのは，リューティーズとピグリー・ウィグリーだった。1912年にモンタナ州のリューティ兄弟が開店した「マケテリア」では，顧客は安価なパッケージ商品を選び，勘定カウンターまでかごで運んだ。店員は現金を受けとり，品物を包み，市電で自宅まで運んだ。リューティーズをまねて1916年に，セルフ方式の最初の食料品店チェーンであるピグリー・ウィグリーが開店した。一部商品をパッケージ化し，全国的ブランド商品だけを販売した。現金取引に限り，電話注文も郵便注文もおこなわず配達もしなかった（Glazer, 1993: 51-52）。

以後セルフ化の流れは次のようになる。1905年-1950年代に食料品店のセルフ方式採用をめぐって，セルフ方式を導入したチェーン店〈対〉独立店，スーパーマーケット〈対〉セルフ方式未採用のチェーン店や独立店，との対立があった。やがて独立店もチェーン店もセルフ方式を採用し，第2次大戦後はバラエティストアとデパートもセルフ化した結果，1970年までに（豪華な宝石店などを除く）典型的な店はセルフ化された。しかし1970年代と80年代には「ブティック」食料品店，フードショップ，衣料品店，デパートは，店員サービスに回帰しはじめる（Glazer, 1993: 8-9, 53）。セルフ化をめぐる対立からみよう。

［2］1890年には10店だったチェーン店は，集中的管理と仕入れによって

1920年までに808店となり，以後8年間に2倍以上になる。チェーン店は売上高を1929年の20％から1933年の25％に増大させたが，独立店は78％から71％まで低下させた。46年までにチェーン店の80％がセルフ方式を採用していたが，全店舗の92％を占める独立店は43％しか採用しなかった。独立店もチェーン店をまねて20年代に大量仕入れをはじめるとともに，大チェーン店やスーパーマーケットを攻撃した。「目玉商品」の違法性や男性の職務喪失を非難し，卸売業者にそれらへの販売禁止を求め，地方紙にセルフ店広告の締め出しを求めた[21]。チェーン店は逆に競争上の利点を訴えて法律をくぐりぬけ，課税立法も免れた。最終的には，独立店もチェーン店にならってセルフ方式を採用した（Glazer, 1993: 53-56）。

他方，セルフ方式を特徴とするスーパーマーケットは30年代にブームとなった。スーパーも店員職務をなくしているという理由で，他の食料品店に攻撃された。しかしセルフ化による「配達なしの現金売り」方式の成功は，セルフ方式未採用のチェーン店と連合独立店に，セルフ方式の採用と信用売り・配達廃止とをうながした。40年までにセルフ店がフルサービス店よりもうかることがあきらかになった（Glazer, 1993: 56）。

こうして1912-1960年に，小売業ではセルフ方式が一般化した。食料品店，バラエティストアとデパート，織物店，金物店，靴屋，ガソリンスタンドの販売員は，レジ係と顧客に押しのけられた。豪華な店と専門店（毛皮店，宝石店など）を別にして，大部分の店では「店員のかわりに顧客が労働過程に挿入され」，店員は注文処理係やレジ係に限定された。1980年代後半には店員サービスの復活傾向がみられたが，グレイザーは，今日金持ちが享受するサービスでさえ50年前に労働者階級が享受したものにすぎず，サービスは以前と同じものではない，とのべる（Glazer, 1993: 49, 65-67）。

2．セルフサービス化の要因

［1］小売店がセルフ方式を採用した要因はなにか。グレイザーは，(1)労働コスト引き下げが最大の要因であるとしつつ，(2)労働組合への対抗，(3)高価な設備の必要，(4)顧客需要の予測不可能性，(5)衝動買いの喚起，(6)人種差別

主義と性差別主義の温存，という要因をあげる。(1)からみよう。

　食品小売業者が第1次大戦中にセルフ方式を採用したのは，軍事産業の労働力吸収による労働力不足を背景とする労働者の賃上げ要求の結果，労働コストが上昇したためだった。戦後もこの状況が続き，大不況期には小売業の売上げと利潤が低下した。「全国復興局」が賃金・労働時間・超過労働を規制したのにたいし，小売業者は30年代にセルフ化で対応し，賃金コストを低下させた。第2次大戦中の物資不足は顧客を引きつけるための店員を不要にし，政府は賃金凍結にサービス削減で対処するように小売業者に勧告したので，セルフ化は食品小売をこえて普及した。小売業者は戦後も，家庭配達，商品留め置き方式，仕立て直しなどの無料サービスをへらし続けた（Glazer, 1993: 60-62）。

　こうしてセルフ化の最大要因は，2つの戦時期の特殊事情を背景とした雇主側の労働コスト削減戦略にあった[22]。

［2］(2)労働組合への対抗もあった。第1次大戦以前の店員組合でありその組合員の大部分が食料品店員だった「小売店員国際保護組合」（Retail Clerks International Protective Association; RCIPA）は，戦闘的でなかった。大戦の兆しと組合員増加（ピークは1919年）が賃金を上昇させセルフ店を増加させたにもかかわらず，第1次大戦後RCIPAはセルフ化に抗議しなかった。産業別組合会議（CIO）だけが，セルフ化が失職と労働不熟練化をまねくことを理解していた（Glazer, 1993: 61）。

　第2次大戦後は，労働力不足，労働時間短縮，組合組織化が続き，軍事産業の高賃金に慣れた労働者は低賃金の小売職に就かなかった。小売業者はセルフ化によって，時短と高賃金を要求する組合運動をさけようとした（Glazer, 1993: 62）。

　労働組合への対抗という要因は，組合の賃金引き上げや時短の要求として問題だった限りでは，労働コスト切り下げという要因と重なる部分がある。

　さらにグレイザーはセルフ化要因として，(3)高価な設備の必要をあげる。マンデル（1981a, II: 200-203）は，後期資本主義が「ポスト・工業化社

会」どころか，利潤率低下と資本過剰化によってあらゆる生産・流通・消費が工業化される普遍的工業化社会となる，と論じる。サービスセクターは剰余価値を生産しないが，サービスの生産設備である集中暖房や電気やレストランの冷凍食品などの生産は剰余価値を増加させるので，サービス産業が発展する，と。マンデルに依拠してグレイザーは主張する。個人的消費は家具，芝刈り機，自動車，家屋などの高価な設備を必要とする。セルフサービスも同じであり，セルフサービス・レストランは店舗，電子レンジ，冷凍庫，配送トラック，電話を必要とし，図書館はデータベース付きのコンピュータを必要とする，と（Glazer, 1993: 24-25）。

だがこの議論は奇妙である。サービスセクターへの投資が，サービスの生産設備への投資を増加させて利潤システムを維持するのはそのとおりである。しかし第1に，それは個別企業のセルフ化要因とはならない。あるサービス企業がセルフ方式を採用するのは，設備を提供する他の製造企業の利潤率上昇を考慮してのことではない。第2に，グレイザー自身が最初期のセルフ店について認めるように(Glazer, 1993: 58)，セルフ化自体は高価な設備なしにも可能である。だからこれはセルフ化要因として適切でない。

［3］次は，(4)需要の予測不可能性という要因である。製造業は標準化された互換可能な労働対象に依拠して分業の発展，オートメーション，スピードアップなどの技法を使い，労働生産性を増加させる。しかしサービス産業では「労働対象は顧客，ユーザー，クライアントである」。製造業とちがって，顧客の欲求を標準化したり互換可能にできず，また需要が予測できない。需要予測の試みやパートタイム労働の利用は有効だとしても[23]，1日の均等な需要配分を可能にしない。そこで小売業者は，制御できない顧客需要を克服し，顧客待ちの「ムダなコスト」を削減するために，セルフ方式を採用した（Glazer, 1993: 17-18）。

この観点からグレイザーは従来の労働過程研究を批判する。労働過程研究はこれまで工業労働だけをとりあげて，サービス労働の特殊性と顧客を無視してきた。だがずっと以前からムダな客待ち時間を知っていた小売業者は，

第7章　スーパーマーケットにおける経験

70年代初めまでに顧客労働の利用をサービス組織の「生産性の遅れ」の解決策とみなした。生産 production に対応する「サーバクション servuction」なる言葉が，サービス生産への顧客参加を表わすために発案された，と (Glazer, 1993: 63)。

以上のサービス労働の特殊性と顧客の存在，またこれらを看過してきた労働過程研究の欠陥にかかわる指摘は重要である。だがグレイザーは，客待ち時間のムダがどのようにセルフ化を導いたかを具体的にしめさない。そこで参考としてであるが，日本の事例で彼女の説明を補っておこう。

[4] 日本のスーパーマーケットにもセルフ化要因として，客待ち時間による労働コストの削減という事情があった。

アメリカのスーパーの肉・青果・酪農品部門では，プリ・パッケージ化によるセルフ化[24]が遅れたが（ジンマーマン, 1962: 180, 196-198），橘川／高岡 (1997) によると，1950年代半ばにアメリカのスーパー方式を導入した日本でも[25]，導入時には生鮮食料品（肉・魚・青果）では，プリ・パッケージ化技術が未確立だったために対面販売に依拠した。だが対面販売には問題があった。第1に，生鮮食料品の鮮度や肉質を見分ける熟練や，鮮度低下に応じての値下げのコツなどについて，労働統制が困難な職人に依存した[26]。第2に，職人依存方式では顧客注文を待って作業が開始されるので客待ち時間のロスタイムが生じ，労働生産性の低下と高い労働コストをうんだ。第3にスーパーは1965年不況期の賃金上昇に直面して，パートタイマー化の必要にせまられていた。そこでパートタイマーによるプリ・パッケージ方式の開発が焦眉の課題となった。これは次のように解決された。すなわち，作業の「単純化」[27]がプリ・パッケージ化作業を細かな工程に分解してパート化を可能にし，冷蔵技術によって商品を作り置きする「平均化」が対面販売の時間的ロスを解消した。これで職人による対面販売は不要になった。

要するに，客待ち時間と労働コストの問題は，①作業のテイラー・フォード化，②パート労働，③冷凍技術，を基礎とする，プリ・パッケージ方式にもとづくセルフ化が解決したのである。

[5]最後に,(5)衝動買いの誘引と,(6)人種差別主義と性差別主義という要因があった。(5)はセルフ化が衝動買いを誘って需要を喚起する効果である。小売業者はすぐにこの利点に気づき,またこれがマーケティング専門家の関心事となった（Glazer, 1993: 64）。

(6)は,人種差別主義と性差別主義のためにセルフ化が促進されたことである。人種差別主義とは,小売業者が白人顧客相手の販売員としてアフリカ系アメリカ人,ヒスパニック,アジア系アメリカ人などを不適当と考え,彼女らを非販売職務（包装係や出納係）や,顧客に人種がわからない販売職務（電話注文係や精算係）にしか雇用せず,対面販売員としての雇用をさけた傾向をさす。1914年には男性販売員の83％と女性販売員の88％がアメリカ生まれの白人で,アフリカ系アメリカ人は販売員の１％以下だった。この人種差別主義がセルフ化を速めた。同じく性差別主義は,雇主に女性は販売職に不適当と考えさせ,1860年代まで白人女性と移民女性を雇用させなかった。1910年でも販売員の71％が男性で,29％が女性だった。だから小売業者が労働力不足のためにセルフ化したとしても,労働力不足には人種差別的,性差別的バイアスがかかっており,セルフ化は一部は,ジェンダー,人種,エスニシティにかんする雇主のイデオロギーが促進したのである（Glazer, 1993: 75-78）。

だがこれらの人種差別的,性差別的バイアスは,雇主のものというよりは顧客のものというべきであろう。雇主がこの種の偏見をもっていたとしても,彼らの行動を重要なかたちで規定したのは白人顧客の人種差別的・性差別的傾向であって,雇主はこの傾向に迎合して販売員を雇用したにすぎないからである。

3．検討

[１]グレイザーのあげるセルフ化要因を検討しよう。労働コスト削減と労働組合への対応という点はむろん重要だが,接客労働の特殊性という点からは,需要の予測不可能性,衝動買い,雇主の人種差別的・性差別的バイアスに注目すべきであろう。これらの要因がしめすのは,セルフ化がたんに省力

化をめざす雇主の努力からばかりでなく，接客労働における顧客統制の問題からも生じたことである。

　まず，需要の予測不可能性からは，不確実な，あるいは干満のある顧客到来にそなえて「ムダな店員」を配置しておく必要が生じる。これは労働コストを上昇させ，サービスの労働生産性を低下させる。これを回避するためにセルフ方式が採用された。小売業者がたえず労働コスト削減圧力のもとにあるとしても，労働コスト上昇が需要の予測不可能性に起因していた限りでは，それは雇主による顧客行動の統制の困難から生じたのである。この点ではセルフ方式の採用は，顧客統制の困難の回避を目的としていたといえる。

　[2] 需要の予測不可能性をめぐっては，サービス企業の側での人件費削減が顧客の側でのコストを増加させるという問題がある。かんたんにみておこう。

　山口重克はこの問題を，サービス労働者数と顧客数との関係からみた「効率化の落とし穴」として指摘する。たとえば，国際空港における入国管理手続きを効率化するために係官の人数をへらせば，手待ち時間がへって係官の仕事は効率的になるが，入国手続き完了までの旅客の待ち時間はふえる。あるいは市役所で，職員が仕事がなくヒマそうにみえるとしても，もし職員数を削減すれば，市民が好きなときに出かけて待たないで用を足すことはできなくなる。職員のヒマそうな姿は市民の時間節約を意味する。だから企業の効率性の高まりと顧客の負担増加とは矛盾することがある，と（山口, 1992: 88-89）。ギュテクも同じような例に言及する（Gutek, 1995: 154）。

　これは，待ち行列問題における遊休費用とボトルネック費用との相反関係を指摘したものである。すなわち，企業がサービス労働者の数をへらせば，労働者の遊休がなくなるので，企業の遊休能力という費用（遊休費用）は低下する。しかしサービス供給能力の限界から生ずるボトルネック（能力不足）費用である，顧客の待ち時間はふえる。待ち時間の増大はさらに，顧客の不評の増大とか待ちきれない顧客を逃すとかのかたちで，ボトルネック費用を増加させる。こうして両者のトレードオフ関係が生ずる。

労働移転はこのトレードオフ関係を一挙に解消する。すなわち，労働移転は，⑴顧客に賃金労働者の労働を肩代わりさせてサービス労働者を排除し，これによって企業に遊休費用の負担を免れさせ，⑵同じく賃金労働者のおこなっていたサービスを顧客に代行させることによって，サービス供給能力の制限をなくして企業にボトルネック費用を免れさせる。遊休費用もボトルネック費用もなくなるならば，企業は顧客行動の不確実性から免れて，顧客の任意到来に対応できるようになる。企業は費用とリスクの負担を免れるが，その代償が，顧客自身による無償作業の遂行なのである。

［3］⑸衝動買いを誘うという要因と，⑹雇主の人種差別的・性差別的バイアスによる労働力不足という要因も，ともに顧客行動にかかわっていた。
　店員の対面販売によって衝動買いを誘うことも可能だった。事実，第3章でみたように1920年代のアメリカのデパートのセールスウーマンは，示唆的販売 suggestion selling というかたちで顧客の衝動買いを誘い，衝動買いは戦略として実践されていた。セルフ化による衝動買いが，店員の対面販売による衝動買いよりも，売上高を引き上げたかどうかはわからない。セルフ化による顧客の衝動買いは，店員を排除して対面販売による衝動買いがなくなっても，なお生じた消極的効果ととらえるほうが適切に思える。つまり，セルフサービスのもとでは店員の介入がないので顧客の自律性や選択の自由の感覚が助長されて積極的に衝動買いがうまれる，と理解するよりは，店員を排除して労働コストを節約しても，すぐのちにみる全国的ブランド商品の確立とその宣伝効果などによるだけでなお衝動買いをうみだすことができた，と理解するほうが妥当であろう。
　それはグレイザーのいうように，小売業者にとって新たな発見だった。店員を排除しても顧客の購買を促進できるという意味で，したがってセルフ化しても顧客統制は可能であるという意味で，衝動買いという要因はセルフ化に向かう消極的要因をなした。
　雇主の人種差別的・性差別的バイアスは，顧客を考慮して小売業者がとった態度である。顧客は特定の人種と性の店員（白人男性）を好んだが，それ

を得られなかったために雇主がセルフ化を選択したとすれば，この要因も，雇主にセルフ化を選ばせた裏側の要因をなす。

こうして顧客需要の予測不可能性という要因も，また衝動買いや小売業者の差別的態度から生じた労働者不足という要因も，ともに顧客統制という目的に動機づけられたセルフ化要因として位置づけることができよう。小売資本家は，あるばあいには顧客がいつ来店しても対応が可能なように，また別のばあいには店員を排除しても衝動買いを誘発できるように，さらに別のばあいには顧客の人種差別的・性差別的な嗜好と背馳しないように，セルフ化に向かったのである。

第3節　セルフ化の実現条件

次に，セルフサービス化の実現条件を，インフラの整備と顧客統制の2つの側面から考察しよう。

1．インフラの整備

[1] 小売のセルフ化は，いつでも可能と考えられがちだが，インフラの整備を必要とする。これは，(1)製品の規格化，(2)生産と流通の集中による全国的ブランドの確立，(3)店内テクノロジー，からなる。

(1)セルフ化は，店員による計り分けの必要をなくす商品のパッケージ化に依拠する[28]。パッケージ化はさらに，重さや分量などの連邦や州による規格化を必要とする。たとえば1916年の標準容器法は，計量カップ，パイント，びんと口金，広口びんとふた，カンなどの大きさを規格化した。リネン類，電気配線，電球，ヒューズ，アパレル，冷蔵庫，ベッドスプリング，タオルも規格化され，水洗便器，流しの栓，純銀食器はサイズの数がへらされた。こうして1920年代の重さ，分量，容器サイズの連邦立法による規格化がパッケージ化商品の販売を可能にし，第2次大戦中には農産物，バター，卵，食肉，蜂蜜も等級化される。製品規格化は全国どこでも同じ商品の入手を可能にする。たとえばサイズ14のドレスはどのブランドでも大体同じであり，ツインサイズのシーツは全国的に同じサイズとなる（Glazer, 1993: 27, 56-58,

93）。セルフ化にとって重要だったのは，製品規格化が，販売員に頼らずに顧客が商品を買うのを可能にしたことだった。

(2)生産と流通の集中は，垂直的統合（小売業者による原料から完成品までの管理），店舗合併，家族所有店の全国チェーン化，持株会社による乗っ取りなどをつうじて実現された。集中は全国的ブランドを確立し，メディア（雑誌，ラジオ，テレビ）による全国的宣伝は，規格化された製品の全国的嗜好を確立した。これによって小売業者と製造業者は，全国のどこでもセルフサービスに依拠できた[29]。全国宣伝される製品は「小売のコア」となり，衝動買いも可能にした。さらに規模の経済があった。全国的チェーンは仕入れ集中で利潤を高め，セルフ化による労働コスト節約は大企業で絶大となった。このゆえにセルフ化は，小売業が全国的規模となるにつれて成功した（Glazer, 1993: 28, 49-50, 53, 56-58）。

［２］(3)店内テクノロジーとは，店内の道具や装置をさす。セルフ化初期には新しいものは必要なかった。店員を不要にするテクノロジーはキャフェテリアから，レジ係の作業再設計原理は組立てラインから，借用された。1912年の「マケテリア」は，手提げバスケット，システムの説明書，均一量商品パッケージだけで足りた。10年代と20年代にも，万引き防止のための一方通行回転式出口，勘定カウンター，商品の値札，がつけくわわっただけだった。だが30年後には高価なテクノロジーが出現した。顧客がアクセスできる特別設計のラック，カウンターケース，テーブル，引き出しなどの「備品」，セルフ式コーヒー挽き機，商品を取ると新しい商品が棚まで降りてくるグラビティ・フィード，冷蔵庫ケース，万引き監視の鏡などの装置である。自動販売機も使われはじめ，自動包装機，計算機，値札と値札づけ機，現金レジと動くベルトも使われた（Glazer, 1993: 53, 58-59）。

自動車も第２次大戦前のセルフ店では必要なかったが，のちに重要となる。「マケテリア」の顧客は商品を市街電車で自宅に運び，30年代と40年代の食品販売業者も公共輸送をもつ都市でセルフサービスを採用した。戦後はセルフ店が郊外に移動したので自動車利用が必要になった（Glazer, 1993:

59-60)。だがカウワンは，もっと早くからの自動車利用の影響を重視し，1930年代までに労働移転にとって自動車は決定的となっていた，と主張する。19世紀には家庭への商品輸送は商人が担当した。行商人が鍋，リネン，薬を，お針子や仕立て屋が衣服を家庭まで運び，牛乳，氷，石炭は定期的に，肉，青果，コーヒー，パンは注文によって配達され，医師の往診もあった。デパートが発展したものの貧者には影響なく，通信販売の発展は買い物の必要をさらに減らした。買い物は男性と召使いが担当し，女性は担当しなかった（Cowan, 1983: 79-85）。だが1930年までにアメリカの世帯の半数以上が自動車を所有するようになった（ibid.: 173)[30]。このとき配達サービスは消失し，医療も高価な設備の必要と相まって病院でおこなわれるようになり医師の往診もへった。配達サービスの負担は「売り手から買い手に移転させ」られ，同時に「店へのドライブ，ショッピング，並び待ち」は主婦の仕事となる（ibid.: 84-85)[31]。

　以上の(1)(2)(3)の条件をみると，初期のセルフ化を可能にしたのは店内テクノロジーといったミクロ的条件ではなく，生産と流通の集中にもとづく製品規格化や全国的ブランドの確立といったマクロ的条件だったことがわかる。これが店員の製品知識や販売技能を不要にした。このことは，セルフ化が製造業の大量生産にもとづく大衆消費社会の実現を条件とすることをしめしている。大量生産と大衆消費社会の到来が労働移転を可能にする。これらのマクロ的条件はセルフ方式普及ののちにもいぜんとして決定的である。

　しかしセルフ化にとってテクノロジーが重要であることは，セルフ化初期以降に店内テクノロジーや自動車などの交通インフラが重要となってくることからも理解できる。こんにちでは，たとえば郵便番号読み取り機や自動改札機やATMなどの設置にみられるように，新たなテクノロジーの開発自体がセルフ化を実現することもめずらしくない。セルフ化の実現条件としてのテクノロジーはますます重要となっている。

　こうして「店員をもたない顧客」（Glazer, 1993: 87, 89）を可能したことが，セルフ化条件の1つだった。

2. 顧客統制

［1］セルフ化によってもレジ係などが残るならば，管理者－労働者－顧客の3極関係が残存し，レジ係による限定的な顧客統制の必要は残る。しかしセルフ化によって店員が完全に消失してしまうならば，接客労働の3極関係は雇主（管理者）－顧客の2極関係となり，顧客統制の主要なタスクは労働者から雇主に移る。いずれのばあいにも重要となってくるのは，顧客をセルフサービスに馴化させて，店員がいなくとも顧客統制を可能にする方法である。グレイザーによればその方法は3つある。(1)イデオロギーの利用，(2)全国的宣伝，(3)店内設備と商品レイアウト，である。

(1)顧客をセルフサービスに馴化させるために，召使い問題[32]と関連した特殊アメリカ的なイデオロギーと，セルフサービス固有のイデオロギーが利用された。前者からみると，19世紀遅くから20世紀初めにかけてアメリカでは，工場，オフィスなどが女性労働者を吸収したので，召使い不足問題が生じた。製造・流通・広告業者は中流階級の主婦に，女性雑誌やアドバイス本や新聞コラムで，召使いではなくドゥ・イット・ユアセルフで家事をこなし，買い物をするように説得した。グレイザーは女性雑誌『レディーズ・ホーム・ジャーナル』の1903-1929年の広告のうちに，イデオロギーの変化をみる。最初，広告は召使いの管理や訓練に集中していたが，やがて家事担当者はメイドから主婦に変わる。同時に家事は楽しみや社会的美徳として描かれるようになり，29年までに論調は主婦が家事をうまくこなす仕方に移る，と（Glazer, 1993: 88-99）。カウンも1920年代と30年代の女性雑誌を検討して，金持ち世帯では冷蔵庫，洗濯機，電気掃除機の登場とともに召使いが広告から消失し，家事労働が主婦がしめすべき愛情，美徳の表現となっていく次第を論じる。そして労働負担が召使いから主婦に移されたので，主婦の家事労働時間がふえたと指摘する。貧しい世帯では家電製品は普及しなかったが，『レディーズ・ホーム・ジャーナル』のような雑誌は主婦に家庭責任を押しつけ，家族の不運を主婦の過失にした（Cowan, 1983: 176-180, 182-183, 187-188）。

召使い不足といった特殊アメリカ的事情は考慮すべきだが，家事担当者と

しての主婦の責任といった家族主義的イデオロギーの流布が労働移転にさいして役立ったことは，一般性をもつ。この種のイデオロギーは，医療労働のセルフケア化のさいにも再現するからである。

小売業者によるセルフサービス美化の固有のイデオロギーもあった。たとえばピグリー・ウィグリーは1921年に，セルフ化による長い開店時間と店員からの解放，清潔なパッケージと回転の速い食品の新鮮さ，を賛美した。広告は，労働コスト節約，個人的管理，自由な選択による自律性，を強調した。個人的管理が意味したのは，顧客の選択に干渉し，買いたくもない商品を勧め，長く待たせる店員からの自由だった。自由な選択による自律性が意味したのは，店員との接触をレジ係に制限して，顧客の自由な判断と自律性を保証することだった（Glazer, 1993: 99-100, 213）[33]。

1920年代以来，マーケティング専門家や広告業者は，セルフサービスを「冒険」，主婦の社会化として描いて労働と余暇の区別を曖昧にし，選択，管理，自由を強調した（Glazer, 1993: 100-101）。かくして1960年代までに，セルフサービスは「それ以外のどんな仕方でも買い物することをまったく覚えていないほど，あるいはかすかにしか記憶していないほど」，堅固に確立された[34]。

［2］(2)全国的宣伝，はインフラの整備の項でもふれたが，顧客にブランド名を周知させる。宣伝されるのは，小売業者ではなく製造業者のブランドである。全国的宣伝が，販売技能をもち購買心理に精通した販売員や製品知識をもつ販売員を不要にしたので，小売業者は販売員を動機づけるための歩合給をやめた。販売員の訓練も不要になった。全国的宣伝は，顧客を，販売員とは無関係な「コスモポリタン」にした（Glazer, 1993: 56, 75, 85）。

(3)店内設備と商品レイアウトは，顧客行動を直接統制する。グレイザーはここで労働者統制システムの3類型を明示したリチャード・エドワーズ（Edwards, 1979）に言及して，顧客行動の統制は労働者統制と類似していたが，これより巧妙だった，と指摘する（Glazer, 1993: 64）。

統制方法は，①店内レイアウト，②案内表示，③商品配置，④店員数の調

整,からなっていた。工場の生産レイアウトが労働者の動きを規制するのと同じく,①店内レイアウトは顧客の「どこで」を規制する。たとえば,レジ係がカートに接近できないように勘定カウンターを設計すれば,顧客がカートから商品を降ろさざるをえない。また店内は,できるだけ多くの商品の前を顧客が通過するように設計される[35]。せまい通路も顧客の動きをスローにし,顧客の商品吟味と購買をうながす。②「肉」「ベーキンググッズ」等々の案内表示をへらせば顧客をスローダウンさせ,商品を吟味させ,衝動買いを誘う。③商品配置は顧客の順路を指示する。ひんぱんに買われるミルクかパンの一方を店の前部に,他方を後部にへだてて置けば,顧客は多くの品物のそばを歩き,これが衝動買いを誘う。④フロア・ヘルパー(在庫係とフロア管理者)の数が顧客が商品をみつける容易さをきめ,レジ係(と勘定カウンター)の数が顧客の待ち時間を決定する(Glazer, 1993: 64)。

　管理者は,かつては店員による顧客統制をつうじて売上増加をめざした。だが以上からわかるように,セルフ化によって労働者が消えて顧客統制の主体が管理者(雇主)となったとき,顧客統制の方法は全国的宣伝や店内テクノロジーなどの間接的方法を中心としたものにならざるをえなかった。なお残ったレジ係などによる顧客統制は必要だったけれども[36],レジ係による顧客統制はセルフ化を前提にした限定的なものだった。顧客統制のおもなにない手だった販売員がいなくなった以上,店内テクノロジーも顧客を遠隔操作する性質をおびた[37]。

　以上をまとめると,顧客にセルフサービスという新たな労働負担を強いるためには,セルフ化初期にはイデオロギーの流布が不可欠だった。それは,あるばあいには主婦の家庭責任や社会的美徳という家族主義的イデオロギーのかたちをとり,別のばあいには顧客の選択の自由,自律性,プライバシー,主婦の社会化を強調するかたちをとった。さらにセルフ化を可能にしたものとして,店員なしに顧客統制を実現する全国的宣伝と店内における顧客行動の統制技法があった。

第4節　セルフ化の結果

小売のセルフ化による労働移転は，3極関係のなかにいる労働者と顧客にさまざまの影響をあたえた。労働移転の結果を，(1)労働者構成の変化，(2)失業をめぐる対立，(3)技能低質化，(4)低賃金化とパートタイム化，(5)セルフ化の利益，として順次考察しよう。

1．労働者構成の変化と失業をめぐる対立

[1]　アメリカの食品小売では，最初は男性労働者が優勢だった。1940年にも男性労働者は39.8万人で，女性労働者は14.2万人だった。だがセルフ化は，(1)ジェンダー間およびジェンダー内の職務移動を引きおこして，労働者構成を変化させた。

グレイザーによれば，労働者構成の変化には2つの段階があった。第1段階では女性販売員が男性販売員にとってかわり，第2段階では女性レジ係が女性販売員にとってかわった。1940年に食品小売では，女性労働者は販売員とレジ係の合計の45％だったが，セルフ化によって男性販売員が管理者に移動したので，男性販売員比率が低下して女性販売員比率が高まる。次にセルフ化の拡大によって女性販売員がレジ係に移動した結果，女性販売員比率は1950年の83％から70年の35％まで低下するが，逆にレジ係の女性労働者比率は50年の13％から70年の60％となる（Glazer, 1993: 69, 71-73, esp. table 5.3)。セルフ化が労働者構成の2段階の変化を引きおこしたのは，顧客が有償労働者を押し退ける過程がまず男性販売員を襲い，次に女性販売員を襲ったためであろう。この結果，男性販売員の縮小が現象的には男性販売員の管理者への移動として現われ，女性販売員の縮小が女性販売員のレジ係への移動として現われたものと思われる。

[2]　(2)セルフ化では，顧客が有償労働者の労働を代行して有償労働者を失業させるので，両者の対立が生じる。セルフ化によって第1段階で女性販売員が男性販売員にとってかわり，第2段階で女性レジ係が女性販売員にとっ

てかわるとすれば，かつての男性販売員の有償労働は，あるいはそれにとってかわった女性販売員の有償労働は，いまでは顧客としての無償労働者とレジ係としての女性有償労働者が分け合って代行する。こうして「女性買い物客はかつて男性が販売員としておこなっていた労働のいくらかをおこない，女性の有償労働者はレジ係としてこの労働のいくらかをおこなう」(Glazer, 1993: 72-73)。

　先にみたように，ワインボームとブリッジズは労働移転がおこなわれると，顧客がかつての賃金労働者の労働を代行するので，両者が競合関係に入り顧客は「潜在的なスト破り」となるとのべた。グレイザーもこれにならって，労働移転によって「顧客は‥‥ただちにレジ係の肩代わりをする潜在的なスト破りである」(Glazer, 1993: 72) とのべる。だがこれは正確ではない。グレイザーはこの文言では，労働移転によって競合し対立するのは，顧客とレジ係であるかのようにのべているが，労働移転によって排除される有償労働者は，かつての男性販売員もしくは女性販売員なのであって，女性レジ係ではない。労働移転によってこれらの男か女の販売員が排除される結果，男か女の販売員がおこなっていた有償労働が，いまでは顧客としての無償労働者とレジ係として女性有償労働者のあいだに分割され，両者によって遂行されるのである。それは労働移転が，スーパー内の男か女のかつて有償販売労働者がおこなっていた労働のすべてを顧客に移転せずに，一部をレジ係の労働として残存させたからにほかならない。だから事情はワインボームとブリッジズやグレイザーが考えるよりも多少複雑になるが，ここで対立するのは，第1に，男か女の販売員としてのかつての有償労働者とその労働をいま代行するレジ係なのであり，第2に，男か女の販売員としてのかつての有償労働者とその労働をいま代行する無償労働者としての顧客なのである。この点は正確に理解されるべきである。むろん，たとえば顧客自身がレジ作業をおこなうというように，なんらかのかたちでレジ係の労働がさらに顧客に移転されるとすれば，グレイザーがのべるようなレジ係と顧客との対立が生じる。だが，それは労働移転がもっと進んだ段階で生じる対立である。

　同時に，ここでの有償労働者と無償労働者（顧客）との対立が，すぐれて

女性間の対立となることに注意すべきである。男性販売労働者の排除が進み彼らが一定の従業員比率に収束してしまえば，販売労働者としては女性労働者が優勢の状態になる。この段階で労働移転がおこなわれて，彼女らの労働をレジ係と顧客が分担して遂行するとすれば，女性販売労働者とレジ係，また女性販売労働者と顧客との対立が生じる。だがレジ係では女性労働者が優勢であるから，前者の対立は女性販売労働者と女性レジ係との，つまり女性有償労働者間の，対立となる。また小売顧客の大半が家事労働のおもな担当者としての主婦であるという事情を考慮すれば，後者の販売員と顧客との対立も，女性有償労働者（販売労働者）と女性無償労働者（おもに主婦）との対立となる。こうして労働移転は，女性間の分断と対立をつくりだしていくのである。

2．技能低質化，低賃金化とパートタイム化，セルフ化の利益

［1］セルフ化は，(3)店員の技能低質化をもたらした。以前は女性は，製品知識や販売技能をもつ技能的販売員として，ジョーダン・マーシュやファイリーンやマーシャル・フィールドなどの富裕な白人上流顧客相手のデパートで雇用された（Glazer, 1993: 69）[38]。だがセルフ化された店では，レジ係が女性販売員にとってかわると，店員の技能低質化も進んだ。

先にふれたように，全国的宣伝が大量生産のブランド商品を周知させるようになると，雇主は販売員の訓練をやめた。職務経験を尊重せず，長期雇用の販売員を高賃金で報奨せず，昇進機会をあたえなくなった。店員のほうでも顧客に応対するインセンティブと知識がなくなった（Glazer, 1993: 84-85）。

そこで，①店員の専門知識の欠如と，②顧客への責任転嫁，が生じた。①からみると，店員職務は商品知識と対人的技能を要する労働から，半熟練的労働（技能習得が容易なレジ作業やコンピュータ作業）に変化した。技能はレジ操作だけのこともある。顧客は店員に相談することなく自分で商品を探して買う。店員による助けは，「材木用のねじは5番通路にあります」「14サイズのブラウスがあるなら向こうにあります」といった指示だけである。店

員が不在なら指示さえ得られない。生鮮食料品と繊維製品を除けば，商品吟味はパッケージ外面に制限され，商品情報はタッグに制限される（Glazer, 1993: 52-53, 57, 85, 105）。

こうなれば，②商品選択は顧客の責任となる。選択の責任は店から顧客に移って，誤った選択も顧客自身の責任となる。あるいは責任は小売業者から製造業者に転嫁され，顧客は，商品の取り換えや修理を小売業者ではなく製造業者に求めるようになるが，製造業者は部分的保証しかあたえないこともある（Glazer, 1993: 58, 105）。

［2］セルフ化は，⑷労働者の低賃金化とパートタイム化をもたらした。小売では女性の賃金は一貫して男性よりも低く，1949年には管理者でもレジ係でも販売員でも，男性の半分ほどだった[39]。食品小売ではこれほどの格差はなく賃金の絶対的低下もなかったが，数十年間にわたって他産業とくらべて増加率が低下した。これは，一部は雇主がセルフ化によって販売労働を細分化して低質化したためである。こうして生じた低賃金化が男性労働者を女性労働者に交替させた（Glazer, 1984: 77-78; 1993: 73-74, 82）[40]。つまり，食品小売ではもともと女性の賃金は男性より低かったが，セルフ化による技能低質化がさらに賃金を低下させ，それが女性労働者による男性労働者の代替を加速化したのである。

さらに，セルフ化は労働者のパート化を促進した。1929年以前にも小売店は，顧客数の変動に対応するために長期フルタイム雇用をパート雇用に切り換えていたが，セルフ化は女性労働者と若年労働者のパート化を加速した。これが賃金低下に拍車をかけ，販売員の所得は1930年代中頃から低下した。セルフ化によって雇主は，製品知識と販売技能を欠く女性とティーンエージャーの安価なプールをもった。彼女らは必要なとき雇用されてはふたたび解雇される，極端に高い移動率をもつ膨大な労働予備軍となった。ことに女性には，上昇移動の機会も，年齢にもとづく昇給もなかった（Glazer, 1993: 74-75, 84-85）。

［3］それでは，セルフ化は，結果として(5)顧客の利益，をもたらしたか。グレイザーは否と答えて，小売業者によるセルフ化の正当化理由にことごとく反駁する。彼らの正当化理由は，①低価格化[41]，②店内施設の整備，③パッケージ化・標準化された商品，だった。

①セルフ化は価格低下をもたらさなかった。セルフ方式導入時には労働コスト削減による価格低下があったが，ピグリー・ウィグリーでさえ，「特価品」を別にすれば競争相手よりも安価ではなかった。グレイザーは価格低下の証拠はほとんどない，と断言する。セルフサービスでも売上高を維持できれば，小売業者は価格を引き上げたからである。彼らは第2次大戦以来，価格競争をさけて別の方法を，たとえば目玉商品商法を利用してきた（Glazer, 1993: 13-14, 36, 102）。

②店内施設はどうか。広い通路は，多くの商品の陳列と顧客のスローダウンに役立っただけである。また「指示，貼り札，値づけ，多様さ，便利さ」が望ましかったのは，店員が消失していたからにすぎない。子供の遊び場を設置したのも，セルフ化によって顧客が電話注文できなくなり，また店では自分で品物を取揃えるほかなくなったためである（Glazer, 1993: 102）。

③商品のパッケージ化・標準化は便利だったか。パッケージ化は顧客が商品をくすねるのを防ぎ，精算を容易にし，ブランド名を広めることが目的であり，逆に商品の中身を隠すというデメリットもあった。分量の標準化は，製造業者に都合のよい量の販売を意味するなら顧客にとって「便利な」量ではない。標準的分量が顧客の必要と一致するのは偶然であり，また値段が購買量増加とともに下がらないので顧客には不利だった。総じて小売業者の主張するセルフ化の利便性で妥当なものは，1店で多数の品物を買えることだけだった（Glazer, 1993: 102-103）[42]。だからセルフ化は，顧客に利益をほとんどなにももたらさなかった。

3．結果の検討

［1］以上の議論のうち，労働移転におけるタスクの分割と労働低質化という論点についてこれまでにのべたことを，接客労働の3極関係という観点か

ら，いますこし整序して明確化しておきたい。

　管理者は3極関係のなかで，賃金労働者の労働を顧客に肩代わりさせることによって，労働コスト削減をはかる。労働移転は，自動販売機設置のばあいのように全面的なものでない限り，接客労働の3極関係を残存させる。この3極関係の残存という論点をグレイザーは明確にしていない。スーパーマーケットでは，小売業者が技術的に，あるいはコスト的に，あるいは顧客の反応を考慮したために，たとえば無人レジ化のようなかたちで顧客への全面的な労働移転を実現できなかった。その結果，管理者 - 販売労働者 - 顧客の3極関係にかわって，管理者 - レジ係 - 顧客の3極関係が現われる。この過程では以下のことがおこる。

　第1に，グレイザーは強調していないが，販売労働者の労働のうち，顧客を統制して商品を買わせるというタスクの大きな部分が，管理者に移されることである。すでにみたように，全国的ブランドの確立とこれにもとづく宣伝や，店内設備と商品レイアウトによる顧客行動の統制が，管理者によってもくろまれる。だから販売労働者のタスクのうち大きな部分を占めていた顧客統制の部分が，販売労働者から管理者側に移されて，管理者は労働者の手をへずに，直接に顧客行動の統制をめざすようになる。

　第2に，なお残される販売労働も，レジ係の有償労働と顧客の無償労働に分割されて，販売労働者は消失する。つまり残される販売労働は，レジ係の有償労働と顧客の無償労働として，両者が分担して遂行する。だから先にものべたように，正確にいえば，ここにはまず，レジ係が販売労働者にとってかわるという意味で，レジ係と販売労働者との有償労働者間の対立がある。次に労働移転に固有の対立として，顧客の無償労働の提供が販売労働者を失業させるという意味で，失業をめぐる無償労働者と有償労働者との対立がある。そしてこの対立は販売労働者が女性低級労働者であり，また小売では顧客がおもに主婦となるために，すぐれて女性間の対立となる。これがグレイザーの強調する対立である。しかしこの対立は，顧客がいわば匿名の〈労働者〉であるために，顕在化しない。

［２］最後に，労働低質化，低賃金化，パートタイマー化を，接客労働の３極関係と関連づけておこう。

　スーパーマーケットのセルフ化では，管理者 - 販売労働者 - 顧客の３極関係が，管理者 - レジ係 - 顧客の３極関係に変化するなかで，技能低質化が生じた。労働移転によって，販売促進のために必要な顧客統制のための技能は，全国的宣伝・広告・マーケティング戦略や（店内テクノロジーを含む）店内の顧客統制技術として管理者の側に移され，かつて販売労働者がもっていた販売技能や製品知識などは不要となった。次には，労働者の側に残された販売に必要な不熟練作業が，レジ係，在庫係などの低級有償労働と，顧客がおこなう低級無償労働とに分割された。賃金労働者に残された有償労働も，顧客に新たに課された無償労働も，かつて小売業者が雇用し，商品知識や販売技能を具有していた販売労働者の労働とくらべれば，不熟練化した労働である。

　流通労働の労働移転という特殊な過程で生じたとはいえ，これはまさに，ブレイヴァマンのいう「構想と実行の分離」[43]にもとづく労働不熟練化過程を意味するであろう。この「構想と実行の分離」にもとづく社会的分業の新たな編成は，顧客にも新たな労働を課した点で通常の企業内分業をこえるものであったが，販売労働の大きな技能低質化をともなったのである。

　そして製造業職務のばあいと同じく，有償労働がこのようにして不熟練化されれば，この有償労働が賃金低下とパート労働者化をこうむるのはとうぜんであろう。さらに小売における顧客数変動の不可避性という事情は，パート労働者化に拍車をかける。そしてこれがさらなる賃金低下をもたらす。要するに，労働移転は，技能低質化とともに有償労働者の地位低下と賃金低下をもたらすのである。

結　語

　本章は，グレイザーによる小売におけるセルフ化の事例研究に依拠して，労働移転がはらむ問題を，労働移転の背景的要因，実現条件，結果について考察した。

結論を箇条書き風にまとめておこう。まず第1に，労働移転の要因としては，労働コスト削減という雇主側の事情が最大のものだったが，しかし，顧客数の変動を含む顧客行動の統制という課題への管理者の対応も，セルフ化の誘因として存在した。この点では，顧客行動の統制の困難という課題を，店員労働を省くかたちで解決しようとしたのが労働移転だったといえる。セルフ化を促進した要因としての衝動買いを誘う効果や，雇主の人種差別主義・性差別主義による労働不足という事情にも，顧客行動を考慮した雇主の対応がしめされていた。これらの点では，労働移転は接客労働過程における顧客行動の統制という困難な課題を解決する一つの試みとして，あるいは顧客行動への対応が色濃く反映された試みとして，位置づけることができる。

　第2に，労働移転は一定の条件を必要とする。主要な条件は，大量生産体制の成立，イデオロギー，テクノロジーであった。まず大量生産体制は製品の規格化・パッケージ化を可能にし，また生産と流通の集中にもとづく全国的ブランドとその宣伝は「店員をもたない顧客」を可能にした。また無償労働を顧客に強いるためには，消費のイデオロギーや主婦の家族責任といった家族主義的イデオロギーを必要とした。労働移転が可能かどうかは，こうしたイデオロギーの動員が成功するかどうかにもかかっていた。さらにこんにちでは，テクノロジーの開発がしばしば直接に労働移転に導くことにも注意すべきであろう。

　第3に，労働移転の結果として，①雇主は労働者を介さずに顧客行動の統制をめざすようになる。セルフ化は，これが可能になる条件の整備をまたなければならなかった。②労働移転によっても管理者-労働者-顧客の3極関係が残存する限りでは，かつて有償労働者がおこなっていた技能的労働はいまや低級有償労働と顧客の無償労働とに分割される。それによって有償労働者間の対立と，有償労働者と無償労働者とのあいだの対立とが生じるが，これらの対立は，小売では女性間の対立というジェンダー的色彩をおびる。③分割された有償労働も無償労働も不熟練化される。有償労働の不熟練化は，さらに低賃金化，パートタイマー化を引きおこし，労働者の地位低下をともないつつ社会的分業が再編される。

第7章　スーパーマーケットにおける経験

　小売業のセルフ化は，労働移転のかなり一般的な事例をなすという事情，またそれは比較的早い時期に先駆的に実施されたという事情を考慮すれば，以上の点は，他産業における労働移転を考察するばあいに参照すべき基礎となりうるであろう。

注
1) セルフサービス化を，以下では略してセルフ化と表記することがある。
2) この問題意識をフェミニストは共有する。とくに女性の家事労働負担が軽減されない理由を，たとえばCowan（1983: 151-152, 201-202, 211-213）はアメリカの家庭テクノロジー household technology の導入が，単一家族の同一住居での居住と主婦の家庭へのとどまりという家父制イデオロギーにもとづいていた点から，ホックシールド（1990）は夫婦間のさまざまなイデオロギーや価値観から生ずる家事労働負担の不平等の点から，論じる。なおフェミニストではないがGabriel and Lang（1995: 13-14）は，ガーシュニィ／マイルズ（1987）に依拠して消費労働の増加に求める。
3) セルフサービスをグレイザーは，財やサービスの購買過程を完了させるための顧客労働の利用，と定義する（Glazer, 1993 : 23）。
4) 別の箇所では，労働移転は「労働の脱商品化 decommodification of labor」として説明される。「労働移転とは，資本主義の長期的トレンドの逆転のなかで労働を有償労働者から無償の家庭内労働者にシフトさせつつ，有償労働者数を減少させたり，彼らの労働責任のあるものを排除する労働の脱商品化をさす」と（Glazer, 1993: 229）。
5) Cowan（1983: 17-18）はOEDに依拠して，主婦業 housewiferie という言葉にかわって，工業化による職住分離とともに家事労働 housework という言葉が最初に現われたが，それはイングランドでは1841年，アメリカでは1871年だと指摘する。
6) 日本の郵便局では，送金手続きを窓口で局員にやってもらうかわりに自分でATMを使ってやれば，送金料が安くなる。3段階に分かれた送金金額についての，窓口料金とATM料金との差額はそれぞれ40円である（2006年5月現在，2006年4月3日から適用）。これはむろん，料金に差をつけて顧客への労働移転をうながすにねらいがある。同時にこの料金の差額は，顧客に移転される「労働」の価格すなわち「賃金」と考えることもできる。顧客が自分でATM作業をおこなうのではなく，テラーに出納作業をさせるばあ

いに，銀行がこの出納作業に料金を課そうとする試みについては，Gutek（1995: 251）をみよ。

7） スーパーでもさらに労働移転が進んでいる。レジ係の値段打ち込み作業はバーコード化によって消失したが（Glazer, 1993: 215），最近では，客に商品をスキャンをさせクレジットカードで支払わせることでレジ係も不要にされている。「こうして，自分で会計をすることによって，より多くの仕事が客に委譲されることになる」（リッツア, 1999: 186-187）。日本でもイオングループなどのスーパーやドラッグストアやホームセンターなどで無人レジの導入がはじまり，導入企業は2008年度末で100社をこえる見通しで，普及理由は人手不足だという（『日本経済新聞』2003，7月24日朝刊；『朝日新聞』2008，7月12日朝刊）。ガーシュニィ／マイルズ（1987，原著は1983：200）は無人ホテル化を予見していたが，無人化はコンビニやホテルでもはじまっている。ローソンの無人コンビニでは客は入店時に認証カードのかわりに携帯電話をかざし，店内でICタグ付きの陳列商品を自分で精算する（『日本経済新聞』2006，8月4日）。伊藤忠商事やオリエントコーポレーションは，2006年10月から入退館手続き不要の無人ホテルを展開する（『日本経済新聞』2006，9月30日朝刊）。無人化は飛行機のチェックイン機や住民票発行機にまでおよぶ。ただしアメリカでは，顧客と会話できる最後の接点がレジの場だという理解のもとに無人レジの導入見直しがはじまっているという（『日本経済新聞』2011，9月5日朝刊）。スーパーの最初期のセルフ化でも，顧客と接触し苦情をさばく唯一の場所となるレジの場に客あつかいに熟達した店員をおくかどうかが問題になったこと（ジンマーマン, 1962: 110）を考慮すれば，無人化にかかわる問題点は再現しているといえよう。

8） 以前には存在しなかった組み立てキットであれば本文のようになるが，たとえば同種の本棚が完成品から組み立てキットに転換されるなら，労働移転となろう。

9） グレイザーは「私の分析はセリグマンと，ワインボームとブリッジズの補完をなす」とのべ（Glazer, 1993: 35），先行研究としてSeligman（1968）とWeinbaum and Bridges（1976）の2つをあげる。

10） 同じく新たなサービス・マネジメント学派も，消費者が，コインランドリーにおけるようにサービス生産のためのツールや設備をあたえられたり，健康改善プログラムにおけるように健康管理専門家に寄与することによって，「サービスの共同生産者」になる，とのべる（ラブロック／ライト, 2002: 73）。ギュテクも顧客をサービスの「共同生産者 co-producer」と呼ぶ

(Gutek, 1995: 146)。

11) ガーシュニィ／マイルズ (1987, 原著は1983) は，先進国のサービスの発展過程が雇用におよぼす影響を考察して，従来の最終サービスがセルフサービス方式に転換するとして，労働移転を指摘した。「製造産業は消費財を生産するが，その消費財は中間的サービス‥‥との結合や，物的なインフラストラクチュアとか，不払いの『インフォーマル』な労働の利用を通じて，家計によって使用されそれに固有のサービスを生み出す」(同上:3) と。だが彼らは，テクノロジーに起因しない労働移転を考慮せず，労働移転における社会的分業編成の変化を立ち入って考察していない。

12) ただし「消費は労働である」という命題には，彼女らが念頭におく家事にかかわる消費についても，曖昧さがある。それは，(たとえばパンを食べる過程を含む) 消費活動全体が労働であるのか，それとも消費財またはサービスを獲得する過程 (パン屋に行ってパンを獲得してくる過程) だけをさすのか，が不明確だからである。ワインボームとブリッジズは後者の観点に立つと思われるが，不明瞭さは残る。この点については，鈴木 (1991) を参照されたい。

13) グラックスマンも消費労働を次のようにのべる。「電気掃除機，電気ドリル，洗髪製品はみな，市場雇用を基礎に工場で作られるが，それらの使用あるいは『消費』は，消費者によって無償『作業』が，家事労働としてか，DIY (ドゥ・イット・ユアセルフ──引用者) としてか，あるいは身繕いとして，くわだてられることを前提する」と (Glucksmann, 2005: 31)。

14) 1984年の論文では，グレイザーも労働移転による消費労働者の「搾取」を強調する (Glazer, 1984: 62, 65-66, 81, 82)。

15) フェミニスト的立場からの労働研究を概観した比較的最近の労作として，たとえばGottfried (2006) をあげておきたい。

16) さらにグレイザーが皮肉るように (Glazer, 1993: 103)，サービス経済へのシフトが女性をサービスセクター雇用に向かわせているにもかかわらず，低賃金のために女性は提供されるサービスを失うのである。

17) グレイザーは，有償および無償のサービス労働をおこなう女性を「資本の召使い servant to capital」(Glazer, 1984; 1993: xiii, 15) と呼ぶ。彼女自身認めるように，これはガルブレイスにならった表現である。ガルブレイスは，家事労働がアメリカの国民総生産の4分の1におよぶ事実を先駆的に指摘しつつ，新古典派経済学が，消費拡大には家事労働の増加が必要なことを見落としている点を批判する。かつては「召使い」の役割だった家事労働が過去

100年間に家庭内女性に賦課されて，女性が「"召使い代り"の階層 a crypto-servant class」に転落することで現代の消費拡大を支えている，と。彼はさらに，新古典派消費理論では世帯と個人の選好が同一視されることで理論構造の破綻が隠され，夫の選好に妻の選好を従属させる夫の「権限行使」や女性に「召使い代り」の役目を引き受けさせる「つごうのよい社会的美徳」が偽装されている，と指摘する（ガルブレイス, 1975: 52-62）。

18) グレイザーは「看護労働過程の変化は既存の労働過程理論に挑戦する」として，看護労働が労働細分化に向かわなかったこと，低級職務の「格上げ」，場所の特化，「職業」の格上げと「職務」の格下げ，「インフォーマル」ケアの増加などの事実をあげて，労働低質化の一方的進展というブレイヴァマン・テーゼに疑問を提起する（Glazer, 1993: 175）。この問題は次章でとりあげる。

19) 女性は人種，エスニシティ，階級ごとに経験を異にし共通の経験をもたない。グレイザーは，人種的，エスニック的，および階級的なラインを横断する女性の連帯のための，また資本主義と国家にたいする闘争のための基礎をみいだすことを，研究アジェンダの1つとしてかかげる（Glazer, 1993: xii）。

20) チョドロウは，公的領域と私的領域との分割が子供の養育義務から生じた，と主張する。「おんなの母親業が，おんなの第一の場所を家庭ときめつけ，家庭と公の領域の構造的な差別のもとをつくっている」と（1981: 13）。

21) 本文では大チェーン店やスーパーにたいする独立店の対抗をのべたが，スーパーにたいするチェーン店と独立店の対抗についてはジンマーマン（1962: 54-62）を，とくに新聞広告をめぐる両者の対抗については（同上：348）をみよ。

22) ライドナーもグレイザーに言及しつつ，ファーストフード・レストランが低い労働コストに抑えられるのは「労働移転」をつうじてである，と指摘する（Leidner, 2002: 18）。

23) 佐藤／藤村／八代（1999: 177-178）も指摘する。サービスは生産と消費が同時的でストックがきかず，また季節・曜日・時間帯によって需要の差が激しい。このため需要のピーク時に合わせて正規従業員を配置すると，オフピーク時には余剰人員をかかえてしまうので，非正規従業員の活用が広がった，と。これは「出会い」型のサービスで顕著だが（Gutek, 1995: 115-116）ライドナーは，ファーストフード産業ではこのために非正規従業員の作業予定表がひんぱんに変更され，時間帯による顧客の多寡を調整するコストが雇主ではなく労働者によって負担される，とのべる（Leidner, 2002: 22）。

24) 肉販売のセルフ化には，顧客の待ち時間を解消し，より多くの肉を顧客にみせることで衝動買いを誘い，顧客による肉の少額購入への躊躇を解消する，という利点があった（ジンマーマン，1962: 196, 212, 305）。
25) ただし日本のスーパーはアメリカとはちがい，食料品だけではなく衣料品，住宅関連用品もあつかう総合スーパー（ゼネラル・マーチャンダイジング・ストア；GMS），またはビッグストアとして発展する。
26) 職人依存方式における職人労働の統制の困難という点については，安土（1987: 80-85）をみよ。
27) これは最初はセントラル・パッケージ方式として開始されるが，発注から納品までの時間的遅れが問題となり，インストア・パッケージ方式に移行する，という経過をたどる。後者の方式ではたとえば，「仕掛品」としての肉や魚をのせたカートの工程間移動によって，①調理，②販売トレイへの盛りつけ，③フィルム包装，④計量・値付け，⑤売り場の陳列，が順次おこなわれる（安土，1987: 89-97, 164-168）。
28) Cowan（1983: 73, 78）によれば，アメリカではすでに1910年までに食品が加工食品化（缶詰，ホットケーキミックス・クラッカー・クッキーのパッケージ化，びん詰，工場製のパン・ビスケット・シリアル）されていたという。
29) 1938年に，店員サービス店では全国的食品ブランドの販売額は44％だったが，セルフサービス店では73％だった（Glazer, 1993: 56）。また全国的ブランドは，どこのスーパーでも消費者が同じ優秀な品質の商品を買える，スーパーが最良の品質をあつかっている，という信用の形成に役立ったという（ジンマーマン，1962: 110）。
30) リンド夫妻も，アメリカ中西部の人口３万数千人の都市「ミドルタウン」（仮称）では，1890年までは業務階層家族のほとんどが馬と馬車を利用していたが，1900年に自動車がはじめて登場し，1923年には市内の乗用車が6,221台と，すなわち6.1人に１台，３家族につき２台の割合となっていた事実を指摘する（リンド／リンド，1990: 182, 184）。
31) カウワンは，20世紀前半の上下水道，ガス，電気，家電製品，石油の普及も，女性の家事労働負担を軽減しなかったという。それらは家事をへらしたが，以前は男と子供がおこなっていた労働だけを除去したにすぎなかったからである。他方では，清潔さの基準が引き上げられて浴室掃除などが増加した（Cowan, 1983: 85-101）。
32) 召使い問題とはむろん，移民の西部への移住から生じた召使い不足を意味

するが，Cowan（1983: 28）によると，正確には召使い一般の不足ではなく，青年期をこえた，経験と技能をもつ，従順な召使いの不足であった。

33) スーパーマーケットの賛美者も，スーパーの利点として廉価販売のほかに購買における自由と選択を強調する。スーパー以前の食料品店では値札のない商品がカウンターの後ろにあったので，顧客は商品を手にとれず，値段を聞けば買わされるという拘束があったが，スーパーはこの拘束から買い手を解放したというのである（ジンマーマン，1962: 65-66）。他方，Gabriel and Lang（1995: 27-28）は，消費者イデオロギーの基礎にある消費者の「選択」を問題にして，①情報をともなわない選択，②似たような選択肢の選択，③金持ちだけの選択権，④豊富な選択肢のもとでの不安，⑤責任逃れや騙しの煙幕としての選択の利用，という選択の限界を指摘する。②の観点からは，たとえば全国的ブランドの確立は「ブランド間の選択」（ibid.: 35）を意味するにすぎない。

34) だが小売業者は低・中所得層にはセルフサービスを求めたが，金持ちには，第2次大戦期および食料品小売を例外として，店員，保証，無料配達，特別注文を提供したという（Glazer, 1993: 103）。

35) スーパー経営の指導者さえ，お客が出口に出るまで全商品をみて回れる店内レイアウトが重要だという。なぜなら「販売される三分の二の商品が『衝動的』に選ばれているからである」（ジンマーマン，1962: 250-251）。

36) レジ係による顧客統制の実例については，第1章をみよ。

37) 近年のインターネット取引（e-コマース）は，小売企業と顧客を直接接触させ，顧客との持続的な「関係的マーケティング」を可能にするので，小売企業と顧客の不平等な関係を是正するという議論にたいする批判としては，Fitchett and McDonagh（2001）をみよ。半田正樹（2005: 70-71）も，インターネット型の顧客情報管理がピンポイントの顧客対応を可能にして顧客の匿名性を奪い，購入すべき商品を顧客の意思に関係なく提示し，顧客もこれを受容する，という企業と顧客間の不平等な関係の形成を指摘する。

38) 1900-1940年のデパートの店内販売では，管理者はセルフサービス方式や労働不熟練化政策をとったのではなく，逆に販売員の販売技能の育成によって利潤を高めようとした。第3章をみよ。

39) これは販売職のジェンダー化のためでもあった。女性は有利でない「白もの」（衣服や雑貨）販売に多く，男性は歩合給の「茶もの」（自動車，家具，家庭用品）販売で優勢だった。1970年に女性が労働者の3分の2以上をなしたバラエティストア，デパート，アパレル店では，セルフサービスと低賃金

が特徴だった（Glazer, 1993: 82-83）。

40) 1890年の「小売店員国際保護組合RCIPA」の創設時，女性小売労働者は低賃金で有名だった。RCIPAは女性の低賃金を非難して最低賃金と「男女同一労働同一賃金」を要求したが，男女平等賃金を実現できなかった（Glazer, 1993: 78-82）。

41) 1940年代に経営者は，低価格だけを強調するのではなく，高品質と低価格は大量販売とセルフ化によって実現できると全家庭に訴えた（ジンマーマン, 1962: 350）。

42) スーパーマーケットは1973年に平均して9,000種類の品物をもっていたという（Glazer, 1993: 103）。

43) これはむろん，ブレイヴァマン（1978: 55, 128）によって資本主義的労働過程の一般的傾向として定式化されたものである。

第8章　病院における経験

序

　前章では，労働移転をアメリカのスーパーマーケットのセルフサービス化にそくして検討し，セルフ化の原因，条件，結果についていくつかの結論を提示した。本章では引き続きノーナ・グレイザー『女性の有償労働と無償労働』（Glazer, 1993）に依拠して，労働移転をアメリカの医療労働について検討してみたい。

　医療における労働移転はセルフケア化のかたちをとった。すなわち，それまで病院看護師を中心におこなわれていた有償のケア労働が患者の側に移転されて，患者やその介護人がおもに自宅で無償のケア労働をおこなう，というかたちをとった。

　これからみるようにセルフケア化が医療費膨張の抑制を目的としていた点からすれば，このセルフケア化はすぐれて現代的な問題であるといえるが[1]，本章の関心は前章と同じく，接客サービス労働の統制関係の観点から労働移転がはらむ問題をとらえることにある。具体的にいえば，労働移転の要因，実現条件，諸結果にたいし，接客労働の統制関係がどのように作用し，あるいは逆に，この独自な統制関係が労働移転によってどのような影響をこうむったか，という点にある。前章で小売業の事例を考察しているので，本章では，2つの事例を比較対照しながら労働移転を検討することができる。

　本章を次の順序で展開する。第1節では，アメリカの医療産業における労働移転が開始された背景と，医療産業における労働移転の条件を考察する。第2節では，医療労働のセルフケア化が病院内の看護労働者にいかなる影響をあたえたかをみる。第3節では労働移転が，移転先の患者の家庭においていかなる結果をもたらしたかを考察する。第4節では小売と医療の2つの労働移転を比較しつつ，労働移転の問題を全般的に検討し，結語でかんたんに

考察をまとめる。

第1節　医療における労働移転

　まず，医療における労働移転がはじまった経緯をみておかなくてはならない。労働移転が開始された要因を中心に考察しよう。

1．医療費の高騰と DRG の導入

　［1］アメリカでは1970年代以来，医療費高騰が問題になり，「マネジドケア」（後述）の試みがはじまる。とくに公的医療保険であるメディケアとメディケイドのコストを抑制するために，1985年以降，公的保険が出来高払い方式から DRG（後述）にもとづく一括払い方式に転換された。

　これが病院の入院患者の早期退院や，外来患者化や，在宅看護化を増加させる。こうして病院のケア労働の患者への移転が生じた。かつて病院で賃金労働者がおこなっていた有償のケア労働が，患者本人や家族看護人がおこなう無償の在宅ケア労働に転換された。この労働移転は，小売のセルフサービス化よりも複雑で危険をともなった。複雑というのは，在宅ケアには在宅ケア代行業者から派遣される看護師や看護補助労働者が介在したからであり，危険をともなったというのは，在宅ケアが患者の生命にかかわっていたからである。

　［2］他の諸国と同じくアメリカの医療保険制度もたいへん複雑であるが，本章の展開とかかわる限りでふれておく必要がある。よく知られているように，アメリカには全国民をカバーする公的医療保障が存在しない。公的医療保障には，65歳以上の高齢者と一定の障害者を対象とする連邦政府のメディケアと，州政府が実施し連邦政府が補助金を出す低所得者対象のメディケイドしかない。民間の医療保険は大不況期まではまれで，ブルークロス・ブルーシールドと呼ばれる非営利保険しかなかったが，労働組合が第2次大戦中の賃金凍結を補う付加報酬として民間保険加入を勝ち取ったので，1960年までに民間医療保険が被用者の60％以上をカバーするようになる。民間保険

では一般に，各企業が民間保険会社数社と契約し，被用者はそこから1社を選んで加入する。被用者は保険をつうじて自分と扶養者のケアを受ける（Glazer, 1993: 115-116; 西田, 1999: 40; 西村, 2003; 広井, 2003)[2]。

　公的医療保障は以上のように貧弱だが，それでもこれが整備された結果，医療産業はもうかる投資先となった。高額の政府医療支出（連邦，州，地方）と，政府の第三者的支払い保証が存在するようになったからである[3]。

　メディケイドとメディケアはともに1965年に成立したが，これらの開始後すぐに，医療費高騰が問題となる。60年代にジョンソン大統領は議会に医療コスト抑制を求め，ニクソン大統領は医師手数料の上限を定めた。80年代のブッシュ政権はコスト抑制のために，HMO（後述）を中心としたコスト管理方式である「マネジドケア」を試み，クリントン政権も国民皆保険とともに医療保険コスト抑制を政策目標とした（Glazer, 1993: 116; 藤田, 1999: 26-27; 砂田, 2003）。「マネジドケア」のメディケアとメディケイドへの適用が労働移転をうみだすことになる。

[3]「マネジドケア」は3つの内容からなる。(1)予防・健康増進の医療保険への取り込み，(2)出来高制ではなく定額制の医療費支払い，(3)医療内容への第三者（保険者）の介入，である。(1)をめざすHMOからみよう。1970年代から急増するHMO（Health Maintenance Organization; 健康維持組織）とは，保険会社，病院，ブルークロス・ブルーシールドなどが経営主体となって，医療保険と医療サービスをセットにして提供する組織である。HMOは医師を雇用したり医師グループと契約を結んで，医療サービスを提供する。企業はHMOの利用によって被用者医療保険の高コストを回避する（西田, 1999: 33; 広井, 2003）。というのはHMOでは，医療保険のカバー範囲によって企業負担が変わるような医療給付メニューが用意され，被用者はこのカフェテリアプランのなかから医療給付を選択するので，HMOを利用すれば企業は負担額を定めることができるからである。HMOに似た組織として，企業に医療費割引を約束するPPO（Prefered Provider Organization）があり，企業はPPOが提供する医療のコストの全部か大半を保険会

社をつうじて支払う。HMOやPPOがマネジドケア組織をなし，メディケイドやメディケアといった公的保険も，これらマネジドケア組織をつうじて医療を提供するのである（西田, 1999: 46-48）。

「マネジドケア」の核心は(2)にある。すなわち，出来高払い方式（Retrospective, Fee-for-Service System）から一括払い定額方式（Prospective Payment System; PPS）への転換である。従来の出来高払い方式では，保険会社は病室や食事，薬や医療品，看護など保険が認める診療費をすべて支払ったので，病院には患者を長期入院させ，高価な設備や薬やサービスを提供するインセンティブがあった。だが一括払い定額方式では，じっさいにかかった診療費にかかわらず，診断関連グループ（Diagnosis-Related Groups; DRGs）が指定した医療行為に一定額の診療費しか支払われない[4]。このようにしてDRGでは，(3)医療内容に第三者（保険者）が介入することになる。

DRGを説明しよう。DRGとは，病名を460以上の診断名グループに分類したうえで，患者を診断名ごとに区分し，医療費を患者別ではなく疾患別に支払う医療費のパッケージ化システムである。病院は，診断名のそれぞれの均一料金にもとづいて保険会社から，メディケアとメディケイドのばあいは政府から，一括した払い戻しを受ける。DRG料金は，患者が病院を利用しようとしまいと同一である。患者が退院して外来クリニックや自宅で治療するとしても，それはDRG料金には入らず別に支払われる。だから病院にとっては，患者が早く退院すればするほどそれだけ多くの金が残る。そこでDRGのもとでは，患者の入院期間が短いほど病院は金を節約できるので，早期退院が誘発される。DRG導入のねらいは病院の効率化だったが，病院経営者はこれを「脱病院化」に転換した（Glazer, 1993: 110-112, 139）。

1980年代に，DRGにもとづくマネジドケアが，メディケアとメディケイド患者に適用される。1980年の「包括的予算調整法 Omnibus Budget Reconciliation Act」は，在宅保健 home health サービスの即時利用を認めて入院に代替させ，営利機関がメディケアとメディケイドの患者をあつかうことを認めた。また82年の「租税公平および財政責任法 the Tax Equity and Fiscal Responsibility Act」は，病院によるメディケアとメディケイド患者への一括払い制度を認めた。DRG 導入によって，病院利用の減少と在宅ケアが増加する（Glazer, 1993: 110）。

2．病院利用の減少と在宅ケアの増加

［1］当初はメディケアとメディケイドは病院利用を増加させたが，1983年の保険制度へのDRG導入は，患者の病院利用（頻度と在院期間）の減少と在宅ケアの増加をもたらした。メディケア患者の入院は，1970年の1,000人の登録者あたり302人から84年の381人のピークに達したが，DRG導入とともに85年の352人，87年の330人に減少した。平均在院期間も1970年の13.0日から85年の8.61日に短縮した。重病ケアのための病院利用率も低下した。あるデータでは，在院期間は1980年の17.7日から85年の12.9日に減少し，退院して在宅ケアに移るメディケア患者数は倍化した。そこで「quicker and sicker」と呼ばれる現象がおこった。患者は「以前よりも早く」また「以前の退院時よりも重症の状態で」退院するのである（Glazer, 1993: 126, 130, 147）[5]。まさに DRG は「脱病院化」（ibid.: 112; Hill, 1995: 127）をもたらした。

病院利用の減少に対応して，メディケアとメディケイド患者の在宅保健サービスの利用は，1965-1983年に5倍にふえた。とくに1980年の「包括的予算調整法」以後は，1,000人のメディケア登録者あたりの利用は80年の27人から83年の45人に増加した。DRGは病院利用をへらし，外来ケアと在宅ケアを増加させた（Glazer, 1993: 126, 128-129）。

こうしてケア労働は病院から家族に移転された。逆にいえば，労働移転がDRG方式を支えたのである。グレイザーのいうように，DRG方式は診断分類の標準化とケア労働を患者に押しつけるという意味で，まさに製造業における製品標準化と，サービス業における顧客労働の利用とを結合するものだった（Glazer, 1993: 27, 111）。

［2］在宅ケアの増加をみておこう。メディケアとメディケイドの初期に

は，患者は自己ケアできるまで在院したのちに在宅ケアに回された。だがいまや短期入院のために，病状が不安定な患者さえ在宅ケアに回される。またかつて病院でなされていた膝の手術や白内障手術は，外来クリニックでおこなわれる。美容整形，扁桃摘出，膀胱括約筋手術，嚢胞腫切除，ヘルニア修復も外来患者あつかいである（Glazer, 1993: 156-157）。

　DRG 導入後には，退院して在宅保健代行業者 home health agencies に向かう患者は 2 倍になった。1985年には，以前の 3 年間とくらべると153％の増加率だった。退院後に在宅ケアに向かう 5 つの DRG（発作，肺疾患，心不全とショック，大きな関節処置，股関節・大腿骨の処置）のメディケア患者も同じく増加した。85年には，この種の患者の半分以上（53.1％）がリハビリ病院に，かなりの数の患者（22.2％）が在宅保健サービスに回された。だが短期入院のために完全に治癒しないまま，あるいは病状不安定なまま患者が退院するので，患者の死亡率が高まり，再入院の可能性が高くなった（Glazer, 1993: 157-158）[6]。

3．セルフケア化の要因と条件

　［1］こうしてセルフケア化が強要された。セルフケア化の要因と条件を考察しよう。セルフケア化の要因は，民間保険では HMO における一括払い定額料金制であり，公的保険制度（メディケアとメディケイド）でも DRG 導入にもとづく一括払い定額料金制だった。いずれのばあいも，医療費高騰にたいする民間企業と国家の対応がその要因だった。

　小売業の労働移転も労働コスト引き下げをめざして開始されたが，医療産業で異なっていたのは，(1)民間企業ばかりでなく国家も積極的に労働移転を推し進めた主体だったこと，また(2)医療費高騰から利益を得た民間企業も存在したことである。(1)については，労働移転によって民間企業ではなく国家が無償労働を領有するケースがあることは注目しておくべきである。つまり労働移転には，それの実施主体の点で，大きくは，①民間営利企業型と，②政府（中央・州・地方）型とがある[7]。

　(2)では，資本間の利害分裂が重要である。医療費上昇は，民間保険をつう

じて民間企業の負担を，またメディケアやメディケイドでは納税者の負担を高める[8]。だから第1に，民間保険をめぐって保険を販売する会社と購入する会社との利害対立がある。第2に，医療費上昇は民間企業と納税者の負担を増加させるが，医療関連企業の利潤を高める。最大の利益を得るのは医薬品・ハイテク設備・医療器具の製造業者であり，小さな利益を得るのは医師，保健労働者，医療器具販売業者，建設労働者である。また医療費抑制のために在宅ケアがふえれば，在宅保健代行業者の利潤獲得機会が高まる（Glazer, 1993: 115, 124, 213-214）。だから医療費上昇とその抑制をめぐっては，民間企業間の，また医療関連企業と納税者との，利害の分裂があり，これも，スーパーマーケット，チェーン店，独立店の対立がセルフ化以後は消失した小売業ではみられなかった事情である。医療産業では，労働移転は，一枚岩的な企業利益にそっておこなわれたわけではない。

[2] 医療の労働移転の実現条件としては，まず在宅保健代行業者の存在をあげなければならないが，これはのちに回し，まず(1)イデオロギー，(2)在宅医療テクノロジー，(3)大量生産体制，を取り上げる。

医療費高騰がDRG導入をうながしたのであるから，DRG導入による医療費抑制はとうぜん，それが保険料引き下げや減税を可能にするというイデオロギーをともなった[9]。これは，小売の労働移転において，小売業者がセルフ化は価格引き下げに役立つというイデオロギーを散布したのと相応する。ここでは家族主義的イデオロギーに着目しておきたい。

患者自身に在宅ケアをおこなわせるために，国家と企業は，個人主義や自助を含む家族主義的イデオロギーを必要とした。以前は，病人には病院が最善だと主張してきた病院経営者は，いまでは在宅ケアのほうが望ましいという。いわく，家庭なら自分の居場所や安心感があるので早く回復する，好みの食物，自分のベッド，家族といっしょの生活は好影響をあたえる，と。同じく病院労働者も在宅保健代行業者も，家庭のほうが回復が早く，死も安楽だという理由で在宅ケアを支持する。個人主義や自助の尊重は，自助単位として家族を想定し，患者にたいする責任が家族にあるとみなす（Glazer,

1993: 132, 182, 184-185)[10]。

　病人のケアという重い負担を患者や家族看護人に負わせるためには，こうした家族主義的イデオロギーは不可欠である。これも，小売のセルフ化が，消費者の自律性，選択の自由，プライバシーの尊重などの本来の消費者イデオロギーとならんで，メイドを不要にするドゥ・イット・ユアセルフとか，主婦の社会化とか，なんでもこなせる主婦などの家族主義的イデオロギーを必要としたのと同じだった。

　[3] 労働移転の実現条件としての，(2)在宅医療テクノロジーと，(3)大量生産体制に移ろう。在宅ケア自体は高度な医療テクノロジーを要さない。グレイザーもいうように，病院の普及以前には在宅医療はふつうであり，そのさい往診医師と看護師しか必要なかった[11]。だが，ひとたび病院でハイテク医療が発展し，これと同水準の医療を提供しなければならない段階で在宅ケア化がなされるならば，(2)在宅医療テクノロジーが必要条件となる。
　医療テクノロジーの発展は，まず病院用のハイテクが開発され，次にこれが在宅ケア用に改善されるという経過をたどる。在宅ケア用の主要なハイテクには，透析機器，化学療法・抗生物質・輸液の静脈注入管理，呼吸停止のモニタリング装置，新生児のための光線療法，経血管的あるいは経鼻的な栄養補給，酸素吸入，人工呼吸装置用に室内空気から酸素をつくるコンバータ，などがある。これらにもっと一般的な，家庭用の人工肛門バッグ，パッケージ化された無菌針や包帯や成人おむつ，規格化された抗生物質，鎮痛剤，静脈注入薬などがつけくわわる (Glazer, 1993: 188-189, 192-195)。一見して在宅ケア用の設備や用具は，操作がむずかしいハイテク装置を含んでいる。
　他方で，パッケージ化されたいろいろの医療器具や薬品に目を向けると，これらが大量生産体制のもとではじめて提供が可能になる規格化製品であることはあきらかである。この点で，医療における労働移転は，小売業の労働移転が製品の規格化やパッケージ化を前提していたのと同じく，(3)大量生産体制を成立要件としている。

在宅看護が(2)と(3)を成立要件としている点に，それが企業の投資領域を拡大して利潤を高める理由がある。たとえば，在宅ケア用の静脈注入薬品についての販売業者の純収入は，1983年の4千万ドルから1988年の15億ドルに増大した。また在宅ケア用ハイテク支出は，1983年の3兆677億ドルから1987年の5兆4347億ドルまで増加し，今後の増加が予想される，と（Glazer, 1993: 125, 189-191）。

第2節　病院労働の変化

労働移転は，移転元の病院と移転先の家庭の双方に変化を引きおこした。ここではまず，病院労働に生じた変化をみる。

1．看護労働者の序列と職務内容

［1］病院労働の変化を理解するためには，看護労働者とくに看護師の序列と職務内容を知っておく必要がある[12]。

看護労働者は以下の序列をもつ。(1) 上級の登録看護師（Registered Nurses; RNs）[13]，(2) 中級の免許実務看護師（Licensed Practical Nurses; LPNs），(3) 下級の看護助手（Nursing Assistant）である[14]。(2)は1年のLicensed Practical Nurse Programの修了が，(3)は6ヶ月のNursing Assistant Programの修了が資格要件となる。(1)の登録看護師は法的にはみな同じ身分だが，取得資格によって3種類に分かれる。①4年制大学での学士課程の修了（看護学士の学位 Bachelor of Science in Nursing; BSNの取得），②短期大学やコミュニティカレッジでの准学士課程の修了（看護准学位 Associate Degree in Nursing; ADNの取得），③3年間の看護学校でのDiploma Programの修了（diplomaの取得），である。だが『全米看護師協会 American Nurses Association; ANA』は，①だけを「専門職 professional」看護師とみなし，②と③を「技術 technical」看護師と呼ぶ（Glazer, 1993: 134, 141-142; 佐藤／小柳, 2001: 10, 28; 菅原, 1999: 142-145）。

看護労働者について注意すべき点が2つある。1つは，(1)(2)(3)の看護労働者は，いずれも圧倒的に女性が優勢であることである。小売のばあいと同

じくこの点が，労働移転がおこなわれるさいに生ずる有償労働者間の，また有償労働者と無償労働者との対立が特有のジェンダー的色彩をおびてしまう理由をなす。いま1つは，(1)(2)(3)の序列には，人種とエスニシティの序列が対応する点である。白人女性とアジア人女性が登録看護師の大部分をなし，アフリカ系アメリカ人とヒスパニックの女性は最下級の補助職務につく傾向がある(Glazer, 1993: 134)。

［2］看護師の職務内容は変化してきた。まず大不況期に登録看護師は家庭看護から病院看護に移行した。第2次大戦後に，ゼネラリストだった登録看護師の労働は諸タスクに分割・専門化され，階層化された労働者群（免許実務看護師，看護助手，付添人，専門セラピスト，病棟係など）のあいだに配分された。登録看護師は監督業務をふやされ，実務ケアをへらされた。免許実務看護師と看護助手は，登録看護師の助手としてベッドメイクや食事提供のようなルーティン的タスクをおこなった。1970年代中頃には，登録看護師は「スカット（くず）仕事 scut work」のすくない「専門職」となり，免許実務看護師と看護助手がかつての登録看護師のタスクをおこなった(Glazer, 1993: 144-145)。DRG導入以前はこのような状況だった。

　DRGの導入は病院労働を変化させ，(1)病院における「職務統合 job consolidation」，(2)看護労働者の解雇と非正規労働者化，(3)看護労働者の二層化，を引きおこした。

2．「職務統合」

［1］(1)「職務統合」はチーム看護から，DRG導入後の全員登録看護師制 all-RN staff にもとづくプライマリケアへの移行によって生じた。DRG導入以前には，病院は病状の重い患者にも軽い患者にも完全なケアをあたえ，以前の機能を回復し歩行か在宅ケアが可能になるまで，入院させた。

　ケアはチーム看護によって，すなわち登録看護師，免許実務看護師，補助看護師，看護助手からなる混合スタッフの分業によって，あたえられた。チーム看護では，登録看護師がケア計画を作成し，医薬品をあたえ，医師の

ために患者の状態を評価した。日常職務では医師を助け，免許実務看護師と補助看護師を監督しつつ，最低限の直接的ケアだけをおこなった。免許実務看護師は血圧を測定し，包帯を換えた。看護助手は患者に食事や水をあたえ，リネンを交換し，患者を運んだ（Glazer, 1993: 135-137）。

DRG 導入後のプライマリケア[15]では，補助員（セラピスト，病棟係，家政婦）なしに 3 人の登録看護師が日勤・準夜・深夜のシフトを担当し，患者の全責任を負う（これが病院管理者のいう看護師の「自律性」である）。全員登録看護師制では，できるだけ登録看護師がスタッフとなり，看護助手などの低級労働者がへらされる（これが病院管理者のいう看護師の「専門職」化である）。プライマリケアと全員登録看護師制による「職務統合」では，登録看護師は免許実務看護師・補助看護師・看護助手の助けなしに，通常職務のほかに，重病患者をケアし，食事や便器や患者を運び，リネンを交換し，療法を監督し，退院計画をチェックする。「職務統合」によって，免許実務看護師，補助看護師，看護助手は職務を失った（Glazer, 1993: 137, 146）。

［2］「職務統合」がおこなわれたのは，患者の重病度の上昇と労働コスト削減[16]のためだった。DRG 導入後，病院が重病患者以外引き受けなかったことが「職務統合」をひきおこした。白内障や膝の手術，化学療法を要する患者は，外来クリニックや「日帰り」手術で処置され，外来患者と短期在院ガン患者とは在宅ケア化された。患者は，在宅保健登録看護師 home health RN やセラピストに在宅ケアの仕方を教えられ，通院や電話でケアを監督される。重病人だけが病院でケアを受け，そうでない患者は外来クリニックかナーシングホームでケアを受け，重病だが回復しつつある患者は在宅保健サービスを受ける[17]。診断・手術前処置・検査は外来クリニックと短時間入院でおこなわれ，処置終了後は病院で最小のケアをあたえられ，できるだけ外来クリニックや自宅にまかされる（Glazer, 1993: 138, 146-147, 229）。

もう 1 つの理由は労働コスト削減だった。チーム看護の混合スタッフが重病人だけをあつかう態勢では，免許実務看護師や助手の不生産的な作業「中

断時間」が生じた。そこでプライマリケアでは彼女らが排除され，登録看護師が監督と専門的ケアだけではなく，低級労働者の技術的仕事や「スカット仕事」もおこなう。つまり，重病人のチーム看護では低級労働者が余剰人員化したので，病院管理者は，戦前のように登録看護師をゼネラリスト化することで労働コスト削減を考えたのである（Glazer, 1993: 147-150, 176-177）。

［3］「職務統合」には登録看護師の戦略も反映されていた。一方で看護師間には地位の格差があった。免許実務看護師と看護補助員は登録看護師と同じリスクを負うが，肉体労働をおこない地位は低かった（低賃金，低い職務保障と手当）。他方で，登録看護師は自分たちを自律的ケアのできない安価な「女中」とみなす医師と闘ってきた。そこで看護リーダーはプライマリケアと全員登録看護師制によって，病院管理者に登録看護師の専門職的地位と自律的ケア能力を認めさせようとした。具体的には，教育水準を重視し，看護学士の学位をもつ「専門職」看護師と，ディプロマや看護准学位しかもたない「技術」看護師との差別を強めて，登録看護師の地位を向上させようとしたのである（Glazer, 1993: 140-144, 149）[18]。

しかし，管理者がプライマリケアと全員登録看護師制を採用した目的は，労働コスト削減にあった。そこで登録看護師は，看護職員や助手なしに，訓練が必要な技術的労働と技術の要らない不熟練労働をともにおこなうことになった。彼女らの「職業 occupation」は格上げされたが，「職務 jobs」は格下げされた。専門職化イデオロギーが，登録看護師の責任増加（職務拡大）と補助職員の削減を正当化した（Glazer, 1993: 149, 175, 214）。

その結果，登録看護師の労働のスピードアップが生じた。登録看護師は重病患者に高質のケアをあたえるとともに，補助員の仕事もこなさなければならないので，昼食もとれずトイレにもいけず，超過労働による「燃えつき」をおこす（Glazer, 1993: 148-149, 177）[19]。

以上の変化は次のように理解できる。病院が重病人だけをあつかうプライマリケアや全員登録看護師制を採用したのは，病院が二重のコスト削減をめざしたからである。第1に，DRGの定額料金制のもとで，重病患者以外は

早期退院させてコスト削減をはかること,第2に,看護師の専門職化イデオロギーを利用しつつ,職務統合によって「不生産的」な免許実務看護師や助手などを解雇して登録看護師をゼネラリスト化し,彼女たちに技術的労働だけでなく不熟練作業もおこなわせようとしたことである。その結果,登録看護師の労働は強化された。だから病院が重病患者しかあつかわなくなったためにプライマリケアと全員登録看護師制を採用した,という説明は不十分である。重病患者しかあつかわなくなったことや,プライマリケアと全員登録看護師制の採用の背後には,いずれのばあいにも病院側のコスト削減戦略が存在していたことを見逃すべきではない。

　こうして「職務統合」の結果は,①低級労働者(免許実務看護師,補助看護師,助手など)の解雇,②登録看護師の「職業」の格上げと「職務」の格下げ,③登録看護師のスピードアップ,④「専門職」看護師と「技術」看護師との差別強化,となった。

3．非正規労働者化と新たな階層化

[1] DRGの導入はさらに,(2)看護労働者の解雇と非正規労働者化,(3)看護労働者の二層化,をもたらした。

　「職務統合」によって,病院が免許実務看護師や看護助手を解雇したのはいまみたとおりである。だが患者の病状レベルの上昇と経験ある登録看護師の不足とは,登録看護師をルーティン作業から解放する必要もうんだ。そこで病院管理者はいったん解雇した低級労働者を,臨時労働者やパートタイム労働者として再雇用した。あるばあいには低級労働者をレイオフし,次に「渡り労働者」として不定期作業のために再雇用した。別のばあいには有色女性の免許実務看護師をレイオフし,次に解雇者を低賃金で休日や休暇のない短期臨時労働者として再雇用するとともに,新規雇用の登録看護師全員を白人にした。さらに別のばあいには,パートタイム免許実務看護師を解雇し,のちにその半数以下の新規の登録看護師を雇用するとともに,解雇した免許実務看護師を手当なしのパート労働者として再雇用した(Glazer, 1993: 139, 149-151)[20]。

臨時労働者は，病院や病棟の手続きやルーティンを知らない。正規職員である看護師は彼女らを訓練しなければならないので，臨時雇用に反対する (Glazer, 1993: 148, 150)。

［２］既雇用労働者の解雇と再雇用は，(3)正規職員と非正規職員とへの看護労働者の二層化をうんだ。二層化はいろいろのかたちをとった。あるばあいにはそれは，（登録看護師と免許実務看護師）〈対〉（再雇用された看護助手，食事療法労働者，家政婦）の二層システムをうんだ。別のばあいには，再雇用者が，以前より，また同一職種の既雇用労働者より，賃金と手当を引き下げられた。さらに看護労働が下請に出され，下請企業が免許実務看護師を提供するばあいもあった。このばあいには少数の正規職員と下請労働者からなる二層システムがつくりだされた（Glazer, 1993: 152)。

こうして「職務統合」は看護労働者間に，従来の階層化とは別の，正規職員〈対〉パートタイム労働者・臨時労働者・下請労働者，という階層化をうみだしたのである。

「職務統合」の結果についてグレイザーはいう。労働移転によって，労働者はますますパート的・臨時的となっている。下級労働者が急速に増加しつつあり，中級労働者は職務喪失に直面し，上級労働者は職務拡大とスピードアップに直面する，と（Glazer, 1993: 213)。

4．失業と労働低質化

［１］労働移転によって病院労働に生じた変化をまとめよう。第１は，低級看護労働者（免許実務看護師，補助看護師，看護助手など）の解雇である。病院労働のばあい，これは，重病人の増加→プライマリケアと全員登録看護師制への移行→低級労働者の解雇，というやや複雑な経過をたどったが，基本的には，病状の軽い患者が退院して看護する必要がなくなったので，病院は低級看護労働者を解雇したのである。解雇された低級労働者がかつておこなっていた看護労働は，いまではむろん患者と家族看護人がおこなう。これは労働移転が直接もたらした結果であり，有償労働者の解雇にいたる筋道は

小売業の労働移転のばあいとまったく同じである。

　第2に，登録看護師の「職業」の格上げと「職務」の格下げ，登録看護師のスピードアップ，「専門職」看護師と「技術」看護師との差別強化，がある。これらは低級労働者の解雇によって生じた病院内の労働者構成の変化にかかわる。低級労働者を欠いた職場は「専門職」労働者が中心となり，彼女らが低級労働者の仕事を担当しなければならなくなった。そこで彼女らの「職業」の格上げと「職務」の格下げ，これにともなうスピードアップが生じ，「専門職」看護師と「技術」看護師との差別が強化された。

　第3は，看護労働者の臨時労働者化，パート化，下請労働者化と，看護労働者の二層化である。これは，病院管理者の政策の訂正とみることができる。管理者はいったんはプライマリケアと全員登録看護師制にもとづく看護師のゼネラリスト化によって，労働コスト削減をはかった。だが重病人の病状レベルの上昇と経験ある登録看護師の不足によって，登録看護師を低級仕事から解放しなければならなくなった。このためいったん解雇した低級労働者を，臨時労働者やパート労働者として再雇用したのである。結果からみればもとの状態への復帰といえるが，しかし病院側の賃金コスト削減目的や，病院における重病人の増加という事情から推測して，再雇用された低級労働者はもとの労働者よりもすくなかったにちがいない。だとすれば，これは管理者の政策の部分的訂正にとどまるが，それでも臨時労働者やパート労働者としての再雇用は，看護労働者の新たな階層化をうんだのである。

［2］以上から，医療における労働移転が，低級労働者の解雇，労働者構成の変化とスピードアップ，有償労働者間の差別強化，非正規労働者（パート労働者，臨時労働者，下請労働者）化，労働者の地位低下をともなったことがわかる。これらの点と，それにかかわるグレイザーの主張を，小売における労働移転と比較しつつ検討しておこう。

　解雇からみると，病院では一般患者の在宅ケア化（労働移転）による重病患者化のために，低級労働者の解雇が生じたのであるが，これは病院労働に固有の事情ではけっしてない。労働移転がおこなわれるばあい，移転される

労働は顧客にも遂行可能な労働であり，したがってサービス提供組織の側では比較的低級の労働だけが消失し，低級労働者が解雇される。もし労働が，顧客が遂行できない高度な知識や技能を要する専門的労働であれば，労働移転は不可能である。

　低級労働者はこうして解雇される。だが奇妙なことに，グレイザーはこうして生ずる失業が，女性労働者間の対立を引きおこすことに言及しない。病院患者の重症化によるプライマリケアと全員登録看護師制への移行を可能にしたのは，一般患者の在宅ケア化（労働移転）であり，その結果彼（女）らを看護していた低級労働者が解雇された。だからここでも低級有償労働者と無償労働者（患者と家族看護人）との失業をめぐる対立が存在したはずである。さらに職務統合によって「専門職」看護師が低級労働者のタスクをもおこなうようになったために低級労働者が失職したのであるから，有償労働者間の対立も存在したはずである。だとすれば失業をめぐって，前者では女性有償労働者と患者の主たる看護人である女性無償労働者とが対立し，後者では女性有償労働者どうしが対立したのであり，労働移転は，小売におけるそれと同じく，女性有償労働者と女性無償労働者のあいだの，また女性有償労働者のあいだの対立をもたらしたのである。

　労働移転によって非正規労働者化がおこった点も，小売のばあいと同じである。病院は職務統合の結果をみて政策を訂正した。つまり，低級労働者の仕事を「専門職」労働者だけで負担することができなかったので，結局は，解雇した労働者を非正規労働者として再雇用した。労働移転によっても低級労働者の仕事が残った点は，小売業のばあいと同じだった。小売業では，ルーティン作業のために低級労働者の必要が残り，女性レジ係が最終的にこれをになった。そしてレジ係のような低級職務であれば，パート労働者や臨時労働者などの非正規労働者でまかなうことができたのである。

　［3］職務統合とその結果を根拠に，グレイザーは，病院労働ではブレイヴァマン（1978）が定式化する労働低質化はおこらなかった，と主張する。すなわち，ブレイヴァマンの流れをくむ労働過程理論家は，資本主義的労働

過程では，細分化された分業，不熟練化，労働の低質化が一方的に進むとのべる。だが病院では，コスト削減のために細分化された分業の「逆転」が利用され，低級労働者の排除や，補助員タスクの登録看護師への再賦課があった，と（Glazer, 1993: 216-217）。この異論は容認できない。

　第1に，職務統合では，低級労働者のタスクが登録看護師に再賦課されたが，これによって別段，登録看護師により高度の技能が要求されるようになったわけではない。本来のタスクのほかに低級タスクが再賦課されたにすぎない。グレイザーもいうように「職業」は外見上格上げされたものの，「職務」は実質的に格下げされたのである。登録看護師の労働は，技能高質化も低質化もこうむらなかったが，彼女らの地位はあきらかに低下したといわざるをえない。

　第2に，登録看護師の労働については労働の細分化は生じておらず，むしろ「職務拡大」が労働細分化傾向の「逆転」をうんだようにみえるが，しかし病院労働全体についてはそうはいえない。グレイザーは従来の労働過程論を批判するこの文脈では，解雇された低級労働者がパートタイマーや臨時労働者や下請労働者として再雇用された点に言及せず，病院労働全体に目を向けていない。これは2つの点で問題である。1つには，登録看護師のタスクと再雇用された低級労働者のタスクとがなお截然と区別された点で「細分化された分業の逆転」（Glazer, 1993: 217）は生じておらず，維持されている。いま1つには，低級労働者が非正規労働者として，いつでも解雇できる使い捨て労働者に転落した点で，労働者の地位は低下したのである。

　前章で検討したように小売のばあいには，労働移転によって店員の販売技能や製品知識などが不要となり，販売のために必要な操作は，宣伝・広告・マーケティング戦略・店内の顧客統制技術として，管理者の側に移された。その結果，店内にはレジ係などの低級職務しか残らなくなった。これはブレイヴァマンのいう「構想と実行の分離」ときわめて類似した過程である。医療では労働移転によって「構想と実行の分離」が進んだわけではないが，しかし構想機能はいぜんとして「専門職」登録看護師（と病院管理者）になわれ，実行部分をなす低級タスクは一部は非正規労働者化された低級労働者

に残され，一部が患者・家族看護人（およびのちにみるように，在宅看護労働者）に移転されたのである。以上の理由で，病院労働の労働移転過程では「構想と実行の分離」が逆転されたとするグレイザーの理解は疑問である。「構想と実行の分離」は維持されているとみるほうが妥当であろう。

以上から，労働移転の結果は，病院労働については失業，失業をめぐる女性有償労働者間の，また女性有償労働者と女性無償労働者との対立，非正規労働者による正規労働者の代替とこれによる労働者の二層化，労働者の地位低下だった，とまとめることができる。

第3節　在宅看護労働

1980年代中頃までに，病院は重病人以外の患者を帰宅させるようになった。いまや，患者と家族看護人に在宅ケア労働が課された。労働移転が，ケアを担当する患者本人と家族看護人，そしてこれを補佐する在宅看護労働者に，いかなる影響をあたえたかをみよう。

1．新たな3極関係の形成

［1］患者や家族看護人にケア労働を負担させ，「比較的低いコストで，家庭への労働移転を促進するために」（Glazer, 1993: 173）は，在宅看護労働者を必要とした。これはケア労働の移転に特有の事情であり，この種の労働移転にかなりの無理があったことをしめしている。同時にそれは，接客労働の新たな3極関係が形成されたことをも意味した。だがグレイザーは，新たな3極関係の形成とそのもとでの分業，およびこの分業に含まれる対立関係にまったく無自覚であり，言及すらしていない。これは，医療における労働移転におけるグレイザーの考察の，もっとも大きな欠陥の1つをなしている。

すでにみたように，病院が重病人だけをあつかうようになったことが，一般患者を在宅看護に追いやり，一般患者をあつかう病院看護労働者の解雇をうんだ。これはむろん，女性有償労働者と，患者やその家族としての無償労働者とのあいだの対立をもたらした。

だがそれだけではなかったはずである。まず病院内の一般患者をあつかうすべての有償労働者が消えたわけではなく，なお残存する看護労働を担当する有償労働者が残ったはずである。また病院から自宅に追いやられて無償のケア労働を課された患者（と家族看護人）が在宅看護労働者を必要としたとすれば，ここには，病院管理者 - 病院看護労働者 - 患者という以前の接客労働の３極関係のかわりに，病院とは別組織に属する，在宅保健代行業者（雇主や管理者）- 在宅看護労働者 - 患者（と家族看護人）という新たな３極関係が形成されたはずである。

　［２］それでは，かつての病院内の有償看護労働者の労働は，だれに移転されたのだろうか。次の３者である。すなわち，①なお残された労働を遂行する病院内労働者，②看護労働をおこなう患者自身とその家族，③患者とその家族を助ける病院とは異なる組織に雇用されるもっと低級の在宅看護労働者，である。①は，たとえば在宅療養する患者自身や家族による看護を，電話や通院のさいに監督・指導する病院内労働者である。②はいうまでもなく病院から移転された看護労働を無償でおこなう患者とその家族である。③は，移転された看護労働が患者や家族だけでは十分に遂行できなかったために必要となった在宅看護有償労働者である。小売の労働移転でも，販売労働者のおこなっていた労働がすべて顧客に移転されて販売労働者がまったく消失したわけではなく，なお残存する労働をたとえばレジ係が担当した。このレジ係にあたるのが，ケア労働の移転では①の労働者である。こうしてケア労働は，３者に分割されて移転されたのである。

　小売の労働移転ではまったくみられず，ケア労働の移転で登場するのは，③の有償労働者である。この労働者を中心に，在宅保健代行業者（管理者）―在宅看護労働者―患者とその家族，という３極関係が新たに形成された。

　ここには複雑な対立関係が存在する。第１に，かつての病院内看護労働者とその労働をいま代行する病院内看護労働者との対立，がある。第２に，かつての病院内看護労働者とその労働をいま代行する在宅看護労働者との対立，がある。以上は有償労働者間の対立である。そして第３に，かつての病

院内看護労働者とその労働をいま無償で代行する患者とその家族との対立,がある。これは有償労働者と無償労働者との対立である。労働移転がもっと進めば,これらすべての対立が拡大するであろうし,またケア労働の負担をめぐってそれを無償で遂行する患者とその家族と,在宅看護労働者との対立という,新たな対立も生じうるであろう[21]。そして有償労働者間の対立も,また有償労働者と無償労働者との対立も,すぐれて女性労働者間の対立となる可能性がある。

2. 在宅看護の困難

[1] 労働移転によって,患者の家庭は病院の延長となり,医師や登録看護師の有償労働を受けつぐ素人の無償労働の場となった。その結果,(1)危険の増加,(2)ハイテク労働を学ぶ負担,(3)看護訓練の困難,が生じた。

(1)危険が増加したのは,短期入院と早期退院とが,完全に治癒しない患者を在宅ケアに回したので,再入院の可能性を高くしたからである。自宅は,患者が有毒化学物質と接触したり,感染する機会がすくなく,睡眠も妨げられない点で病院より安全だが,「より早くより重症の状態で」退院する患者は,自宅で感染しやすい。登録看護師しか包帯交換できない傷をもつ患者の帰宅は,感染の危険をうむ。家族看護人や在宅看護助手がケアしても感染の危険は増す。病院ならすぐに処置できるが,自宅では登録看護師の訪問間隔が処置を遅らせる。その結果,登録看護師は包帯交換のために家庭訪問し,次に感染処置のためにまた訪問することになる (Glazer, 1993: 186-187)。

[2] 第2に,(2)ハイテク労働を学ぶ負担が重くなった。在宅看護のハイテク利用にともなって家族看護人(おもに女性)は,以前より重い病人のためにハイテク労働を学ばなければならない。看護人は投薬反応から緊急入院を要する危機までについて,患者をモニターする。たとえば,呼吸障害をもつ患者をケアし,経口食物摂取できない患者にチューブやIV (intravenous;静脈注射——引用者) で栄養をあたえ,筋肉注射をおこない,抗生物質や化学療法を受ける患者をモニターする。徴候をチェックし,再入院が必要かど

うかの文書指示にしたがう。作業は困難で危険である。呼吸障害の新生児は以前は在院したが，いまでは家庭で酸素と注射を管理される。注意力を要することもある。登録看護師が採血や投薬のために動脈に差し込むカテーテルの処理は，洗浄に神経質にならざるをえない。IVの抗生物質療法は複雑なこともあり，再入院，悪寒，下痢，薬の副作用といった問題をおこす。家族看護人は，看護師やセラピストからハイテク使用法を学ばなければならない。それは，呼吸運動のモニターといったかんたんなものから，設備による心臓の感染防止といった複雑なものにまでおよぶ（Glazer, 1993: 181, 193-194, 196）。

第3に，(3)看護訓練の困難がある。在宅ケア看護師は，患者や家族看護人に，ケア方法，IVの仕方，器具洗浄の仕方，血液凝固をふせぐ仕方，医療品の使い方のほか，床ずれ防止，カテーテルの使い方，包帯交換，動脈注入管を洗浄する仕方を教える。またガン・呼吸・IVの専門看護師が，注入ポンプ，呼吸装置などの使い方と洗浄方法を教える。さらに看護師は複雑なタスクを指示し，緊急処置が必要なばあいの徴候を列挙する（Glazer, 1993: 195）。

こうした複雑さのほかにも，訓練には困難がある。①患者との対立や無能力のために，家族看護人が訓練を拒否するばあいには，コミュニティ内で援助者や友人のネットワークを組織する必要がある。②呼吸や出血への驚き，不眠，ケアのための時間とエネルギーのなさといった家族看護人のストレスや，金銭的困難もある。③患者がほかの健康上の問題をもち，訓練できないこともある。たとえば弱視で血糖値レベルを読めない患者や，1人暮らしの患者，同居看護人がケアができない患者がいる（Glazer, 1993: 197-200）。

以上の(1)(2)(3)の事情は，医療における労働移転が小売におけるセルフ化とはちがって，極度の危険をともなう注意力を要するものであり，患者と家族看護人の負担がきわめて重くなったこととして要約できる。在宅保健代行業者が派遣する看護労働者は，ケア労働の移転のために必要な条件だった。

3．看護労働の強化

［1］在宅保健代行会社は，DRG 導入以後に急増する。1980年にメディケアに参加する在宅保健代行業者は2,858だった。DRG 導入とともに1986年には5,769に急増した。在宅保健代行会社が必要とする器具や設備や医薬品の産業も有利な投資先となった(Glazer, 1993: 124-125)。

DRG 導入後の患者数増加にたいして，代行業者は労働者をふやさなかった。また時間・動作研究によって看護を「テイラー化」して時間短縮をねらうカルテ作成方式や，病気と依存度によって看護水準をきめる方式を採用した（Glazer, 1993: 173-174)。その結果，在宅保健代行会社の登録看護師と看護助手の仕事は，次のようなスピードアップとリスク増加をこうむった。

第1に，ケアが患者本人に限られ，しかも技術的ケアがふえ社会的ケアや実地ケアがへった。在宅保健登録看護師 home health RN はかつては患者家族全体を助けたが，営利的在宅保健代行業者の参入によって1985年までに患者本人のケアしかできなくなった。またかつては患者の足の温浴，入浴，爪切りのような非技術的労働もおこなったが，いまではこれらは助手にまかされる(Glazer, 1993: 157-159)。

第2に，労働は技術的となり危険となった。いまでは登録看護師は，ガンやエイズの患者に，化学薬品の静脈注入，抗生物質の静脈注入，点滴による栄養補給，輸血，をおこなう。これら4つの処置はかつて病院でおこなわれたが，いまでは病院登録看護師が訓練した在宅保健登録看護師や，彼女たちからやりかたを教えられた患者と看護人がおこなう。4つの処置は大きな危険をともない，細心の注意力を要する(Glazer, 1993: 159-162)。

さらにはプロ意識の侵害があった。素人の家族看護人に自分たちの労働をさせることは，登録看護師にとってはプロ意識の侵害と映る。なぜならそれは，素人でも看護技能を習得できることを意味するからである(Glazer, 1993: 163-164)。

要するに，在宅保健登録看護師の労働は危険で緊張を要するものとなっただけでなく，看護代行業者による看護労働の標準化・「テイラー化」のためにスピードアップされ，必要最低限の看護に制限された。さらに家族看護人

による看護労働は，彼女らのプロ意識を侵害した。

　［2］在宅看護助手(aides)も，タスク制限とスピードアップをこうむった。連邦医療財政庁（the Health Care Financing Administration; HCFA）は在宅看護コスト抑制のために，メディケア患者の人頭払い（均一料金）制capitation を実施し，払い戻しを削減した。そのため代行業者は，重病患者の急増にもかかわらず人員配置水準を一定にとどめた。そこで第1に，助手の仕事も個人ケアに制限され，訪問時間を短縮された。連邦政府はメディケアとメディケイドの実施以来，家事仕事を削減して個人ケアを優先させ，訪問時間を短縮してきたが，70年にはメディケア患者は「テイラー化された」基準によってケア時間を短縮され，85年までに助手の訪問時間は3ないし4時間から1時間半に短縮された。助手は忙しくなり，家事や食事や入浴の面倒をみられず，休暇もとれず，週末も，不払い超過時間も働く。第2に，助手の仕事は，家事などがへらされ，登録看護師と免許実務看護師の仕事（血圧測定やスキンケア）を課されたので，「格上げ」された。助手は「格上げ」を誇りにするが，いぜんとして低い時間給（1988年で週 4.5 − 5ドル）なので，なり手が不足する(Glazer, 1993: 166-169, 171, 200)[22]。

　こうして看護助手も DRG 以後は労働負担がふえ，人員不足，個人的ケアの制限，訪問回数削減，（賃金増加なしの）仕事の「格上げ」が生じた。若干の専門職の仕事が付加されることで助手の仕事は「格上げ」されたものの，低い時間給が端的に物語るように，これは名目的なものにすぎなかった。

　以上のように，在宅登録看護師も看護助手も，タスク制限とスピードアップをこうむった。

第4節　検討

　医療における，(1)労働移転の要因と実現条件，(2)労働移転の結果を，小売の労働移転と比較しつつ，できるだけ一般化するかたちで検討してみよう。

1．労働移転の要因と実現条件

［1］労働移転の要因からみよう。労働移転は，小売でも医療でも，労働コスト削減の試みとしてはじまった。しかしグレイザーは「（労働の）脱商品化は戦略でもあり結果でもある」（Glazer, 1993: 26）と主張する。すなわち，小売での労働移転は，小売業者が労働コスト削減を直接意図しておこなった点で戦略といえるが，看護の労働移転は意図的に計画されたものでなく，議会や官僚や企業経営者が効率化をめざす社会保障支出削減方針にしたがった結果生じたので，戦略ではなく結果だというのである（ibid.: 204）。後者の立場に立てば「最終的にはセルフサービスは意図せざる結果である」（ibid.: 26）ことになる。

しかし，2つの労働移転はいずれもコスト削減を目的としたのであるから，意図的に実施される戦略であったか，意図せざる結果であったかは重要ではない。労働移転の要因にかんして注目すべきは，むしろ次の3点である。(1)労働移転には民間営利企業主導でおこなわれるものと，政府主導でおこなわれるものがあること，(2)コスト削減をめざして労働移転が試みられるばあいにも，民間営利企業間の利害対立，民間関連企業〈対〉納税者の対立が存在するばあいがあること，(3)接客労働における顧客統制という要素にかかわりなく労働移転がおこなわれるばあいがあること，である。(1)(2)については論じたので，ここでは(3)を論じよう。

小売ではセルフ化に向かう，唯一ではないが大きな要因として，予測不可能な顧客行動にたいし店員を配置することから生ずる「無駄なコスト」の廃止があった。店員を排除しても顧客行動の統制が可能であったためにセルフ化が実現された。またセルフ化要因としての衝動買いを誘うという要素も，雇主の人種差別的・性差別的態度という要素も，顧客行動の統制にかかわっていた。だが医療では，労働移転の要因として，顧客行動の統制という要素は関与していなかった。ここではDRG導入によるコスト削減という一般的目的のために，ケア労働の患者への移転がおこなわれただけである。こうして医療は，顧客行動の統制問題とはかかわりなくおこなわれる労働移転の例を提供する。

[2] 労働移転を可能にする条件をみよう。医療の労働移転のばあいには，(1)テクノロジー，(2)大量生産体制，(3)イデオロギー，が重要である。テクノロジーの面では，医療のばあい初期には自宅看護にはテクノロジーは不要だったが，のちには自宅看護用のかなり複雑で高度のテクノロジーが必要となることはすでにみた。これは小売で初期には大がかりなテクノロジーは不要だったが，のちには冷蔵庫や現金レジや自動包装機やセルフ式コーヒー挽き機や自動販売機などの店内テクノロジーが必要となったのと似ている。この点で医療におけるハイテクに依拠した労働移転は，ATMやバーコードの自動読み取りなどの新たなテクノロジーの開発が労働移転を可能にするのと同じ例に属するであろう。

　(2)大量生産体制の点はどうか。小売のセルフ化は，商品の数量やサイズや容量の規格化やパッケージ化，またこれらにもとづく商品の全国的ブランドの確立と，これにともなう宣伝・広告活動を不可欠とする点で，大量生産体制を必要とした。これらは，顧客に製品を周知させ，店内における販売労働者による顧客への応対の必要をなくすことに役立った。医療のばあいには，商品の全国的ブランドの確立やその宣伝・広告活動はかならずしも必要ないが，それでも在宅看護を可能にするには，パッケージ化された使い捨ての医療器具，医薬品などを必要とする点で大量生産体制を前提するであろう。

　しかし大量生産体制は，コスト削減効果というもっと根本的な点で，労働移転の前提をなしていることが見逃されるべきではない。労働移転で顧客に移される労働は，個々の顧客あたりでは少量である。だが大量生産体制のもとでは，大量生産される財（たとえばスーパーマーケットの商品）や，同じく大量生産されるサービス（たとえば病院の看護サービス）が大衆顧客の購買対象となる。この状況のもとで労働移転が実現されてはじめて，移転される労働総量が膨大なものとなり，コスト削減効果が絶大になる。だからこそ労働移転をおこなうインセンティブも強まる。

　労働移転は，グレイザーのいうように「労働の脱商品化」であり，労働（力）の商品化を一般的トレンドとする資本主義にとっては「変則」(Glazer, 1993: 211) をなすかもしれない。だがそれでも，これを可能にし

効果的なものにするのは,現代の大量生産体制なのである。

[3] 労働移転のもう1つの条件は,(3)イデオロギーである。これをグレイザーは,社会的意味を自然化し,資本主義の影響を不可避で自然なものとして描き,企業の必要を社会生活の評価基準とする「文化的ヘゲモニー」(Glazer, 1993: 208) と表現する。労働移転を可能にするイデオロギーの流布は,小売業のばあいにも医療のばあいにも共通にみられた。小売のばあいには,小売業者によって便利さ,個人管理,自由な選択,店員から解放される消費者の自律性といったイデオロギーが動員された。前章でのべたように,とくにセルフ化の初期には,召使いをもたずドゥ・イット・ユアセルフで家事をおこなう主婦とか家族責任を賢明にはたす主婦が,理想像として礼賛された。医療のばあいには,医療費高騰を抑制しようとする政府と病院経営者などによって,家族主義,個人主義,自助のイデオロギーが流布された。いずれのばあいも労働移転は顧客の利益になるものとして提示されたが,管理者による上からの労働移転が可能かどうかは,イデオロギー的動員が成功するか否かにもかかる。

ここでは,両産業において流布されたイデオロギーの家族主義的性質に着目しよう。そうすると,イデオロギーが労働移転にさいし有効であった理由が,移転される活動の認知のされかたと深くかかわっていたことがわかる。すなわち,それは「労働」としてではなく,「家事」の延長として移転されたのである。一方のばあいには家族の食糧調達活動の,他方のばあいには家族構成員のケア活動の,延長としてである。

移転される労働は,容易に家事と同一視される。その理由は,第1に,サービスセクターで顧客に移転される労働は不熟練労働であるばあいが多い(Glazer, 1993: 19) ことである。このばあい不熟練労働というのは社会的評価の問題であって,家事として移転される労働がじっさいに不熟練労働であるかどうかはどうでもよい。第2に,その労働量は,有償労働者のおこなうものとくらべれば取るに足りない量である。買い物はふつう不定期に,おそらくは1回に25分程度しか要さない。看護でも1人の病人・子供・配偶者・

老人の看護を1人で担当する女性はすくない。だがこれらの労働を集計すれば，国家と保険業者に賃金と財貨で数百万ドルを節約させる（ibid.: 36）。第3に，家事を構成する活動は，カウワンのいうように均質的活動というよりは相互に連結した異質の活動の束からなっている。たとえば料理は，食材の調達・貯蔵・用意・処理，エネルギー源の維持，料理道具の維持と掃除，ゴミの処分を含む（Cowan, 1983: 12-13）。この3つの事情が消費者に，労働移転を家事の延長として認知させる。だから負担の重かったケア労働の移転においてさえ，技術的ケアが専門的労働者（在宅保健看護師）にまかされるならば，ケア労働は目にみえない，あるいは保健ケア交付制度にとって不可欠ではなく，看護技能を必要としない，家事 housekeeping とみなされたのである（Glazer, 1993: 182）。

移転される労働がこのような認知を受けるために，第1に，労働移転にさいして家族主義的イデオロギーが役立ったのであり，第2に，労働移転先がおもな家事担当者たる家庭内女性となったのであり，そして第3に，このようなイデオロギーをまとって家庭内女性に集中したために，労働移転はさらに不可視となり，したがって移転先の無償労働者の側で労働移転にたいする反対がおこらなかったのである[23]。

移転される労働を引き受けるのは，圧倒的に家族内の主婦ないし女性であるので，このイデオロギーは「女性の当然視される私的家計担当を正当化するイデオロギー，新たなタスクを家庭責任の一部として進んで含めるがゆえに女性世帯主を称賛するイデオロギー」とならざるをえない。このイデオロギーによって労働移転は「家族，コミュニティ，無償労働者に有益なものとして」提示されたのであり[24]，女性による不払い労働の提供を偽装したのである（Glazer, 1993: 212）[25]。

2．3極関係の残存と形成

[1] 次に，医療における労働移転の結果をみよう。これは3つに要約できる。(1)3極関係の残存と形成，(2)失業をめぐる対立，(3)労働の低質化（パートタイマー化と階層化）である。これらを，小売の労働移転と比較しつつ一

般的観点から考察しよう。

　(1)からみよう。グレイザーもいうように，セルフサービスの究極は自動販売機である（Glazer, 1993: 66）。サービス企業やサービス提供組織がそれまで提供していたサービスをすべて廃止して自動販売機に代えるなら労働は全面的に顧客に移転されるので，接客労働者を完全に排除して無人化できる。同時にこれによってサービス企業や組織は，顧客をあつかう労働者を統制するというやっかいな問題から解放される。3極関係は，管理者－顧客の2極関係に道をゆずる。

　けれども，完全な労働移転による無人化はつねに可能なわけではない。多くのケースが考えられる。業務の複雑さのためにテクノロジーが自動的サービス給付を実現できないケース，業務がカスタマイゼーションを要求するために不可能なケース（旅行代理店など），顧客への人格的サービスを重視するために販売員が必要となるケース（装飾品店や高級服店など），業務が顧客への対面的説得を含むために不可能なケース（生命保険勧誘など），等々が考えられる。また自動販売機化に向かう傾向が一般的であるとすることもできない。なぜなら，ひとたびセルフサービス方式を採用した店であっても，顧客を引きつけるために店員サービスを重視してこれを復活させることもあるからである（Glazer, 1993: 66）[26]。傾向は一様ではない。そうである以上，接客サービス業では労働移転がおこなわれても，縮小され単純化されるにせよ，なんらかの有償労働職務が残るばあいが多い，と考えられる。

［2］労働移転によっても有償労働職務が残るという論点については，Ritzer and Stillman（2001: 107）が興味深い主張をしている。議論がやや脇道にそれるが，彼らの主張を紹介しておこう。

　彼らは，サービス提供の合理化傾向をマクドナルド化として特徴づけ，現代のトレンドを対人志向サービスからシステム志向サービスに向かうものとみて，サービスのタイプを次頁の図のように分類する。

　隣人的サービスは局地的で日常的な対面的なサービスであり，職人的サービスはエリート的な個人顧客向けの特殊技能を要するサービスだが，前近代

図

対人志向的サービス

隣人的サービス	職人的サービス
マクドナルド化されたサービス	システム化されたサービス

社会的サービス　　　　　　　　　　　　　　　　非社会的サービス

システム志向的サービス

Ritzer and Stillman（2001: 107）

か近代初期に典型的だったこれらのサービスは，近代の2つのシステム志向的サービスに道をゆずる。マクドナルド化されたサービスではいくらかの対面的相互行為が残るが，近代後期またはポスト近代のシステム化されたサービスは，対面的相互行為を人間によらないテクノロジーで完全に置き換えることで，最大の合理性に達する。この例は電話やインターネットにもとづくサービスである。

　この分類はサービス提供における賃労働関係を考慮していない点で問題をもつが，興味深いのは，彼らがギデンズに依拠して，対人関係の要素が介在しないシステム化されたサービスにおいて，消費者の信頼が確保される仕方を考察している点である。すなわち，フェデックス（貨物輸送）では，見せ物的要素をともなった顧客がおこなう「追跡」システムがシステムの不透明性を低下させ，アメリトレード（証券投資）では膨大な情報の提供によってリスク低下の幻想をあたえ，アマゾン・コム（書籍販売）のウェブサイト取引では百万冊の在庫という見せ物的要素，人気本のまとめ，カバー写真の提示，書評提示などを加えることで，抽象的システムを消費者に透明なものにして消費者の不安を低下させ，信頼を獲得しようとする。

　これらによっても低所得層はシステム化されたサービスにたいする不安を解消できないというのが彼らの予想だが，だとすれば，対人的サービスは将来においても存続することになろう。彼らの考えにたつと，労働移転が進んでもなんらかの有償労働職務は残ると考えられるのである。

［3］労働移転をこうむるのは，どんな組織の提供するサービスなのだろうか。ミルズは，顧客との接触の性質によってサービス提供組織を3つに分類する（Mills, 1986: ch.2）。(1)持続的相互行為の組織（小売組織，ファーストフード・レストラン，金融機関など），(2)タスク的相互行為の組織（法律会社，会計会社，仲買組織，土木・建設会社，マーケティング・広告会社など），(3)人格的相互行為の組織（福祉機関，保健ケア，宗教組織，心理コンサルティング組織など）である。(1)での顧客との接触は，顧客との関係の持続が中心となる。組織が提供するサービスは単純なので，顧客との接触時間は短く顧客行動も容易に予測でき，不確実性はすくない。(2)での顧客との接触はタスク中心である。組織は，顧客がもたない問題解決のための専門知識をもつが，顧客の問題が独自であるため接触には不確実性がともなう。(3)での顧客との接触は人格的サービスが中心となる。顧客は問題も解決方法も理解しない。組織は問題に取り組む能力や技術をもつが，解決を予見できないので提供するサービスの内容を予測できず，接触にも時間がかかる。

　顧客との接触の度合いは，(1)→(2)→(3)の順に密になる。ミルズは，顧客との希薄な接触しか必要としない組織はサービスの契約内容が明確なので，顧客との直接的相互行為をへらすことができると主張する。たとえば(1)に属する銀行では，ATMの利用によってサービス給付への顧客参加を省いたり，制限することができる，と（Mills, 1986: 44）。

　サービス給付への顧客参加を縮小できることは，労働移転がそれだけ容易であることを意味する。とすれば，労働移転が容易なサービス組織の順序も，(1)→(2)→(3)の順となろう。ミルズの分類がしめすように，小売組織は(1)に，医療サービス組織は(3)に属する。医療サービス組織の労働移転は，本来は困難をともなう特殊ケースだったといえる。困難を処理するために，ここでの労働移転（在宅セルフケア）は在宅看護労働者の介在を必要としたのである[27]。

［4］この点で医療の労働移転は，小売とは異なっていた。小売のばあいには，流通労働者の有償労働が顧客に移転されて顧客がそれを肩代わりするに

さいし，新たな有償労働者の介在を必要としなかった。もちろん小売でレジ係が必要だったように，労働移転がおこなわれたのちにも，労働のすべてが顧客に移転されないために，なお有償労働者が残るばあいがある。アメリカのスーパーマーケットでは肉やハムなどについて対面販売を残すことはありふれている。そして多くの接客サービス労働の研究がしめすように，セルフサービス化がなされたあとのレジ係と顧客のあいだにも，接客労働の3極関係は残存する。小売ではこうして，レジ係などを中心に，管理者－賃金労働者（レジ係）－顧客の3極関係が残存した。自動販売機の設置などによる全面的な労働移転がおこなわれないかぎり，これが労働移転の一般的な型をなすであろう。

医療の労働移転でも，病院がなお患者の自宅ケアを指導したり，ときおりの通院で患者と接触するために，いくらかの看護労働者の必要が残った。したがって病院管理者－病院看護労働者－患者（顧客）という従来の3極関係が縮小して存続した。だがこの部分を残すとしても，医療ではそのほかに，労働移転によって，病院とは別の組織を中心とする在宅保健代行業者－在宅看護労働者－患者（顧客）という新たな3極関係が形成された。それは病院の有償労働者の看護労働が患者と家族に移転されたものの，患者と家族だけではこの移転された労働を遂行することができず，在宅看護労働者の助けを必要としたからである。医療の労働移転は本来困難であったためである。これは小売の労働移転ではまったくみられなかった事態である。

こうしてわれわれは，労働移転が接客過程の無人化を実現しないばあいには，労働移転において，(1)接客労働の3極関係が一部残存するだけのケースと，(2)3極関係が残存するだけでなく，まったく新たな3極関係が形成されるケースを区別することができる。一般的な型はむろん前者であり，後者は特殊な型に属するであろう。

3．失業をめぐる対立

[1] 労働移転は，製造業ではなくサービスセクターの分野で生ずる（Glazer, 1993: 15）。商品にかかわる流通労働の一部が顧客に移転されるの

であろうと（小売），顧客に提供されるサービス自体が顧客に移転されるのであろうと（医療），それらはサービス労働内部の社会的分業編成を変化させる。

だが労働移転の結果，上にみたような3極関係の残存と新たな形成という2つの型が現われるとすれば，労働移転が引きおこす失業をめぐる対立も異なってくる。

小売では労働移転によって，まず女性販売員が男性販売員にとってかわり，次に女性レジ係が女性販売員にとってかわった。そこでまず男性販売員もしくは女性販売員と，女性レジ係との対立が生じた。女性販売員が男性販売員にとってかわる過程が完了すれば，対立は女性販売員と女性レジ係との女性有償労働者間の対立となる。さらに，顧客が無償労働をおこなうことによって女性販売員の失業が生じるので，女性有償販売員は，失業をめぐって女性顧客（女性無償労働者）との対立関係に入る。

［2］医療では，労働移転による失業をめぐる対立はもっと複雑である。医療では保険制度の変更によって病院が重病人だけをあつかうようになり，病院内の看護労働が消失した。先にみたように移転される病院内の有償看護労働は3つに分割された。すなわち，①病院内労働者がなお遂行する残された看護労働，②ケア労働をおこなう患者自身とその家族，③患者とその家族を助ける病院とは異なる組織に雇用されるもっと低級の在宅看護労働者のケア労働，である。

ここでの対立関係は，①かつての病院内看護労働者とそれをいま代行する病院内看護労働者との対立，②かつての病院内看護労働者とそれをいま無償で代行する患者とその家族との対立，③かつての病院内看護労働者とそれをいま代行する在宅看護労働者との対立，である。そして対立がおもに女性労働者間の対立となる点もすでにのべたとおりである。労働移転は，無償労働者としての家庭内女性ケア担当者の労働負担を増加させ，女性有償労働者の有償労働をへらすことによって，①②③の同一ジェンダー内の労働者間対立をうみだすのである。

4．労働低質化

［１］労働移転は，(3)労働低質化をうみだす傾向がある。ここにいう労働低質化とは，技能低質化（労働不熟練化）と地位低下の双方を含む。小売では労働移転によって販売員職務が消失した。残された店員職務を遂行するレジ係は，低賃金と昇進機会を欠いた職務であるばかりでなく，販売技能も製品知識も不要な職務となる。セルフ店では店員を見つけるのも困難だが，見つけることができるとしても製品知識について顧客はいまや店員をあてにできず，パッケージ容器の上に書いてある説明書きを読むほかない。

医療では，労働移転によって看護労働者の２段階の職務の地位低下が生じたように思われる。第１に，病院が重病患者しか対象としなくなったために，病院管理者はチーム看護をプライマリケアと全員登録看護師制に切り換えることによって病院内の低級労働者を解雇した。病院内にはいまや専門職労働者しかいなくなったが，管理者は，専門職労働者をゼネラリスト化して，これまで低級労働者が遂行していた「スカット仕事」もおこなわせることによって，コスト削減をめざした。「専門職」看護師の労働はここで第一次の労働低質化をこうむった。だがこれは，彼女たちの職務内容からみた地位低下であって，かならずしも技能低質化は意味しない。

第２の地位低下は，専門職労働者だけでは低級タスクの必要を充足できなかったために，病院がいったん解雇した労働者を最終的に，パートタイマーや，臨時労働者や，下請労働者として再雇用したことによって生じた。再雇用された労働者は雇用保障を欠き，低賃金と手当の減額をともなっていた。かつての正規職員は非正規職員化によって地位低下をこうむった。だが以前と同じ低級仕事を担当する点では，かならずしも技能低質化は意味しないであろう。

［２］在宅看護労働についてはどうであろうか。ここでは明確に，看護労働者の技能低質化を認めることができるように思われる。第１に，これまでは病院内の専門的看護労働者が遂行していた労働が，患者と家族看護人という素人によっておこなわれるようになった。患者や家族看護人は，ハイテク装

置の操作をともなう複雑なケア労働を遂行する。専門的労働が素人の患者と看護人によって遂行されるという意味で，看護労働における技能低質化が生じている。これが通常の技能低質化と異なるのは，看護労働のテイラー化をつうじて看護労働が単純な諸タスクに分解されて不熟練労働者にあたえられたのではなく，看護労働のいわば十分なテイラー化がなされないままに患者と家族看護人にあたえられた点である。患者と家族看護人にとって，ケア労働が注意力と緊張を必要とし，しばしば危険をともなう作業となったのは，もともと病院内で登録看護師によっておこなわれていた困難な作業を，病院内看護師や在宅ケア看護師から指導と訓練を受けただけの，患者と家族看護人がになったからである。グレイザーはとくに，家族看護人が登録看護師にかわって「外傷の処置」をおこなうさいの「感染の危険」の増加と，患者の大出血や疼痛の訴えなどの徴候を解釈する能力への懸念を指摘する(Glazer, 1993: 166, 187, 199)。だからこそ，素人が看護労働をおこなうのをみて，在宅登録看護師はプロ意識の侵害を感じたのである。

　第2に，看護労働者も技能を低質化させた。まず在宅保健登録看護師は，専門的看護について病院の登録看護師によって訓練を受け，それを次に病院で，のちに家庭で，患者と家族看護人に教える。しかし彼女たちでさえハイテク医療機器の操作やカテーテルの滅菌作業の技能があるかどうか，不安をもたれている(Glazer, 1993: 160, 166, 193-194)。次に，在宅看護免許准看護師や在宅看護助手も，かつては病院で登録看護師だけがおこなっていた労働をおこなう(Glazer, 1993: 149)。在宅保健代行業者は，すでにみたように，看護助手の労働を「専門職」化し「格上げ」した。看護助手はいまでは，切断手術箇所・手術後の傷・ガン組織切除箇所の包帯と，ぬれた傷の包帯交換とをまかされているが，これらは以前は多くの州で登録看護師の職分と規定されていたものだったのである(Glazer, 1993: 166, 168)。要するに，労働移転によってかつては専門的労働者だけがおこなっていた作業が，いまでは同じ労働を遂行する技能や知識をもつかどうかが危ぶまれる在宅看護師や在宅看護労働者によって遂行されるのである。かつての労働は，技能習得度の低い労働者にになわれるという意味で，低質化されている。

［3］一般に，労働移転のさいに顧客に移転されるのは，顧客が遂行可能な，単純な低級タスクである。先にみたように小売では，労働移転によってブレイヴァマンのいう「構想と実行の分離」とよく似た過程が生じた。労働移転はここでは，一方で販売員の作業を顧客に代行させることによって，他方で販売に必要な顧客統制技術を，宣伝・マーケティング・店内の顧客統制技術として管理者の側に移転することによって，販売員を不要にした。そこで店内にはレジ係や在庫係などの低級職務しか残らなくなった。店内販売労働は，地位低下と技能低質化を，ともにこうむった。

　医療のばあいには，労働移転によって病院内では，一部低級労働者を残しつつ，専門職労働者が優勢となった。病院内では看護労働者の技能低質化や「構想と実行の分離」が進展しなかったとしても，専門職労働者の職務格下げと，低級労働者の解雇と非正規労働者としての再雇用という労働者の地位低下があった。しかし病院内看護労働がそれに転換されたところの患者と家族看護人の看護労働と，在宅看護労働者の看護労働とは，あきらかに技能低質化をこうむっていた。

　こうして労働移転の結果は，いずれの産業でも技能低質化と職務の地位低下をともなったといってよいであろう。そして両産業において技能低質化と地位低下が生じたとすれば，そうした職務に正規職員ではなく，パートタイマーや臨時労働者や下請労働者を持続的に充当することが可能になるのはいうまでもないであろう。

結　語

　本章は，グレイザーの所論に依拠して看護労働の移転過程を考察してきた。最後に，小売の労働移転との共通点と相違点をかんたんにまとめて，結論としたい。

　まず労働移転の要因では，共通点は小売でも医療でもコスト削減をめざして労働移転がおこなわれたということだけであり，むしろ相違点が目立つ。この相違点の検討からわかるのは，⑴労働移転には民間営利企業主導型と政府主導型があること，⑵コスト削減をめざして労働移転がおこなわれるばあ

いにも，サービス提供組織と労働移転先の消費者との潜在的利害対立を別にして，労働移転をめぐる民間企業間の利害対立，医療関連企業〈対〉納税者の対立が存在するばあいがあること，(3)労働移転を引きおこす要因として接客過程における顧客統制という要素が関与しないばあいがあること，である。これらの点は，労働移転を類型化するさいの指標として役立つであろう。

　労働移転の条件として，2つの産業において，テクノロジーの開発，大量生産体制の成立，イデオロギーの利用，を共通にしていた。両産業で労働移転が可能になるためには，テクノロジーの開発を必要としたが，これは高度なテクノロジーを必要とした医療のばあいにはとくにあてはまる。また両産業では，製品規格化とパッケージ化が労働移転を可能にした点で，さらにコスト削減効果の点で，大量生産体制が労働移転の前提となっていた。ただし小売のばあいには，製品規格化とパッケージ化が全国的ブランドと宣伝・広告活動と結びついて，店員の不要化をもたらすという決定的な効果があったことに注意すべきである。イデオロギーの面では，本書は共通点として家族主義的イデオロギーの利用に着目した。このイデオロギーの利用がとくに有効であった理由を，本書は有償労働の顧客への移転が，労働ではなく家事としておこなわれる点に求めた。

　労働移転の結果としては，自動販売機その他のテクノロジーに依拠する接客業務の無人化が全面的な労働移転を実現しない限り，一般に，接客労働に固有の3極関係がなお存在する。ただし小売のばあいにはこの3極関係が残存するかたちで維持されるだけだが，看護のばあいにはさらに在宅看護労働者が介在することによって新たな3極関係の形成となる。小売が一般的な型となるが，看護で特殊なかたちで労働移転が実現されたのは，この労働移転がかなりの困難をはらんでいたことをしめしている。労働移転が引きおこす失業をめぐる対立では，両産業で類似した失業の発生を確認できるが，医療では新たな3極関係における在宅看護労働者が介在するために，対立はさらに複雑となる。このばあいのいずれの対立も，同一の女性労働者間の対立となる。

労働移転が労働者にあたえた影響では，小売のばあい職務の地位低下と技能低質化が同時におこったが，医療のばあいには，病院労働では専門職労働者の職務格下げと低級労働者の非正規労働者化という地位低下が，在宅看護労働では在宅看護労働者および患者と家族看護人について技能低質化が，引きおこされた。医療での労働移転の結果が危険で負担の重いものとなったのは，在宅看護のこの点に１つの理由があった。労働の低質化（職務の地位低下と技能低質化）が生じたために，両産業でパートタイマーや臨時労働者や下請労働者の利用が可能となった点は同じである。

　競争の激化のなかで，企業がコスト高に対応する戦略として労働移転に着目するにつれて，労働移転はひんぱんにおこなわれるようになる。資本主義の一般的傾向である労働（力）の商品化からみれば，労働移転による労働（力）の脱商品化は，この傾向からの逸脱をなす。けれどもこの脱商品化は，消費者の享受するサービスや便益をふやすのでもなければ，残された有償労働者を専門労働者化するのでもない。反対にそれは，消費者の消費労働をふやし，サービス労働者と消費者との対立をうみ，サービス提供組織に残された労働者に，失業，職務の地位低下，技能低質化，非正規労働者化という錯綜した結果をもたらすのである。

注
1) 本章の検討対象はアメリカのセルフケア化だが，イギリスについてもこういわれる。「イギリスでは，『コミュニティ内ケア』の政策のもとで，1980年代遅くの，とくにメンタル・ヘルス・ケアにたいする国家支援の削減が，影響する分野の大きな雇用コストを政府から取り除き，ケア労働を，責任を引き受けるが支払われない家族に，ふつうは女性に，移転した」と (Glucksmann, 2005: 29-30)。
2) ただし1990年代のアメリカでは，無保険者は4,000万人いたという (Manley, 2001: 160; 西田, 1999: 41; 広井, 1999: 4)。2005年にはこの数は4,660万人に達した (Sherman et al., 2008: 201)。
3) 1929年には民間医療支出は全医療支出の86％であり，政府支出は14％でしかなかった。その後，民間支出の低下と政府支出の上昇が続き，1984年に後

者は40%となった。これは政府による第三者的支払保証をともなった。第三者的支払人とは，(1)連邦政府，(2)州政府，(3)HMOのような非営利保険業者，である。これらがメディケア・メディケイド患者にかんする請求書を監査し，支払い額をきめる。政府医療支出と第三者的支払い保証とは医療産業をもうかる投資先にした。投資先は1960年代に医薬品のほかに医療・手術器具と医療・保健サービスに広がり，73年に在宅ケアがつけくわわった (Glazer, 1993: 122-124)。いまや医療は「1兆ドル産業」であり，「従業員数でいっても製造業と小売業に次ぐ第三の産業規模であって50万人の開業医，300万人の看護婦と補助技術者と5500の病院を擁している」(藤田, 1999: 26)。

4) このためDRG方式は，DRG/PPS方式とも呼ばれる。

5) 米国病院協会が実施した調査でも，マネジドケアが医療へのアクセスを制限し，医療の質を低下させ，患者の犠牲で医療費を抑制しているという患者の不満が確認されている (西田, 1999: 24)。

6) 現代世界のマクドナルド化を主張するリッツアは，マネジドケアにおける合理化過程を指摘する。「……専門職もマクドナルド化を免れているわけではない兆候をみてとることができる。たとえば医療において，『管理されたケア』が劇的に増加してきたことによって，外科医たちはより効率的に手術を行い，その行為をより計算可能で予測可能なものにし，人間によらない技術体系の制御を強める方向に向かっている」(リッツア, 2001: 96-97) と。他方で彼はウェーバーにならって，マクドナルド化の合理性には非合理性がともなうと強調する (同上: 191以下)。この主張はマネジドケアにも妥当する。DRGによって手術が効率的で「より計算可能で予測可能なもの」となるとしても，再入院などの予測不可能な非合理性をたえずともなうことになったからである。

7) そのほか，民間非営利団体によるものなども考えられるであろう。

8) メディケアもメディケイドも社会保障税をおもな財源としているが，メディケアは加入者の保険料も財源の一部としている (西村, 2003)。

9) たとえば，1970年代に保険会社が入院期間の短縮を考えたとき，患者の不満はコスト低下による保険料引き下げによって抑えられた，と指摘される (西田, 1999: 18-19)。

10) このイデオロギーにグレイザーは反論する。第1に，早期退院と在宅看護を支持する医学調査はなにもなく科学的根拠はない。あるのは早期退院させる必要だけである。第2に，現在の在宅ケアは，1960年代-70年代の在宅ケア運動が求めた患者の自己決定権を認めない。第3に，在宅ケアはコスト効

率的でもない。コスト効率的なのは，有償労働を無償労働化してコストを患者に移転するからである，と（Glazer, 1993: 132-133, 185-186, 202-203）。

11) アメリカでは20世紀初めまで病院利用は一般的でなく，富者も貧者も自宅でケアを受けた。病院利用は1910年代から大不況期にかけて進んだが，ケアの場が病院に決定的に移行したのは第2次大戦後である（Glazer, 1993: 112-113）。Cowan(1983: 78) もアメリカでは，医師の往診の病院ケアへの移行は1930年までに制度化されたと指摘する。

12) アメリカの病院では，医師は病院の直接的被用者ではなく独立の請負業者として行動し，直接的被用者は看護師，管理者，テクニシャン，清掃係などからなる（Manley, 2001: 161）。

13) 登録看護師のさらに上級には，看護リーダーとしての臨床看護専門職（Clinical Nurse Specialist; CNS）やナースプラクティショナー（Nurse Practioner; NP）などがあるが，いずれも認定資格として大学院修士号を必要とする（佐藤／小柳, 2001: 10, 33-34；菅原, 1999: 147-152）。

14) グレイザーはここで病院内看護労働者を上級・中級・下級労働者に分け，免許実務看護師を中級労働者に位置づけている。だが本章では，登録看護師と対比するさいに，煩瑣をさけるために，免許実務看護師を看護助手などと一括して低級労働者と呼ぶことがある。

15) プライマリケアとは，マネジドケアの考えにしたがって患者をまず家庭医，内科医，小児科医などのプライマリケア医に受診させ，そこでできるだけ問題を解決させるやり方をさす（西田, 1999: 21）。この段階で解決できない患者だけが，専門医や病院に紹介される。だからプライマリケアのもとでは，病院では重病患者のウェイトが高まる。

16) すでに1960年代から70年代にかけて，病院はコスト削減とケア改善のために，できるだけ患者に自己ケアさせる「最小ケア単位」の実験をはじめていたといわれる（Glazer, 1993: 136-137）。

17) グレイザーはこれを「場所の特化 site specialization」と呼ぶ。これは，各職場の病人の認定範囲がせまくなるが，各職場では異種の労働者が中心となり，職場間で作業が均質的となる事態をさす（Glazer, 1993: 146-147, 217, 229）。たとえば病院には重病人しか引き受けない「専門職」看護師しかおらず，ナーシングホームや患者宅には不熟練看護労働者しかいなくなるが，しかし不熟練看護労働（ベッド入浴，食事提供，リネン交換）はどの場所でもおこなわれる。

18) この戦略は，看護師の上方移動を高学歴者に制限し，准学位登録看護師や

ディプロマ看護師や免許実務看護師の上方移動を困難にしたが，グレイザーは，じっさいには3種（学士・准学士・ディプロマ）の登録看護師のあいだの，また登録看護師と免許実務看護師とのあいだの相違は曖昧にされ，登録看護師は自分たちの労働過程の管理権を確立できなかったとのべる（Glazer, 1993: 144-145）。

19） Korczynski（2002: 100）は，看護師の労働で緊張が引きおこされるのは，効率性の重視が，有意義な個人化されたケアを患者にあたえたいという看護師の願望と矛盾し，ケア目的が効率性によって侵害されるときだという。緊張がひどくなるのは，スタッフ・患者比率にしめされる看護労働の強化がおこるときである。看護師は，過剰労働負担のために不十分なケアしか引き渡せない結果，自尊心を侵害され，苦悩する。とくに緊張が高まるのは，業績尺度が，シフトあたりの入浴させる患者数，病院ベッドにとどまる期間などの測定される労働の量的側面を優先し，保健ケアの保険会社が，患者と話したり慰める時間には支払わず，医療手続き時間だけに支払うばあいである。

20） さらに不熟練労働者の必要は，登録看護師と似た仕事をする「フィジシアン・アシスタント」や，登録看護師や医師より低所得の「フィジシアン・イクステンダー」といった看護労働者の新たな階層をつくりだしもした（Glazer, 1993: 139）。「フィジシアン・アシスタント」やナース・プラクティショナーはしだいに医師の専門領域に進出しているともいわれる（Gutek, 1995: 265-266）

21） この対立は当事者には意識されない。だから患者とその家族と，在宅看護労働者との連携もうまれる。在宅保健登録看護師は，在宅保健代行業者に指示されて，保険業者が支払い停止をしないような報告書を書く。たとえば「患者はよくなっている」は，保険業者が「よく」を完全な回復と解釈しないように「最後の訪問よりは」をつけくわえる。外出可能と解釈されないように教会や親類の家やレストランへの患者の外出をカルテに記さない（Glazer, 1993: 163-165）。彼女ら自身の判断で報告書に手ごころをくわえたり，州が禁ずる「カルテの書き直し」や時間外無償訪問をしたり，患者のために隣人などに給食宅配の連絡をおこなう。看護助手も無償で患者の家事や食事や入浴の面倒をみる。

22） しかし助手の仕事の「格上げ」では，「技術的」労働だけが評価され，「非技術的」な家庭内労働は評価されなかった。そこで「格上げ」は，家庭内労働とそれを多く担当する有償の有色女性労働者の経済的，社会的価値を減価させる（Glazer, 1993: 176）。

23) グレイザーはいう。アメリカ人は熱心に，あるいは抵抗なしに，小売のセルフ化や，早期退院と外来患者化を受け入れた。イデオロギーがセルフサービスを受容可能にする，と（Glazer, 1993: 207）。ただしこの点については，グレイザーは労働移転に抵抗してきた女性労働者や消費者の抵抗運動を無視している，という批判がある（Walsh, 1994: 1648）。

24) だが労働移転を顧客が受容することには，消費のイデオロギーも加担している。この点でリッツアは，セルフサービスを含むマクドナルド化を従業員と顧客に押しつけられるものとしてだけとらえるのは「過ち」であり，労働者と消費者がマクドナルド化の価値システムを内面化し，自らの意志でこれに服従しているとのべる。ホックシールド（2000）やブラウォイ（Burawoy, 1979）に言及しつつ，彼は「自らの行為によって労働者と消費者の双方が，マクドナルド化された状況を積極的に『製造』もしくは『主観化している』かのようにみえる……。……労働者と客，そしてしばしばその両者がマクドナルド化を黙認し，またその創造に積極的に乗り出しているのである」という。またライドナー（Leidner, 1993）が分析したマクドナルドのルーティン作業のもとでも，労働者がマクドナルド化を黙認して自律性と創造性を発揮した事実をあげ，人びとがマクドナルド化への抵抗力を失い，この「鉄の檻」（ウェーバー）からの脱出に無関心となる危険を指摘する（リッツア, 2001: 112, 116-117）。本書の主題に引きつけていえば，彼は，労働者と消費者が労働移転を受け入れる理由としてイデオロギーと主体の分析が必要であることを強調しているといえる。

25) 労働移転が家庭内無償労働を増加させるとすれば，家庭内女性の賃労働者化は家庭内無償労働の量を減少させる。それは，社会保障の不備を家庭内女性の無償労働で支えてきた日本のような福祉国家体制を動揺させることもある（熊沢, 2007: 229をみよ）。

26) 1970年代と80年代のアメリカの小売でも，店員サービスに回帰する傾向があった（Glazer, 1993: 8-9, 53）。スーパーマーケットでも，顧客の品探しを助けるためにスケートに乗った店員やブザー呼び出しシステムを採用するばあいがある（ibid.: 66）。日本ではレジから行列を排除する工夫もおこなわれている。東武百貨店では携帯レジをもった店員が客に「歩み寄っていく」（『日本経済新聞』2006, 9月15日朝刊）。

27) Korczynski（2002: 97）も他の論者に依拠して，指摘する。「看護労働過程は，テイラリズムの単純な適用が容易にかなわず，コア的な医療技能を従うべき単純な手続きに転換するのがむずかしい」と。

終章　接客労働過程論の展望

　本書は，接客サービス労働過程が提起する諸問題を，接客労働の３極関係，感情労働，労働移転という３つの主題のもとに考察してきた。本書を終えるにさいし，本書の展開を振り返りつつ，３つの主題について本書が検討した論点，あるいは本書の検討がおよびえなかった論点についてどのように展望できるかを，かんたんにのべて本書を締めくくりたいと思う。

１．第Ⅰ部の諸問題

　[１] 本書の第Ⅰ部第１章では，接客サービス労働の３極関係を中心に，おもに２つの問題をあつかった。第１は，接客労働過程における管理者 - 労働者 - 顧客の３極関係において３人の当事者の利害が分岐し，それぞれが自分に固有の利害を追求するので，製造業の労働過程にはみられない独特の関係が生じるという点である。本書はとくに，３当事者のあいだに形成される利害連携と対立のパターンに着目し，そこに現われる顧客による接客労働者の監督効果と，労働者が現実的利害にもとづいて管理者の顧客統制行為に協調する同調効果を取り出した。第２に，労働過程に顧客が介入するために管理者 - 労働者間の利害対立や管理者 - 顧客間の利害対立がそのままのかたちでは現われず，利害対立が屈折的に転移して労働者 - 顧客間の利害対立となる転移効果を論じた。さらに，これらの効果から接客労働者と管理者との対立が穏健化され，むしろ資本 - 賃労働のあいだの利害対立や統制関係が不明瞭になって，労働者が対顧客との関連で管理者と共同歩調をとる可能性が生じてくると論じた。

　第２章では，管理者が接客労働者を統制する具体的統制方法を論じた。本書はまず接客労働の統制の諸困難を考察し，これら諸困難を解決する具体的な５つの統制方法を論じた。それは監視カメラやITによるモニタリングや，覆面調査員などの顧客を利用したハードな労働者統制方法と，労働者の

接客志向性の利用・開発・訓練，エンパワーメント，自己管理型統制などのソフトな統制方法とに区分することができる。

さらに本書は，2つの統制方法をフリードマンのいわゆる直接的統制戦略と責任ある自律戦略として特徴づけ，接客労働の統制では，これら2つの統制戦略が同じ接客労働者に同時に適用される点に，接客労働の統制の特徴をみた。それらが同時に適用されなければならないのは，管理者は，接客労働者が効率的に顧客を処理するように統制をくわえつつ，同時に，顧客をあつかうために必要な裁量や自律性を接客労働者に付与しなければならないからである。そこに本書は接客労働の統制の矛盾をみて，強力な労働組合による職場規制が不可能なばあいにも労働者が抵抗できる拠点を探ろうと試みた。

以上が本書，第1章と第2章の内容であり，第3章ではこれら2つの章での展開内容を，ベンソンのデパートのセールスウーマンの記述にそくして歴史的に確認しようと試みた。

［2］本書第I部の展開には，公的，私的な研究報告のさいに，また拙論にかかわる私信をつうじても，いくつかの批判が寄せられている。第1は，3極関係においてもやはり基本をなすのは労使間の統制関係でありこれをめぐる利害対立ではないか，という批判である。第2はこれに関連して，顧客による労働者統制などは二義的重要性しかなく，またさらに根本的に，労働者－顧客間には「統制」関係という用語を用いるべきではない，という批判がある。第3は，管理者－労働者－顧客の3極関係は，別段接客労働過程に固有というわけではなく製造業でもみられる関係であり，これを接客労働の特徴とみなすことはできない，というものである。

第1の点については，労使間の構造上の問題としていえば，労使間の統制関係と利害関係が第一義的重要性をもつのはたしかであろう。しかしわたくしはもっぱらその点から接客労働過程を考察するのは，やはり経済主義的把握，経済還元論ではないかと考える。労働過程の局面は，主体的な意志，意識，感情をもった3人の登場人物が対峙し合う場をなす。このとき労働者が管理者の命令だけが絶対だと考えることも十分ありうる。しかし労働者がそ

うした考慮をつねに優先するという保証はない。事例研究の多くがそれを指摘する。労働者が，第一義的な経済的考慮をふみこえた行動にでることは十分に考えられるのである。本書が，労使間の統制関係と対立関係の第一次性をア・プリオリには前提できない，と主張するのはこのためである。

　同じ理由から本書は第2点も否定する。たとえば接客現場にいる労働者が顧客に脅威を，顧客の行動や要求に脅威を感じるとすれば，それは労働者の行動に，直接的で即時的な影響をあたえ，労働者の行動を大きく拘束するのである。労働者が管理者よりも顧客に脅威を感じるとすれば，この拘束力はさらに大きいことになる。これを顧客による労働者統制と呼ぶことに，もし読者が抵抗を感じるとすれば，それはなお製造業における労使関係モデルを中心とした見方に引きずられているためだ，といわざるをえない。まさにボルトンもいうように，接客サービス労働は「顧客が生産過程に直接参加し，これを統制するといっそうみなされる，唯一の労働形態」(Bolton, 2005: 113) をなすのである。

　3極関係は製造業でもみられる関係であり，接客労働に固有のものではないという第3の批判にも，納得はできない。たとえば製造企業の苦情処理係やカスタマーサービス係としての労働者は，つねに顧客の要求の圧力のもとにある。そこでは本来の接客労働者がおかれる3極関係が現われ，そのなかでの利害の連携や対立や，労働者が会社（管理者）の代表者としてふるまわざるをえないといった関係も出てくるのはたしかである。これらの労働者の職務は非接客部分を多く含むために，接客仕事とみなされないとしても，接客部分によって大きく影響されるからである。しかしこうした労働者は生産企業のなかの一部の労働者にすぎず，生産企業の労働者の大きな部分を構成しない。しかし，と第3点の批判者は反論するかもしれない。顧客と直接接触しない生産企業の労働者とて，顧客の便益や立場を考えない製品設計や開発や生産をおこなうはずはない，と。もちろんそうである。けれどもこういう製品の消費者としての顧客存在を念頭におくだけの労働者と，顧客に接触し，たえずその要求の直接的圧力のもとにある労働者とは，明確に異なるといわなければならない。前者はなお，顧客存在と切り離されたバッファをも

つ存在なのである。

　[3] 第1章でもふれたが，労働社会学の国際雑誌である，*Work and Occupations* の第37巻第3号は，接客サービス労働の3極関係にかんする特別号として2010年8月に発行された。すなわち，*Work and Occupations, Special Issue, Workers, Managers, and Customers: Triangles of Power in Work Communities* として，である。この号のゲスト編集者である Lopez (2010) は，アメリカ労働社会学がサービスセクター雇用の研究において，いかに立ち後れてきたかを回顧している。ロペスは指摘する。この雑誌はちょうど10年前の2000年にもサービスの3極関係についての特別号を発刊したが，その編集者である McCammon and Griffin (2000) は，1980年代と1990年代にこの雑誌に公表された400本以上の論文を検討した結果，アメリカの労働者の80％がサービス職で働いているという事実にもかかわらず，掲載論文の3％しか接客労働をあつかっていなかった，とのべていた，と (McCammon and Griffin, 2000: 278; Lopez, 2010: 251-252)。けれどもロペスは，この10年間にアメリカのサービスセクター雇用は全雇用の80％から85％に増加するとともに，サービスの3極的力関係がさらに接客労働者の労働経験を支配するようになった，と論じる。そのうえで，2000年11月から2009年の終わりまでのこの雑誌に掲載された145本の論文すべてを調べた結果，特定種類の労働をあつかった30本の論文のうちの10本がサービスの3極関係をあつかうまでになり，さらに12以上の雑誌に，サービスの3極関係にかんする100本以上の高質の論文を見出した，と指摘する (Lopez, 2010: 252)。

　こうしてまさにロペスは，アメリカ労働社会学が，接客労働に着目しはじめたのはこの10年間にすぎない，と主張する。だとすれば，接客労働の3極関係を中心とした諸研究が，事例研究や新たな論点の増大をともなって，今後大量に出現してくる可能性は高い。

　以上は英米の労働過程研究の事情である。しかし英米の接客労働の研究の発展に触発されるかたちで，わが国でも英米の接客労働の研究に影響を受け

た実証的および理論的な研究が進展してくる可能性はある。それを期待したいと思う。

2．第Ⅱ部の諸問題

［1］第Ⅱ部では感情労働の問題をあつかった。接客労働過程では感情労働も重要な要素をなす。この概念を最初に打ち出したホックシールドの元来の関心は，それ自体としてはどんな社会でも必要な感情操作技術が商業主義に利用されるとき，サービス企業による接客労働者の感情統制がどんな帰結をもたらすか，という点にあった。接客労働者は，顧客に会社の利益につながるよい印象をあたえるために，自分たちの外見（表情やジェスチャーや言葉遣いなど）を維持するべく，会社から感情規則（「この状況ではこう感ぜよ」）と感情操作技術を強要される。工場労働者が肉体を会社のために疎外するのと同じく，接客労働者（感情労働者）は，感情を会社のために疎外する。接客労働者の精神的統制過程の分析に感情労働論を適用することによって，接客労働者に要求される真実の職務内容や職務条件やそれらが労働者にあたえる影響をはじめてあきらかにした点で，ホックシールドの功績はきわめて大きかった。いまでは感情労働の概念は，これとともに使われた深層演技や表層演技などの分析装置とともに，接客労働に従事する労働者の主体性の分析に不可欠のものとなっている。

第4章は，ホックシールドの感情労働論を労働過程論の観点から検討した試みである。内容紹介に終始している箇所も多いが，感情労働論を労働過程論の観点から理解するスタンスは，いぜんとして正当であると考えている。第5章は，同じくホックシールドの感情労働論を，職務とジェンダーという主題のもとに考察した。ジェンダー関係の再生産を論じるために，考察は，ホックシールドにしたがって，労働過程の枠組みをこえる家族内のイデオロギー的な階級とジェンダーの再生産過程におよばざるをえなかった。第4章と第5章は，わたくしの接客サービス労働研究における最初期の論文なので展開が不十分な点や意に満たない点も多いが，わたくしが感情労働論をどう理解したかをしめす記録である。ホックシールド以後，多数の事例研究が現

われたが，それらが取り上げた問題は第5章の補論に概括されている。第6章では，ホックシールド以後に現われた彼女の感情労働論への批判の1つを取り上げた。

［2］以下では，(1)ホックシールドが残した問題，(2)初期の問題点，(3)近年の問題点，をみておこう。

(1)では2点が重要である。1つは，ホックシールドが提起していた問題であるが，企業が接客労働者のものの見方や感じ方を規制するとき，個人の内面的世界への侵害的介入はどの程度まで許容されるか，という問題である。すなわち「単に彼女（客室乗務員——引用者）の身体の動き‥‥に対してだけでなく，彼女の感情行為と，その感情をゆとりのある笑顔で表すやり方に対しても権利を主張する」（ホックシールド, 2000: 8）会社の行為は，どこまでゆるされるかという問題である。肉体労働のばあいであれば労働時間を中心にした労働条件の規制によってある程度まで会社の侵害を防遏できるが，感情労働のばあいにはこの規制は不可能である。感情労働論はなおこの問題を提起する。いま1つは，第5章補論でものべたが，家庭生活で感情労働者が「小さな感情労働者」を育成することによる社会階級の再生産メカニズム（大きな感情労働者は，小さな感情労働者を育てる傾向がある）である。この問題は，おそらく実証が困難なためでもあろうが，意外に手がつけられていない。

(2)感情労働論の初期の問題点としては，①感情労働の肯定的影響の問題，②公的生活と私的生活との二分法の批判，③感情労働のコストの問題，④モニターされない感情労働者の除外の問題，があった。

①は，ホックシールドは企業が強制する感情労働の否定的影響（労働者の感情的燃えつき(バーンアウト)やこごえ）だけを強調したが，労働者は感情労働によって否定的影響を受けることなく，肯定的影響さえ受けることがある，というホックシールド批判である。ホックシールドは感情統制研究のパイオニアとして，燃えつきなどの感情労働行使の否定的影響を強調せざるをえなかったのではあろうが，研究が広がりをみせるにつれて，批判者たちの指摘するよう

な事実の確認が増えるのはむしろとうぜんであった。

　②公的生活と私的生活との二分法の批判とは，ホックシールドは，公的生活を「偽りの自己」が支配する商業主義の世界と同一視し，私的生活を疎外されざる，本来的な「ほんとうの自己」の世界ととらえているが，これは妥当か，という問題である。というのは，私的生活での感情管理も社会的に規制されるし，ここでも感情の歪みはおこるからであり（Wouters, 1989a: 99），また公的生活と商業主義の世界とをただちに同一視することもできないからである。さらに公的-私的の区別は最近のものであり，ホックシールドは感情管理が私的であった社会を理想化しているけれども，そんな社会は存在しなかったのであり，組織による感情管理は数千年来のものなのである（ibid.: 104-105）。また，感情表示が使用価値をもつ非商業的背景と，それが交換価値をもつ商業的背景という二分法も問題である，とされる。商業的背景においても感情表示が使用価値をもつことがあるからだ（Tolich, 1993）。私的領域の感情管理と公的領域のそれとのあいだには「白黒のはっきりした分割」はありえない，とも批判される（Bolton, 2005: 101）。

　ウーターズの批判にたいして，ホックシールド（Hochshild, 1989: 339）は次のように回答する。すなわち，ホックシールドは，「『公的』と『商業的』を互換可能なものとして使う傾向があったが，私はそれが問題であることに同意する」と。またホックシールドが，われわれは公的生活におけるよりも私的生活におけるほうが「自由である」かのように記述しているというウーターズの批判については，「私はこのように考えているわけではないが，この点にかんする私の記述は不明確であったかもしれない」とのべる。

　しかしこの点について注意すべきは，そもそも感情労働という概念を使ってなにをあきらかにすべきかという問題であろう。ウーターズの批判にたいして，ホックシールドは次のように答えてもいる。「『管理される心』における私の目的は，『感情労働』『感情規則』……，これらが帯びる『感情交換』の概念を導入し，これらの概念がサービス労働と，それからの労働者の潜在的疎隔との性質に，いかに光を投ずるかをしめすことだった」（Hochshild, 1989: 441）と。だからウーターズが，「私があまりに『せまく』資本主義に

焦点をあてて」「人びとがいかに火を制御するのを学び，そこからいかに農業革命と産業革命に進んだか」を説明していないと私を非難しても，私はそれが必要だとは思わない，と（ibid.: 439-440）。にもかかわらずウーターズは，「私が悲観的な本を書いたことにたいする不賛成」をしめし，「私は陰気である。私はまちがったことに，資本主義に，従属者に，焦点をあてている。私は正しいことについて，資本主義とはかけ離れた公的生活について，周りにボスをもたない人びとについて，十分にのべていない。私の本は『悪意をうながす』，と彼はいう」（ibid.: 442）と，ホックシールドはやりかえす。つまりホックシールドは，自分の問題関心が感情管理一般とか感情管理の歴史にあったのではなく，感情管理が資本主義的統制に入ることで引きおこされる現象にあったのだから，悲観的トーンになるのはとうぜんだといいたいのであろう。ホックシールドの概念装置の欠陥を指摘するのは容易だが，彼女の立論がこうしたプロブレマティックに規定されていることは，十分留意すべきであろう。

　③感情労働のコストの問題とは，感情労働にはじつはコストは存在しない，というホックシールド批判である。たとえばウーターズは，KLMの客室乗務員が，勤務中の自分たちの「感情の利用」や「感情にたいする道具的スタンス」を，したがって演技を，自覚していたと指摘する。そこでウーターズはホックシールドの主張するような公的自己と私的自己の「融合」など生じていない，と断ずる（Wouters, 1989a: 115）。同じくBolton and Boyd (2003: 301) も，自分たちが調査した航空機の客室乗務員が「不快な」顧客をあつかっており，自分たちが「空虚なふるまい」を提供していることを，要するに自分たちの演技を，自覚しているとのべる。同じような批判としてライドナー（Leidner, 1993）があることは，第6章でみたとおりである。またPaules (1996) は，アメリカのウェイトレスの労働を観察して，彼女らが自分たちの独自の感情管理技能を行使して顧客の要求に抵抗する，と論じる。ここでもウェイトレスが他律的感情管理をおこなっていないという，彼女らの感情管理技能の自律性が主張される。また同じような批判としてTolich (1993) やWharton (1993) があることも，第6章で指摘した。

終章　接客労働過程論の展望

　④モニターされない感情労働者の除外の問題とは，ホックシールドが，考察対象とする感情労働職務を「監督者による感情労働のモニタリング」を要求する職務に限定し，同じく感情労働を遂行する医師，弁護士，ソーシャルワーカー，販売員，教員，セラピストなどの労働を排除している，という批判をさす（Wouters, 1989a: 100）。これもしばしばみいだされる批判である。日本でホックシールドの感情労働論が紹介されたさい，労働社会学者がこれを取り上げて真っ先にその適用をはかったのは，感情規則を管理者が外的に設定してそれの遵守をモニターする賃金労働者ではなく，自分自身が設定した，あるいは職場で暗黙にきめられた感情規則に従って感情労働をおこなう看護師やソーシャルワーカーであり，彼女らの感情的負担がまず問題にされた[1]。

　わたくしはこの点で，ホックシールドの問題意識とのずれを感じる。ホックシールドの問題関心は，もともとそれ自体としてはどんな社会でも必要な感情管理が商業目的に利用され，それが資本の設定する感情規則の支配下に入るようになるときなにがおこるか，という点にあったからだ。このゆえにこそ，企業によっていわば善意の人間を装うことを命じられる客室乗務員と，悪意の人間を装うことを命じられる集金人という対照的な職務にある労働者が観察対象として選ばれたのである。ホックシールドは，それぞれの労働者の感情管理が企業統制に入り，企業が強制する善意の人間の偽装と悪意の人間の偽装とが，賃金労働者にどのように異なる帰結をもたらすかを問題にしたのである。この問題関心からすれば，感情労働の行使をモニターされない感情労働者がひとまず除外されるのはとうぜんであった。しかしこうのべることでわたくしは，資本の管理下にない感情労働者の感情労働過程が重要でないとか，考察する必要がないと主張しているのではない。ただ，それはホックシールドのプロブレマティック外にある問題だといいたいのである[2]。

　以上の(2)初期の４つの問題点のうち，本書は②④の問題は考察していないが，第６章で①③の問題をあつかった。わたくしはここで，感情労働行使によって否定的影響がうまれるか肯定的影響がうまれるかは条件次第であ

り，肯定的影響がうみだされることもあると主張しつつ，そうなる条件をあきらかにした。しかし同時に肯定的影響がうみだされるか否定的影響がうみだされるかという問題設定に先立って，感情労働論でまず問題とすべきは，接客職務では企業のガイドラインにそった感情操作技術が要求されるという事実であることも強調した。企業のガイドラインにそった感情操作をおこなうことがこうした職務に就く条件となる，という事実そのものが問題なのである。

［3］最後に，感情労働にかんして過去10年ほどのあいだに提出された(3)近年展開されつつある議論として，3点をみておく。
　第1の展開として，感情労働を職務評価項目として職務分析に組み入れようとする試みがある。これは，感情労働を要求する職務において，感情的負担を職務評価項目につけくわえることによって可視化して，主要な感情労働者としての女性労働者の賃金差別解消に役立てようとする試みである。
　この試みには次の問題がある。第1に，感情労働とは相手に適切な感情を引きおこすために演技する感情的努力であるが，この感情的負担を，そうではないその他の感情的または精神的負担と厳密に区別できるか，という問題がある。できなければこの試みは失敗する。第2に，感情労働の行使による「感情的負担」は客観的に測定可能か，という問題がある。このさいとくに問題になるのは感情労働の性質である。第6章で論じたように，感情労働の行使にさいし大きな裁量があるとき，感情労働者は感情労働の行使を負担に感じず，逆に肯定的影響さえうまれる。つまり職務に自律性があり，労働者がいつ，いかなる感情労働を発揮するかについて自由をもち，また労働者が感情労働を行使して成功を収めるとき，労働者は感情的疲労を感じない。逆に，作業のスピードアップなどのために労働者が感情労働を十分に発揮できないとき，労働者の感情的疲労が増加し，感情的燃えつきなどを引きおこす。感情労働はそれが行使されるばあいはもちろん，行使できないばあいにも労働者の感情的負担を増加させる，というやっかいな性質をもつのである。そこで，このような感情労働の負担を客観的に測定できるかという問題

終章　接客労働過程論の展望

が生じるのである。

　さらに，感情労働の「シャドウ・ワーク」としての性質という，より本質的な問題がある。第5章注15）でものべたように，マクドナルドは，ナニーnannyとオペアau pairの賃金労働をメイドのそれと比較することをつうじて，彼女らの感情労働の遂行がいかに対立と矛盾に巻きこまれるかを，鋭く考察する。彼女は，ナニー，オペア，メイドをそれぞれ，おもな仕事がチャイルドケアである労働者，そのうちのヨーロッパ人労働者，「掃除と家庭の世話」である労働者，と定義したうえで，この3者の家庭内仕事がイヴァン・イリイチ（1982）のいう「シャドウ・ワーク」であり，目にみえない「再生産労働」であると主張する。そしてホックシールドと同じく，この労働は「自然に」女らしいものと，つまり熟練労働ではなく生得的性向とみなされるので努力を要さないものと解される傾向がある，と指摘する（Macdonald, 1996: 248）。このためにメイドは，雇主との擬似家族的な絆を断ち切って，サービスにたいする支払いという雇用の近代化をめざして自分たちの仕事から目にみえない労働をできるだけとりのぞこうとする。これが雇主への彼女らの抵抗戦略となる。だがチャイルドケアが主要職務であるナニーとオペアは，ケアにおける子供たちへの自分たちの愛情と責任を，雇主たる親に承認させようとする。つまり，「目にみえない仕事を目にみえるようにしようとする」。これが雇主への彼女らの抵抗戦略となる（ibid.: 250, 254-255）。

　しかしこの戦略は不可避的に，子育てを母親に集中させようとする支配的な文化的イデオロギーのなかで，自分自身が賃労働者であるために家庭で子供の世話ができない雇主たる親（とくに母親）の意向と矛盾し，それとの対立に巻きこまれる。ナニーとオペアを雇用する母親は彼女らを「シャドウ・マザー」として欲するのである。「シャドウ・マザー」とは，「母親であるかのように家庭にいて，ほんとうの母親が帰宅すると次には消え去り，……子供の精神生活にその存在の痕跡を残さない，自分自身の延長」（Macdonald, 1996: 250）のことである。子育て責任をイデオロギー的には課されるが，賃労働のゆえに自分ではそれをはたせない母親は，「シャドウ・マザー」と

353

してナニーとオペアを求めるのである。そこで家庭のなかで自律性と自由をもつ「第3の親」たることを理想とするナニーとオペアは，感情労働を含む自分たちの目にみえない仕事を目にみえるものにして，雇主に承認させようとする一方で，感情労働を含むこの努力を目にみえないものにする必要がある。またかりに親たちが彼女らの努力を承認するとしても，この承認と引き換えに，劣悪な労働条件をのんでしまうという結果になることもある。こうしてここでは感情労働者は，感情労働を可視の労働にするとともに，「シャドウ・ワーク」に，不可視の労働にしなければならない，という矛盾のなかにおかれる。

　感情労働の不可視性をめぐっては，感情管理のための公式訓練によって感情労働の負担をあかるみに出し，これを正当に評価させようとするスミスの主張（スミス, 2000: 230）や，感情労働の負担を雇主に認めさせようとするハーバード大学の事務職員の試み（Eaton, 1996）や，もっと進んで感情労働を職務評価に組み込もうとする試み（Steinberg, 1999; Steinberg and Figart, 1999）が存在する。感情労働の負担を雇主に認めさせようとする労働組合の戦略として，これらの試みは理解できないわけではない。ボルトンも指摘するように，「個人化された生得の性質として感情作業を強調することは，階級とジェンダーにもとづく不平等の形成と再形成に積極的に役立ち，したがってそれが『非技能』……にとどまることを確実にする」（Bolton, 2004: 20）からである。しかしこの試みは，感情労働を職務評価に組み込むさいの技術的困難という問題をともなうばかりでなく（西川, 2006），社会科学の分析装置としての「感情労働」概念の意義を看過してしまう危険をもつことも否定できない。なぜならこのばあい，感情労働は，感情労働の努力水準，関係的技能の程度，顧客にたいする責任の軽重といった職務遂行条件の観点からのみ取り上げられ，上にみたようなそれが本来的にもつ「シャドウ・ワーク」としての性格や，ほんとうの自己と偽りの自己との疎隔の問題や，労働者の内面的感情への企業介入の問題性といった，社会科学として取り上げるべき問題点は，ことごとく視野から抜け落ちてしまうからである。

[2]第2の展開は，感情労働の拡張またはこれに代替する概念として「美的労働」概念を導入する試みである。この試みはごく最近出現してきたものであり，提唱者もまだ多いとはいえない。「美的労働 aesthetic labour」とは，おもにホスピタリティ産業，小売業，金融サービス業などで重視される美にたいする感覚，美を理解する能力であり，こうした感覚や能力を，企業は労働者採用時の選抜条件とし，さらに研修や訓練をつうじて開発しようとする（Warhurst et al., 2000）。美的労働はサービス労働の外面的表示（身体性，声，聞くこと，スマイル）を重視し，女性では素敵なスマイル，きれいな歯並び，きちんとした髪，見事なプロポーション，男性では髭を剃ったきちんとした外見，きれい好きで，人前に出せるようにみせる努力を重視する（Korczynski, 2002: 146）。会社は「粋で」「趣味がいい」労働者を採用し，応募書類に写真の同封を求める。概して美的労働には「中流階級性」が要求されるので，美的労働者は20代の大卒者で，中流階級（労働者階級の上層）出身である。Warhurst and Nickson（2007: 789-790, 792）は，彼（女）らを「新たな労働貴族」と呼ぶ。ただし Macdonald and Merrill（2009: 124-125）は，望ましい従業員の外見は若く中流階級的だという点を否定して，むしろそれは提供されるサービスによる，と主張する。このゆえに人種的，エスニック的，ジェンダー的な従業員の特徴が，サービスの指示器へと「物象化」され，労働市場の分断化に役立つ。

　美的労働の提唱の背景として，以前のサービス労働の研究が技術的技能や社会的技能しか重視してこなかったという反省がある。またホックシールドは感情管理を強調したが，感情労働の身体的次元が未展開だったという反省もある（Nickson et al., 2001: 170-171）。つまり，雇主は感情管理ばかりでなく身体性管理によっても，望ましいサービスを生産できる労働者を要求するのであるが（ibid.: 186），感情労働の強調によって接客労働の身体的側面の研究が後退させられたのである[3]。ホックシールドは感情労働による深層演技を強調したが，表層演技を軽視することで，労働者の具体化される自己の側面を軽視した（Macdonald and Merrill, 2009: 122）。美的労働概念によって両者を統一し，サービス労働の具体的性格を回復させることができ

るというのである[4]。

　美的労働の概念は感情労働の概念を補完し，サービス労働者のいくつかの側面の切開に役立つようにみえる。しかし感情労働概念に代替できるという主張には疑問がある。それは，感情労働の概念が人間感情という内面的世界の解明に焦点をあてるのにたいし，「美的労働」の概念は，その深みにまで切り込む分析道具としての鋭利さをしめしていないからである。

　［3］第3の展開は，近年，感情労働に代替する感情管理の類型論として提起されている。Lopez（2006）は，3つのナーシングホームの研究にもとづいて，サービス組織はホックシールドのいうように感情規則を賦課して感情統制を試みるばあいもあるが（強制的アプローチ），ケア関係の発展をめざして関係構築を試みる支援的な「組織された感情的ケア」をおこなうばあいもあり，組織による2つのタイプの感情管理方式がある，と主張する。またCallahan and McCollum（2002）は，感情作業と感情労働の区別を重視して，感情作業，感情労働，自律的感情労働，および間接的感情労働という感情管理のタイプを区別しようとする。

　さらに第4章でもとりあげたが，Bolton and Boyd（2003），Bolton（2005）はもっと進んで，従業員は感情を管理者によって一方的に統制されて感情的に障害をもつようになるわけではなく，彼らは独自の感情管理技術をもつと主張して，感情労働論そのものからの脱却をめざす。このゆえにボルトンは，パム・スミス（2000）のような論者は「感情労働」という言葉を不正確に使うことによって，「看護労働過程のケア的要素」を感情労働と混同しているが，両者は区別すべきだ，と批判するのである（Bolton, 2005: 57）。

　ボルトンの批判は包括的なホックシールド批判であり，賛同者による今後の展開が期待される。ボルトンの積極論を再度紹介しておくと，以下のようになる。感情労働者は，肉体労働者の労働のばあいとはちがって感情の生産手段をもつので，感情労働の行使の要求にたいして抵抗力と独立性をもつことができる[5]。したがって感情労働については，雇用契約締結後の「労働の不確定性」は，つまり感情労働者が雇主の思惑どおりに感情労働を発揮する

かどうかの不確実性は，拡大する（Bolton, 2005: 61-62）。すでに第4章でもみたように，ボルトンは，感情管理には4つの類型があると主張する。まず①金銭的 pecuniary 感情管理，②表現的 presentational 感情管理（社会化された基本的な自己表現）がある。①がホックシールドの「感情労働」（感情の商業的利用）にあたり，②がホックシールドの「感情作業」（自己表現）にあたる。また③規範的 prescriptive 感情管理は，専門職としての規範にもとづく感情管理であり，これは従業員が専門職としての感情規則に従うことを意味するが，このさいかならずしもコスト効率は考慮されない。これは公的セクターの従業員の感情管理にあてはまる。最後に，④慈善的 philanthropic 感情管理がある。これは同僚労働者や顧客にたいする共感と同情をさすものであり，従業員の職場における，ギフトのような社会的やりとりのなかでの感情管理を意味する（Bolton, 2005: 91-92）。組織構成員は，これらの感情管理を必要に応じて使い分けるというのである。

　ボルトンの類型論に賛成する立場にたつものとしては，新生児担当看護師の感情管理を分析した Lewis（2005），看護師の感情労働を論じた McClure and Murphy（2007），看護と初等教育における感情労働と男性のアイデンティティをとりあげた Simpson（2007），などがある。

　ボルトンの類型論は，感情規則の設定主体がだれなのかが不明確であるなど，企業による感情統制の側面への配視が弱く平板ではないかという疑問をわたくしはもつが，ボルトンの類型論については Brook（2009a）による批判と，Bolton（2009）によるブルックにたいする反批判があることを指摘して，これからの論争の展開を注視していきたいと思う。

3．第Ⅲ部の諸問題

［1］第Ⅲ部では労働移転をあつかい，第7章で小売のケースに，第8章で医療のケースに焦点をあてて，両者の労働移転過程を考察した。労働移転過程も，経営学のほうではかなり早くから顧客がサービス生産に参加する過程として，あるいは顧客が比喩的に従業員になる過程として，注目されてきた。しかし本書では労働移転過程を，労働過程論の文脈のなかに位置づけよ

うと試みた。

　こうして本書は，労働移転過程をおもに3点において考察した。第1は，労働移転の要因である。労働移転には大きくは民間企業型と政府主導型の2つのタイプがあり，当事者間の利害対立も一様ではないが，労働移転がおこなわれる第1の要因はコスト削減であった。しかしとくに，民間企業のばあいには顧客を統制するという問題とかかわっており，労働移転は顧客統制を店員労働を省くかたちで実現するものであった。労働移転の要因として，顧客の統制という問題が存在したのである。

　第2は，労働移転の条件である。これは小売でも医療でも，大量生産体制の成立，テクノロジー，それにイデオロギーの流布であった。大量生産体制は規格化された製品を供給し，それが全国的ブランドとその宣伝を可能にする。この点では労働移転は大量生産と大量消費と足並みをそろえて進行した。またテクノロジーは最初期の労働移転では重要でなかったものの，しだいに労働移転の実現条件として重要になってくる。さらにイデオロギーについては，小売と医療のばあいでは異なる性質のイデオロギーが利用されたが，いずれのばあいにもきわめて重要な役割をはたした。

　第3は労働移転の結果である。本書はこれの帰結を追求した。一方で労働移転は，企業内の有償労働を顧客の無償労働に転換するので，失職する賃金労働者と，顧客（消費者）とが対立する。他方で労働移転は顧客に労働を完全に代行させるのでない限り，3極関係を変化したかたちで残存させるか，新たな3極関係を形成する。一般的なパターンは前者だが，ここでも有償労働者間の対立と，労働の低質化や職務の地位低下，賃金低下やパートタイマー化や下請け労働者化などの非正規労働者化を引きおこす。そして接客サービス労働における労働移転では，有償労働者間のばあいにも有償労働者と無償労働者間のばあいにも，対立はすぐれて女性間の対立となる可能性が高いこともすでにみたとおりである。

　［2］以上の第Ⅲ部の考察で，本書が展開できなかったのは，労働移転が提起する労働概念の再検討という問題と，これにかかわる労働廃絶の可能性と

いう問題である。ここではこれらに絞って，若干の言及をおこなっておきたい。

　グレイザーが労働移転を論じる目的の1つとして，有償労働と無償労働の区分が資本と国家がつくりだした歴史的に相対的で人為的な分割であることをしめすという問題関心があったのは，すでに指摘したとおりである。そうであるのは，労働移転によって，資本や国家に雇用されていた有償労働者の労働が家庭内無償労働に転換されるとしても，遂行される労働に内容的差異がないことは明白だからだ。ガソリン給油作業はスタンド員がやるのであろうとドライバーがやるのであろうと，作業内容も役立ちも同じである。だからこそ労働移転は，有償労働と無償労働の区分が歴史的に相対的で人為的な分割であることをしめすのである。だとすれば，無償労働は金を支払われない労働だから無意味な，あるいは重要でない労働だ，ということにならない。労働移転は，この事実をだれの目にもあきらかにする。そこで，資本に雇われる賃金労働者の労働が，消費者に移転されて消費者がおこなう無償労働に転じられるならば，資本が創り出した有償労働と無償労働の区分の人為性がしめされる。さまざまなレベルの国家で雇用される賃金労働者の労働が消費者に移転されるならば，国家が創り出した有償労働と無償労働の区分の人為性がしめされよう。

　労働移転では，公的有償労働から私的無償労働へと，労働の形態だけが変わるのだろうか。グレイザーはイエスと答え，だから家庭内の賃金を支払われない私的無償労働も立派な「労働」なのだという。これにたいするわたくしの疑問は，移転されるとき労働は労働としての性質を失ってたんなる家事となり，非労働の家事として消費者に認知され，受容されるのではないか，という点にある。こう考えるいくつかの根拠がある。

　第8章でのべたように，第1に，消費者に移転される活動は，多くのばあい不熟練作業である。いいかえると，だれにでも容易にできる作業である。第2に，その作業量は，有償労働者の労働とくらべれば時間的に取るに足りない量である。セルフサービス化された買い物はふつう不定期で1回に1時間もかからない。第3に，家事はパターン化された均質的活動であるという

よりは，相互に連結した異質の活動の束からなる。これらの理由で，移転される活動は，労働ではなく家事の延長として消費者に受容されると考えられる。労働移転は，消費者の側への「労働」の移転として受けとめられず，移転される労働は目にみえず「労働」と認知されないので，消費者は労働移転に強くは反対しないのである。

　逆に，労働移転をもくろむ資本や国家は，移転する活動を，労働ではなく（負担が目にみえない）家事として消費者に受容させる必要がある。このためにイデオロギーの動員が必要になる。小売業のセルフサービス化では，召使いに頼らない主婦とか自律的に責任をはたす主婦とかの家族主義的イデオロギーや，店員から解放される自由とか自律的な選択といった消費者イデオロギーが動員された。ケア労働を病院看護から在宅看護に移転するばあいにも，家族主義，個人主義，自助のイデオロギーが鼓吹された。これらのイデオロギーが標的としたのは，労働移転先である家事担当者としての家庭内女性だった。このイデオロギー戦略が労働移転を，労働の移転としてはさらに不可視の過程にし，セルフサービス化やセルフケア化にたいする消費者の反対を抑えたのである。

［3］資本主義経済システムは，労働過程を賃労働として組織することによって，賃労働者の生活過程から空間的に分離された企業という場で，9時から5時までの時間帯に集中しておこなわれる活動を「労働」と定義し，それ以外の活動を「非労働」と定義した[6]。この定義にもとづく労働概念は，苦痛，不快，必要悪，不効用といった否定的イメージをともなっており，これとは反対に，非労働は消費活動に代表される，楽しい自由な余暇時間，娯楽時間内におこなわれるという，明るく肯定的なイメージをもっている。しかし労働移転論は，グレイザーが主張するとおり，従来は非労働とみなされてきた無償の活動（＝家事）も，すくなくともその一部は労働であるという証明をあたえることができた。この限りでは，労働移転論はなお，家事を「労働」として発見したフェミニズムの射程内にある[7]。

　だが，移転される活動が非労働として消費者に認知されるという側面に着

目すると,労働移転の過程は,資本主義が創り出した労働活動の廃棄の可能性を示唆する。それは,労働活動を日常的生活連関に組み込み,日常生活に吸収していくことによって,この活動から,労働としての否定的性格を剥ぎ取る可能性である。この点では,接客労働者との面談は興味深い事実をしめす。それは,マックジョブ(低賃金の,昇進や職務保障のない,マニュアルに従う不熟練仕事)にいる接客労働者でさえ,「仕事が楽しい」との感想をしばしばもらすという事実である[8]。接客労働が変化に富んでいるという側面もあろうが,それだけではなく,労働者は企業による労働統制に入っているにもかかわらず,生活連関に埋め込まれた顧客と接触し,顧客のなかに自分たちと共通の状況や問題をみいだすことによって,労働からの解放を感ずるのであろう。

　この点についてコルジンスキは,現場サービス労働者は,顧客を喜びと満足の源泉とみなすとともに,苦痛の源泉ともみなす,と主張する。顧客が苦痛の源泉となるのは,「顧客主権の魔法的神話」が効率性という組織の一方の原理によって侵食されて,顧客が幻滅を経験し,労働者に怒りを向けるときである。だが同時に他方で,顧客との接触が喜びと満足の源泉となるのは,労働者が「顧客に共感し,顧客を助けることができ,見返りに感謝される」ときである (Korczynski, 2002: 76-77)。コルジンスキは,これは労働者が「この老人」とか「この親切な女性」としての具体的な顧客にかかわるためである,という。労働者は「顧客としてというよりは,まず社会的に埋め込まれた人びととして関係する」。このばあい顧客は,経済的行為者であるとともに社会的行為者なのであり,経済的行為と経済的交換とは「社会的に埋め込まれて」(ibid.: 75) いる。このために顧客は労働者にとって,効率性という側面からは苦痛の源泉となり,顧客志向性という側面からは喜びと満足の源泉となる。つまり接客労働者は「顧客志向の官僚制」のもとで,効率性と顧客志向性という矛盾した要求のもとにおかれるために,顧客のこうした二面に向きあわざるをえないのである。これはホテルなどのホスピタリティ労働でも,コールセンター労働でも,保健ケア労働でも同じである (ibid.: ch.5)。

だとすれば，資本主義が創り出した労働を廃棄する1つの可能性は，あるいは労働廃棄にはいたらずとも労働を「喜びと満足の源泉」に転ずる1つの可能性は，一方で労働活動における効率性原理を緩和させ，他方で労働活動を日常的生活連関に組み込むことにある，とは考えられないだろうか。
　むろんこれは可能性である。資本と国家が組織する現存の賃労働を前提したままで，家事を労働と規定するフェミニズムの立場に抗して「家事は労働ではない」と断定的に主張すれば，この見方は，資本と国家に逆手にとられて，労働でないのならできるだけ家庭に返還すべきだとされて，労働移転を促進し，家庭がになう無償労働を増加させ続けることになりかねない。だからわたくしも，現存の賃労働の状態に手をふれることなく，労働活動を生活連関に組み込むことで「労働」の性格を剥ぎとるべきだとはいわない。しかし企業内活動と家庭内活動を「労働」から解放する条件を考えない限り[9]，賃労働者を，とくに女性賃労働者を待ち受けるのは，労働移転論が証明したように，公的領域でも私的領域でも賃労働によって限りなく汚染された否定的イメージをもつ労働でしかなくなる。女性賃労働者が男性との平等な家事労働の負担を押し進めるとしても，である。このような理解に立てば，問題となるのは，2つの活動を労働から脱却させることではなく，わたしたちにとって必要悪をなす2つの「労働」が遂行される時間の短縮だけであり，賃労働時間も家事労働時間も効率化することによってともに短縮して，ひたすら非労働時間の拡大をめざすことだけである，ということにならないだろうか[10]。
　だからこそ労働の廃棄，あるいは労働活動の質的転換が要求されるのである。そして労働移転は，労働者自身による生産手段の所有とか労働条件の主体的決定とか，あるいは分業の廃止といった内容を超える，あるいはそれらと並ぶ，労働廃絶の1つの可能性を示唆するのである。この可能性を追求する価値は十分にある[11]。

　本書は，接客サービス労働過程論が提起する諸問題を3つの主題に絞り込むかたちで取り上げた。これらの多くは，労働研究の観点からはまだ考察の

終章 接客労働過程論の展望

歴史が浅いものであり，多くを今後の展開に期待しなければならない問題である。だがそれらが経済のサービス化の影響や，将来社会の労働の問題を考えるうえで，重要な手がかりをあたえるものであることも疑いないのである。

注

1) たとえば，崎山 (2005)，武井 (2000; 2001)，松川 (2005)，小村 (2005, 2009)，阿部 (2010; 2011) をみよ。
2) 第6章，注2) でもふれたように，シーモアとサンディフォード (Seymour and Sandiford, 2005) は，大企業と小事業所では感情規則の規制の仕方が異なるという観点から，小事業所としてイギリスの5つのパブをとりあげて感情規則の設定のされかたを研究した。それによると，小事業所としてのパブには，日本での研究が好んで取り上げる看護師やソーシャルワーカーのばあいと同じく，会社が設定する感情規則が存在しなかった。労働者は以前の感情管理の社会的経験や顧客の反応などから，また同僚の観察や摸倣や試行錯誤をつうじて，感情規則を学んだが，労働者による感情規則の設定には自律性があった。労働者は偽りの感情を表示することを進んで受け入れたが，これは労働者に満足とプライドの感覚をあたえた。さらに彼女らは，感情規則に従った感情労働は，管理者ではなくおもに同僚労働者や顧客によって統制されることもあきらかにした。
3) 以上の美的労働概念の主張とは別に，身体統制の重要性を強調する主張がある。ランは，フーコー理論に依拠して，サービス労働では象徴の操作と引き渡しが重要となるために，接客サービス労働者の身体に行使される統制を問題にする。彼女は，労働者の外面的身体（外見，姿，姿勢等々）も内面的身体（感情等々）も含む「身体統制」(Lan, 2001: 87) を主張するが，これは4つの次元におよぶ。①「搾取される身体」，②「規律化される身体」，③「反映する身体」，④「コミュニケートする身体」，である。①は肉体的頑健さを労働活動に提供することであり，②はルーティン化によって労働者に規律をあたえることであり，③は，労働者の身体をサービスの「生きた証明」とするべく，イメージを身体に反映させることであり（美容師など），④は，労働者に自律性とフレキシビリティをあたえて感情をもつ顧客と相互行為させることである (ibid.: 88-90)。身体統制は感情統制と対立的なものととらえられるわけではないが，4つの次元のすべてにおいて労働者の身体は，労働統

制をめぐる「領分争い」の対象になる。彼女はこれを，台北の２つの化粧品小売業者であるデパートのセールスウーマンと，直接販売組織のディストリビューターとの比較調査をつうじて実証し，同時に２つの労働者のあいだの身体統制の差異をあきらかにしようと試みる。

4）しかしこれには反論もあり，たとえば Witz et al.(2003: 35-39) は，自己の具体化様式は表層ではなく深層に属する，と主張する。

5）Warhurst et al. (2009) も，感情の生産手段にかんするこの議論を受け入れて，労働者の感情疎外は必然的でないとする。

6）クリーヴァーは，労働 work が資本主義社会では社会的支配が追求される中心メカニズムだという点を認めつつ，「資本主義に先行する大部分の社会は，一般的な労働 work の概念をもたなかった」(Cleaver, 2002: 141) と主張して，労働が資本主義社会だけでなく過去や将来の社会においても普遍的カテゴリーをなすという理解を拒絶する (ibid.: 137, 143-144)。グラックスマンも労働概念の可変性を主張する。「『経済』として分化されるもの，あるいは『労働』として理解されるものは，経済過程が特定のケースに埋め込まれ制度化される仕方によって，異なる社会のあいだで，また時間につれて，かなり変化することがある」(Glucksmann, 2005: 23) と。不明瞭な点や説明不足の点もあるが，これらの主張には共感できる。なお労働が資本主義に固有のカテゴリーである点については，鈴木 (1991) も参照されたい。

7）ヒンメルワイトは，1960年代遅くにフェミニズムが家事を無償「労働」として発見したことは有意義だったが，しかしこの発見は，製造業における商品生産の賃労働モデルから借用した「労働」の定義を家事に強引に適用したものだった，と批判する。この適用は，家事の市場的代替物の登場と主婦の雇用参加とを反映していたが，これによって家事は，①結果をめざしておこなわれ，②分業の一部を構成し，③だれが遂行してもよい，という３点で，賃労働と共通のものと把握された。だが③は多くの家庭内活動には妥当しない。家事がこのように把握された結果，個人的で関係的な側面をもつ家庭内活動，すなわちケアリングや自己充足的活動が排除されてしまった，と回顧する (Himmelweit, 1995: 2-5)。

8）これはひんぱんに言及される事実である。ホックシールドは「多くの客室乗務員が『人を相手に働く』ことを楽しんでいる」といった，とのべる (ホックシールド, 2000: 123)。フレンケルその他も「大部分の（接客サービス──引用者）労働者は人びとを助けるのが好きであり，顧客への共感を作為的でなく積極的に証示した」と指摘する (Frenkel et al., 1999: 227)。またア

メリカン航空の予約エージェントは，そのストレスにもかかわらず「『人びととかかわる』のが好きなので仕事が好きだ」とのべ（Garson, 1989: 42, また51もみよ），マクドナルドの店員は，顧客と知り合い顔を覚えることが好きであり，顧客とのおしゃべりやジョークをいい合うことが楽しいといったという（Leidner, 1993: 140-141）。同じく熊沢誠は，接客労働が過重労働などのきびしい労働条件にもかかわらず，若い正社員たちが楽しいと感じているという事実を指摘する。「‥‥労働内容に関する上の三人の『満足』は一様に，営業職やサービス職があるいは享受できる取引先や『お客さん』との信頼の絆という文脈で表明されている。若者たちが重視する労働の意味は，なによりも顧客との交通関係の発見であるかにみえる」（熊沢, 2006: 189）。熊沢による満足の評価は，労働の意味を顧客とのかかわりにみいだしているという意味で肯定的にも，またそこにしかみいだせないという意味で否定的にも解釈できるが，満足の事実は重視しなければならない。

9) 注7）でみたようにヒンメルワイトは，家庭内活動を「労働」とみなすことを疑問視し，すべての活動を労働／非労働にする二分法に反対する。反対理由は，①仕事をもつ理由として賃金稼得以上の価値が認められなくなるという，有償労働の貧困化をもたらす，②望ましいものとして記述される，生産にも消費にも属さないケアリングや自己充足活動の価値が下がる，③「労働」カテゴリーにあてはまらない活動をする人びとは低く評価される，である（Himmelweit, 1995: 13-14）。この反対理由には賛同できる。

10) 家事労働についても「労働」の性格を剥ぎとる可能性はある。たとえばチョドロウは精神分析の観点から，家事労働の中心をなす子育てについて，それを生みの母親が遂行することは，西欧資本主義社会ではおとこの支配と一夫一婦制の維持の点で適合的だったが，この親業形式は生物学的生理学的必然性はなく，その質が維持されれば「誰かもしくは誰か数人」による保育は可能だと主張する(1981: 110-114)。家事労働の再編にはこのような検討も不可欠である。

11) Glucksmann (2005) は，「労働」概念の多様性と複雑さ（ibid.: 16）の検討をつうじて，従来は無償労働のかたちで，あるいは社会的または文化的関係から分離しておらず労働としての承認を受けないような活動のかたちでとらえられていた，異なる種類の労働活動のあいだの連関を，4つの次元をもつ「社会的労働組織総体 Total Social Organization of Labour; TSOL」アプローチによってとらえようと試みる。4つの次元とは，①生産・分配・交換・消費を横断する次元，②有償労働と無償労働，市場と非市場，フォーマルセク

ターとインフォーマルセクターとの境界を横断する次元，③労働と非労働，労働関係と非労働関係の接合の次元，④労働の異なる時間性の次元，である。①は，たとえば既製食品の増加が，無償の家事労働を消失させて工場や小売店での雇用をふやすという生産・分配・交換・消費における労働連関の変化を意味し，②は有償労働と無償労働，市場労働と非市場労働，フォーマルセクターとインフォーマルセクターの労働といった活動の相互連関である。たとえば女性賃金労働者が別の女性に家事を有償で代行させたり，国家がボランタリ組織への財政支援をやめてケア労働を世帯に移転すれば（労働移転），有償労働と無償労働との相互連関，ボランタリセクターと民間セクターの労働の相互連関が変更される。③では家族やコミュニティ関係から未分化な活動，感情や対人的熟練と結びついた労働，さらに消費労働における労働と非労働との融合が問題になる。④では以上３つの次元の時間性を問題にする。不明確さも含むが，このアプローチは労働活動を考えるうえで貴重な参照枠を提供するように思える。「社会的労働組織総体」という分析枠組みを設定するグラックスマンの問題意識を知るには，Glucksmann（1990）が役に立つ。そこではこの分析枠組みは，「社会的生産と私的再生産の双方における，有償労働と家計の双方における，女性の地位を検討することのできる統一的で内的に一貫した分析枠組み」（ibid.: 17）と規定される。この分析枠組みについては，Parry et al.（2005）も参照されたい。

あとがき

　本書は，わたくしの前著『労働過程論の展開』（学文社，2001年）の続編にあたる。わたくしは，ハリー・ブレイヴマン『労働と独占資本』に触発されて，欧米の労働過程の研究に関心をもつようになった。前著はブレイヴマン以後，労働過程論はどのような方向に研究が進展し，どのような論点が提起されているのか，それをわたくしなりにまとめたいちおうの研究成果であった。しかしこのテーマについてさらに勉強していくうちに，欧米では労働過程研究の一角として接客サービス労働過程論が，質的にも量的にも研究上の重みを増してきていることを知った。そして接客サービス労働過程の研究が，従来の生産労働を中心とした労働過程のそれとはいちじるしく異なる相貌を呈していること，そしてその理由が顧客が労働対象となり顧客が積極的に労働過程に参加してくる点にあること，さらにはこの顧客が労働対象となるという事情が，労働過程に大きな影響力をあたえるとともに，かなり深い研究上の含意をもつ独自の問題群をうみだしていること，がしだいにはっきりしてきた。本書ではもっぱらわたくしの関心にしたがって，接客労働の問題群を，3極関係，感情労働，労働移転という3つの点に絞って考察した。

　生産労働と接客労働とのちがいが，わたくしにとってはじめから明確であったわけではない。最初はアーリー・ホックシールドの感情労働論の検討をつうじて，問題群をおぼろげなかたちでつかめたにすぎなかった。せいぜい感情労働論において労働者の感情という統制対象のちがいのうちに，従来の労働過程論における議論との相違をばくぜんととらえることができたにすぎなかった。しかしやがて，接客労働が生産労働とはむしろ異質な労働領域であり，もっと広い射程をもつ研究対象としてとらえるべきだと感じるようになった。このために，当初は前著に組み込むはずであった感情労働論は，紙数の多さという事情もあったとはいえ，前著刊行時には削除せざるをえな

かった。生産労働と接客労働を，同じ本であつかうことはできないことがわかったからである。

　以来，ほぼ10年がすぎてしまった。本書に収めた最初期の論稿は感情労働論にかんする13年前のものである。当時はホックシールドの『管理される心』の邦訳もなく，感情労働を主題的に論じた論稿は一般雑誌にはもちろん，学術雑誌にもみかけなかった。日本の社会学の研究状況にうとかったわたくしは，日本の学術論文のデータベースにあたってみたが，「感情労働」という言葉さえほとんど出てこなかった。それで拙い論文の執筆にさいして，彼女の本の内容紹介にずいぶん手間取った記憶がある。本書に収録した論文はいずれも初出当時のものをかなり書き換えているが，とくに日付けの古い論文については，今日的時点でもなお読むに耐えるものにするために，かなりの書き直しや補筆をおこなった。基本的な論旨に変更はないけれども，こうしたかたちで旧稿の補整をはかったことで，旧稿であつかった内容もいくらか新鮮さをまとうことができ，また本書全体についても，最近の研究の展開をふまえてその議論の裾野を広げることができたのではないかと考えている。

　執筆にさいしては，弘前大学の同僚の北島誓子教授に本書の草稿全体に目を通していただき，主張の曖昧さ，論理の混乱，展開の不十分さなどについて，貴重なコメントをいただくことができた。また第8章については，その元となった旧稿発表時にわたくしの医学的知識の欠如のゆえの誤読や誤解をおそれ，京都在住の医師，伊藤彰子氏にチェックをお願いした。にもかかわらず，本書は主張の曖昧さや不十分さや誤りを残しているだけでなく，誤読や誤解も残存させているであろうと思う。それらの責任がすべてわたくしにあることはいうまでもないけれども，きわめてお忙しいお2人に原稿の閲読に時間をさいていただいたことに，心からお礼を申し上げる。

　本書を御茶の水書房から刊行するにあたっては，どうしてもお礼を申し上げなければならないかたがいる。5ヶ月前の2011年10月にお亡くなりになった東京大学名誉教授，馬場宏二先生である。わたくしと先生のおつきあいは10年ほどにしかならないが，先生からはこの10年間に数多くのご著書と論文

あとがき

をちょうだいし，それらをつうじて，またそれらにかんする私信をつうじて，先生のご専門のアメリカ資本主義論や研究方法としての宇野理論はもとより，経済学史や経済史についても，さらには研究態度や心構えといったことについても，広く教えをうけることができた。自由な発想と該博な知識をもち，それに飾らないお人柄であった先生とのおつきあいはじつに楽しいものであり，わたくしはそこから計りしれない刺激を受けた。とはいえ，このようなおつきあいはあったものの，わたくしは自著の出版について先生にお願いしたことなどいっさいなかった。けれども，おそらく先生はわたくしがお送りした論文の抜刷がたまり，わたくしがいずれ近いうちに研究のまとめにかかるであろうこと，また本書のような性質の書物の刊行が難航することを予想されていたのであろう。先生はわたくしのまったく知らないところで，御茶の水書房の小堺章夫氏をつうじて出版の打診をしてくださっていたのだった。このことをわたくしは生前の先生から知らされることはなく，小堺氏からあとでうかがったのである。馬場先生とはそういうかただった。いまはもう，心のなかでお礼を申し上げるほかなくなってしまったけれども，先生のお心遣いにはひたすら感謝するほかない。そしてその馬場先生が生前続けて4冊の本を出された同じ御茶の水書房から，わたくしの本を出していただくのは，わたくしのたいへんよろこびとするところである。

　そのうえ，御茶の水書房の橋本盛作社長には，たえず暖かい励ましをいただいた。また小堺章夫氏には，本書の計画から校正にいたるまで，じつに行き届いたご配慮をしていただいた。記して感謝の意を表したい。さらに，本書に収めた論文の初出掲載誌にはすべて本書への再録を快諾していただいた。関係する編集委員会や各位に感謝する。

2012年3月

鈴木　和雄

初出一覧

序章──「接客サービス労働過程論の展望」季報『唯物論研究』(季報『唯物論研究』刊行会) 第109号, 2009年.

第1章──「接客労働の3極関係」『季刊　経済理論』(経済理論学会) 第47巻第3号, 2010年.

第2章──「接客労働の統制方法」『季刊　経済理論』(経済理論学会) 第45巻第4号, 2009年.

第3章──「接客労働の統制構造──初期デパートにおける労働統制の諸問題──(上)」『弘前大学経済研究』(弘前大学経済学会) 第25号, 2002年, および「接客労働の統制構造──初期デパートにおける労働統制の諸問題──(下)」『弘前大学経済研究』(弘前大学経済学会) 第26号, 2003年.

第4章──「感情労働と労務管理」『弘前大学経済研究』(弘前大学経済学会) 第21号, 1998年.

第5章──「労働過程とジェンダー──感情労働からのアプローチ──」『人文社会論叢 (社会科学篇)』(弘前大学人文学部) 第1号, 1999年.

補論──「接客労働の統制と感情労働論」『労働の科学』(労働科学研究所) 第57巻第8号, 2002年.

第6章──「感情管理とサービス労働の統制」『大原社会問題研究所雑誌』(法政大学大原社会問題研究所) 第566号, 2006年.

第7章──「労働移転──スーパーマーケットにおける経験──」『弘前大学経済研究』(弘前大学経済学会) 第27号, 2004年.

第8章──「労働移転──病院における経験──」『人文社会論叢 (社会科学篇)』(弘前大学人文学部) 第13号, 2005年.

終章──「接客サービス労働過程論の展望」季報『唯物論研究』(季報『唯物論研究』刊行会) 第109号, 2009年.

　初出掲載誌からは, すべて本書への収録を許可していただいた. 関係諸機関に感謝する.

参考文献

1．外国語文献

Ashforth, Blake E. and Ronald H. Humphrey (1993) "Emotional Labor in Service Roles: The Influence of Identity", *Academy of Management Review*, vol.18, no.1.

Ashkanasy, Neal M., Wilfred J. Zerbe and Charmine E. J. Härtel (eds.) (2002) *Managing Emotions in the Workplace*, Armonk, New York: M. E. Sharpe.

Baldoz, Rick, Charles Koeber and Philip Kraft (eds.) (2001) *The Critical Study of Work: Labor, Technology and Global Production*, Philadelphia: Temple University Press.

Bateson, John E. G. (1985) "Perceived Control and the Service Encounter", in Czepiel, John A., Michael R. Solomon and Carol F. Surprenant (eds.) *The Service Encounter*.

Bendelow, Gillian and Simon J. Williams (eds.) (1998) *Emotions in Social Life: Critical Themes and Contemporary Issues*, London: Routledge.

Benson, Susan Porter (1978) "The Clerking Sisterhood: Rationalization and the Work Culture of Saleswomen in American Department Stores, 1890-1960", *Radical America*, vol.12, no.2.

── (1986) *Counter Cultures: Saleswomen, Managers, and Customers in American Department Stores, 1890-1940*, Urbana and Chicago: University of Illinois Press.

Biggart, Nicole Woolsey (1983) "Rationality, Meaning and Selfmanagement: Success Manuals, 1950-1980", *Social Problem*, vol.30, no.3.

── (1989) *Charismatic Capitalism: Direct Selling Organizations in America*, Chicago: The University of Chicago Press.

Bolton, Sharon C. (2004) "Conceptual Confusions: Emotion Work as Skilled Work", in Warhurst, Chris, Irena Grugulis and Ewart Keep (eds.) *The Skills That Matter*.

── (2005) *Emotion Management in the Workplace*, Houndmills: Palgrave Macmillan.

── (2009) "Getting to the Heart of Emotional Labour Process: A Reply to

Brook", *Work, Employment and Society*, vol.23, no.3.

Bolton, Sharon C. and Carol Boyd (2003) "Trolly Dolly or Skilled Emotion Manager?: Moving on from Hochschild's Managed Heart", *Work, Employment and Society*, vol.17, no.2.

Bolton, Sharon C. and Maeve Houlian (2005) "The (Mis) Representation of Customer Service", *Work, Employment and Society*, vol.19, no.4.

Bootcheck, Judith A. (1988) "Book Review of *Counter Cultures* by Susan Porter Benson", *Contemporary Sociology*, vol.17, no.5.

Bowen, David E. and Edward E. Lawler (1992) "Empowerment of Service Workers: What, Why, How, and When", *Sloan Management Review*, Spring.

—— (1995a) "Organising for Service: Empowerment or Production Line?", in Glynn, William J. and James G. Barnes (eds.) *Understanding Services Management*.

—— (1995b) "Empowering Service Employee", *Sloan Management Review*, Summer.

Brook, Paul (2007) "Customer Oriented Militants? A Critique of the ' Customer-Oriented Bureaucracy' Theory on Front-Line Service Worker Collectivism", *Work, Employment and Society*, vol.21, no.2.

—— (2009a) "In Critical Defence of 'Emotional Labour' : Refuting Bolton's Critique of Hochschild's Concept", *Work, Employment and Society*, vol.23, no.3.

—— (2009b) "The Alienated Heart: Hochschild's 'Emotional Labour' Thesis and the Anti-Capitalist Politics of Alienation", *Capital and Class*, no.98.

Bryman, Alan (2009) "The Disneyization of Society", in Korczynski, Marek and Cameron Lynne Macdonald (eds.) *Service Work*.

Burawoy, Michael (1979) *Manufacturing Consent: Changes in the Labor Process under Monopoly Capitalism*, Chicago: The University of Chicago Press.

—— (1985) *The Politics of Production*, London: Verso.

—— (1996) "A Classic of Its Time: Labor and Monopoly Capital", *Contemporary Sociology*, vol.25, no. 3.

—— (2001) "Dwelling in Capitalism, Traveling Through Socialism", in Baldoz, Rick, Charles Koeber and Philip Kraft (eds.) *The Critical Study of Work*.

—— (2008) "The Public Turn: From Labor Process to Labor Movement", *Work and Occupations*, vol.35, no.4.

参考文献

Callahan, Jamie L. and Eric E. McCollum (2002) "Obscured Variability: The Distinction between Emotional Work and Emotional Labor", in Ashkanasy, Neal M., Wilfred J. Zerbe and Charmine E. J. Härtel (eds.) *Managing Emotions in the Workplace.*

Carrison, Dee (1988) "Book Review of *Counter Cultures* by Susan Porter Benson", *Journal of Social History*, vol.21, no.4.

Cleaver, Harry (2002) "Work is Still the Central Issue! New Words for New Worlds", in Dinerstein, Ana C. and Michael Neary (eds.) *The Labour Debate.*

Cobble, Dorothy Sue and Michael Merrill (2009) "The Promise of Service Worker Unionism", in Korczynski, Marek and Cameron Lynne Macdonald (eds.) *Service Work.*

Cowan, Ruth Schwartz (1983) *More Work for Mother: The Ironies of Household Technology from the Open Hearth to the Microwave*, New York: Basic Books, Inc.

Cromton, Rosemary and Stuart Reid (1982) "The Deskilling of Clerical Work", in Wood, Stephen (ed.) *The Degradation of Work?*

Cutler, Tony (1978) "The Romance of 'Labor' ", *Economy and Society*, vol.7, no.1.

Czepiel, John A., Michael R. Solomon and Carol F. Surprenant (1985a) "Preface and Acknowledgements", in Czepiel, John A., Michael R. Solomon and Carol F. Surprenant (eds.) *The Service Encounter.*

Czepiel, John A., Michael R. Solomon and Carol F. Surprenant (eds.) (1985b) *The Service Encounter: Managing Employee/Customer Interaction in Service Businesses*, Lexington, Massachusetts: Lexington Books, D. C. Heath and Company.

Davies, Scott (1990) "Inserting Gender into Burawoy's Theory of the Labour Process", *Work, Employment and Society*, vol.4, no.3.

de Kadt, Maarten (1979) "Insurance: A Clerical Work Factory", in Zimbalist, Andrew (ed.) *Case Studies on the Labor Process.*

Desatnick, Robert L. (1987) *Managing to Keep the Customer: How to Achieve and Maintain Superior Customer Service throughout the Organization*, San Francisco: Jossey-Bass Publishers.

Dinerstein, Ana C. and Michael Neary (eds.) (2002) *The Labour Debate: An Investigation into the Theory and Reality of Capitalist Work*, Aldershot: Ashgate

Publishing Company.

Eaton, Susan C. (1996) " 'The Customer Is Always Interesting?': Unionized Harvard Clericals Renegotiate Work Relationships", in Macdonald, Cameron Lynne and Carmen Sirianni (eds.) *Working in the Service Society*.

Edwards, Richard C. (1978) "The Social Relations of Production at the Point of Production", *Insurgent Sociologist*, vol.8.

―― (1979) *Contested Terrain: The Transformation of the Workplace in the Twentieth Century*, New York: Basic Books, Inc.

Fineman, Stephen (ed.) (1996) *Emotion in Organizations*, London: Sage Publications Ltd.

Fitchett, James and Pierre McDonagh (2001) "Relationship Marketing, E-commerce and the Emancipation of the Customer", in Sturdy, Andrew, Irena Grugulis and Hugh Willmott (eds.) *Customer Service*.

Frank, Dana (1987) "The Traffic in Subservience: Public-Contact Service Work", *Monthly Review*, vol.39, no.2.

Frenkel, Stephen J., Marek Korczynski, Karen A. Shire and May Tam (1999) *On the Front Line: Organization of Work in the Information Economy*, Ithaca and London: Cornell University Press.

Friedman, Andrew L. (1977) *Industry and Labour: Class Struggle at Work and Monopoly Capitalism*, London: The Macmillan Press, Ltd.

Frost, Peter J. et al. (eds.) (1991) *Reframing Organizational Culture*, Newbury Park, California: Sage Publication.

Fuller, Linda and Vicki Smith (1991) "Consumers' Reports: Management by Customers in a Changing Economy", *Work, Employment and Society*, vol. 5, no.1.

Gabriel, Yiannis (2009) "Conclusion ―― Latte Capitalism and Late Capitalism: Reflections on Fantasy and Care as Part of the Service Triangle", in Korczynski, Marek and Cameron Lynne Macdonald (eds.) *Service Work*.

Gabriel, Yiannis and Tim Lang (1995) *The Unmanageable Consumer: Contemporary Consumption and Its Fragmentation*, London: Sage Publications Ltd.

Gamble, Jos (2007) "The Rhetoric of the Consumer and Customer Control in China", *Work, Employment and Society*, vol.21, no.1.

Garey, Anita Ilta and Karen V. Hansen (eds.) (2011) *At the Heart of Work and Family: Engaging the Ideas of Arlie Hochschild*, New Brunswick, New

Jersey: Rutgers University Press.

Garson, Barbara (1989) *The Electronic Sweatshop: How Computers Are Transforming the Office of the Future into the Factory of the Past*, New York: Penguin Books.

Gartman, David (1999) "Dialectics of the Labor Process, Consumer Culture, and Class Struggle: The Contradictory Development of the American Automobile Industry", in Wardell, Mark, Thomas L. Steiger, and Peter Meiksins (eds.) *Rethinking the Labor Process*.

Glazer, Nona Y. (1984) "Servants to Capital: Unpaid Domestic Labor and Paid Work", *Review of Radical Political Economics*, vol.16, no. 1.

—— (1993) *Women's Paid and Unpaid Labor: The Work Transfer in Health Care and Retailing*, Philadelphia: Temple University Press.

Glenn, Evelyn Nakano and Roslyn L. Feldberg (1979) "Proletarianizing Clerical Work: Technology and Organizational Control in the Office", in Zimbalist, Andrew (ed.) *Case Studies on the Labor Process*.

Glucksmann, Miriam (1990) *Women Assemble: Women Workers and the New Industries in Inter-War Britain*, London and New York: Routledge.

—— (2005) "Shifting Boundaries and Interconnections: Extending the 'Total Social Organization of Labour'", in Pettinger, Lynne, Jane Parry, Rebecca Taylor and Miriam Glucksmann (eds.) *A New Sociology of Work?*

Glynn, William J. and James G. Barnes (eds.) (1995) *Understanding Services Management: Integrating Marketing, Organisational Behavior, Operations, and Human Resource Management*, New York: John Wily.

Gottfried, Heidi (1994) "Learning the Score: The Duality of Control and Everyday Resistance in the Temporary-Help Service Industry", in Jermier, John M., David Knights and Walter R. Nord (eds.) *Resistance and Power in Organizations*.

—— (2006) "Feminist Theories of Work", in Korczynski, Marek, Randy Hodson and Paul K. Edwards (eds.) *Social Theory at Work*.

Gottfried, Heidi and David Fasenfest (1984) "Gender and Class Formation: Female Clerical Workers", *Review of Radical Political Economics*, vol.16, no.1.

Grove, Stephen J. and Raymond P. Fisk (1989) "Impression Management in Services Marketing: A Dramaturgical Perspecitive", in Giacalone, Robert A. and Paul Rosenfeld (eds.) *Impression Management in the Organization*, Hillsdale,

N. J.: Erlbaum Associates.

Gutek, Barbara A. (1995) *The Dynamics of Service: Reflections on the Changing Nature of Customer/Provider Interactions*, San Francisco: Jossey-Bass Publishers.

Hall, Elaine J. (1993) "Smiling, Deferring, and Flirting: Doing Gender by Giving 'Good Service' ", *Work and Occupations*, vol.20, no.4.

Hayes, Adrian C. (1984) "Book Review of Arlie Russel Hochschild, *The Managed Heart*", *Work and Occupations*, vol.11, no.4.

Hill, Shirley A. (1995) "Book Review of *Women's Paid and Unpaid Labor: The Work Transfer in Health Care and Retailing* by Nona Y. Glazer", *Gender and Society*, vol.9, no.1.

Himmelweit, Susan (1995) "The Discovery of 'Unpaid Work': The Social Consequences of the Expansion of 'Work' ", *Journal of Management Studies*, vol. 41, no.2.

Himmelweit, Susan and Simon Mohun (1977) "Domestic Labour and Capital", *Cambridge Journal of Economics*, no.1.

Hochschild, Arlie Russell (1979) "Emotion Work, Feeling Rules, and Social Structure", *American Journal of Sociology*, vol.85, no.3.

—— (1982) "Emotional Labor in the Friendly Skies", *Psychology Today*, June.

—— (1983a) *The Managed Heart: Commercialization of Human Feeling*, Berkeley, California: University of California Press, Ltd.

—— (1983b) "Smile Wars", *Mother Jones*, vol.8, December.

—— (1989) "Reply to Cas Wouters's Review Essay on *The Managed Heart*", *Theory, Culture and Society*, vol.6, no.1.

—— (1990) "Ideology and Emotion Management: A Perspective and Path for Future Research", in Kemper, Theodore D. (ed.) *Research Agendas in the Sociology of Emotions*.

—— (1994) "The Commercial Spirit of Intimate Life and the Abduction of Feminism: Signs for Women's Advice Books", *Theory, Culture and Society*, vol.11, no.2.

—— (1997) *The Time Bind: When Work Becomes Home and Home Becomes Work*, New York: Metropolitan Books, Henry Holt and Company.

—— (1998) "The Sociology of Emotion as a Way of Seeing", in Bendelow, Gillian and Simon J. Williams (eds.) *Emotions in Social Life*.

—— (2000) "Global Care Chains and Emotional Surplus Value? ", in Hutton, Will and Anthony Giddens (eds.) *On the Edge*.

—— (2003a) *The Managed Heart: Commercialization of Human Feeling*, Twentieth Anniversary Edition, With a New Afterward, Berkeley, California: University of California Press, Ltd.

—— (2003b) *The Commercialization of Intimate Life: Notes from Home and Work*, Berkeley, California: University of California Press, Ltd.

Hodgson, Damian (2001) " 'Empowering Customers Through Education' or Governing Without Government? ", in Sturdy, Andrew, Irena Grugulis and Hugh Willmott (eds.) *Customer Service*.

Hughes, Karen D. and Vela Tadic (1998) " 'Something to Deal With': Customer Sexual Harassment and Women's Retail Service Work in Canada", *Gender, Work and Organization*, vol.5, no.4.

Hutton, Will and Anthony Giddens (eds.) (2000) *On the Edge: Living with Global Capitalism*, London: Jonathan Cape.

Hyman, Richard (2006) "Marxist Theory and the Analysis of Work", Korczynski, Marek, Randy Hodson and Paul K. Edwards (eds.) *Social Theory at Work*.

Jermier, John M., David Knights and Walter R. Nord (eds.) (1994) *Resistance and Power in Organizations*, London: Routledge.

Kahler, Bruce R. (1988) "Book Review of *Counter Cultures* by Susan Porter Benson", *The Historian*, vol.51, no.1.

Kemper, Theodore D. (1985) "Book Review of *The Managed Heart* by Arlie Russell Hochschild", *American Journal of Sociology*, vol.90, no.6.

—— (ed.) (1990) *Research Agendas in the Sociology of Emotions*, Albany: State University of New York Press.

Knights, David (1990) "Subjectivity, Power, and the Labour Process", in Knights, David and Hugh Willmott (eds.) *Labour Process Theory*, London: Macmillan Press Ltd.

Knights, David and Hugh Willmott (eds.) (1990) *Labour Process Theory*, London: Macmillan Press Ltd.

Kohn, Melvin L. (1963) "Social Class and the Exercise of Parental Authority", in Smelser, Neil J. and William T. Smelser (eds.) *Personality and Social Systems*.

Korczynski, Marek (2001) "The Contradictions of Service Work: Call Centre as Customer-Oriented Bureaucracy", in Sturdy, Andrew, Irena Grugulis and Hugh Willmott (eds.) *Customer Service.*
—— (2002) *Human Resource Management in Service Work*, Houndmills: Palgrave.
—— (2007) "Service Work, Social Theory, and Collectivism: A Reply to Brook", *Work, Employment and Society*, vol.21, no.3.
—— (2009) "Understanding the Contradictory Lived Experience of Service Work: The Customer-Oriented Bureaucracy", in Korczynski, Marek and Cameron Lynne Macdonald (eds.) *Service Work.*
Korczynski, Marek, Shire Karen, Stephen Frenkel and May Tam (2000) "Service Work in Consumer Capitalism: Customers, Control and Contradictions", *Work, Employment and Society*, vol.14, no.4.
Korczynski, Marek, Randy Hodson and Paul K. Edwards (eds.) (2006) *Social Theory at Work*, Oxford: Oxford University Press.
Korczynski, Marek and Cameron Lynne Macdonald (eds.) (2009) *Service Work: Critical Perspectives*, New York and London: Routledge.
Laermans, Rudi (1993) "Learning to Consume: Early Department Stores and the Shaping of Modern Consumer Culture (1860-1914) ", *Theory, Culture and Society*, vol.10, no.4.
Lan, Pei-Chia (2001) "The Body as a Contested Terrain for Labor Control: Cosmetics Retailers in Department Stores and Direct Selling", in Baldoz, Rick, Charles Koeber and Philip Kraft (eds.) *The Critical Study of Work.*
Langer, Elinor (1972, orig.1970) "Inside the New York Telephone Company", in O'Neill, William L. (ed.) *Women at Work.*
Lawson, Helene M. (1996) "Car Saleswomen: Expanding the Scope of Salesmanship", *Current Research on Occupations and Professions*, vol.9.
Leach, William (1987) "Book Review of *Counter Cultures* by Susan Porter Benson", *Journal of American History*, vol.74, no.2.
Leidner, Robin (1991) "Serving Hambergers and Selling Insurance: Gender, Work, and Identity in Interactive Service Jobs", *Gender and Society*, vol.5, no.2.
—— (1993) *Fast Food, Fast Talk: Service Work and the Routinization of Everyday Life*, Berkeley, California: University of California Press.
—— (1996) "Rethinking Questions of Control: Lessons from McDonald's", in Mac-

donald, Cameron Lynne and Carmen Sirianni (eds.) *Working in the Service Society*.

―― (1999) "Emotional Labor in Service Work", *Annals of American Academy of Political and Social Science*, no.561.

―― (2002) "Fast-Food Work in the United States", in Royle, Tony and Brian Towers (eds.) *Labour Relations in the Global Fast-Food Industry*.

Levitt, Theodore (1972) "Production-Line Approach to Service", *Harvard Business Review*, September-October.

―― (1976) "The Industrialization of Service", *Harvard Business Review*, September-October.

Lewis, Patricia (2005) "Suppression and Expression: An Exploration of Emotion Management in a Special Care Baby Unit", *Work, Employment and Society*, vol.19, no.3.

Lewis, Patricia and Ruth Simpson (eds.) (2007) *Gendering Emotions in Organizations*, Basingstoke: Palgrave Macmillan.

Littler, Craig R. (1986) *The Development of the Labor Process in the Capitalist Societies: A Comparative Study of Work Organization in Britain, Japan and the USA*, Aldershot: Gower Publishing Company Limited.

Lopez, Steven H. (1996) "The Politics of Service Production: Route Sales Work in the Potato-Chip Industry", in Macdonald, Cameron Lynne and Carmen Sirianni (eds.) *Working in the Service Society*.

―― (2006) "Emotional Labor and Organized Emotional Care: Conceptualizing Nursing Home Care Work", *Work and Occupations*, vol.33, no.2.

―― (2010) "Workers, Managers, and Customers: Triangles of Power in Work Communities", *Work and Occupations*, vol.37, no.3, *Special Issue: Workers, Managers, and Customers: Triangles of Power in Work Communities*.

McCammon, Holly J. and Larry J. Griffin (2000) "Workers and Their Customers and Clients: An Editorial Introduction", *Work and Occupations*, vol.27, no.3.

Macdonald, Cameron Lynne (1996) "Shadow Mothers: Nannies, Au Pairs, and Invisible Work", in Macdonald, Cameron Lynne and Carmen Sirianni (eds.) *Working in the Service Society*.

Macdonald, Cameron Lynne and Carmen Sirianni (1996a) "The Service Society and the Changing Experience of Work", in Macdonald, Cameron Lynne and

Carmen Sirianni (eds.) *Working in the Service Society*.

—— (eds.) (1996b) *Working in the Service Society*, Philadelphia: Temple University Press.

Macdonald, Cameron Lynne and David Merrill (2009) "Intersectionality in the Emotional Proletariat: A New Lens on Employment Discrimination in Service Work", in Korczynski, Marek and Cameron Lynne Macdonald (eds.) *Service Work*.

Maister, David H. (1985) "The Psychology of Waiting Lines", in Czepiel, John A., Michael R. Solomon and Carol F. Surprenant (eds.) *The Service Encounter*.

Manley, Joan E. (2001) "The Customer is Always Right? Customer Satisfaction Surveys as Employee Control Mechanisms in Professional Service Work", in Sturdy, Andrew, Irena Grugulis and Hugh Willmott (eds.) *Customer Service*.

Martin, Susan Ehrlich (1999) "Police Force or Police Service?: Gender and Emotional Labor", *Annals of the American Academy of Political and Social Science*, no.561.

McCammon, Holly J. and Larry J. Griffin (2000) "Workers and Their Customers and Clients: An Editorial Introduction", *Work and Occupations*, vol.27, no.3.

McClure, Robert and Christine Murphy (2007) "Contesting the Dominance of Emotional Labour in Professional Nursing", *Journal of Health Organization and Management*, vol.21, no.2.

Meiksins, Peter (1994) "Labor and Monopoly Capital for the 1990s: A Review and Critique of the Labor Process Debates", *Monthly Review*, vol.46, no.6, Special Issue, Commemorating Harry Braverman's *Labor and Monopoly Capital*.

Mills, Peter K. (1985) "The Control Mechanisms of Employees at the Encounter of Service Organizations", in Czepiel, John A., Michael R. Solomon and Carol F. Surprenant (eds.) *The Service Encounter*.

—— (1986) *Managing Service Industries: Organizational Practice in a Postindustrial Economy*, Cambridge, Massachusetts: Ballinger Publishing Company.

Moor, Melanie (1997) "Student Resistance to Course Content : Reactions to the Gender of the Messenger", *Teaching Sociology*, vol.25.

Nickson, Dennis, Chris Warhurst, Anne Witz and Anne-Marie Cullen (2001) "The Importance of Being Aesthetic: Work, Employment and Service Organisation", in Sturdy, Andrew, Irena Grugulis and Hugh Willmott (eds.) *Customer

Service.

O'Neill, William L. (ed.) (1972) *Women at Work*, Chicago: Quadrangle Books.

Parreñas, Rhacel Salazar (2009) "The Globalization of Care Work", in Korczynski, Marek and Cameron Lynne Macdonald (eds.) *Service Work*.

Parry, Jane, Rebecca Taylor, Lynne Pettinger and Miriam Glucksmann (2005) "Confronting the Challenges of Work Today: New Horizons and Perspectives", in Pettinger, Lynne, Jane Parry, Rebecca Taylor and Miriam Glucksmann (eds.) *A New Sociology of Work?*

Paules, Greta Foff (1996) "Resisting the Symbolism of Service among Waitresses", in Macdonald, Cameron Lynne and Carmen Sirianni (eds.) *Working in the Service Society.*

Pettinger, Lynne, Jane Parry, Rebecca Taylor and Miriam Glucksmann (eds.) (2005) *A New Sociology of Work?*, Oxford: Blackwell Publishing Ltd.

Pierce, Jennifer L. (1996) "Reproducing Gender Relations in Large Law Firms: The Role of Emotional Labor in Paralegal Work", in Macdonald, Cameron Lynne and Carmen Sirianni (eds.) *Working in the Service Society.*

Putnum, Linda L. and Dennis K. Mumby (1996) "Organizations, Emotion and the Myth of Rationality", in Fineman, Stephen (ed.) *Emotion in Organizations.*

Rafaeli, Anat (1989a) "When Clerks Meet Customers: A Test of Variables Related to Emotional Expressions on the Job", *Journal of Applied Psychology*, vol.74, no.3.

―― (1989b) "When Cashiers Meet Customers: An Analysis of the Role of Supermarket Cashiers", *Academy of Management Journal*, vol.32, no.2.

Rafaeli, Anat and Robert I. Sutton (1987) "Expression of Emotion as a Part of Work Role", *Academy of Management Review*, vol.12, no.1.

―― (1991) "Emotional Contrast Strategies as Means of Social Influence: Lessons from Criminal Interrogators and Bill Collectors", *Academy of Management Journal*, vol.34, no.4.

Ritzer, George and Todd Stillman (2001) "From Person- to System-Oriented Service", in Sturdy, Andrew, Irena Grugulis and Hugh Willmott (eds.) *Customer Service.*

Ritzer, George and Craig D. Lair (2009) "The Globalization of Nothing and the Outsourcing of Service Work", in Korczynski, Marek and Cameron Lynne

Macdonald (eds.) *Service Work*.

Rosenthal, Patrice, Stephen Hill and Ricardo Peccei (1997) "Checking Out Service: Evaluating Excellence, HRM and TQM in Retailing", *Work, Employment and Society*, vol.11, no.3.

Rosenthal, Patrice, Ricardo Peccei and Stephen Hill (2001) "Academic Discourses of the Customer: 'Sovereign Beeings', 'Management Accomplices' or 'People Like Us' ? ", in Sturdy, Andrew, Irena Grugulis and Hugh Willmott (eds.) *Customer Service*.

Rovi, Sue (1995) "Book Review of *Women's Paid and Unpaid Labor: The Work Transfer in Health Care and Retailing* by Nona Y. Glazer", *Work and Occupations*, vol.22, no.1.

Royle, Tony and Brian Towers (eds.) (2002) *Labour Relations in the Global Fast-Food Industry*, London and New York: Routledge.

Scheff, T. J. (1984) "The Heart Has Its Reasons", *Contemporary Sociology: A Journal of Reviews*, vol.13, no. 2.

Schlesinger, Leonard A. and James L. Heskett (1992) "De-Industrializing the Service Sector: A New Model for Service Firms", *Advances in Service Marketing and Management*, vol.1.

Seligman, Ben B. (1968) *Economics of Dissent*, Chicago: Quadrangle Books.

Seymour, Diane (2000) "Emotional Labour: A Comparison between Fast Food and Traditional Service Work", *Hospitality Management*, no.19.

Seymour, Diane and Peter Sandiford (2005) "Learning Emotion Rules in Service Organization: Socialization and Training in the UK Pubilic-House Sector", *Work, Employment and Society*, vol.19, no.3.

Shamir, Boas (1980) "Between Service and Servility: Role Conflict in Surbordinate Service Roles", *Human Relations*, vol.33, no.10.

Sherman, Howard J., E. K. Hunt, Reynold F. Nesiba, Phillip A. O'Hara, and Barbara Wiens-Tuers (2008) *Economics: An Introduction to Traditional and Progressive Views*, 7th Edition, New York: M. E. Sharpe.

Simpson, Richard L. (1985) "Social Control of Occupation and Work", *Annual Review of Sociology*, vol.11.

Simpson, Ruth (2007) "Emotional Labour and Identity Work of Men in Caring Roles", in Lewis, Patricia and Ruth Simpson (eds.) *Gendering Emotions in Or-

ganizations.

Smelser, Neil J. and William T. Smelser (eds.) (1963) *Personality and Social Systems*, New York: J. Wiley.

Smith, Allen C. and Sherryl Kleinman (1989) "Managing Emotions in Medical School: Students' Contacts with the Living and the Dead", *Social Psychology Quarterly*, vol.52, no.1.

Smith, Chris and Paul Thompson (1999) "Revaluating of the Labor Process Debate", in Wardell, Mark, Thomas L. Steigar and Peter Meiksins (eds.) *Rethinking the Labor Process*.

Smith, Vicki (1994a) "Institutionalizing Flexibility in a Service Firm: Multiple Contingencies and Hidden Hierarchies", *Work and Occupations*, vol.21, no.3.

—— (1994b) "Braverman's Legacy: The Labor Process Tradition at 20s", *Work and Occupations*, vol.21, no. 4.

Soares, Angelo (2001) "Silent Rebellions in the Capitalist Paradise: A Brazil-Quebec Comparison", in Baldoz, Rick, Charles Koeber and Philip Kraft (eds.) *The Critical Study of Work*.

Sosteric, Mike (1996) "Subjectivity and the Labour Process: A Case Study in the Restaurant Industry", *Work, Employment and Society*, vol.10, no.2.

Stanislavski, Constantin (1965, first published 1948) *An Actor Prepares*, Translated by Elizabeth Reynolds Hapgood, New York: Theatre Arts Books.

Steinberg, Ronnie J. (1999) "Emotional Labor in Job Evaluation: Redesigning Compensation Practices", *Annals of the American Academy of Political and Social Science*, no.561.

Steinberg, Ronnie J. and Deborah M. Figart (1999) "Emotional Labor since *The Managed Heart*", *Annals of the American Academy of Political and Social Science*, no.561.

Stenross, Barbara and Sherryl Kleinman (1989) "The Highs and Lows of Emotional Labor: Detectives' Encounters with Criminals and Victims", *Journal of Contemporary Ethnography*, vol.17, no.4.

Sturdy, Andrew (2001) "Servicing Societies?——Colonisation, Control, Contradiction and Contestation", in Sturdy, Andrew, Irena Grugulis and Hugh Willmott (eds.) *Customer Service*.

Sturdy, Andrew and Stephen Fineman (2001) "Struggles for the Control of Affect

―― Resistance as Politics *and* Emotion", in Sturdy, Andrew, Irena Grugulis and Hugh Willmott (eds.) *Customer Service.*
Sturdy, Andrew, Irena Grugulis and Hugh Willmott (eds.) (2001) *Customer Service: Empowerment and Entrapment*, Houndmills: Palgrave.
Sutton, Robert I. (1991) "Maintaining Norms about Expressed Emotions: The Case of Bill Collectors", *Administrative Science Quarterly*, vol.36.
Szymanski, Al (1978) "Braverman as a Neo-Luddite? ", *The Insurgent Sociologist*, vol.8, no.1.
Taylor, Phil and Peter Bain (1999) " 'An Assembly Line in the Head': Work and Employee Relations in the Call Centre", *Industrial Relations Journal*, vol.30, no.2.
Taylor, Steve (1998) "Emotional Labour and the New Workplace", in Thompson, Paul and Chris Warhurst (eds.) *Workplaces of the Future.*
Taylor, Steve and Melissa Tyler (2000) "Emotional Labour and Sexual Difference in the Airline Industry", *Work, Employment and Society*, vol.14, no.1.
Thompson, Paul and Chris Smith (2001) "Follow the Redbrick Road: Reflections on the Pathways in and out of the Labor Process Debate", *International Studies of Management and Organization*, vol.30, no.4.
Thompson, Paul and Chris Warhurst (eds.) (1998) *Workplaces of the Future*, Basingstoke: Macmillan Press.
Tolich Martin B. (1993) "Alienating and Liberating Emotions at Work: Supermarket Clerks' Performance of Customer Service", *Journal of Contemporary Ethnography*, vol.22, no.3.
Troyer, Lisa, Charles W. Mueller and Pavel I. Osinsky (2000) " Who's the Boss? : A Role-Theoretic Analysis of Customer Work", *Work and Occupations*, vol.27, no.3.
Turbin, Carole (1988) "Book Review of *Counter Cultures* by Susan Porter Benson", *American Journal of Sociology*, vol.94, no.1.
Tyler, Melissa and Steve Taylor (2001) "Juggling Justice and Care: Gendered Customer Service in the Contemporary Airline Industry", in Sturdy, Andrew, Irena Grugulis and Hugh Willmott (eds.) *Customer Service.*
Van Maanen, John (1991) "The Smile Factory: Work at Disneyland", in Frost, Peter J. et al. (eds.) *Reframing Organizational Culture.*

Walsh, John P. (1994) "Book Review of *Women's Paid and Unpaid Labor: The Work Transfer in Health Care and Retailing* by Nona Y. Glazer", *American Journal of Sociology*, vol.99, no.6.

Wardell, Mark, Thomas L. Steiger and Peter Meiksins (eds.) (1999) *Rethinking the Labor Process*, Albany: State University of New York Press.

Warhurst, Chris, D. Nickson, Anne Witz and Anne-Marie Cullen (2000) "Aesthetic Labour in Interactive Service Work: Some Case Study Evidence from the 'New' Glasgow", *The Service Industries Journal*, vol.20, no.3.

Warhurst, Chris, Irena Grugulis and Ewart Keep (eds.) (2004) *The Skills That Matter*, Houndmills: Palgrave Macmillan.

Warhurst, Chris and Dennis Nickson (2007) "A New Labour Aristocracy?: Aesthetic Labour and Routine Interactive Service Work", *Work, Employment and Society*, vol.21, no4.

Warhurst, Chris, Paul Thompson and Dennis Nickson (2009) "Labor Process Theory: Putting the Materialism Back into the Meaning of Service Work", in Korczynski, Marek and Cameron Lynne Macdonald (eds.) *Service Work*.

Weatherly, Kristopher A. and David A. Tansik (1993) "Tactics Used by Customer-Contact Workers: Effects of Role Stress, Boundary Spanning and Control", *International Journal of Service Industry Management*, vol.4, no.3.

Weinbaum, Batya and Amy Bridges (1976) "The Other Side of Paycheck: Monopoly Capital and the Structure of Consumption", *Monthly Review*, vol.28, no.3.

West, Candace and Don H. Zimmerman (1987) "Doing Gender", *Gender and Society*, vol.1, no.2.

Wharton, Amy S. (1993) "The Affective Consequences of Service Work: Managing Emotions on the Job", *Work and Occupations*, vol.20, no.2.

—— (2011) "The Sociology of Arlie Hochschild", *Work and Occupations*, vol.38, no.4.

Whyte, William Foote (1946a) "When Workers and Customers Meet", in Whyte, William Foote (ed.) *Industry and Society*.

—— (ed.) (1946b) *Industry and Society*, New York: McGraw-Hill Book Company, Inc.

Witz, Ann, Chris Warhurst and Dennis Nickson (2003) "The Labour of Aesthetics and the Aesthetics of Organization", *Organization*, vo.10, no.1.

Wood, Stephen (ed.) (1982) *The Degradation of Work?: Skill, Deskilling and the Labour Process*, London: Hutchinson.
—— (1987) "The Deskilling Debate, New Technology and Work Organization", *Acta Sociologica*, vol.30, no.1.
Wouters, Cas (1989a) "Commentary: The Sociology of Emotions and Flight Attendants : Hochschild's *Managed Heart*", *Theory, Culture and Society*, vol.6, no.1.
—— (1989b) "Response to Hochschild's Reply", *Theory, Culture and Society*, vol.6, no.1.
Wray-Bliss, Edward (2001) "Representing Customer Service: Telephones and Texts", in Sturdy, Andrew, Irena Grugulis and Hugh Willmott (eds.) *Customer Service*.
Zeithaml, Valarie A. and Mary Jo Bitner (1996) *Services Marketing*, New York: McGraw-Hill.
Zemke, Ron and Dick Schaaf (1989) *Service Edge: 101 Companies That Profit from Customer Care*, New York: Penguin Books.
Zimbalist, Andrew (ed.) (1979) *Case Studies on the Labor Process*, New York: Monthly Review Press.
Zukin, Sharon (1995) *The Cultures of Cities*, Cambridge, Massachusetts: Blackwell.

2．翻訳文献

エイベルソン，エレイン・S. (1992)『淑女が盗みにはしるとき——ヴィクトリア朝期アメリカのデパートと中流階級の万引き犯——』(Abelson, Elaine S.(1990) *When Ladies Go A-Thieving: Middle-Class Shoplifters in the Victorian Department Store*, New York and Oxford: Oxford University Press) 椎名美智／吉田俊実訳，国文社．

アルブレヒト K.／R. ゼンケ (1988)『サービスマネジメント革命——決定的瞬間を管理する法——』(Albrecht, Karl and Ron Zemke (1985) *Service America!*, Homewood, Illinois: Dow Jones-Irwin Inc.), 野田一夫監訳，ＨＢＪ出版局．

アルチュセール，ルイ (1993)『アルチュセールの〈イデオロギー〉論』(Althusser, Louis (1970) "Idéologie et appareils idéologiques d'Etat", *La Penseé*, n.151, juin), 柳内隆／山本哲士訳，三交社．

ボードリヤール，ジャン (1979)『消費社会の神話と構造』(Baudrillard, Jean (1970) *La société de consommation: ses mythes, ses structures*, Gallimard) 今村仁司／塚原史訳，紀伊國屋書店．

参考文献

ベル, ダニエル (1975)『脱工業社会の到来』上・下 (Bell, Daniel (1973) *The Coming of Post-Industrial Society*, New York: Basic Books Inc.), 内田忠夫ほか訳, ダイヤモンド社.

—— (1998)『最後に残る知恵——テクノロジーと人類社会のゆくえ——』(Bell, Daniel (1998) *The Future of Technology and World Society*), 福島範昌訳, たちばな出版.

ブレイヴァマン, ハリー (1978)『労働と独占資本——20世紀における労働の衰退——』(Braverman, Harry (1974) *Labor and Monopoly Capital: The Degradation of Work in the Twentieth Century*, New York: Monthly Review Press) 富沢賢治訳, 岩波書店.

ブライマン, アラン (2008)『ディズニー化する社会——文化・消費・労働とグローバリゼーション——』(Bryman, Alan (2004) *The Disneyization of Society*, London: Sage) 能登路雅子監訳, 明石書店.

チョドロウ, ナンシー (1981)『母親業の再生産——性差別の心理・社会的基盤——』(Chodorow, Nancy (1978) *The Reproduction of Mothering: Psychoanalysis and the Sociology of Gender*, Berkeley: University of California Press) 大塚光子／大内菅子訳, 新曜社.

チャルディーニ, ロバート・B. (1991)『影響力の武器——なぜ, 人は動かされるのか——』(Cialdini, Robert B. (1988) *Influence: Science and Practice*, 2nd Edition, Glenview, Illinois: Scott, Foresman and Company) 社会行動研究会訳, 誠信書房.

クロースン, ダン (1995)『科学的管理生成史——アメリカ産業における官僚制の生成と労働過程の変化: 1860～1920年——』(Clawson, Dan (1980) *Bureaucracy and the Labor Process: The Transformation of U. S. Industry, 1860-1920*, New York: Monthly Review Press) 今井斉監訳, 森山書店.

エーレンライク, バーバラ (2006)『ニッケル・アンド・ダイムド——アメリカ下流社会の現実——』(Ehrenreich, Barbara (2001) *Nickel and Dimed: On (not) Getting by in America*, New York: Metropolitan Books) 曽田和子訳, 東洋経済新報社.

フーコー, ミシェル (1996)『監獄の誕生——監視と処罰——』(Foucault, Michel (1975) *Surveiller et Punir: Naissance de la prison*, Paris: Éditions Gallimard) 田村俶訳, 新潮社.

フュックス, V. R. (1974)『サービスの経済学』(Fuchs, Victor R. (1968) *The Service*

Economy, New York: National Bureau of Economic Research) 江見康一訳, 日本経済新聞社.

ガルブレイス, ジョン・ケネス (1975)『経済学と公共目的』(Galbraith, John Kenneth (1973) *Economics and the Public Purpose*, Boston: Houghton Mifflin Co.) 久我豊雄訳, 河出書房新社.

ガーシュニィ, J./I. マイルズ (1987)『現代のサービス経済』(Gershuny, J. I. and I. D. Miles (1983) *The New Service Economy: The Transformation of Employment in Industrial Societies*, London: Frances Pinter) 阿部真也監訳, ミネルヴァ書房.

ゴッフマン, アーヴィング (1985)『出会い——相互行為の社会学——』(Goffman, Erving (1961) *Encounters: Two Studies in the Sociology of Interaction*, Indianapolis: Bobbs-Merrill Company, Inc.) ゴッフマンの社会学 2, 佐藤毅/折橋徹彦訳, 誠信書房.

ゴールマン, ダニエル (1996)『EQ——こころの知能指数——』(Goleman, Daniel (1995) *Emotional Intelligence: Why It Can Matter More Than IQ*, London: Bloomsbury) 土屋京子訳, 講談社.

ゴードン, デイヴィッド・M. (1998)『分断されるアメリカ——「ダウンサイジングの神話」——』(Gordon, David M. (1996) *Fat and Mean: The Corporate Squeeze of Working Americans and the Myth of Managerial "Downsizing"*, New York: The Free Press) 佐藤良一/芳賀健一訳, シュプリンガー・フェアラーク東京.

ゴードン, D. M./エドワーズ, R. C./ライク, M. (1990)『アメリカ資本主義と労働——蓄積の社会的構造——』(Gordon, D. M., R. C. Edwards and M. Reich (1982) *Segmented Work, Divided Workers: The Historical Transformation of Labor in the United States*, Cambridge: Cambridge University Press) 河村哲二・伊藤誠訳, 東洋経済新報社.

ヘスケット, ジェームス・L. (1992)『サービス経済下のマネジメント』(Heskett, James L. (1986) *Managing in Service Economy*, Boston: Harvard Business School Press) 山本昭二訳, 千倉書房.

ホックシールド, アーリー・ラッセル (1990)『セカンド・シフト——アメリカ 共働き革命のいま——』(Hochschild, Arlie R.(1989) *The Second Shift: Working Parents and the Revolution at Home*, New York: Penguin Books) 田中和子訳, 朝日新聞社.

——(2000)『管理される心——感情が商品になるとき——』(Hochschild, Arlie R. (1983)

The Managed Heart: Commercialization of Human Feeling, Berkeley, California: University of California Press) 石川准／室伏亜希訳, 世界思想社.

イリイチ, イヴァン (1982)『シャドウ・ワーク——生活のあり方を問う——』(Illich, Ivan (1981) *Shadow Work*, London: Marion Boyars) 玉野井芳郎／栗原彬訳, 岩波書店.

ジャコービィ, サンフォード・M. (1989)『雇用官僚制』(Jacoby, Sanford M. (1985), *Employing Bureaucracy: Managers, Unions, and the Transformation of Work in American Industry, 1900-1945*, New York: Columbia University Press) 荒又重雄ほか訳, 北海道大学図書刊行会.

カンター, ロザベス・モス (1995)『企業のなかの男と女——女性が増えれば職場が変わる——』(Kanter, Rosabeth Moss (1993, 1st ed. 1977) *Men and Women of the Corporation*, New York: Basic Books) 高井葉子訳, 生産性出版.

ラブロック, C.／L. K. ライト (2002)『サービス・マーケティング原理』(Lovelock, Christopher and Lauren K. Wright (1999) *Principles of Service Marketing and Management*, Upper Saddle River, N. J: Prentice Hall) 小宮路雅博監訳, 白桃書房.

リンド, R. S.／H. M. リンド (1990)『ミドゥルタウン』(Lynd, Robert Staughton and Hellen Merrell Lynd (1929) *Middletown: A Study in Contemporary American Culture* and Lynd, Robert Staughton and Hellen Merrell Lynd (1937) *Middletown in Transition: A Study in Cultural Conflicts*) 中村八朗訳, 青木書店.

マンデル, エルネスト (1980)『後期資本主義』第Ⅰ分冊 (Mandel, Ernest (1972) *Der Spätkapitalismus: Versuch einer marxistischen Erklärung*, Frankfurt a.M.: Surkamp Verlag) 飯田裕康／的場昭弘訳, 柘植書房.

—— (1981a)『後期資本主義』第Ⅱ分冊 (Mandel, Ernestl (1972) *Der Spätkapitalismus: Versuch einer marxistischen Erklärung*, Frankfurt a.M.: Surkamp Verlag) 飯田裕康／的場昭弘訳, 柘植書房.

—— (1981b)『後期資本主義』第Ⅲ分冊 (Mandel, Ernest(1972) *Der Spätkapitalismus: Versuch einer marxistischen Erklärung*, Frankfurt a.M.: Surkamp Verlag) 飯田裕康／山本啓訳, 柘植書房.

マルクス, カール (1968)『資本論』(Marx, Karl (1962) *Das Kapital*, Bd.1-3, *Marx-Engels Werke*, Bd.23-25, Berlin: Diez Verlag) ①-⑤, マルクス＝エンゲルス全集刊行委員会訳, 大月書店普及版.

マクネア，マルカム・P.／メイ，エリナ・G. (1982)『"小売の輪"は回る――米国の小売形態の発展――』(McNair, Malcolm P. and Eleanor G. May (1976) *The Evolution of Retail Institutions in the United States*, Cambridge, Massachusetts: Marketing Science Institute) 清水猛訳，有斐閣．

ミルズ，C・ライト (1982)『ホワイト・カラー――中流階級の生活探求――』(Mills, C. Wright (1951) *White Collar: The American Middle Class*, New York: Oxford University Press) 杉政孝訳，東京創元社．

ネルスン，ダニール (1984)『20世紀新工場制度の成立――現代労務管理確立史論――』(Nelson, Daniel (1975) *Managers and Workers: Origins of the New Factory System in the United States 1880-1920*, Madison: University of Wisconsin Press) 小林康助／塩見治人監訳，広文社．

ピーターズ，トーマス・J.／ロバート・H. ウォータマン (1983)『エクセレント・カンパニー――優良企業の条件――』(Peters, Thomas J. and Robert H. Waterman (1982) *In Search of Excellence: Lessons from America's Best-Run Companies*, New York: Warner Books) 大前研一訳，講談社．

リフキン，ジェレミー (1996)『大失業時代』(Rifkin, Jeremy (1995) *The End of Work: The Decline of the Global Labor Force and the Dawn of the Post-Market Era*, New York: G. P. Putnam's Sons) 松浦雅之訳，TBSブリタニカ．

リッツア，ジョージ (1999)『マクドナルド化する社会』(Ritzer, George (1996) *The McDonalization of Society*, Revised Edition, London: Pine Forge Press) 正岡寛司監訳，早稲田大学出版部．

―― (2001)『マクドナルド化の世界――そのテーマは何か？――』(Ritzer, George (1998) *The McDonalization Thesis: Explorations and Extentions*, London: Sage) 正岡寛司監訳，早稲田大学出版部．

―― (2005)『無のグローバル化――拡大する消費社会と『存在』の喪失――』(Ritzer, George (2004) *The Globalization of Nothing*, Thousand Oaks, California: Pine Forge Press) 正岡寛司監訳，明石書店．

スミス，パム (2000)『感情労働としての看護』(Smith, Pam (1992) *The Emotional Labour of Nursing: Its Impact on Interpersonal Relations, Management and the Educational Environment in Nursing*, London: Macmillan Press Ltd.) 武井麻子／前田泰樹監訳，ゆみる出版．

スウィージー，ポール・M. (1968)『資本主義発展の理論』(Sweezy, Paul M. (1970) *The Theory of Capitalist Development: Principles of Marxian Political Econ-*

omy, New York: Monthly Review Press) 都留重人訳，新評論．

ジンマーマン，M. M. (1962)『スーパーマーケット——流通革命の先駆者——』(Zimmerman, M. M. (1955) *The Super Market: A Revolution in Distribution*, New York: McGraw-Hill Book Co., Inc.) 長戸毅訳, 商業界．

3．日本語文献

阿部浩之 (2010)「感情労働論——理論とその可能性——」『季刊　経済理論』（経済理論学会）第 47 巻第 2 号。

—— (2011)「ケア労働の理論的検討」『政経研究』（政治経済研究所）第 96 号．

『朝日新聞』(2008, 7 月 12 日朝刊)

安土敏 (1987)『スーパーマーケット原論——本物のスーパーマーケットとは何か——』ぱるす出版．

藤田伍一 (1999)「アメリカの医療改革の動向と課題」『月刊保団連』（全国保険医団体連合会）11 月号．

半田正樹 (2005)「資本主義社会に『情報化』は何をもたらしたか」降旗節雄編著『市場経済と共同体——ポスト資本主義をめぐって——』社会評論社, 所収．

広井良典 (1999)「米国におけるマネジドケアの動向」広井良典編著『医療改革とマネジドケア』東洋経済新報社, 所収．

—— (2003)「医療制度——マネジドケアを中心に——」藤田伍一／塩野谷祐一編『アメリカ』，先進諸国の社会保障 7, 東京大学出版会, 所収．

飯盛信男 (2011)「接客サービス労働の労働過程——鈴木和雄氏の諸論稿の検討——」『佐賀大学経済論集』第 43 巻第 5 号．

橘川武郎／高岡美佳 (1997)「スーパー・マーケット・システムの国際移転と日本的変容」森川英正／由井常彦編『国際比較・国際関係の経営史』名古屋大学出版会, 所収．

熊沢誠 (1993)『新編　民主主義は工場の門前で立ちすくむ』現代教養文庫, 社会思想社．

—— (2006)『若者が働くとき——『使い捨てられ』も『燃えつき』もせず——』ミネルヴァ書房．

—— (2007)『格差社会ニッポンで働くということ——雇用と労働のゆくえをみつめて——』岩波書店．

—— (2010)『働きすぎに斃れて——過労死・過労自殺の語る労働史——』岩波書店．

『毎日新聞』(1999, 11 月 4 日夕刊)

―― (1999, 11月8日夕刊)
―― (2006, 3月24日朝刊)
―― (2007, 7月12日朝刊)
松川誠一 (2005)「介護サービスの商品化とホームヘルプ職の労働過程」『東京学芸大学紀要』第3部門，第56集．
師岡幸夫 (2000)『神田鶴八ちょっと小粋な鮨ばなし』草思社．
向井梅次 (1960)『世界のデパート』立教大学書籍部．
『日本経済新聞』(2003, 7月24日朝刊)
―― (2006, 8月4日朝刊)
―― (2006, 9月15日朝刊)
―― (2006, 9月30日朝刊)
―― (2011, 9月5日朝刊)
西川真規子 (2006)「感情労働とその評価」『大原社会問題研究所雑誌』（法政大学大原社会問題研究所）第567号．
西田在賢 (1999)『マネジドケアと医療革命』日本経済新聞社．
西村周三 (2003)「メディケアとメディケイド」藤田伍一／塩野谷祐一編『アメリカ』，先進諸国の社会保障7，東京大学出版会，所収．
小倉利丸 (1990)『搾取される身体性――労働神話からの離脱――』青弓社．
小村由香 (2005)「対人サービスにおける感情管理――生活保護ケースワーカーを事例として――」『日本労働社会学会年報』（日本労働社会学会）第15号．
―― (2009)「公的部門における感情労働――生活保護ケースワーカーを事例に――」『日本労働社会学会年報』（日本労働社会学会）第19号．
崎山治男 (2005)『『心の時代』と自己――感情社会学の視座――』勁草書房．
『産経新聞』(1999, 11月4日朝刊)
―― (1999, 11月5日朝刊)
―― (1999, 11月8日朝刊)
佐藤博樹／藤村博之／八代充史 (1999)『新しい人事労務管理』有斐閣．
佐藤隆美／小柳乃里子編 (2001)『アメリカ看護留学への道』尾島昭次監修，南山堂．
『週刊東洋経済』(2004, 4月17日号)
菅原真優美 (1999)「アメリカ合衆国における登録看護婦の発展と現状」『現代社会文化研究』（新潟大学現代社会文化研究科）第16号．
砂田一郎 (2003)「連邦制・地方自治・立法過程――社会保障・福祉をめぐる争点対立の変化――」藤田伍一／塩野谷祐一編『アメリカ』，先進諸国の社会保障7，

東京大学出版会,所収.
鈴木和雄 (1991)「賃労働と労働概念の成立」『文経論叢』（弘前大学人文学部）第 26 巻第 1・2 合併号.
—— (1998)「感情労働と労務管理」『弘前大学経済研究』（弘前大学経済学会）第 21 号.
—— (1999a)「労働過程とジェンダー——感情労働からのアプローチ——」『人文社会論叢（社会科学篇）』（弘前大学人文学部）第 1 号.
—— (1999b)「サービス労働の統制」（上）『弘前大学経済研究』（弘前大学経済学会）第 22 号.
—— (2000)「サービス労働の統制」（下）『弘前大学経済研究』（弘前大学経済学会）第 23 号.
—— (2001)『労働過程論の展開』学文社.
—— (2002a)「接客労働の統制と感情労働論」『労働の科学』（労働科学研究所）8 月号 (第 57 巻第 8 号).
—— (2002b)「接客労働の統制構造——初期デパートにおける労働統制の諸問題——（上）」『弘前大学経済研究』（弘前大学経済学会）第 25 号.
—— (2003)「接客労働の統制構造——初期デパートにおける労働統制の諸問題——（下）」『弘前大学経済研究』（弘前大学経済学会）第 26 号.
—— (2004)「労働移転——スーパーマーケットにおける経験——」『弘前大学経済研究』（弘前大学経済学会）第 27 号.
—— (2005a)「労働移転——病院における経験——」『人文社会論叢（社会科学篇）』（弘前大学人文学部）第 13 号.
—— (2005b)「図書館員と感情労働」『LISN』（キハラ株式会社）第 124 号.
—— (2006a)「感情管理とサービス労働の統制」『大原社会問題研究所雑誌』（法政大学大原社会問題研究所）第 566 号.
—— (2006b)「顧客の存在と接客サービス労働」『まなぶ』（労働大学出版センター）6 月号 (第 582 号).
—— (2008)「労働移転論が提起するもの」『アソシエ 21・ニューズレター』(アソシエ 21) 7 月号 (第 115 号).
—— (2009a)「接客労働の統制方法」『季刊　経済理論』（経済理論学会）第 45 巻第 4 号.
—— (2009b)「接客サービス労働過程論の展望」季報『唯物論研究』（季報『唯物論研究』刊行会）第 109 号.

—— (2010)「接客労働の3極関係」『季刊 経済理論』（経済理論学会）第47巻第3号．

—— (2012)「接客サービス労働の諸問題——飯盛信男教授の批評に答える——」『佐賀大学経済論集』第44巻第5号，飯盛信男教授退職記念号．

武井麻子 (2000)「感情労働としての看護・解題」，スミス，パム『感情労働としての看護』所収．

—— (2001)『感情と看護——人とのかかわりを職業とする意味——』医学書院．

豊島弘 (1996)「米国百貨店の盛衰と今後の生き残り戦略」『RIRI流通産業』（流通産業研究所）第28巻第5号．

都留康 (1985)「分断的労働市場：Edwards=Gordon=Reichによる概念構成の検討」『経済研究』（一橋大学経済研究所）第36巻第2号．

山口重克 (1992)『経済学・人間・社会』時潮社．

『読売新聞』(1999, 11月5日夕刊)

—— (2007, 8月19日朝刊)

事項索引

あ

IT　72-73, 83, 116, 193, 343
アイデンティティ　40, 63, 81, 117, 136, 178, 228-229, 357
アイレイト　163-164, 253
アナロジー　162-165, 167, 170
　居間の——　162-165, 167, 252
　ゲストの——　105, 112, 162, 170, 193
　子供の——　162-163, 167, 170
　自営業者の——　163, 182, 253
争う領域（領分争い）　74, 228, 364

い

意志の闘争　83, 251, 258
一括払い（定額方式・定額料金制）　304, 306
イデオロギー　82-83, 96, 117, 124, 221, 276, 282-284, 292-293, 307, 326-327, 336, 338, 341, 353, 358, 360
（定義）　326
　——効果　95
　——装置　154, 206
　——的機能　221
　——的再生産（の場としての家族）　202-203, 218
　——的戦略　80, 360
　——的統制　116, 181-182, 197
　家族主義的——　283-284, 292, 307-308, 327, 336, 360
　家父長制——　96, 293

ジェンダー・——　208, 213-214, 218-219, 222, 224
消費（者）——　292, 298, 341, 360
製品——　82
専門職化——　312-313
文化的——　353
文化的ヘゲモニーとしての——　326
移動する対立と連携（同盟）　126-128
印象管理　189-190, 257
インストラクター（訓練者）　53, 81, 163-165, 217
インセンティブ　53, 83, 95, 325
　——賃金　112, 121, 123, 140

う

ウェイター　61, 145, 229
ウェイトレス　38, 44, 62, 85, 93, 132, 141, 175, 229, 242, 257, 350

え

HMO　303-304, 306, 338
ATM　263, 281, 293, 325, 330
演技　61, 63, 94, 150, 177-182, 190, 196, 205, 238, 240-243, 256, 258
　——の技術　216
　——の自覚　158, 196, 241, 350
　技術としての——　205
　深層——　71, 148, 150-153, 158, 161, 163, 175, 177-178, 181-182, 188, 190-191, 205, 217, 227, 233, 241, 243,

395

246, 253, 355
　表層—— 148, 150, 153, 163, 177-179, 181, 190, 216-217, 233, 243, 246, 249, 251, 355
演劇　150, 152, 159, 189
エンパワー　7, 8, 85, 87
エンパワーメント　23, 69, 79, 83, 86, 89, 97, 111, 344
　——（エンパワリング）・アプローチ　5-7, 22, 69, 84, 86, 90
　——のコンティンジェンシー・モデル　22
　タスク・——　79

お

応諾の技法　42-43
脅し　83
　——の調整　169
　——役となだめ役　194
女らしい性質　214, 227
女らしさ　119, 200, 205-206, 209, 214-215, 218, 227
　南部の——　227

か

階級　4, 102, 119, 130-133, 136, 200-202, 220-221, 348
　——意識　35-36, 135
　——関係　119, 128, 268
　——対立　112, 126, 131
　——とジェンダー　100, 113, 118-120, 134, 354
会社の言語　163-164
科学的管理（法）　6, 24, 108-109, 225, 255

家事
　——担当者の変化　282
　——の延長としての労働移転　326, 359
　——の労働としての発見　360, 364
　——（労働）の分担　208-209, 224
　——（労働）負担　136, 146, 186, 189, 224-225, 293, 297
　異質の活動の束としての——　327, 359
　非労働としての——　207, 359
　不熟練労働としての——　326
　労働と——との同一視　326
家事労働
　（定義）　262-263
　——の再編　365
家庭
　——と職場の逆転　223
　——内生産　136, 262
　——内労働　5, 221, 262-263, 269
　もう１つの職場としての——　223
駆り立て（方式）　70, 108, 125, 137
看護師（婦）　13, 98, 228, 230, 256-257, 266, 301-302, 338-340, 351, 357, 363
　——の職務内容　310
　——の序列　309
監視　73-74, 77, 89, 109
　——カメラ　72-73, 83, 94, 116
感情
　（定義）　148, 188
　——の交換　148-150
　——のシステム　148, 150
　——の社会学　146, 230
　——の商品化　159, 191, 197, 221, 229-230, 243, 257
　——の諸理論　147-148, 188
　——の信号機能　148, 180

――の生産手段　356, 364
――のテイラー化　179
感情管理　188-192
　――戦略　190
　――技術（技能）　191, 240-241, 246, 248
　――のウルトラ・テイラー化　192
　――の訓練　200-202, 220
　――（技能）の自律性　257, 350
　――の（舞台）装置　152, 154
　――の組織化　217
　――のリスクとコスト　152, 178
　――の類型化（キャラハンとマッカラム）　356
　――の類型化（トリク）　185, 249
　――の類型化（ボルトン）　156-158, 357
　――の類型化（ロペス）　356
　私的な――世界の理想化　192
感情規則
（定義）　149
　――設定の相違　171, 173, 238, 363
　家族における――　188, 220
　私的生活における――　192
　ホックシールドの――定義の欠陥　256, 351
感情原理　210-211, 214
感情作業
（定義）　189
　――の感情労働への変異　156
感情的不協和　152, 173, 190
感情的プロレタリアート　59, 241, 257
（定義）　239
感情統制　178, 181, 187
感情システムの変異　175-176, 179, 192
（定義）　159, 229
　――の失敗　243

――への賛同　243
感情労働
（定義）　150, 189, 229, 232-233, 237
　――行使の裁量　249
　――職務の条件（特徴）　173, 237-238
　――と間接的統制　181-182
　――の偽装的性質　207-210, 222
　――の拒否　177
　――の訓練　162-165, 201-204, 233
　――の結果としてのならしさ　205-206, 222
　――の肯定的帰結（影響）　240, 242-245, 247-249, 348, 351-352
　――のリスクとコスト　175, 178, 196, 240, 350
　――の商品化　159
　――の対極的性質　170, 183, 351
　――の適用部面　182, 184-185
　――の否定的帰結（影響）　230, 235-236, 239-240, 242-244, 247, 348, 351-352
　――の不確定性　356
　――の不可視性　354
　――の不熟練化　175, 179
　――の負担の客観的測定　352
　擬制としての――の販売　155, 159
　技能の一部としての――　158
　ゲームとしての――　252-253
　合理化された――　88
　自営業者の――　174, 238
　社会科学の分析装置としての――　354
　男女の異なる――　204, 226
　大きな――者と小さな――者　201, 348
感情労働論
　――からの脱却　156, 356
　――と労働過程論　183-184, 235-236,

397

255
　――の考察対象　237-238, 257, 351
監督効果　51, 57, 126, 343
監督とリーダーシップ　41
管理
　――からの排除と管理への参加　78, 115-116, 125
　――されざる空間　157
　――・被管理の連鎖　168, 182, 185
官僚制
　――組織　96
　――制的合理性と家父長的ジェンダー関係　227

き

偽装　76, 159, 178, 180, 199, 207-208, 224, 241, 253, 327, 351
　――戦略　224-225
　二次的決定への固執の――　208-209
　無能力の――　208-209
技能
　――低質化　333-335
　――的販売　108, 113-115, 117-119
客待ち時間　274-275
客室乗務員
　――にたいする2つの統制戦略　84, 86
　――と集金人　170-171, 194, 351
　イギリスの――　73, 156, 193
　男性――と女性――　211-212
業績評価　46-47, 77-78, 87, 95-96, 111, 138, 160, 165
銀行　16, 72, 89, 145, 172, 192, 208-209, 248, 263, 265, 294, 330
　――労働者　185, 230, 236

く

quicker and sicker　305
クライアント　12, 30, 65, 96, 109, 257, 263, 274
クレジットカード　171, 294
グローバル化　38-40
訓練プログラム　138, 156, 175, 188

け

ケア
　――の連鎖　224
　――労働　5, 10, 40, 301-302, 305, 318-319, 321, 324, 327, 332, 334, 337, 360-361, 366
　――労働者　256
　――労働の偽装的性質　222
経営学　5, 7, 9, 60, 69, 230, 357
KLM　196, 236, 241, 350
警察文化　251
刑事　185, 230, 247-248, 251, 253
ゲーム　36, 82, 117, 136, 171, 252-253
現場の語彙　139, 141

こ

広告　42, 46, 58, 67-68, 75, 104-106, 136, 192, 194, 263, 272, 282-283, 291, 296, 317, 325, 330, 336
構想と実行の分離（分割）　3, 9, 21, 83, 175, 179, 196, 231, 291, 317-318, 335
公的世界と私的世界　242, 270
公的領域（生活）と私的領域（生活）　185, 229, 269-270, 348-349, 362
　――の分割理由　296
顧客

——イメージ　25
　　——情報管理　298
　　——創造　105-106
　　——データベース　193
　　——との主導権争い　245
　　——による統制（管理）　47, 51, 57,
　　　61, 75, 167, 345
　　——の意見調査　75, 166-167
　　——の可変性　70, 181
　　——の権利章典　75, 249
　　——のパワー　48
　　——の類型化　140
　　——はいつも正しい　38, 124, 163
　　——への責任転嫁　287-288
　　——満足　22, 69, 87, 95
　　喜びと苦痛の源泉としての——　361
　　労働者としての——　266
　　労働対象としての——　30, 65, 244,
　　　274
顧客行動
　　——の統制の困難　277, 292
　　——の予測不可能性　107
顧客志向の官僚制　88, 93, 361
顧客主権の（魔法的）神話　67-69, 70,
　　72, 78, 93, 361
顧客統制　52-53, 57-58, 232, 245,
　　257-258, 278-279, 282-284, 290-292,
　　324, 336
　　——技術　42, 246-248, 258, 335
　　——の主体　284
　　——方法としての社会的距離と専門的距
　　　離　41
顧客を利用した（労働者）統制　74-75,
　　116, 167, 194
コスト削減（効果）　56, 62, 120, 267,
　　272-273, 277, 290, 292, 311-313, 315,
　　317, 333, 335, 358

コメントカード　77-78, 94, 116
コールセンター　21, 23, 39, 50, 72, 74,
　　78, 84, 88-89, 94, 97, 140, 230, 361
コンビニエンスストア（コンビニ）　72,
　　94, 229, 294

さ

サービス
　　——・トライアングル　22, 62
　　——・マーケティング（学派）　23,
　　　189
　　——・マネジメント学派　7, 9, 22-23,
　　　294
　　——の可変性　14
　　——の共同生産者　294
　　——の生産性の測定の困難　71
　　——の生産と消費の同時性　14, 296
　　——の貯蔵不可能性　14
　　——の不可分離性　14
　　——の無形性　13, 197
サービス生産（労働過程）への顧客参加
　　14, 67, 265, 275, 330, 345, 357
サービス組織構成員としての顧客　265,
　　357
サービス提供
　　——組織の分類　330
　　——の型
　　　出会い型　21, 45, 60, 193, 296
　　　関係型　21, 45, 60, 88, 98, 193
　　——のトレンド　328-329
サービス文化　197
サービス労働
　　——の核心　109, 198
　　——の特徴　13
再生産労働　222, 270, 353
細分化された分業の逆転　317

裁量, 権限, 責任, 自律性の付与　7, 71, 79-80, 83, 87-88, 90, 95, 109, 111, 114-116, 125, 181, 204, 222, 250, 344
3 極関係　17, 23, 29, 31-33, 65-66, 99-100, 109, 118-120, 126, 128, 135, 140, 198, 244, 282, 289-292, 318-319, 327-328, 331-332, 336, 343-346, 358
3 極的統制関係　66, 128, 232, 244, 247
3 極モデル　40, 134-135

し

ジェンダー　18-20, 37, 82, 100, 112-114, 119-121, 128, 134, 139, 142, 199-200, 204-206, 208, 210-214, 216, 218-220, 222, 224-227, 234, 251, 268-270, 310, 332
　――関係の再生産　226
　――視点　268
　――の実行　206, 222
　――的規範　199
　――的戦術（戦略）　224, 226
　――的不平等　199-200, 227
　――・イデオロギー　200, 208, 213-214, 218-219, 222, 224
ジェンダー化　193
　感情労働の――　204, 226
　サービスの――　219
　職務の――　210, 219, 298
自己管理型の統制　79, 81, 84, 94-96, 116, 344
自己の二重化　215, 230
示唆的販売　54, 63, 68, 112, 118, 278
自動車セールス　226, 258
自動人形　157-158, 255
自動販売機　264, 280, 290, 325, 328, 331, 336

シニシズム　179, 196, 241
資本家的な意識の受容　58
資本主義
　――的生産関係　252, 268-269
　――と国家にたいする闘争　296
　――のトレンドの逆転　293
資本
　――蓄積　268-269
　――の召使い　295
『資本論』　3, 187
社会的労働組織総体アプローチ　365
シャドウ
　――・マザー　223, 353
　――・レイバー　207
　――・ワーク　184, 207, 222, 353-354
象徴的相互行為主義　255
衝動買い　276, 278-279, 297
消費
　――過程　134
　――社会　125
　――の女司祭　129, 132
　――の社会化　136
　――の先導者（専門家）　128-130, 134
　――の殿堂　102, 106, 137
　――文化　107, 129-130, 142
　――領域　92, 261
消費者
　――資本主義　18, 30, 68, 100-101, 128, 132-133
　――団体　92
　――統制　61, 75
消費は労働である　265, 295
消費労働　265-266, 293, 295, 337, 366
消費労働者　266
　――の搾取　295
剰余価値　224, 267
職業的統制　94

職業の格上げと職務の格下げ　312, 315, 317
職務
　　——拡大　312, 314, 317
　　——行為の意味の逆転　251
　　——統合　310-311, 316-317
　　——とジェンダーの交錯　228
　　——との一体化　178, 196, 240
　　——との分離　258
　　——の再定義　250-251
　　——のジェンダー的分割（分離）　211-213, 219, 230
　　——の自律性　248-249
　　——の脱人格化　168, 178
　　——の地位低下　333, 335, 337
　　——分析と職務評価　352, 354
　　——満足　8, 160, 230, 236, 239, 248, 254-255
女性
　　——間の対立　287, 290, 292, 358
　　——教員と男性教員　223, 225
　　——の自然的性質　205, 207-208, 210
　　——の二重の負担　269
　　——の低い地位の原因としての組織構造　225
　　——の連帯　296
　　——有償労働者どうしの対立　316, 332
　　——有償労働者と——無償労働者との対立　316, 332
ショップガール　102, 131, 136
集金人　9, 82, 147, 156, 168-173, 183, 194, 204, 229-230, 234, 257, 351
　　——組織　171, 173
熟練　180
　　——概念　184, 191, 196
　　——概念のジェンダー・バイアス　110, 139
　　目にみえない——としての感情作業　191
主権をもつ顧客　67
主体　4, 36, 81, 180, 183, 233, 235, 238, 250, 341
主体性　35-36, 80-81, 115-116, 156, 158, 183, 232-234, 347
主婦　10, 264-266, 282, 287, 290, 293, 327, 360
　　——の家族責任　268, 284, 292, 326
　　——の社会化　283-284, 308
自律性
　　——と創造性　256, 341
　　——と選択　278, 308, 326
ジレンマ　90
　　サービスの効率的提供と顧客主権の神話の維持との——　69, 93
人格的および地位的家族　201, 203, 220
人格的および地位的コントロールシステム　200-201, 203, 221
人格的統制　171, 173
新古典派消費理論　296
人種差別　227, 276, 278
新人訓練　161, 192, 194
人的資源管理　7, 69

す

スト破り　266, 286
ストライキ　55, 78, 133, 228
ストレス　51, 153, 176-178, 191, 215, 228, 243, 365
スーパーマーケット　6, 10, 19-20, 43-44, 48, 51, 61, 72, 75-77, 91, 94, 137, 194, 229, 245, 249, 261-266, 271-272, 275, 286, 290-291, 294, 296-301, 307,

325, 331, 341
スピードアップ　171, 176-178, 196, 243, 266, 312-313, 322-323
スマイル　160-162, 164, 167, 175, 216
　──戦争　177, 180, 243
　──・スト　78, 228
　──・ファイター　195
　──の強制　249
スローダウン　56, 63, 177, 284, 289

せ

性
　──差別　276, 278-279, 292
　──的アイデンティティ　214, 216
　──的色づけ　161, 193, 218, 227-228
　──的関心の喪失　215
　──的差異の再生産　226
　──的商品　228
生産政治と生産体制　59
生産性の測定と評価の困難　109, 111, 114, 124, 138
生産ライン・アプローチ　5-6, 22, 69, 86
精神的統制　35, 183, 347
精神分析　221, 365
精神労働と肉体労働の分離　109-110
製造業の2極関係（労使関係モデル）　29, 34-37, 66, 100, 108, 232, 244, 345
製品規格化　279, 281, 308, 336, 358
制服　75, 86, 91, 129, 141, 161, 164, 193-195, 215-216, 246
生命保険勧誘員　10, 43-45, 52-53, 80-82, 97, 111, 196, 230, 233, 236, 241, 246-247, 250-251, 253, 257
セールスウーマン
　──のアイデンティティ　117
　──の性格と地位　132-133

　──の戦術（戦略）　121-122
　──の中流階級化　112-113
セカンド・シフト　186, 189, 208-209
セクシャルハラスメント　89, 228
接客労働
　──の統制の困難　70, 100, 109
　──の統制の特徴　344
　──の類型化　16
　──部分と非──部分　15, 30
接客労働者
　──と消費者の連携　92
　──の抵抗の可能性　90-92
ゼネラリスト（化）　310, 312-313, 315, 333
セラピスト　187, 196, 215, 311, 321, 351
セルフケア化　10, 19, 261, 267, 283, 301, 306, 337, 360
セルフサービス（定義）　293
セルフサービス化　10, 19, 261-263, 267-268, 270-276, 278-285, 287-289, 291-294, 297, 299, 301-302, 307-308, 321, 324-326, 331, 341, 359-360
全員登録看護師制　311-313, 316, 333
宣伝　14, 46, 50, 55-56, 58, 67-68, 75, 104-107, 160-161, 167, 175, 195, 214, 216, 218, 278, 283, 290-292, 317, 325, 335-336, 358
　──による職務記述書の書きなおし　160
　──全国的　280, 283-284, 287
専門職
　──化イデオロギー　312-313
　──看護師と技術看護師　309, 313, 315
　──としての看護師　310

そ

相互行為　12-13, 110, 131, 140, 189
　——的サービス従業員　12
　——的サービス労働　12
　——的サービス労働者　93
　——部分と非——部分　25
操作　30, 35, 44, 54, 68-69, 96, 112-113, 119, 122, 136, 140, 196, 241-242, 253, 255, 284, 347, 352, 363
疎外（論）　36, 159, 180, 185, 187, 197, 230, 247-248, 257, 347
　——の極端な形態　255
　解放感と——感　249
　感情——　364
　自己——　242
　非——　249
　労働——　135
組織
　——と感情　186, 255
　——の感情分析　256
　——の２つの感情管理方式　356
ソーシャルワーカー　223, 238, 256-257, 351, 363

た

大衆消費
　——時代　128, 133, 135
　——社会　99, 132, 135, 281
対人志向的サービスとシステム志向的サービス　328-329
対面販売　275, 278, 331
大量消費　135-136, 358
大量生産　21, 135, 281, 287
　——体制　292, 308, 325-326, 336, 358
タシット・スキル　146, 159, 180, 184

（定義）　155-156
脱工業（化）　20, 39, 59, 273-274
脱病院化　304-305

ち

地位の盾　91, 211
チーム看護　310-312, 333
チップ　42, 47, 257
チャイルドケア　98, 353
中級管理者の統制　78
調整主義（Tailorlism）　84, 93
直接販売組織（DSOs）　96-97, 364

て

出会いを統制する戦略　60
DRG　302, 304-307, 310-313, 322-324, 338
ディズニー化テーゼ　24
ディズニーランド　141, 197
テイラー化　9, 21, 84, 97, 180-181
　看護労働の——　322, 334
　感情の——　179
テイラー主義　69, 134, 231
テイラー・フォード化　275
テイラリズム　3-4, 9, 84, 93, 341
テクノロジー　6, 9, 21-22, 39, 72, 86, 89, 292, 328, 336, 358
　医療——　307-308, 325
　家庭——　293
　店内——　279-281, 284, 291
　電話——　89
転移効果　54, 57, 127, 343
テラー　16, 263, 293
店員
　——からの解放（自由）　283, 326

403

——の技能低質化（専門知識の欠如）
　　　287-288, 291
　　——をもたない顧客　　281, 292
電話
　　——督促　　169, 171, 173, 194
　　——販売　　73, 86, 111, 193, 226

と

同意　　36, 138
　　——形成論　　11, 252, 258
　　——の受動的状態　　205
　　——の組織化　　192
同一（価値）労働同一賃金　　91, 299
ドゥ・イット・ユアセルフ　　264, 282, 295, 308, 326
統制
　　——概念の拡張　　48, 244
　　——関係の曖昧化（不明瞭化）　　51, 56-57, 128, 135, 343
　　——の間接性（間接的統制方法）　　75, 167, 181, 197, 284
　　——の3要素　　46, 160
　　（接客労働の）——の困難　　70, 100-101, 110, 114, 126, 134-135, 197, 343
　　——の自動化　　73-74, 89
　　——のジレンマ　　78, 95, 115-116, 125, 222
　　——の矛盾　　90, 92, 344
　　身体——　　363
統制システム
　　——と家族関係　　204
　　——の類型化（論）　　11, 194, 221, 283
統制戦略
　　アメとムチの統制戦略　　111-113
　　直接的統制戦略　　18, 83-88, 90-92, 100, 116, 203, 344
　　責任ある自律戦略　　18, 83-90, 92, 100, 116, 138, 181, 203, 218, 344
統制主体　　81, 94, 96-97
　　——としての顧客　　47, 51
統制対象としての顧客　　47
統制方法
　　ハードな——とソフトな——　　78-79, 83-84, 343-344
統制問題の解決　　80
統制類型
　　単純統制　　70-72, 94-95, 108-109, 137-138, 203-204, 221
　　技術的統制　　71-72, 89, 94-95, 108, 154, 173, 191, 203-204, 221
　　官僚制的統制　　71-72, 94, 95, 108-109, 138, 153, 168, 173, 185, 221
盗聴　　73-74, 87, 94, 173
同調効果　　53, 57, 343
ドラマトゥルギー　　187, 189
ドレス規制　　129, 195

な

ナニーとオペア　　222-223, 353
名札　　38, 77, 93, 168

に

2極モデル　　34-37, 40, 46
二分法　　185, 349
　　私的生活と公的生活の——　　220, 269-270, 348
　　労働と非労働の——　　365
人間関係学派　　225, 255

ぬ

盗み　130

は

パーソナリティの販売　154
ハードな基準とソフトな基準　73, 227
ハードな目標とソフトな目標　87
パートタイマー　102, 111, 291, 333
パートタイム化　102, 288, 291
売春（婦）　16, 108, 195
ハイテク　308-309, 321, 333-334
　──労働　320
バイヤー　103, 118
　──の帝国　104
白人女性　227, 268
白人男性　278
バッファー　67, 118
パノプティコン（機能・効果）　73, 77, 89, 94
パブ　256, 363
バベッジ原理　103, 136
販売高制限　118, 123

ひ

PMA 哲学　80-81, 250
非正規労働者　296, 313-318, 333, 335, 337
美的労働　24, 192-193, 355-356
病院　61, 77, 266, 281, 301-320, 331-335, 337-339, 360
病院労働者　185, 236, 248, 307, 314-320, 331-335, 337, 339
非労働時間の拡大　362

ふ

ファーストフード　21, 296
　──・レストラン（店）　6, 16, 30, 38, 62-63, 72, 76, 229, 232, 296, 330
歩合　53, 80, 112, 140, 283, 298
ファッション　105-106, 119, 125, 129, 133, 137
フェミニスト　270, 293
　──的立場　268, 295
フェミニズム　5, 360, 362, 364
フォアマンの帝国　137
フォーディズム　135, 255
フォード化　21, 74
覆面調査員（ショッパー，エージェント）　76-78, 83, 95, 108, 114, 116, 193, 343
ブック　109, 123
不適合感情　149
不払い労働　269
　──の提供の偽装　327
プライマリケア　311-316, 333, 339
ブランド
　──商品　113, 271, 287
　──名　289
　全国的──　279, 281, 290, 297-298, 325, 358
ブレイヴァマン・テーゼ　24, 196, 296
プロ意識の侵害　322, 334
プロブレマティック　350-351
分断的労働市場論　221

へ

変身　80-81, 96-97, 246
　──戦略　250
返品　106, 109, 125, 127

ほ

ボス
  さらなる—— 245
  2人目の—— 48
  2人の（異なる）—— 48
ホックシールド社会学 187
ホックシールド批判 185, 236, 240-242, 257, 356-357
ホテル 78, 192, 195, 294, 361
ほんとうの自己 178, 257
  ——と偽りの自己 217, 230, 235, 349, 354
  ——と演技中の自己 241
  ——と見せかけの自己 240

ま

マクドナルド 5-6, 10, 14, 16, 21, 38-39, 50-52, 54-56, 59, 63, 68, 70, 111, 233, 236, 241, 246-247, 251, 267, 365
マクドナルド化 38, 256, 266, 328-329, 338, 341
  ——テーゼ 24, 38
待ち行列
  ——の心理学 60
  ——問題 277
待ち時間 277, 297
マックジョブ 39-40, 361
マニュアル 63, 94, 175, 194, 361
  ——化 36, 39, 70, 179, 181, 195
マネジドケア 302-304, 338-339
マルクス主義 187, 189, 268, 270
万引き 94, 136, 141, 280

む

無償労働 261-264, 266-270, 290-292, 358-359
無人化 294, 331

め

メイド 102, 124, 132, 195, 222, 282, 308, 353
召使い 38, 68, 92-93, 124, 130-131, 141, 157, 281, 298, 326, 360
  ——代り 296
  ——問題 282, 297
メソッド・アクティング 151
メディケアとメディケイド 302-307, 322-323, 338

も

燃えつき 178-179, 218, 228-229, 235, 240, 258, 312
モニター 88, 95, 97, 320-321, 351
モニタリング 72-74, 83, 257, 343, 351
  ——の困難 70

や

雇われショッパー 140

ゆ

遊休費用とボトルネック費用 277-278
有償労働 261-264, 268-270, 290-292, 358-359
有償労働と無償労働 269, 365-366
  ——の区分の人為性 269, 359

有償労働の無償労働化　267, 339
有償労働者間の対立　316, 318, 320, 332
有償労働者と無償労働者との対立　286, 290, 292, 320, 332

ら

ラディカル・エコノミスト　221

り

利害対立の移動　126-128, 135
利害対立の転移　53-57, 180, 343
利害の一体性（会社と労働者の）　80-82
利害の一体性（会社と労働者と顧客の）　82
利害の一致・連携（管理者と顧客の）
　49-50, 119-121, 128, 232
利害の一致・連携（管理者と労働者の）
　34, 49, 52-53, 120-121, 232
利害の一致・連携（労働者と顧客の）
　49-50, 119-121, 128

れ

レジ係　44, 48, 51, 62, 72, 75, 91, 194, 229, 245, 249, 263, 266, 272, 280, 282-288, 290-291, 294, 298, 316-317, 319, 331-333, 335
　――の顧客統制戦略　62
レストラン　13, 20, 24, 38, 44, 60, 62, 93, 95, 101, 105, 229, 242, 340
　セルフサービス・――　274
レトリック　90-93
連携と対立　49, 62, 118-121, 128, 134, 140
連携のくずれ　128

ろ

労使間の統制の中心性（第一次性）　48, 344-345
労働
　――からの解放　361
　――と非労働の融合　366
　――の脱商品化　293, 324-325, 337
　――（と非労働）の定義　360, 364
　――の廃絶（廃棄）　358, 362
　――の不確定性　256
　資本主義に固有のカテゴリーとしての
　　――　364
　使用価値をつくる――と価値をつくる
　　――　189
労働移転　19-20, 261-270, 278, 281, 283, 285-287, 289-296, 301-303, 305-310, 314-321, 323-337, 341, 357-362, 366
（定義）　262
　――による社会的分業の再編　263, 292, 295
　――の民間企業型と政府型　306, 324, 335, 358
　――への反対（抵抗）　327, 341, 360
　不可視の過程としての――　327, 360
労働移動率　70, 85, 90, 113, 125, 138, 194, 288
労働概念　364
　――の多様性と複雑さ　365
　――の可変性　364
労働過程
　――学派　9
　――研究　33, 146, 167, 185, 221, 346
　――の原料としての顧客　30, 65, 231
　――の公開性　70, 93, 110-111, 114, 125
　――の中心問題　231

——分析（LPA）　255
　　——理論（LPT）　20, 24, 146, 183-184, 187, 231, 236, 347
　　——論の問題設定　235
　　——論争　4, 157, 231
労働組合　33, 74, 83, 91, 93, 98, 133, 138, 142, 176-177, 179, 187-188, 196, 258, 272-273, 276, 299, 302, 344, 354
労働コスト　268, 272-273, 276-277, 290, 296, 311-312, 315, 324
労働者
　　——の意識　58, 135, 139
　　——のジレンマ　132
　　——の地位の曖昧化　132
　　——の抵抗　4, 34-35, 38, 55-56, 65, 74, 90-92, 101, 116-117, 121, 135, 142, 157-158, 179-180, 228, 234
労働社会学　33
　　アメリカ——　4, 346
　　批判的——　7
労働者階級
　　——としての意識　132

　　——の再生産　269-270
労働者構成の変化　285
労働低質化（テーゼ）　24, 135, 296, 316-317
労働（の）不熟練化　3-4, 34, 36, 108, 110, 180, 197, 231, 291, 317, 333
　　——政策　298
労働文化　99, 113-114, 118, 131, 139, 142
（定義）　117
労働力
　　——の一側面としての感情の売買　191
　　——の再生産　221
　　——の資格づけ　221
ロール・ディスタンス　164, 167
（定義）　193
ロボット　177, 179, 243

わ

私たちの友人である敵　62, 92, 121, 126

人名索引

あ

アシュフォース（Ashforth, Blake E.）
　63, 189-190, 197
安土敏　297
阿部浩之　363
アルチュセール（Althusser, Louis）
　154, 202, 221, 253
アルブレヒト（Albrecht, Karl）　9, 22

い

イートン（Eaton, S. C.）　354
飯盛信男　23
イリイチ（Illich, Ivan）　207, 353

う

ヴァン・マーネン（Van Maanen, John）
　77, 141, 193
ウィッツ（Witz, Anne）　364
ウーターズ（Wouters, Cas）　36, 174,
　185, 187, 189, 192, 196, 220, 236, 238,
　240-241, 243, 257, 349-351
ウェーバー（Weber, Max）　6, 93, 255,
　338, 341
ウェザリ（Weatherly, Kristopher A.）　60
ウェスト（West, Candace）　206
ヴェブレン（Veblen, Thorstein）　141
ウォータマン（Waterman, Jr., Robert H.）
　22
ウォルシュ（Walsh, John P.）　341

ウッド（Wood, Stephen）　155-156

え

エイベルソン（Abelson, Elaine S.）　76,
　136-138, 141
エーレンライク（Ehrenreich, Barbara）
　63
エドワーズ（Edwards, Richard C.）　11,
　46, 48, 70-72, 94-95, 100, 108, 116,
　137-138, 160, 181, 191, 194, 197, 221,
　283
エンゲルス（Engels, Friedrich）　189

お

小倉利丸　58
小村由香　363

か

カーラー（Kahler, Bruce R.）　105
ガーシュニィ（Gershuny, J. I.）　293-295
ガース（Gerth, Hans）　148
ガースン（Garson, Barbara）　21, 24, 63,
　94, 365
ガートマン（Gartman, David）　135
カウワン（Cowan, Ruth Schwartz）　136,
　141, 281-282, 293, 297, 327, 339
カトラー（Cutler, Tony）　196
ガブリエル（Gabriel, Yiannis）　32, 135,
　141, 293, 298

409

ガルブレイス（Galbraith, John Kenneth）
　295-296
カンター（Kanter, Rosabeth Moss）　225

き

橘川武郎　275
ギデンズ（Giddens, Anthony）　329
キャラハン（Callahan, Jamie L.）　189,
　356
キャリソン（Carrison, Dee）　120
ギャンブル（Gamble, Jos）　32, 49, 76,
　94
ギュテク（Gutek, Barbara A.）　21, 45,
　63, 69, 75, 77, 79, 96, 139, 193, 277,
　294-296, 340

く

熊沢誠　21, 98, 224, 341, 365
クラインマン（Kleinman, Sherryl）　36,
　185, 190, 247, 251, 253
グラックスマン（Glucksmann, Miriam）
　227, 295, 337, 364-366
クリーヴァー（Cleaver, Harry）　364
グリフィン（Griffin, Larry J.）　33, 59,
　346
グレイザー（Glazer, Noma Y.）　10, 12,
　19, 30, 65, 244, 261-264, 267-276,
　278-291, 293-301, 303-318, 320-328,
　331, 334-335, 338-341
グレン（Glenn, Evelyn Nakano）　23
クロースン（Clawson, Dan）　100, 109,
　137
グローブ（Grove, Stephen J.）　15, 189
クロンプトン（Crompton, Rosemary）　24

け

ケンパー（Kemper, Theodore D.）　185,
　196, 206, 222

こ

ゴードン（Gordon, David M.）　194, 221
ゴールマン（Goleman, Daniel）　256
ゴットフリート（Gottfried, Heidi）　71,
　94, 142, 195, 295
ゴフマン（Goffman, Erving）　148,
　187-189, 193, 255-256
コブル（Cobble, Dorothy Sue）　33, 61, 98
小柳乃里子　309, 339
コルジンスキ（Korczynski, Marek）　7-9,
　13, 22-23, 32, 48, 67-68, 78-79, 83-84,
　88, 91, 93, 97, 116, 138, 187, 192, 219,
　340-341, 355, 361
コーン（Kohn, Melvin L.）　201, 220

さ

ザイトハムル（Zeithaml, Valarie A.）　9,
　22, 69
崎山治男　363
佐藤隆美　309, 339
佐藤博樹　296
サットン（Sutton, Robert I.）　76,
　171-173, 186, 194-195
サンディフォード（Sandiford, Peter）
　256-257, 363

し

シーモア（Seymour, Diane）　21, 33, 63,
　76-77, 197-198, 256-257, 363

人名索引

ジェイムズ（James, William）　147
シェフ（Scheff, T. J.）　188, 192, 220
ジピエル（Czepiel, John A.）　60
ジマンスキ（Szymanski, Al）　196
シャーフ（Schaaf, Dick）　9, 69
シャーマン（Sherman, Howard J.）　337
ジャコービィ（Jacoby, Sanford M.）　137
シャミア（Shamir, Boas）　48, 60
シュレジンガー（Schlesinger, Leonard A.）　21
シリアーニ（Sirianni, Carmen）　25, 32, 35, 37-38, 70, 85-86, 93, 239, 244, 258
シンプソン（Simpson, Richard L.）　94
シンプソン（Simpson, Ruth）　357
ジンマーマン（Zimmerman, Don H.）　206
ジンマーマン（Zimmerman, M. M.）　275, 294, 296-299
ジンメル（Simmel, Georg）　141

す

スウィージー（Sweezy, Paul M.）　58
菅原真優美　309, 339
ズキン（Zukin, Sharon）　197,
鈴木和雄　4, 23, 36, 83, 94-95, 137, 191, 197, 221-222, 231, 258, 295, 364
スターディ（Sturdy, Andrew）　37, 84, 187, 228
スタインバーグ（Steinberg, Ronnie J.）　198, 239, 251, 354
スタニスラフスキー（Stanislavski, Constantin）　150, 162
スティルマン（Stillman, Todd）　328-329
ステンロス（Stenross, Barbara）　36, 185, 247, 251, 253
砂田一郎　303

スミス（Smith, Allen C.）　190
スミス（Smith, Chris）　20-21
スミス（Smith, Pam）　228, 256, 354, 356
スミス（Smith, Vicki）　12, 48, 61, 70-72, 75-78, 95, 97, 196, 245

せ

セリグマン（Seligman, Ben B.）　264, 294
ゼンケ（Zemke, Ron）　9, 22, 69

そ

ソアレス（Soares, Angelo）　61, 72, 94
ソステリック（Sosteric, Mike）　45, 59, 84-85

た

ダーウィン（Darwin, Charles）　147, 188
タービン（Turbin, Carole）　110, 119
タイラー（Tyler, Melissa）　33, 73, 86-87, 193, 199, 226-227
高岡美佳　275
武井麻子　256, 363
タディック（Tadic, Vela）　228
タンシック（Tansik, David A.）　60

ち

チャルディーニ（Cialdini, Robert B.）　42-43, 59-60, 195
チョドロウ（Chodorow, Nancy）　220, 222, 296, 365

411

つ

都留康　221

て

テイラー（Taylor, Frederic W.）　6, 225, 255
テイラー（Taylor, Phil）　73-74, 88-89, 97
テイラー（Taylor, Steve）　33, 73, 86-87, 193, 199, 226-227
デイヴィーズ（Davies, Scott）　36
デサトニック（Desatnick, Robert L.）　22

と

ドゥ・カット（de Kadt, Maarten）　23
豊島弘　136
トリク（Tolich, Martin B.）　44-45, 75-76, 185, 249, 349-350
トリリング（Trilling, Lionel）　216
トロイヤー（Troyer, Lisa）　48
トンプソン（Thompson, Paul）　20-21

な

ナイツ（Knights, David）　196

に

ニクソン（Nickson, Dennis）　13-14, 192, 355
西川真規子　354
西田在賢　303-304, 337-339
西村周三　303, 338

ね

ネルスン（Nelson, Daniel）　137

は

ハーズバーグ（Herzberg, Frederic）　255
バーンスタイン（Bernstein, Basil）　200
バイトナー（Bitner, Mary Jo）　9, 22, 69
ハイマン（Hyman, Richard）　21, 197
パウルス（Paules, Greta Foff）　62, 93, 141, 242, 257, 350
パトナム（Putnum, Linda L.）　227
パリー（Parry, Jane）　366
パレナス（Parren~as, Rhacel Salazar）　224
半田正樹　298
ハンフリー（Humphrey, Ronald H.）　63, 189-190, 197

ひ

ピアース（Pierce, Jennifer L.）　226
ピーターズ（Peters, Thomas J.）　22
ビガート（Biggart, Nicole Woolsey）　96-97
ヒューズ（Hughes, Karen D.）　228
ヒューリアン（Houlian, Maeve）　24, 97, 140
ヒル（Hill, Shirley A.）　268, 270, 305
広井良典　303, 337
ヒンメルワイト（Himmelweit, Susan）　221, 364-365

ふ

ファーゼンフェスト（Fasenfest, David）

94, 142
ファイヨル（Fayol, Henri） 255
ファインマン（Fineman, Stephen） 187, 228
フィガート（Figart, Deborah M.） 198, 239, 251, 354
フィスク（Fisk, Raymond P.） 15, 189
フィチェット（Fitchett, James） 298
フーコー（Foucault, Michel） 73, 256, 363
ブートチェック（Bootcheck, Judith A.） 110
フェルドバーグ（Feldberg, Roslyn L.） 23
フォード（Ford, Henry） 135
藤田伍一 303, 338
藤村博之 296
フュックス（Fuchs, Victor R.） 265
フラー（Fuller, Linda） 12, 48, 61, 70-72, 75-78, 95, 245
ブライマン（Bryman, Alan） 24
ブラウォイ（Burawoy, Michael） 4, 11, 36, 59, 139, 167, 194, 196, 252-253, 256, 258, 341
フランク（Frank, Dana） 109, 120, 128, 167, 179, 192, 196, 198, 220, 227
フリードマン（Friedman, Andrew L.） 11, 83-84, 138, 344
ブリッジズ（Bridges, Amy） 265-266, 286, 294-295
ブルック（Brook, Paul） 93, 257, 357
ブレイヴァマン（Braverman, Harry） 3-4, 10-11, 21, 24, 34-35, 48, 100, 108, 110, 116, 134-137, 139, 146, 157, 175, 179-180, 194, 196-197, 230-231, 235, 244, 268, 291, 299, 316, 335
フレンケル（Frenkel, Stephen J.） 24-25, 31, 76, 94-95, 97, 364

フロイト（Freud, Sigmund） 147-148, 188

へ

ヘイズ（Hayes, Adrian C.） 191-192, 220
ベイトソン（Bateson, John E.G.） 31
ベイン（Bain, Peter） 73-74, 88-89, 97
ヘスケット（Heskett, James L.） 9, 21-22
ベル（Bell, Daniel） 20, 39, 59, 191
ベンサム（Bentham, Jeremy） 73
ベンソン（Benson, Susan Porter） 10, 18, 24, 31, 62, 66, 70, 76, 90-92, 99-142, 198, 244-245, 258, 344

ほ

ボイド（Boyd, Carol） 76, 156-158, 186, 193, 241-242, 350, 356
ボウエン（Bowen, David E.） 6-7, 15, 22, 69
ボードリヤール（Baudrillard, Jean） 63
ホール（Hall, Elaine J.） 222
ホジソン（Hodgson, Damian） 14
ホックシールド（Hochschild, Arlie Russell） 9, 18-19, 35-37, 55, 60, 75-76, 82, 84, 91, 94, 97, 146-232, 234-243, 248, 252, 254, 256-258, 293, 341, 347-351, 353, 355-357, 364
ボルトン（Bolton, Sharon C.） 24, 33, 51, 59, 63, 76, 79, 97, 140, 155-158, 186-187, 190-191, 193, 199, 239, 241-242, 255-256, 345, 349-350, 354, 356-357
ホワイト（Whyte, William Foote） 44,

60

ま

マーチン（Martin, Susan Ehrlich） 228
マーフィ（Murphy, Christine） 357
マイスター（Maister, David H.） 60, 62
マイルズ（Miles, I. D.） 293-295
マクドナー（McDonagh, Pierre） 298
マクドナルド（Macdonald, Cameron Lynne） 25, 32, 35, 37-38, 70, 85-86, 92, 222-223, 228, 239, 244, 257-258, 353, 355
マクネア（McNair, Malcolm P.） 137
マクルア（McClure, Robert） 357
マグレガー（McGregor, Douglas Murray） 255
マズロー（Maslow, Abraham Harold） 255
松川誠一 363
マッカラム（McCollum, Eric E.） 189, 356
マッキャモン（McCammon, Holly J.） 33, 59, 346
マルクス（Marx, Karl） 3, 11, 21, 93, 146, 157, 187, 189, 267
マンデル（Mandel, Ernest） 273-274
マンビー（Mumby, Dennis K.） 227
マンリー（Manley, Joan E.） 337, 339

み

ミルズ（Mills, C. Wright） 148, 154, 191
ミルズ（Mills, Peter K.） 13, 41, 46-47, 80, 265, 330
ムーア（Moor, Melanie） 225

む

向井梅次 138

め

メイ（May, Eleanor G.） 137
メイクシンズ（Meiksins, Peter） 196
メイヨー（Mayo, George Elton） 225, 255
メリル（Merrill, David） 228, 239, 257, 355
メリル（Merrill, Michael） 33, 61, 98

も

モハン（Mohun, Simon） 221
師岡幸夫 59

や

八代充史 296
山口重克 277

ら

ライク（Reich, M.） 221
ライト（Wright, Lauren） 294
ライド（Reid, Stuart） 23
ライドナー（Leidner, Robin） 10, 12, 14-16, 21, 30, 32, 34-37, 41-46, 50-57, 62-63, 65, 69, 80-82, 96-97, 116, 192, 236, 241, 244-246, 250-251, 253, 256, 296, 341, 350, 365
ラファエリ（Rafaeli, Anat） 48, 51, 60-61, 63, 76, 186, 195, 245
ラブロック（Lovelock, Christopher）

294
ラン（Lan, Pei-Chia）　94, 97, 363
ランガー（Langer, Elinor）　42, 73-74
ラング（Lang, Tim）　135, 141, 293, 298

50
レエマンズ（Laermans, Rudi）　136
レヴィト（Levitt, Theodore）　5-6, 21, 69

り

リーチ（Leach, William）　110
リッツア（Ritzer, George）　10, 24, 38-40, 46, 61, 63, 94, 256, 266, 294, 328-329, 338, 341
リトラー（Littler, Craig R.）　191
リフキン（Rifkin, Jeremy）　64
リンド（Lynd, Hellen Merrell）　297
リンド（Lynd, Robert Staughton）　297

ろ

ローゼンタール（Rosenthal, Patrice）　23, 25
ローソン（Lawson, Helen M.）　226, 258
ローラー（Lawler, Edward E.）　6-7, 15, 22, 69
ロヴィ（Rovi, Sue）　270
ロペス（Lopez, Steven H.）　31, 33, 59, 62, 346, 356

る

ルイス（Lewis, Patricia）　357

わ

ワートン（Wharton, Amy S.）　13, 36, 185-186, 198, 236, 248-249, 350
ワーハースト（Warhurst, Cris）　355, 364
ワインボーム（Weinbaum, Batya）　265-266, 286, 294-295

れ

レア（Lair, Craug D.）　38-40
レイ-ブリス（Wray-Bliss, Edward）

著者略歴
　1951年　東京に生まれる
　1979年　東北大学大学院経済学研究科博士課程修了
　現在　　弘前大学人文学部教授

主要著作
『労働力商品の解読』日本経済評論社，1999年
『労働過程論の展開』学文社，2001年

接客（せっきゃく）サービスの労働過程論（ろうどうかていろん）
2012年6月8日　第1版第1刷発行

著　者　　鈴　木　和　雄
発行者　　橋　本　盛　作
発行所　　株式会社　御茶の水書房
　　　　　〒113-0033　東京都文京区本郷5-30-20
　　　　　　　　　　　電話　03-5684-0751

Printed in Japan
　　　　　　　　　　印刷・製本：東港出版印刷

ISBN978-4-275-00967-8　C3033

転換する資本主義：現状と構想	村上和光・半田正樹 編著	菊判・三三六頁	価格 四八〇〇円
現代日本経済の景気変動	村上和光・平本 厚 編著	A5判・七〇四頁	価格 九四〇〇円
労働過程の構造分析	村上和光 著	A5判・二四六頁	価格 五〇〇〇円
資本主義経済の動態	平地一郎 著	A5判・二二六頁	価格 二八〇〇円
労働価値説から価値法則へ	栗田康之 著	菊判・二八四頁	価格 四八〇〇円
現代経済の解読——グローバル資本主義と日本経済	永谷 清 著	A5判・三五〇頁	価格 二三〇〇円
マルクス経済学の活き方——批判と好奇心	編著＝SGCIM	A5判・四二〇頁	価格 三三〇〇円
もう一つの経済学——批判と好奇心	馬場宏二 著	A5判・四一〇頁	価格 三二〇〇円
経済学古典探索——批判と好奇心	馬場宏二 著	A5判・五〇〇頁	価格 三八〇〇円
宇野理論とアメリカ資本主義	馬場宏二 著	A5判・五二〇頁	価格 四八〇〇円

御茶の水書房
（価格は消費税抜き）